JN440823

『대순전경』 2판 연구

김
탁 金 鐸, Kim Tak

1963년에 경상북도 의성군에서 태어났으며, 대구 영남고등학교(30기)를 거쳐 1985년에 한양대학교 경제학과를 졸업하였다. 1985년부터 한국정신문화연구원(현 한국학중앙연구원) 부설 한국학대학원에서 한국사상과 종교를 연구하여, 1995년에 「증산 강일순의 공사사상」이라는 논문으로 철학박사 학위를 취득하였다. 현재까지 60여 편의 논문을 썼으며, 주요저서로는 『증산교學』(1992), 『한국종교사에서의 동학과 증산교의 만남』(2000), 『한국의 관제신앙』(2004), 『정감록』(2005), 『증산 강일순』(2006), 『역주 송광사 사고 - 인물편』(2007, 공역), 『한국의 보물, 해인』(2009), 『대종교원전자료집 - 대종교신원경』(2011, 공저), 『조선의 예언사상』 상,하(2016), 『일제강점기의 예언사상』(2019), 『정감록과 격암유록』(2021), 『증산사상과 한국종교』(2022), 『『증산천사공사기』 연구』(2023), 『시루와 배』(2023), 『한국신종교를 관통하는 이념, 인간중심주의』(2023), 『『대순전경』 초판 연구』(2024), 『불꽃의 혁명가, 전봉준』(2024) 등이 있다.

『대순전경』 2판 연구

초판1쇄 발행 2024년 12월 20일

지은이 김탁
펴낸이 홍종화

주간 조승연
편집 · 디자인 오경희 · 조정화 · 오성현
신나래 · 박선주 · 정성희
관리 박정대

펴낸곳 민속원
창업 홍기원
출판등록 제1990-000045호
주소 서울 마포구 토정로 25길 41(대흥동 337-25)
전화 02) 804-3320, 805-3320, 806-3320(代)
팩스 02) 802-3346
이메일 minsokwon@naver.com
홈페이지 www.minsokwon.com

ISBN 978-89-285-2052-7 93290

大巡典經

『대순전경』 2판 연구

김탁

민속원

서문

1933년에 간행된 『대순전경』 2판은 『대순전경』의 여러 판본 가운데 유일하게 순우리말로 기록된 경전이다. 오로지 한글만을 사용하여 증산 강일순의 생애와 사상을 기록한 책이다. 『대순전경』 초판이 1929년에 간행된 지 불과 4년 만에 전격적으로 우리말로 된 경전이 발행되었다. 이후 『대순전경』 2판은 일제로부터 해방이 된 후인 1947년에 발행된 『대순전경』 3판이 간행되기까지 14년 동안 증산의 행적과 생각을 알 수 있는 유일한 경전으로 자리 잡았다. 일제가 우리 민족을 말살하기 위해 우리말과 우리글을 철저하게 없애려 했던 엄중하고 암울했던 시기에 『대순전경』 2판은 꿋꿋하게 살아남아 민족의 정신과 겨레의 문화를 소중히 간직하려 했다. 이 시기에 발행된 우리말로 된 종교 경전의 사례를 찾아보기 힘든 역사적 사실을 고려할 때 순한글본 『대순전경』 2판의 위상과 의의는 매우 크고, 향후 더욱 적극적으로 평가되어야 할 것이다.

『대순전경』 2판은 민중을 위한 경전이다. 한문에 무지하거나 잘 알지 못했던 일반 대중을 위해 순우리말로 기록된 경전을 펴냄으로써 교리와 대중화와 홍보에 적극적으로 나섰던 것이다. 반면 『대순전경』 2판은 우리말로만 기록되어 있어서 증산 강일순이 지었거나 인용했던 한시漢詩에 대해 알 수 있는 정보가 없거나 부족하다는 단점이 있다. 한시에 숨어있는 비유나 상징성은 물론 고사古事의 의미와 인물이나 개념을 이해하는 데 어려움이 있다. 따라서 『대순전경』 2판에 나오는 한시의 원래 모습을 알기 위해서는 이전에 간행된 『대순전경』 초판(1929)을 참고할 수밖에 없다. 이는 『대순전경』 2판이 가진 결정적 단점이자 한계이다. 이러한 문제를 해결하기 위해 이후에 간행된 『대순전경』 3판부터는 다시 한자漢字를 수록하는 방향으로 편집의 수정이 이루어졌다. 증산이 살았던 시기에는 일반적이었던 한문이나 한시를 사용하던 분위기와 역사적 배경이 고려되어야만 비로소 그의 생애와 사상이 온전하게 전해질 수 있었던 것이다. 『대순전경』 2판이 굳이 순한글본으로 발행된 사실은 아마도 당시 일제강점기를 살았던 사람들의 민족적 자존감이 표출된 일종의 정신적 독립운동으로의 정신적 지향성이 드러난 것으로 볼 수 있다. 따라서 이러한 관점에서 본다면 『대순전경』 2판은 민족의 독립을 추구한 위대한 사상적 결과물로 평가받을 수도 있다. 왜냐하면 당대에 이처럼 우리말로 된 경전을 가진 종교단체가 매우 드물었다는 역사적 사실이 확인되기 때문이다.

특정 민족의 문화를 유지하기 위한 최선책 가운데 하나는 그 민족의 말과 글을 지키는 일일 것이다. 『대순전경』 2판은 민족의 수난사가 극심했던 시기에 우리의 정신을 보존하려 했던 금자탑으로서 자리매김해야 할 것이다. 한글이 가지는 우수성을 근거로 삼아 앞으로 우리 민족의 자랑스러운 문화를 지키는 일에 많은 이들의 적극적인 관심이 있기를 기원하면서 서문을 대신하고자 한다.

2024년 11월 어느 날

대덕산 아래 백산초당白山草堂에서

필자 쓰다.

차례

『대순전경』 2판 연구

❖

머리말

I

1929년에 증산교단 최초의 경전인 『대순전경』 초판이 간행된 후 불과 4년 후인 1933년에 『대순전경』 2판이 순한글본으로 간행되었다. 이후 『대순전경』 2판은 일제강점기에서 해방된 다음 1947년에 『대순전경』 3판이 간행될 때까지 증산교단의 대표적인 경전으로 자리를 잡았다. 일제강점기의 혹독한 사회적 환경 속에서도 우리말을 고수하면서 우리말로 된 경전을 고집했다는 사실만으로도 『대순전경』 2판은 우리의 얼과 문화를 지키고 간직하고자 했던 당대인들의 노력과 열망을 느낄 수 있는 소중한 경전이다.

『대순전경』 2판은 증산교단의 교리와 가르침을 더욱 많은 사람에게 알리려는 소망을 품고 순한글본으로 개편되고 상당한 분량의 내용이 증보增補되었다. 종교 경전의 내용이 점차 증보되는 일은 보편적인 현상이자 일반화된 신행信行이 드러난 것으로 볼 수 있다.

『대순전경』 2판의 체제와 구성

II

『대순전경』 2판은 이상호가 편찬하여 동화교회도장東華教會道場에서 1933년 8월 15일에 발행한 총 10장 611절의 216쪽 분량으로 이루어진 순한글본이다. 『대순전경』 초판에 비해 제4장 문도의 종유와 훈회가 72절 증보되었고, 제8장 법언이 36절 증보되었고, 제6장 천지공사가 13절 증보되어 총 121절이 증보되었다.[1] 『대순전경』 초판의 제10장 문명文明, 제11장 인고문명引古文明, 제13장 선생先生의 이표異表가 각기 성격에 따라 『대순전경』 2판에서는 여러 장章 속으로 흩어져 기록되었기 때문에 『대순전경』 2판은 총 10장으로 이루어졌다.

판권지에 따르면 『대순전경』 2판을 간행할 때 '편집編輯 겸兼 발행인發行人'인 이상호李祥昊(1888~1967)는 경기도京畿道 고양군高陽郡 연희면延禧面 신촌리新村里 산山 9번지에 거주하였다. 『대순전경』 2판의 발행소는 전북全北 김제군金堤郡 수류면水流面 금산리金山里 용화동龍華洞에 있는 동화교

1 누락 부분이 있어서 정확한 것은 아니지만, 현재 확인할 수 있는 내용을 통해서 나온 수치이다.

회도장東華敎會道場이다. 인쇄인은 경성부京城府 수하정水下町 4번지의 이근택李根澤이고, 인쇄소는 같은 번지의 평화당인쇄회사平和堂印刷會社이다. 『대순전경』 2판은 교우交友 전준엽全晙燁의 출자出資에 따라 이루어졌다고 한다. 『대순전경』 2판의 표지는 한글로 쓴 『대순뎐경』이다. 현재 본문 1쪽부터 16쪽까지와 213쪽과 214쪽이 빠진 판본으로 전승된다.

『대순전경』 2판(1933)에서는 증산甑山 강일순姜一淳(1871~1909)을 '당신當身'이라고 호칭한다. 『증산천사공사기』(1926)에서는 천사天師로 불렀고, 『대순전경』 초판(1929)에서는 선생先生이라고 불렀다. 그런데 『대순전경』 2판 제3장 94절에 "새올에 니르러 텬사께 뵈이니"라고 하여, 당신과 선생 이외에 증산을 천사天師라고 불렀던 『증산천사공사기』(1926)의 전통과 습관이 여전히 이어졌다는 사실이 확인된다.

『대순전경』 2판 제3장 「당신의 성도의 기행이적」의 94절부터 99절까지의 일련번호에 착오가 있다. 94절이 두 번 나오는데, 뒤에 나오는 94절은 96절로, 95절은 97절로, 96절은 98절로, 97절은 99절로, 98절은 100절로, 99절은 101절로 숫자를 고쳐야 한다. 그리고 『대순전경』 2판 제6장 「천지공사」의 7절이 두 번 기록되었다. 일련번호에 착오가 있는 것이다. 따라서 두 번째 나오는 6장 7절부터는 숫자 하나를 더하여 일련번호가 이어져야 한다. 6장 78절도 숫자가 두 번 나온다. 따라서 6장의 전체 구절은 94절이 아니라 96절이다.

『대순전경』 2판(1933) 제2장은 모두 6절로 이루어져 있는데, 앞의 빠진 부분을 복원하더라도 『대순전경』 초판(1929)의 내용과 거의 같다. 『대순전경』 2판이 6절로 끝나는데, 초판도 마찬가지이기 때문이다.

『대순전경』 초판 제3장의 제목이 「선생의 성도成道와 기행이적奇行異蹟」이었는데, 『대순전경』 2판 제3장의 제목은 「당신의 성도와 기행이적」이다. 선생과 당신이라는 증산에 대한 존칭이 다를 뿐이다.

『대순전경』 2판의 주요 증보增補 내용

III

1. 한문체에서 한글체로 변환

『대순전경』 2판은 순한글본이다. 따라서 『대순전경』 초판에 나오는 한문체가 한글체로 대폭 바뀐다. 교리를 쉽게 알리기 위한 목적으로 이처럼 한글본이 간행되었다고 볼 수 있다. 한문에 익숙하지 않은 대중들에게 증산의 가르침을 더욱 이해하기 쉽게 하기 위해서는 한글본의 간행이 필수적으로 요청되었을 것이다. 『대순전경』 2판은 『대순전경』 초판의 어려운 한문 투 용어와 표현을 친근한 우리말로 대폭 수정했으며, 조금은 어색한 한문식의 표현이 한글식의 표현으로 많이 바뀌었다.

1) 용어

『대순전경』 2판(1933) 제3장 3절에 나오는 "형렬의 안해"가 『대순전경』 초판(1929)에서는 "형렬의 처妻"라고 되어 있었다. 『대순전경』 2판이 한글본이어서 "처"에서 "안해(아내)"라는 표현으로 바뀐 것이다.

『대순전경』 초판 4장 13절의 "지우知友"는 『대순전경』 2판 4장 13절에서는 "친구"로 바뀌었고, 초판의 "도천禱天하던"은 2판에서는 "기도하던"으로 바뀌었다.

『대순전경』 초판 4장 16절의 "뇌성雷聲"이 2판 4장 16절에는 "우레"로 바뀐다.

『대순전경』 초판 4장 23절의 "고서古書"가 2판 4장 24절에서는 "옛글"로 바뀐다.

『대순전경』 초판 4장 33절의 "읍邑 아전"이 2판 4장 36절에서는 "고을 아전"으로 표현되었다.

『대순전경』 초판 4장 38절의 "가업家業"이 2판 4장 40절에서는 "살림살이"로, 초판 4장 38절의 "가산家産"이 2판 4장 40절에서는 "살림"으로, 초판 4장 38절의 "무혹誣惑"이 2판 4장 40절에서는 "속임"으로 바뀌었다.

『대순전경』 초판 4장 71절의 "탕자蕩者, 고대古代, 개심改心, 승천昇天, 동학同學, 천공天空, 오운五雲"이 『대순전경』 2판 4장 124절에서는 각기 "부랑자, 옛적에, 마음을 고쳐, 하늘에 올라가, 동무, 하늘, 오색구름"으로 바뀐다.

『대순전경』 초판 4장 72절의 "노파老婆"가 『대순전경』 2판 4장 125절에서는 "늙은 여자"로 바뀐다.

『대순전경』 초판 5장 3절의 "처妻"가 『대순전경』 2판 5장 3절에서는 "안해"로 표현되었다. 『대순전경』 초판 5장 7절의 "나병癩病"은 2판 5장 7절에서는 "문둥병"으로 바뀐다. 초판 5장 9절의 "시체屍體"는 2판 5장 9절에서는 "송장"으로 바뀐다. 초판 5장 13절의 "모친母親"은 2판 5장 13절에서는 "어미"로 바뀐다. 초판 5장 15절의 "청맹靑盲"이 2판 5장 15절에서는 "뜬 봉사"로 바뀐다.

『대순전경』 2판 5장 20절, 21절, 22절, 23절, 24절, 25절은 초판에는 없던 내용인데 증보되었다. 2판 5장 48절과 49절도 초판에는 없었는데, 증보되었다.

『대순전경』 초판 5장 21절의 "약국藥局"이 2판 5장 27절에서는 "약방"으로 바뀌었다. 초판 5장 26절의 "소실小室"이 2판 5장 32절에서는 "적은 집"으로 바뀐다. 초판 5장 30절의 "견책譴責"이 2판 5장 36절에서는 "꾸짖으심"으로 바뀐다. 초판 5장 32절의 "발저종髮底腫"이 2판 5장 38절에서는 "발지"로 바뀌었다. 초판 6장 1절의 "인세人世"가 2판 6장 1절에서는 "세상"으로 바뀌었다. 초판 6장 5절의 "위촉委囑"이 2판 6장 7절에서는 "심부름"으로 바뀐다. 초판 6장 8절의 "대두擡頭"는 2판 6장 10절에서는 "나타나지"로 바뀌었고, 초판 6장 8절의 "모형模型"은 2판 6장 10절에서는 "본받음"으로 바뀐다.

『대순전경』 초판 6장 9절의 "승의僧衣"는 2판 6장 11절에서는 "중 옷"으로 바뀌었고, 초판 6장 9절의 "기적汽笛소리"는 2판 6장 11절에서는 "고동소리"로 바뀐다. 『대순전경』 초판 6장 20절의 "열서列書", "공각空殼", "지인知人", "허영虛影", "천혜天惠와 지리地利"가 2판 6장 22절에서는 각기 "벌여 쓰사", "빈 껍데기", "아는 사람", "헛된 그림자", "하늘 은혜와 땅의 리"로 바뀐다.

『대순전경』 초판 6장 21절의 "공문孔門", "위시爲始하여", "교대交代하여", "발發하는지라.", "실지實地를 고告하라." 등은 2판 6장 23절에서는 각각 "문구멍", "비롯하여", "번갈아서", "나는지라.", "바른대로 가르치라."로 바뀐다. 『대순전경』 초판 6장 22절의 "포위包圍하고", "직고直告하니", "체포逮捕하니라.", "과도過度하게 강함"은 2판 6장 24절에서는 각각 "에워싸고", "바른대로 고하니", "잡아가니라.", "너무 굳셈"으로 바뀐다.

『대순전경』 초판 6장 23절의 "금전金錢", "침구寢具", "삼인三人", "뇌전雷電"은 2판 6장 25절에서는 각각 "돈", "이불", "세 사람", "우레와 번개"로 바뀐다. 『대순전경』 초판 6장 24절의 "취조取調"와 "석방釋放"은 2판 6장 26절에서는 각각 "조사"와 "내어 보내다."로 바뀐다.

『대순전경』 초판 6장 25절의 “빈궁貧窮한”은 2판 6장 27절에서는 “가난한”으로 바뀐다. 초판 6장 27절의 “의복衣服”이 2판 6장 29절에서는 “옷”으로 표현되었다. 초판 6장 28절의 “폭우暴雨”와 “초토焦土”는 2판 6장 30절에서는 각각 “소낙비”와 “재”로 바뀌었다.

『대순전경』 초판 6장 29절의 “제조방법製造方法”, “수전증手顫症”, “완공完工하거늘”, “안치安置한 후”는 2판 6장 31절에서는 각각 “짜는 방법”, “손 떨리는 증症”, “마치거늘”, “들여놓은 뒤”로 표현되었다.

『대순전경』 초판 6장 30절의 “제조製造하사”가 2판 6장 32절에서는 “만들어”로 바뀐다. 초판 6장 31절의 “종縱”, “낙인烙印”, “홍색紅色”은 2판 6장 33절에서는 각각 “가로”, “불 지짐”, “붉은”으로 바뀐다. 초판 6장 40절의 “승모僧帽”가 2판 6장 41절에서는 “고깔”로 바뀐다. 초판 6장 41절의 “심야深夜”와 “부정不淨한”은 2판 6장 42절에서는 각각 “밤중”과 “깨끗하지 못한”으로 바뀐다.

『대순전경』 초판 6장 43절의 “지지支持하여”, “행상行商”, “백일白日”은 2판 6장 44절에서 각각 “고이고”, “봇짐 장사”, “맑은 날”로 고쳐졌다. 초판 6장 47절의 “호의好意”와 “증오심憎惡心”이 2판 6장 48절에서는 각각 “좋은 뜻”과 “미워하는 마음”으로 바뀐다. 초판 6장 50절의 “모모某某”는 2판 6장 52절에서는 “아무 아무”로 바뀐다. 초판 6장 52절의 “창설創設”, “발원發源”, “인군人君”, “붕崩하니라.”는 2판 6장 54절에서는 각각 “세움”, “시작”, “임금”, “죽으니라.”로 바뀐다. 초판 6장 56절의 “직신直臣”이 2판 6장 59절에서는 “곧은 신하”로 표현된다.

『대순전경』 초판 6장 58절의 “전고前古”, “최종最終”, “좌左”, “수위首位”가 2판 6장 62절에서는 각각 “과거”, “맨 끝”, “왼편”, “첫머리”로 바뀐다. 초판 6장 59절의 “전일前日”, “서양인西洋人”, “천상天上”은 2판 6장 63절에서는 각각 “전날”, “서양사람”, “하늘”로 바뀐다. 초판 7장 1절의 “천인賤人”, “무인巫人”, “각인各人”은 2판 7장 1절에서는 각각 “천한 사람”, “무당”,

"각 사람"으로 바뀐다. 초판 7장 2절의 "청죽青竹", "절節", "수교자受教者", "상부相符하도다.", "중앙中央"은 2판 7장 2절에서는 각각 "푸른 대", "마디", "교教 받는 자", "맞는도다.", "복판"으로 바뀐다.

『대순전경』 초판 7장 4절의 "전면全面"은 2판 7장 4절에서는 "온 장帳"으로 바뀐다. 초판 7장 6절의 "만인萬人"과 "전수傳受케"는 2판 7장 6절에서는 "만명"과 "전하여 주게"로 바뀐다. 초판 7장 7절의 "동일同一한"은 2판 7장 7절에서는 "같은"으로 바뀐다. 초판 7장 8절의 "승낙承諾하고"는 2판 7장 8절에서는 "대답하고"로 바뀐다. 초판 7장 9절의 "정중앙正中央"은 2판 7장 9절에서는 "한가운데"로 바뀐다. 초판 7장 10절의 "후일後日"은 2판 7장 10절에서는 "뒷날"로 바뀐다.

『대순전경』 초판 8장 48절의 "강강剛强한 자"와 "유약柔弱"은 2판 2장 8절에서는 "강한 자"와 "약함"으로 바뀐다. 초판 9장 9절의 "목석木石", "대운大運", "불능不能한"은 2판 9장 10절에서는 각각 "말뚝", "큰 운運", "어려운"으로 바뀐다. 초판 9장 10절의 "사위詐僞", "심담心膽", "골절骨節"은 2판 9장 14절에서 각각 "거짓", "쓸개", "뼈마디"로 바뀐다. 초판 9장 16절의 "경농耕農", "후택厚澤", "앙모仰慕하여 보답報答하지", "보답報答하리라." 등은 2판 9장 19절에서는 각각 "농사짓는 법", "두터운 덕택", "우러러 갚지", "갚으리라."로 바뀐다.

『대순전경』 초판 9장 18절의 "순식간瞬息間"은 2판 9장 21절에서는 "잠깐 동안"으로 바뀐다. 초판 9장 19절의 "활방活方"과 "여가餘暇"는 2판 9장 22절에서는 "살아날 방법"과 "겨를"로 바뀐다. 초판 9장 24절의 "도박賭博"은 2판 9장 29절에서는 "노름"으로 바뀐다. 초판 12장 5절의 "등촉燈燭", "백홍白虹", "관일貫日하리니"는 2판 10장 4절에서는 각각 "등불", "흰 무지개", "해를 꿰리니"로 바뀐다. 초판 12장 6절의 "준비準備하여", "관棺", "판매販賣하는"은 2판 10장 5절에서는 각각 "만들어", "널", "파는"으로 바뀐다.

『대순전경』 초판 12장 15절의 "속俗된 말"은 2판 10장 14절에서는 "상말"로 바뀐다. 초판 12장 18절의 "회집會集하니"는 2판 10장 17절에서는 "모이니"로 바뀐다. 초판 12장 29절의 "전광電光"은 2판 10장 28절에서는 "번개"로 바뀐다.

2) 표현

『대순전경』 초판(1929) 3장 18절에서 "15일에 선생이 술을 마시시고 혼몽히 주무실 새, 장흥해의 어린 아들이 급병이 발하여"라는 구절이 『대순전경』 2판(1933) 3장 18절에서는 "이때에 장효순의 어린 아들이 급히 병들어"로 이름이 바뀌었다. 『대순전경』 초판에서 증산이 술에 취해 잠을 자고 있었다는 다소 불경한 표현이 2판에서는 사라졌고, 장흥해의 아들에서 장효순의 아들로 병자의 가족관계가 바로잡혔다. 초판 4장 3절의 "장흥해가 그 어린 아들을 심히 사랑하거늘"이 2판 4장 3절에서는 "장효순이 그 어린 아들을 심히 사랑하거늘"로 바뀌었다. 그리고 『대순전경』 초판 4장 4절의 "장효순의 사망한 소식을 들은지라."가 2판 4장 4절에서는 "장익모의 죽었다는 소문을 들은지라."로 바뀐다.

『대순전경』 초판 3장 19절의 "피화避禍하니라."라는 표현이 2판 3장 19절에서는 객관적인 표현인 "옮겨가니라."로 바뀌었다. 장효순의 행패를 재앙이나 화禍로 표현하는 일이 증산의 위격位格을 고려할 때 어울리지 않는다고 판단하여 이처럼 객관적인 서술을 시도했다고 볼 수 있다. 그리고 초판 3장 32절의 "활인活人"이 2판 3장 32절에서는 "사람 살리는 일"로 바뀐다. 초판 3장 53절의 "하늘의 노하심"이 2판 3장 52절에서는 "천벌"로 표현된다. 초판 3장 63절의 "11월"이 2판 62절에서는 "동짓달"로 표현된다. 초판 3장 72절의 "예지술預知術"이 2판 3장 72절에서는 "미리 아는 법"으로 표현된다. 초판 3장 79절의 "만민을 구활救活하는 상제上帝"가 2판 3장 81

절에서는 "만민을 살리는 하느님"이라고 표현된다.

『대순전경』 초판 4장 1절의 "차례로 종유從遊하니라."가 2판 4장 1절에서는 "차례로 따르니라."로 표현된다. 초판 4장 3절의 "부모를 잘 경애敬愛하라."가 2장 4장 3절에서는 "부모를 잘 공경하라."로 바뀐다. 초판 4장 4절의 "만나기로 약정約定하고"가 2판 4장 4절에서는 "만나기로 언약하고"로 바뀐다. 초판 4장 4절의 "저절로 병사病死하였으니"가 2판 4장 4절에서는 "저절로 병들어 죽었으니"로 바뀌었다.

『대순전경』 초판 4장 6절의 "말을 선善하게 하면"이 2판 4장 6절에서는 "말을 좋게 하면"으로 표현되었고, 초판 4장 6절의 "말을 악惡하게 하면 화禍가 되어"가 2판 4장 6절에서는 "말을 나쁘게 하면 재앙이 되어"로 표현된다.

『대순전경』 초판 4장 7절의 "몇 개월個月간"이 2판 4장 7절에서는 "여러 달 동안"으로 바뀐다. 초판 4장 9절의 "문견聞見하신 후에"가 2판 4장 9절에서는 "상고하신 뒤에"로 바뀌었다. 초판 4장 12절의 "6월 1일"은 2판 4장 12절에서 "유월 초하룻날"로 표현된다. 초판 4장 18절의 "불의不義를 많이 행하였거늘"이 2판 4장 18절에서는 "의롭지 못한 일을 많이 행하였거늘"로 표현된다. 초판 4장 34절의 "야소교인耶蘇敎人"이 2판 4장 37절에서는 "예수교인"으로 바뀌었고, 초판 4장 34절의 "어렵게 회춘回春하였다."는 2판 4장 37절에는 "어렵게 살아났다."로 표현된다. 초판 4장 43절의 "화룡천년畫龍千年에 진룡眞龍이 이름을 모른다."가 2판 4장 45절에서는 "용 그리기 천년에 참룡이 이름을 모른다."라고 표현되었다.

『대순전경』 초판 4장 51절의 "대운大運"은 2판 4장 104절에서는 "큰 운수"로 표현되었고, 초판 4장 51절의 "많이 송동誦讀하라."는 2판 4장 104절에서는 "만독萬讀하라."라고 구체적인 숫자로 표현되었다. 초판 4장 32절의 "많이 봉공奉公하였는데"는 2판 4장 159절에서는 "당신을 모시고 다녔는데"로 표현되었다.

『대순전경』 초판 4장 54절의 "속언俗言"이 2판 4장 111절에서는 "상말"로 표현되었고, 초판 4장 54절의 "무지몽매無知蒙昧"는 2판 4장 111절에서 "명사를 모르는 것"으로 표현된다. 초판 4장 67절의 "대죄大罪"가 2판 4장 121절에서는 "큰 죄"로 표현되었고, 초판 4장 67절의 "소죄小罪"는 2판 4장 121절에서는 "적은 죄"로 표현되었다. 초판 4장 67절과 4장 68절과 4장 70절의 내용이 2판에서는 4장 122절로 합쳐져 있다. 초판 5장 1절의 "의법醫法"이 2판 5장 1절에서는 "병 고치는 법"으로 표현되었다. 초판 5장 2절의 "당분糖粉"이 2판 5장 2절에서는 "사탕가루"로 바뀌었다.

『대순전경』 초판 5장 5절의 "식후食後가 되면 복통腹痛이 발發하고"가 2판 5장 5절에서는 "밥 먹은 뒤에는 배가 아프고"로 표현되었다. 초판 5장 7절의 "송독誦讀케 하신 후에"는 2판 5장 7절에서는 "읽히신 뒤에"로, 초판 5장 7절의 "쾌차快差하니라."는 2판 5장 7절에서는 "곧 나으니라."로 표현되었다. 초판 5장 8절의 "고통苦痛하다가"는 2판 5장 8절에서는 "앓다가"로, "환자患者"는 "병인病人"으로 바뀌었다. 초판 5장 9절의 "약방의 운수運數를 막으려고"는 2판 5장 9절에서는 "약방이 안 되려고"로 표현되었다.

『대순전경』 초판 5장 11절의 "뜰 안에 구보驅步케 하시고"는 2판 5장 11절에서는 "마당에서 빨리 달리게 하시고"로 바뀌었다. 초판 5장 19절의 "각통脚痛"이 2판 5장 19절에서는 "다리가 아파서"로 표현되었다. 초판 5장 23절의 "형해形骸만 남았거늘"이 2판 5장 29절에서는 "뼈만 남았거늘"로 바뀌었고, "악언惡言"은 "나쁜 말"로 표현되었다. 초판 6장 4절의 "수호守護"가 2판 6장 4절에서는 "지키는"으로 표현되었다. 초판 6장 7절의 "세력을 각축角逐하니"가 2판 6장 9절에서는 "세력을 다투니"로, 초판 6장 7절의 "분립分立"은 2장 6장 9절에서는 "나뉘어"로, 초판 6장 7절의 "유린蹂躪"은 2판 6장 9절에서는 "짓밟힌"으로 표현되었다.

『대순전경』 초판 6장 11절의 "전광電光이 발하는 곳"이 2판 6장 13절에서는 "번개치는 곳"으로 바뀌었고, 초판 6장 11절의 "금연禁煙하라."는 2판

6장 13절에서는 "담배를 끊으라."로 표현되었다. 초판 6장 13절의 "체포逮捕되니라."가 2판 6장 15절에서는 "잡히니라."로 표현되었다. 초판 6장 26절의 "감옥監獄에 계셨을 때", "분노忿怒하여", "패설悖說을 발하며", "험담險談하더니", "천노天怒"는 2판 6장 28절에서는 각각 "갇히셨을 때", "성내어", "욕설을 내며", "얽어 말하더니", "큰 화禍"로 표현되었다.

『대순전경』 초판 6장 36절의 "편사偏私가 없이 균분均分하게"는 2판 6장 37절에서는 "사私가 없이 고루 나누게"로 표현된다. 초판 6장 60절의 "곤봉棍棒"과 "구활救活하려면"은 2판 6장 64절에서는 "방망이"와 "건지려면"으로 표현된다. 초판 6장 61절의 "묵연默然히"와 "가可하다."는 2판 6장 66절에서는 각각 "한참 생각하시다가"와 "옳다."로 표현된다. 초판 6장 63절의 "수색搜索하다가"는 2판 6장 71절에서는 "찾다가"로 표현된다.

『대순전경』 초판 6장 65절의 "특장特長하니"와 "흉년凶年이 드니라."는 2판 6장 73절에서는 각각 "제일 크니"와 "망하니라."로 표현된다. 초판 6장 66절의 "송독誦讀케 하시니라."는 2판 6장 74절에서는 "읽히시니라."로 표현된다. 초판 6장 68절의 "인형人形을 그리사"와 "창唱하시며"는 2판 6장 90절에서는 각각 "사람을 그리사"와 "노래하시며"로 표현된다. 초판 6장 70절의 "주묵朱墨"과 "비점批點하여"는 2판 6장 80절에서는 각각 "붉은 먹"과 "점點을 쳐서"로 표현되었다.

『대순전경』 초판 6장 73절의 "횡서橫書"가 2판 6장 85절에서는 "가로로 쓰다."로 표현된다. 초판 6장 74절의 "임의任意대로"와 "부족不足하다."가 2판 6장 86절에서는 "마음대로"와 "모자란다."로 표현된다. 초판 6장 80절의 "차후此後로는"은 2판 6장 93절에서는 "이 뒤로는"으로 표현된다. 초판 6장 81절의 "갱정更正하여"는 2판 6장 95절에서는 "뜯어고쳐"로 바뀐다. 초판 8장 4절의 "춘무인春無仁이면 추무의秋無義라."는 2판 8장 3절에서는 "봄에 씨앗을 들이지 아니하면 가을에 거두어들이지 못할지라."고 표현되었고, 초판 8장 4절의 "신로信路"는 2판 8장 3절에서는 "믿음의 길"

로 표현된다.

『대순전경』 초판 8장 9절의 "보복報復하느니라."가 2판 8장 22절에서는 "갚느니라."로 표현된다. 초판 8장 11절의 "통솔統率"이 2판 8장 28절에서는 "거느리고"로 표현된다. 초판 8장 13절의 "입산삼일入山三日에 시지천하사始知天下事라."는 2판 8장 31절에서는 "산山에 든 지 사흘 만에 비로소 천하사를 알았다."로 표현된다. 초판 8장 46절의 "추성후秋成後"가 2판 8장 80절에서는 "가을이 되어"로 표현된다. 초판 8장 47절의 "부단不斷한 노력努力"은 2판 8장 70절에서는 "쉴 새 없이 서두는 일"로 표현된다. 이 구절의 앞부분인 "혹이 생식과 절식의 편의함을 말하니"라는 부분이 증보되었다.

『대순전경』 초판 8장 49절의 "우열愚劣한"은 2판 8장 46절에서는 "어리석은"으로 표현된다. 초판 8장 54절의 "근심謹審"과 "금후今後로는"은 2판 8장 26절에서는 각각 "걱정"과 "이 뒤로는"으로 표현된다. 초판 8장 61절의 "수련修練"이 2판 8장 74절에서는 "닦기"로 표현된다. 초판 8장 63절의 "지도자志道者"와 "명감明鑑"은 2판 8장 73절에서는 각각 "도道에 뜻하는 자"와 "거울"로 표현된다.

『대순전경』 초판 9장 1절의 "개조改造하여", "침륜沈淪한", "인신人神", "광도廣度하여", "구종舊宗의 계속繼續", "전성前聖의 조술祖述"은 2판 9장 1절에서 각각 "뜯어고쳐", "빠진", "사람과 신명", "널리 건져", "옛일을 이음", "전前 사람의 전傳함"으로 표현된다. 초판 9장 3절의 "이화理化하면", "조화調和하여", "전칙典則하여", "담당擔當하였으면", "고대古代", "전용專用하더라도", "혼용混用하지"는 2판 9장 3절에서 각각 "다스리면", "골라잡아", "맞추어서", "맡았으면", "옛적", "오롯이 쓸지라도", "합하여 쓰지"로 표현된다.

『대순전경』 초판 9장 4절의 "충발衝發을 이루어", "무위지화無爲之化", "불언지교不言之教", "화민정세化民靖世할 지니라.", "원시原始", "선양禪讓

함에", "붕어崩御하고", "참사慘事", "참화慘禍", "심리審理하여" 등은 2판 9장 4절에서 각각 "터져 나와", "하염없는 다스림", "말없는 가르침", "백성을 화하며 세상을 고치리라.", "비롯", "전하니", "죽고", "참혹한 일", "참혹한 화禍", "바로 살펴" 등으로 표현된다.

『대순전경』 초판 9장 5절의 "질시嫉視하여", "유례類例없는", "일상용어日常用語에", "칭稱하니", "혐오嫌惡하므로", "수한水旱", "후척厚瘠", "한서寒暑" 등은 2판 9장 5절에서 각각 "미워하여", "비할 데 없는", "항언恒言에", "일컬으니", "싫어하므로", "가뭄과 장마", "걸고 박한", "춥고 더운" 등으로 표현된다.

『대순전경』 초판 9장 6절의 "할거割據하는"은 2판 9장 6절에서는 "나누어 차지한"으로 표현된다. 초판 9장 7절의 "대립對立하여", "일가一家의 장長", "종주宗主"는 2판 9장 6절에서는 각각 "서로 마주서서", "한 집안 어른", "비롯"으로 표현된다. 초판 9장 8절의 "위무威武", "복리福利와 영귀榮貴", "폐기廢棄한", "비열卑劣한", "대적對敵할", "종국終局", "구활救活하면"은 2판 9장 11절에서는 각각 "위엄과 무기", "복과 영화", "버린 바", "천한", "겨루어 낼", "끝", "살리면"으로 표현된다.

『대순전경』 초판 9장 11절의 "의도意圖를 발發하였으나", "천상天上과 지하地下", "개방開放하여", "교통交通케 하고", "사후死後에", "인솔引率하고", "혜식慧識", "이기利器", "증장增長하여", "회합會合하여", "호소呼訴하므로", "승僧", "유문儒門의 구습舊習", "천명闡明하여", "표극表極", "강림降臨하였노라." 등은 2판 9장 12절에서 각각 "계획을 내었으나", "하늘과 땅", "틔워", "넘나들게 하고", "죽은 뒤에", "거느리고", "알음귀", "정묘한 기계", "길러내어", "모여", "하소연하므로", "중", "유교儒教의 테", "들처내어", "푯대", "내려왔노라." 등으로 표현된다.

『대순전경』 초판 9장 12절의 "천하일가天下一家", "사용使用하지", "이화理化할지니", "관직官職에 있는 자", "참월僭越", "천문天門", "자재自在하며", "일체사一體事를", "청화명려淸和明麗의" 등은 2판 9장 16절에서 각각 "천하가 한 집", "쓰지", "다스려 화할지니", "벼슬아치", "넘는", "하늘", "뜻대로 하며", "모든 일을", "맑고 고운" 등으로 표현된다. 초판 9장 14절의 "숙정肅正하고"와 "생生을"은 2판 9장 15절에서는 "맑히고"와 "삶을"로 표현된다.

『대순전경』 초판 9장 20절의 "위안慰安"은 2판 9장 23절에서는 "편안하게도"로 표현된다. 초판 9장 22절의 "수수방관袖手傍觀하고"와 "공궤供饋만"은 2판 9장 24절에서는 "곁에서 구경만 하고"와 "손님 접대만"으로 표현된다. 초판 9장 24절에서는 "말수末手가 먹느니라."로 기록되어 있었는데, 2판 9장 29절에서는 "묻어 있는 중집이 먹느니라."로 바뀐다.

3) 지명

『대순전경』 초판 3장 37절의 "입석리立石里"가 2판 3장 37절에서는 "선돌"로 바뀐다. 초판 3장 63절의 "동곡銅谷"이 2판 62절에서는 "구릿골"로 바뀐다. 초판 3장 69절의 "웅포雄浦"가 2판 3장 69절에서는 "곰개"로 바뀐다. 초판 3장 70절의 "용두치龍頭峙"가 2판 3장 70절에서는 "용머리고개"로 바뀐다.

『대순전경』 초판 3장 71절의 "익산益山 이리裡里"가 2판 3장 71절에서는 "익산 솜리"로 바뀐다. 초판 4장 12절의 "용암리龍巖里 수침막水砧幕에서"가 2판 4장 12절에서는 "용암리 물망아집에서"로 바뀐다. 초판 4장 13절의 "고부古阜 송내松內"가 2판 4장 13절에서는 "고부 솔안"으로 바뀐다. 초판 4장 19절의 "농암籠巖"이 2판 4장 19절에서는 "농바위"로 바뀐다. 초판 5장 20절의 "관동鸛洞"이 2판 5장 26절에서는 "황샛몰"로 바뀐다. 초판 6장 10절의 "경성京城"이 2판 6장 12절에서는 "서울"로 바뀌었고, 초판 6장 10절의 "대전大田"은 2판 6장 12절에서는 "한밭"으로 바뀐다.

2. 천지공사의 내용 확대

『대순전경』 2판(1933)에는 『대순전경』 초판1929에는 없던 내용이 상당히 증보增補되는데, 증산의 종교적 행위인 천지공사天地公事의 내용이 확대되고 심화하는 기록이 대부분이다.

『대순전경』 2판 3장 64절에는 초판에는 없었던 내용이 증보되었다. 증산이 신원일이라는 제자에게 "일찍이 동쪽 하늘을 향해 붉은 옷을 입고 구름을 타고 앉은 사람에게 네 번 절을 한 일이 있느냐?"라고 묻고, "내가 곧 그 사람이로다."라고 말한 후 네 번 절을 하게 했다는 이야기이다. 제자들이 그 이유를 묻자 신원일이 몇 년 전에 병이 들었을 때 있었던 일이라고 말했다고 전한다. 증산의 신성함이 강조된 내용이고, "붉은 옷을 입고 구름을 타고 앉았다."라는 표현에서 증산이 마치 황제나 임금처럼 인식되고 믿어졌다는 사실을 짐작할 수 있다.

『대순전경』 2판 3장 74절은 초판에는 없던 구절인데 증보되었다. 어떤 여인이 샛서방을 보아 아들을 낳았는데 그 본 남편이 알지 못하고 자기 아들과 같이 길렀는데, 증산이 그 여인에게 "저 아이가 네 본 남편의 아들이 아니거늘, 어찌 이같이 모호하게 하여 죄를 짓느냐?"라고 말했다는 이야기다. 혈통을 바르게 하라는 증산의 가르침을 강조하기 위해 증보된 부분으로 보인다.

『대순전경』 2판 3장 43절은 초판에는 없는 내용으로 증보된 것이다. 신원일이 궁감이 되어 세금을 착복하여 가산을 몰수당할 위기에 처하자, 증산이 "한 사람의 소리가 곧 대중의 소리니라."라고 말했고, 그 후 궁토의 제도가 혁파되어 무마되자, 신원일이 감사했다는 내용이다. 한 사람이 겪는 고통을 해소하는 일의 중요성을 강조한 이야기로 보인다.

『대순전경』 초판 3장 52절이 2판에서는 사라진다. 증산이 해가 제비산 봉우리에 반쯤 떠오르자 제자들에게 "이러한 난국을 당하여 정세靖世의

뜻을 품은 자는 능히 일행日行을 멈추는 권능을 가져야 할 것이니 내가 이제 시험해 보리라." 하시고, 축인 담배 세 대를 갈아 피우니 해가 산 중턱에 솟아오르지 못했고, 증산이 담뱃대를 떼어 땅에 던지니 해가 갑자기 몇 장丈을 솟아올랐다는 이야기다. 해의 운행을 마음대로 조종할 수 있을 정도로 증산의 권능이 강조된 대목인데, 지나치게 과장되었다는 생각이 들어서였던지, 『대순전경』 2판에서는 이 구절이 삭제되었다. 물론 그 이후의 판본에서는 되살아난다.

『대순전경』 2판 3장 82절도 초판에는 없던 내용인데 증보되었다. 어떤 제자가 가난을 면하는 방법을 묻자, 증산이 올해는 세금을 상납하지 말고 그대가 쓰라고 말해주었다. 그 사람이 세금을 많이 써서 고민하는 모습을 본 증산이 "너무 염려하지 말라. 무사하게 해 주리라."라고 말하자 사람들이 믿지 않았지만, 그 후 그 해의 세금이 면제되어 그 일이 풀리게 되었다는 이야기다. 특별한 의미가 보이지 않는 이야기인데, 굳이 증보된 이유를 찾자면 증산의 천지공사가 정부에서 거두는 세금이라는 구체적인 문제까지도 해결할 수 있다는 믿음을 유발하고자 했던 것으로 볼 수 있다.

『대순전경』 2판 3장 101절도 초판에는 없었는데, 증보되었다. 증산이 글을 써서 어떤 제자에게 주고 불사르라고 했는데, 그 후 그 사람 형의 집에 불이 나서 이웃집 아홉 채를 태웠는데, 그 사람의 집은 불길이 넘어가서 무사하게 되었다는 이야기다. 증산의 권능을 강조하는 이야기로, 증산에 대한 믿음은 구체적인 효과를 볼 수 있다는 의미로 증보된 부분으로 보인다.

『대순전경』 2판 3장 102절도 초판에는 없던 구절인데 증보되었다. 자신이 사는 마을에 호환虎患이 있어서 근심하는 제자에게 증산이 호虎 담요를 가져오게 하여 붓으로 먹을 찍어 그 그림의 눈에 점을 쳤더니, 그 후로 각 지역의 호환이 없어졌다는 이야기다. 증산이 살았던 시대에는 호랑이에게 피해를 보는 일이 가끔 있었다. 그런데 이후에는 호환이 갑자기 없어졌는데, 이 일이 증산이 일종의 종교적 행위를 행했기 때문이라는 믿음을 유발한 대목이다.

『대순전경』 2판 6장 5절의 곽종석郭鍾錫(1846~1919)이 출산出山함에 천하가 모두 촉망하거늘, 증산이 그 기운을 눌렀다는 내용과 6장 6절의 제자가 땅을 팔아 돈을 가져오자 증산이 종이에 '한 일一'자를 길게 그어 놓고 그 획에 걸쳐서 "만물대선록"이라고 써서 불살랐다는 내용은 초판에는 없었는데 2판에서 증보되었다. 6장 5절은 유학자에 대한 일반인의 기대를 증산이 막았다는 이야기이고, 6판 6절은 "만물대선록"의 한자가 적혀 있지 않았기 때문에 정확한 의미를 짐작하기가 어렵다. 특이한 사항이 아니라는 판단에서 이 두 구절은 이후의 『대순전경』 판본에서는 다시 삭제된다.

『대순전경』 초판에는 없었던 몇 구절이 『대순전경』 2판에서 증보되었는데, 2판 3장 113절의 "매번 출행하실 때에는 하루에 30리를 넘겨 걷지 않으셨다."라는 구절과 3장 114절의 "증산께서는 위엄이 씩씩하시고 화기가 무르녹아서 누구든지 가까이하고 싶어 했는데 사랑해 주는 따뜻한 형님과 같았다."라는 구절과 3장 115절의 "항상 돈 1~2원씩을 몸에 지니고 계셨다."라는 구절이 증보되었다. 증산이 천지공사를 보는 과정에 관한 보다 상세한 정보를 제공하는 방향으로 증보되었고, 증산의 따뜻한 면모를 알려주는 일화가 첨가되었고, 증산의 행적 가운데 한 모습을 추가하였다.

『대순전경』 2판 3장 106절의 어떤 사람이 돈을 주지 않고 증산을 핑계로 술과 밥을 먹었는데, 이것이 체하여 죽게 되자, 증산이 "몹쓸 일을 행하여 신명神明에게 죄를 얻어 그릇 죽음을 하게 되었다."라고 말했다는 이야기는 초판 3장 103절에 나왔던 이야기다. 『대순전경』 초판 3장 104절의 "제자들이 근심되는 일을 증산에게 아뢰면 자연히 풀리게 되었다."라는 구절도 2판 3장 107절로 옮겨서 실렸다. 또 『대순전경』 초판 3장 105절의 "증산이 기한을 정해 어기지 않도록 했다."라는 구절도 2판에서는 3장 108절이 되었다. 그리고 『대순전경』 초판 3장 106절의 "증산이 제자들을 어느 장소에 보낼 때 특별한 말이 없었다."라는 구절은 2판에서는 3장 109절이 되었다. 『대순전경』 초판 3장 107절의 "증산이 가물 때는 청수淸水에 오줌을 타면 비가 내려 풍년이 들었고, 충해蟲害가 있을 때는 청수동이에 고춧가루를 타서 물리쳤다."라는 이야기는 2판에서는 3장 110절이 되었다. 『대순전경』 초판 3장 108절의 "증산이 더울 때 출입하면 구름이 일산日傘과 같이 태양을 가렸다."라는 구절은 2판에서는 3장 111절이 되었다.

『대순전경』 초판에는 없던 내용이 2판 4장 35절로 증보되었다. "하루는 밥상을 대하시더니, 가라사대 '서양 기운을 물려내도 밀려드는 기미가 있으므로 이상히 여겼더니, 뒷골방에서 딴전 보는 자가 있음을 몰랐다.' 하시고, 칠성경七星經에 문곡文曲의 위차位次를 고쳐 쓰시니라."라는 구절이다. 증산이 동양을 지키기 위해 몰려드는 서양 기운을 물리치려고 노력했는데, 아무리 애를 써도 진척이 없어 고민했다는 이야기다. 이에 증산은 「칠성경」이라는 주문呪文에 나오는 문곡과 무곡武曲의 순서를 바꿨다고 전한다. 문곡과 무곡의 위치가 바뀌는 일이 어떤 영향과 결과를 낳는지는 정확히 알 수는 없지만, 서양 기운을 막기 위한 일과 연관된다는 점은 분명히 확인된다.

『대순전경』 초판 4장 32절의 "박공우가 3년 동안 선생을 모시며 천지공사天地公事에 많이 봉공奉公하였는데, 매양 공사公事 후에는 각처의 종도에게 순회연포巡廻演布하라 명하시며, 가라사대 '이 일이 곧 천지天地의 대순大巡이라.' 하시니라."라는 구절이 있었는데, 2판에서는 4장 159절에 수록되었다.

『대순전경』 초판 4장 35절의 김영학金永學의 몸에 붙어 있던 두 척신을 증산이 꾸짖어 물리쳤다는 이야기와 초판 4장 36절의 냇가에서 고기를 잡다가 증산이 차경석의 다리를 잡고는 "큰 고기를 잡았다."라고 말했다는 이야기가 2판에서는 생략되었다. 『대순전경』 초판이 차경석이 용龍이 되지 못하는 이무기라고 주장했다면, 2판에서는 당시 차경석이 생존해 있었기 때문에 긁어 부스럼을 만들지 않기 위해 삭제된 것으로 보인다.

『대순전경』 2판 4장 「문도의 종유와 훈회」 50절은 다음과 같다.

> 공우가 물어 가로대 "동학신도가 강주를 읽어서 강을 받는 자가 많으나 나는 아무리 독실히 읽어도 강을 받지 못하오니, 무슨 연고입니까?" 당신이 웃으시며 가라사대 "동학강주에 내가 들었으므로 읽는 자가 다 두려워하여 떠는 것이요, 강령은 아니니라." 또 가라사대 "동학강주를 읽어서 강이 될지라도 그것은 다 제우의 강에 지나지 못한 것이요, 천강은 아니니라." 하시더라.

동학東學의 대표적인 주문인 시천주侍天呪에 나오는 천주天主가 바로 증산 자신이라는 이야기다. 동학의 창시자인 수운水雲 최제우崔濟愚(1824~1864)의 신비체험을 폄하貶下하는 내용인데, 동학의 시천주를 많이 읽으면 나타나는 현상은 수운 최제우의 개인적인 능력에 의해 드러나는 것이고 진정한 의미에서의 천강天降은 아니라는 주장이다.

『대순전경』 초판 4장 46절에 나오는 증산이 썼다는 "사지상직야士之商職也, 농지공업야農之工業也 … 천지망량주장天地魍魎主張, 일월조왕주장日月竈王主張, 성신칠성주장星辰七星主張 … 시천주조화정영세불망만사지侍天主造化定永世不忘萬事知" 등의 글이 실린 구절은 2판에서는 4장 103절에 수록되어 있다.

『대순전경』 초판 4장 47절에 나오는 증산이 제자에게 칠성경七星經을 쓰게 하고, 그 여백에 칠성경 세 글자를 쓰게 하여 불살랐다는 구절은 2판에서는 생략된다. 칠성경이라는 전통적인 경전에 대한 강조가 굳이 필요하지 않다는 생각이 반영된 대목으로 보인다.

『대순전경』 초판 4장 48절의 증산이 관묘關廟에 치성이 있느냐고 묻고 그 신명이 서양에 가서 큰 난리를 일으킨다고 말한 구절은 2판에서는 4장

87절에 수록되어 있다. 초판의 관묘가 2판에서는 관왕묘關王廟로 고쳐졌다.[1] 관왕묘라는 본래 이름으로 고쳐졌다는 점을 알 수 있다.

『대순전경』 초판 4장 49절에 나오는 "일후에 만일 마음을 변개함이 있으면, 이 몽치로 더숙이를 칠 것이요, 이 칼로 할복割腹을 하리라."라는 증산의 말은 2판 4장 92절에서는 생략된다. 아마도 지나치게 거친 표현이라서 순화된 것으로 보인다.

『대순전경』 초판 4장 50절에 증산이 금산金山 안과 용화동龍華洞을 가리켜 "이곳이 내 묘지墓址라."라고 말했다는 내용은 2판 4장 88절에서는 "이곳이 내 기지라."는 말로 바뀐다. 주검이 묻히는 불길하고 부정적인 장소가 아니라 새로운 임무를 수행하는 작업을 통괄하는 진취적이고 긍정적인 장소로 그려진다. 그리고 『대순전경』 초판 4장 50절에서는 "천황지황인황후天皇地皇人皇後에 천하지대금산사天下之大金山寺라."라고 말했다는 내용이 있는데, 2판에서는 사라진다. 그리고 『대순전경』 초판 10장 21절인 "만국활계남조선 청풍명월금산사 문명개화삼천국 도술운통구만리"와 『대순전경』 초판 10장 22절인 "세계유이차산출 기운금천장물화 응수조종태호복 도인하사다불가"라는 글은 2판에서는 4장 88절에 수록된다.

『대순전경』 초판 4장 52절에 나오는 증산이 "도통道通이 건감간진손이곤태乾坎艮震巽离坤兌에 있느니라."라고 말했다는 기록이 2판에서는 생략된다. 물론 이후의 『대순전경』 판본에서는 복원된다.

『대순전경』 초판 4장 53절은 2판에서는 4장 123절로 기록되어 있다. 앞부분은 같은데, 뒷부분에 나오는 어떤 농부가 봄 가뭄에 새 물길을 깊이 파서 대비하여 여름 가뭄 때도 농사를 잘 지었다는 일을 잘 알아두라는 증산의 말씀이 증보되었다.

---

1 한국의 관제신앙의 성립, 전개, 양상에 대해서는 김탁, 『한국의 관제關帝신앙』(선학사, 2004)를 참고하시오.

『대순전경』 초판 4장 55절에 나오는 증산의 "대상大祥이라는 상자祥字는 상서祥瑞라는 상자祥字니라."라는 말은 2판에서는 생략된다.

『대순전경』 초판 4장 64절의 "하재下才는 21일 만이면 각각 성도成道하게 되리라."라는 구절이 2판 4장 11절에서는 생략된다.

『대순전경』 초판 4장 66절에 나오는 돼지를 기르다가 도둑맞은 제자에게 증산이 "그 돼지를 찾지 말라. 네가 전생前生에 그 사람의 집에 가서 돼지를 잡아 온 일이 있었느니라."라고 말해주었다는 기록이 2판에서는 생략된다. 불교의 윤회사상에 나오는 전생이라는 개념이 유일하게 등장하는 구절인데, 후대의 『대순전경』 판본에서는 복원된다.

『대순전경』 초판 4장 74절의 "속언俗言에 짚으로 만든 계룡鷄龍이라 하나니, 세상이 막 일러주는 것을 모르나니라."라는 구절이 2판에서는 생략된다. 계룡산건국설에 관한 언급으로 보이는데, 비결에 대한 설명이 필요하다고 생각해서였는지 2판에서는 기록하지 않았다.

『대순전경』 초판 4장 76절은 2판에서는 4장 128절로 기록되는데, 2판에 "부디 마음을 잘 가지라."는 부분이 증보되었다. 증산이 수심修心을 강조했다는 내용이 추가되었다.

『대순전경』 초판(1929)에는 없었던 내용인데, 『대순전경』 2판(1933)에서 증보된 내용 가운데 4장 「문도의 종유와 훈회」가 많은데, 중요한 구절은 다음과 같다. 『대순전경』 2판 4장 48절의 증산이 부친에게 죄를 짓지 마시라고 말한 내용, 2판 4장 49절의 "이제는 신명神明시대라. 새 기운이 돌 때에 신명들이 불 칼을 번뜩이며 죄지은 것을 내어놓으라 할 때에는 정신을 차리기 어려우리라."라는 구절, 2판 4장 40절의 "동학東學의 강降은 천강天降이 아니라 제우강濟愚降이라는 구절, 2판 4장 51절의 고부인高夫人에게 차경석車京石의 살기殺氣를 조심하라고 말한 부분, 2판 4장 52절의 증산이 24장將과 28장을 경면주사로 써서 벽에 붙였다는 기록, 2판 4장 56절의 증산의 "밥은 불사약이요, 배추김치는 불로초니라."라는 말, 2판 4장

58절의 "이제는 해원解冤시대라. 남녀의 분계를 틔워 각기 하고 싶은 대로 풀어놓았으나 이 뒤로는 억음존양抑陰尊陽의 비법을 뒤꾸며 건곤의 정위를 작성하여 예법이 다시 서게 하리라."는 말, 2판 4장 59절의 부인이라도 공덕이 서고 신앙이 모이면 금패와 금상으로 존신尊信의 표시를 하리라는 말, 2판 4장 60절의 조선을 장차 상등국으로 만들려면 서양신명을 불러와야 하겠는데 배에 실려 오는 물표에 따라오게 되므로 뱃소리를 부른다는 내용, 2판 4장 72절의 이제 동양이 서양으로 떠넘어가는데 공부하는 사람들이 그 일을 붙잡으려 하지 않는다는 대목 등이 대표적 사례다.

그리고 『대순전경』 2판 4장 73절의 일본사람을 잘 대우하는 것이 곧 피난이라고 말하는 부분, 2판 4장 74절의 서양이 곧 명부冥府라. 사람의 삶이 원래 어두운 곳을 등지고 밝은 곳을 향하나니, 이것이 곧 배서향동背西向東이라. 만일 서양사람을 믿는 자는 다 죽으리라는 대목, 2판 4장 78절의 나는 독함도 천하의 독을 다 가졌고, 선함도 천하의 선을 다 가졌다 천지신명이 운수 자리를 정하려고 각 사람의 가정에 들어가 기국을 시험한다는 말, 2판 4장 89절의 "일입유해자난분 일출인묘진 사부지, 일정사오미, 개명, 일종위시교역퇴, 제출진."이라는 구절이 증보되었다.

『대순전경』 2판 4장 97절의 "불지형체, 선지조화, 유지범절."은 초판에서는 10장 5절에 실려 있었다. 그리고 『대순전경』 2판 4장 98절은 초판 10장 12절에 실렸던 내용이다. 그리고 『대순전경』 2판 4장 99절의 "불수편애편오왈인, 불수전시전비왈의, 불수전강전편왈례, 불수자총자명왈지, 불수남물남욕왈신."은 『대순전경』 초판의 10장 15절에 실려 있던 구절이다. "잠심지하 도덕존언, 반장지간 병법재언"은 초판 10장 18절에 실렸던 내용이다.

『대순전경』 2판 4장 100절의 "비인정불가근, 비정의불가근, 비의회불가근, 비회운불가근, 비운통불가근, 비통령불가근, 비령태불가근, 비태통불가근."은 『대순전경』 초판 10장 19절에 있던 구절이다. 또 2판 4장 101절은 초판 10장 20절에 실렸던 구절이다. 『대순전경』 2판 4장 102절의 "개벽정신흑운월, 편만물화백설송, 남아숙인선삼재."는 『대순전경』 초판 10장 23절에 실렸던 내용이다. 그리고 『대순전경』 2판 4장 102절의 "구마일도금신하, 기친년간기만리, 포운태운양세계, 대도일월왕성령."은 『대순전경』 초판 10장 24절에 실렸던 내용이다. 또 『대순전경』 2판 4장 109절의 "삼인동행칠십리, 오로봉전이십일, 칠월칠석삼오야, 동지한식백오제."는 『대순전경』 초판 11장 「인고문명引古文明」 1절에 실려 있던 시다. 『대순전경』 2판 4장 109절의 "보습금강경, 청산개골여, 기후기려객, 무흥단주저."는 『대순전경』 초판 11장 2절에 실렸던 시다. 그리고 『대순전경』 2판 4장 109절의 "아득장생비태청, 중성요야참요정, 악역최절사마경, 섭강리두대광령, 천회지전보칠성, 우보상최등양명, 일기혼돈간아형, 엄엄급급여율령."은 『대순전경』 초판 11장 3절에 실렸던 시다.

『대순전경』 2판 4장 110절의 "금옥경방시역려, 석문태벽검위사, 사동초미수능해, 죽관현심자불리, 포락효성상가리, 토장춘류일상수, 혁원옹필유하억, 목사경우이야이."는 『대순전경』 초판 10장 25절에 실렸던 시다. 이어지는 "일신수습중천금, 경각안위재처심."도 『대순전경』 초판 11장 4절에 실렸던 내용이다.

『대순전경』 2판 4장 117절의 각 성姓에 한 명씩 천상공정에 참여하여있다는 부분이 증보되었다. 그리고 『대순전경』 2판 4장 118절의 "선천영웅시대에는 죄로써 먹고 살았으며, 후천성인시대에는 선으로써 먹고 산다. 이제 후천중생으로 하여금 선으로서 먹고 살 도수를 짜 놓았노라."는 부분도 증보되었다. 『대순전경』 2판 4장 120절 "묵은 하늘이 사람 죽이는 공사만 날마다 보고 있으므로 뜯어고쳐야 한다."는 구절도 증보되었다. 『대순전경』 2판 4장 133절의 "사람에게 혼과 넋 두 길이 있으니, 혼은 하늘에 올라 신이 되어 제사를 흠향하다가 사대를 지난 뒤에는 영이 되거나 신선이 되기도 하며, 넋은 땅으로 돌아가 사대를 지나면 귀가 된다."는 구절도 증보된 내용이다. 그리고 『대순전경』 2판 4장 134절의 "자손을 둔 신명은 황천신이니 삼신이 되어 하늘에서 자손을 타 내리고, 자손을 두지 못한 신명은 중천신이니 곧 서신이 되느니라."라는 부분도 증보되었다.

『대순전경』 2판 4장 146절 "이제는 판이 넓으므로 성과 웅을 합하여 쓰지 아니하면 능히 천하를 다스리지 못하느니라."는 구절도 증보되었다. 또 『대순전경』 2판 4장 151절의 "동학주문에 시천주라 읽으나, 이는 선천에서 천도에만 편벽됨이니 이 뒤로는 시천지라 읽으라."라는 구절도 증보되었다. 『대순전경』 2판 4장 157절의 "하늘이 사람을 낼 때에는 무한한 공을 들인다, 선령신들이 쓸만한 자손 하나를 타내려고 60년간 힘을 들인다."는 구절도 증보되었다.

『대순전경』 2판 10장 11절인 "천하사를 도모하러 떠나리니, 일을 다 본 뒤에 돌아오리라."라는 구절은 초판에는 없었던 증보된 부분이다. 증산의 재림再臨에 대한 신앙이 형성된 대목으로 보인다. 또 『대순전경』 2판 10장 17절의 "또 가라사대 '한 사람만 있어도 나의 일은 성립되느니라.'하시니"라는 내용도 초판에서 증보된 부분이다. 증산을 굳게 믿는 참된 신앙인이 한 사람만 있더라도 그의 천지공사가 틀림없이 이루어질 것이라는 점이 강조되었다.

『대순전경』 2판 10장 3절은 초판에는 없던 구절이다. 개벽이 속히 오지 않는다고 불만을 드러낸 제자에게 증산이 "개벽이란 것은 때와 기회가 있나니, 마음을 눅혀 어린 것을 버리라. 일이 조용해지는 것도 나로 말미암아 되는 것이요, 일이 분란하게 되는 것도 나로 말미암아 되는 것이니, 장자방의 조용과 제갈공명의 정대함을 본받으라."라고 말해주었다는 내용이다.

『대순전경』 2판 10장 18절은 증보된 구절로 초판에는 없었다. 증산이 천지공사天地公事를 마쳤음을 선포하니, 김경학이 공사를 마치셨으면 나서시기를 바란다고 여쭈자, 증산이 "사람들이 없으므로 나서지 못한다."

라고 대답했다. 이에 김경학이 "비록 무능하지만 두 사람의 일을 대행하려 합니다."라고 말했다. 그러자 증산이 "그렇게 되지 못하느니라."라고 대답하자, 김경학이 제자들을 선동하여 물러가려 했고, 증산이 이를 만류하여 "조금 기다리라."라고 말한 다음, 여러 가지 병을 번갈아 앓으며 "내가 이러한 모든 병을 대속代贖하여 세계 창생으로 하여금 영원한 강녕을 얻게 하리라."라고 말했다. 이때 앓은 병은 운기, 상한, 황달, 내종, 호열자 등이었다고 전한다. 다시 증산은 "세상에 있는 모든 병을 다 대속하였으나, 오직 괴병怪病은 그대로 남겨두고, 너희들에게 의통醫統을 전하리라."라고 말했다. 증산이 세상의 많은 질병을 '대속'했다는 주장과 믿음이다. '대속'이라는 성스러운 행위가 있었다고 강조하면서 동시에 앞으로 남은 괴병의 발생과 그에 대한 해결책인 의통을 주장하는 기초를 마련한 대목이다.

『대순전경』 초판 9장 9절에서는 "짜 놓았으니, 제 한도에 돌아 닿는 대로"라고 기록되어 있지만, 『대순전경』 2판 9장 10절에서는 이 부분이 "도수度數를 짜 놓았으니, 제 도수에 닿는 대로"로 바뀐다. 굳게 정해진 질서라는 의미의 도수가 강조되었다. 『대순전경』 2판 6장 13절에 나오는 "「영세화장건곤위, 대방일명간태궁」을 제자에게 외우게 했다."는 기록은 『대순전경』 초판 10장 28절에 있던 내용이다.

『대순전경』 초판 6장 16절에는 증산이 「전주동곡해원신全州銅谷解冤神, 경주용담보은신慶州龍潭報恩神」이라는 글을 썼다는 기록만 있는데, 『대순전경』 2판 6장 18절에는 여기에 「시천주조화정영세불망만사지侍天主造化定永世不忘萬事知, 법사法師, 지기금지원위대강至氣今至願爲大降, 연월일年月日」라는 글귀를 덧붙여 썼다고 증보된다.

『대순전경』 2판(1933) 6장 20절에 나오는 "순창에는 큰 기운이 묻혀 있으나, 전 최 양인은 그 사람이 아니므로, 도리어 해를 주었느니라."라는 증산의 말은 『대순전경』 초판(1929)에는 없었던 내용인데, 증보된 것이다. 전全은 전명숙 즉 전봉준을 가리키는 말이고, 최崔는 최수운 즉 최제우를

가리키는 말이다.

『대순전경』 2판 6장 22절에서 증산이 「두문동성수, 팔팔, 신농패, 유사표, 구구, 백복신, 만사신」이라는 글을 썼다는 대목과 「인사각지」라는 글을 썼다는 기록과 「일월무사치만물, 강산유도수백행」이라는 구절은 『대순전경』 초판 10장 30절에 있었다.

『대순전경』 2판 6장 24절에서는 경무청의 신문訊問 내용이 증보된다. "당신께 먼저 묻기를 '네가 의병이냐?' 가라사대 '나는 의병이 아니라 곧 천하를 도모하는 사람이로다.' 경관이 놀라서 가로대 '감히 그런 참담한 말을 하느냐?' 당신이 가라사대 '사람마다 지혜가 부족하고 도략이 없으므로 천하사에 뜻을 두지 못하나니, 만일 거룩한 지혜와 큰 도략이 있으면, 어찌 천하를 도외로 보리오?' 경관이 당신을 구타하여 드디어 옥에 가두고, 다른 사람도 낱낱이 신문하니, 대답이 한결같지 못하여 혹은 도道를 배우기 위하여 따른다고 하며, 혹은 속임을 입어서 따른다고 하더라. 신문을 마친 뒤에 모두 옥에 가두니, 이때에 각처에서 의병이 일어나서 관군과 싸우며 혹 의병의 탈을 쓰고 촌락을 터는 화적도 횡행하므로, 의병 혐의로 잡힌 자는 흔히 시비를 묻지도 않고 총살하니, 실로 공포시대더라."라는 내용이 증보되었다. 증산 일행이 경무청에 갇히게 된 일에 대한 설명이 필요해서였을 것이다. 증산이 경무청의 가혹한 신문에도 의연하게 "나는 천하사天下事를 하는 사람이로다."라고 대의명분을 당당하게 밝혔다는 점을 강조하였다. 그리고 증산의 제자들 가운데 추종하는 이유가 각기 달랐다는 점이 서술되었고, 당시에 의병 혐의를 쓰고 옥에 갇히는 일이 얼마나 위험했는가를 기록하고 있다. 보다 사실적으로 부연하여 설명하는 방향으로 기록의 증보가 이루어진 것이다.

『대순전경』 2판 6장 28절에서는 초판에는 없던 "사람이 비록 화지禍地에 들지라도 더욱 마음을 굳게 하여 본심을 지키고 의리를 존중할 것이라.", "모든 일에 의리를 잘 지키며 나의 가르치는 바를 잘 따르라. 그렇지 않으면 신명身命을 그르치리라.", "네가 만일 나의 부탁을 믿지 아니하면 비록 죽는 땅을 당할지라도 나를 원망하지 말라.", "시체는 단단히 묶지 말고 널에 넣어 널 덮개도 단단히 잠그지 말고 양지쪽에 외빈外殯하여 풍우風雨나 가리게 하라.", "귀한 것이 인망人望이라. 인망이 그러하니, 한 도리를 생각하리라.", "그 액厄을 아주 없이하기는 어려우나 생명은 보전하게 하리라.", "너도 또한 마음을 고치라. 그렇지 않으면 어느 지경을 갈지 모르리라." 등 증산의 말씀이 증보되었다.

『대순전경』 초판에는 없었는데, 『대순전경』 2판 6장 33절에 약장藥欌에 "또 태을주太乙呪를 쓰셨으며"라는 기록이 증보된다. 증산교단의 대표적인 주문인 태을주가 증산이 사용했던 약장에 적혀 있었을 것이라는 추정이 확실한 사실로 증보된 것이다.

『대순전경』 초판 6장 33절에는 약재가 24종種이 있었다고만 기록되어 있었는데, 『대순전경』 2판 6장 34절에는 24종의 약재 이름이 구체적으로 나열되어 있다. 그리고 『대순전경』 초판 6장 33절에 있는 어떤 제자가 약종藥種에 인삼人蔘이 빠진 이유를 묻자, 증산이 "삼정蔘精은 김형렬金亨烈에게로 갔느니라."라고 말했다는 내용이 2판에서는 생략된다. '인삼의 정기精氣'가 과연 어떤 것인지, 그리고 그 '인삼의 정기'가 왜 김형렬에게 갔는지를 설명하기가 곤란해서였을 것으로 짐작된다. '인삼의 정기'가 특정인에게 갔다면 어떤 현상이 일어나는지도 알기가 어렵다. 물론 이 구절도 후대의 판본에서는 복원된다.

『대순전경』 2판 6장 35절에 증산이 고부인高夫人에게 "약장藥欌은 너의 농바리가 되리라."라고 말했다는 기록이 증보되었다. 고판례高判禮가 증산 사후에 증산이 사용했던 물건들을 옮기는 과정에서 약장을 싣고 가는 행렬의 모습이 마치 신행을 가는 신부新婦의 행렬처럼 보였다는 사실을 강조하기 위한 기록의 증보다. 증산이 세상을 떠난 후에 최초의 증산교단이 고판례의 주도하에 성립되었다는 증산교단사甑山敎團史의 역사적 전개를 설명하고 그 정당성을 확보하기 위한 서술적 장치로 볼 수 있다.

『대순전경』 2판 6장 37절에서 "황천신은 사람을 낳고 죽게 하기를 주장하고, 중천신은 한번 나서 늙지도 죽지도 않게 하려고 주장하나 결정하지 아니하였노라."라는 기록이 증보되었다. 황천신과 중천신의 역할과 주장하는 바가 다르다는 점을 서술한 대목이다.

『대순전경』 2판 6장 42절에 "속 육임六任을 정할 때에 불가不可히 말씀하시던 사람은 수일 후에 죽으니라."라는 구절이 증보된다. 증산이 행한 천지공사에 참여하지 못한 사람은 죽음에 이를 수도 있다는 점을 주장한 대목이다. 그만큼 증산의 천지공사가 갖는 상징성과 중요성이 강조되었다.

『대순전경』 2판 6장 48절에서 "차경석의 집에 포정소布政所를 정하셨다."라는 구절이 있는데, 『대순전경』 초판에는 6장 54절에 실려 있었다. 『대순전경』 2판에서는 6장 57절에도 실려 있다. 차경석이 일으킨 보천교普天教 운동이 전국에 걸쳐 엄청난 교세를 자랑하면서 활발하게 전개된 일과 차경석이 천자天子로 등극하여 새 국가를 건설할 것이라는 이야기가 널리 유포되어 많은 사람이 모여든 일이 새로운 정치政治를 펼치는 일과도 비슷할 것이라는 말을 증산이 생전에 이미 했었다는 점이 강조된 대목이다.

『대순전경』 2판 6장 50절은 "하루는 공사를 보실 새, 글을 써서 불사르시니 이러하니라. 「천하자기신은 고부운회요, 천하음양신은 전주운회요, 천하통정신은 정읍운회요, 천하상하신은 태인운회요, 천하시비신은 순창운회라.」"인데, 『대순전경』 초판에서는 10장 17절에 실려 있었던 구절이다. 그런데 "또 회문산은 산군, 변산은 해왕의 도수를 붙여 그 기령을 쓰시니라."라는 구절은 증보된 내용이다. 순창에 있는 회문산回文山은 산군山君에 해당하고, 변산邊山은 해왕海王에 해당한다는 증산의 말을 덧붙여 그가 천지공사에 두 산의 기운을 사용했다는 신비한 설명이 추가되었다.

『대순전경』 2판 6장 55절의 증산이 "만국제왕의 기운을 이곳에 옮겨오리라."라고 말하자 갑자기 구름과 같은 이상한 기운이 제왕의 장엄한 거동의 모형을 이루어 허공에 벌려 있다가 이윽고 사라졌다는 기록이 증보되었다. 절대적 왕권시대가 점차 사라지고 민주정치가 전개될 것을 예정한 증산의 천지공사가 있었다는 내용이다. 왕권王權을 대신하여 국민주권시대가 열릴 것을 정한 증산의 천지공사가 있었기 때문에 현재 왕을 인정하는 나라는 몇 안 된다는 해석이 가능하다.

『대순전경』 2판 6장 56절의 "하루는 공사를 보실 새, 「배은망덕만사신」이라 써서 불사르시며 가라사대 '배은망덕하는 자는 만 번이나 죽으리라.' 하시니라."라는 기록이 증보된다. 남에게 받은 은혜를 잊지 말고 반드시 갚을 것을 강조한 대목이다.

『대순전경』 초판에는 없었는데 『대순전경』 2판 6장 61절이 증보되었다. 증산이 공사를 보면서 글을 써서 불살랐는데 그 내용이 "체면장, 유세무신십이월칠일, 도술000감소고우, 황공복지문안, 기체후, 만사불충불효무서신읍축, 어군어부어사, 기체후대안천만복망"이었다고 한다. 증산이 천지공사를 행하면서 썼던 글이 채록되어 증보된 내용이다.

『대순전경』 초판(1929)에는 없었던 내용이 『대순전경』 2판(1933)에 증보된 부분으로 2판 6장 65절의 기록이 있다. 증산이 공사를 보면서 「무내팔자 지기금지원위대강, 욕속부달, 시천주조화정영세불망만사지, 구년홍수, 칠년대한, 천추만세세진, 불선유, 일원수, 육십삼합, 위길흉도수, 십이월이십육일재생신, 오주, 천문지리, 풍운조화, 팔문둔갑, 육정육갑, 지혜용력, 도통천지보은」이라는 글을 써서 불살랐다는 이야기다. 동학東學의 시천주侍天呪가 증산의 천지공사에 사용되었고, 9년 홍수와 7년 가뭄에 대해 언급하여 앞으로 기후변화에 따른 천재지변天災地變이 있으리라고 전망하였으며, 유불선儒佛仙이 일원수一元數와 육십삼합六十三合으로 통일되어 길흉吉凶의 도수度數가 정해지리라는 말이다. 이어지는 12월 26일에 재생신再生身하는 주체는 누구인지가 불분명하다. 혹자는 "12월 26일"이 '청춘靑春'의 파자破字라고 주장하기도 하는데, 의미가 잘 통하지 않는다. 그리고 오주五呪가 언급되었고, 뒷부분에 나오는 글귀는 일부 증산교단에서 주문처럼 외운다.

『대순전경』 2판 6장 66절에서는 『대순전경』 초판 6장 61절에 나오는 「배은망덕만사신背恩忘德萬死身, 일분명一分明」이 생략되고, 대신 「의약복서종수지문」이라는 글을 썼다고 기록된다. 의약복서종수지문醫藥卜筮種樹之門으로 이해되는데, 뜻이 불명확하다.

『대순전경』 2판 6장 67절의 「인생세간하자미오, 왈의왈식이오, 의식연후에 왈색야라. 고로 지어의식색지도하야는 각수천지지기야니, 혹세무민자와 기인취물자도 역수천지지기야니라.」라는 글은 『대순전경』 초판 10장 14절에 실렸다.

『대순전경』 초판에서 없었던 내용이 2판에서 증보되는데, 『대순전경』 2판 6장 68절의 「성사, 의통, 경주용담, 무극신대도덕, 봉천명봉신교, 대선생전여율령, 심행선지후각, 원형이정, 포교오십년공부」라는 글을 써서 불살랐다는 구절과 『대순전경』 2판 6장 69절의 상량공사를 보실 새 경석에게 백목白木을 가져오라 하사 공사를 보시다가 백목이 부족하다 하시고 경석으로 하여금 백목을 더 사 오라고 하여 이어서 공사를 마치셨다는 구절이 증보되었다. 의통醫統과 포교오십년공부布敎五十年工夫가 강조되었고, 경주慶州 용담龍潭은 수운水雲 최제우崔濟愚(1824~1964)를 상징하는 장소다. 천명天命과 신교神敎를 받들었다는 구절은 수운이 한울님으로부터 전수했다는 이야기를 설명한 것으로 보인다. 대선생大先生은 수운을 가리키는 용어이고, 그에게 율령律令을 펼치듯 빠르게 집행하라는 구절과 심행審行하여 선지후각先知後覺하라는 말과 함께 원형이정元亨利貞과 같이 포교布敎하는 일은 50년 동안 이어질 것이라는 내용의 글귀가 증산의 천지공사天地公事에 사용되었다는 내용이다. 이어지는 6장 69절은 상량공사上樑公事를 볼 때 백목白木 즉 무명이 더 필요하다고 판단하여 많이 구해서 천지공사에 사용했다는 기록이다. 천지공사에 사용되는 물건이 언급되었고, 증산의 천지공사의 내용이 더욱 풍부해지는 방향으로 증보가 이루어진 대목이다.

한편 『대순전경』 초판 6장 62절에는 『현무경玄武經』을 “안내성의 집에서” 썼다는 내용과 “(증산이 화천한 후에) 차경석이 안내성에게 와서 현무경을 빌려 갔다.”라는 기록이 있는데, 『대순전경』 2판에서는 생략된다. 아마도 『현무경』이 전달되는 경로가 안내성으로부터 시작된다는 주장을 반박하기 위한 의도적 장치로 보인다. 그리고 『대순전경』 2판에는 6장 70절에서 『대순전경』 초판에는 없었던 「병세문病勢文」의 내용이 증보되었다. 이는 『현무경』에 포함된 「병세문」이 당시에는 이미 널리 알려져 있었던 상황을 반영한다.

『대순전경』 2판 6장 75절과 6장 76절과 6장 76절과 6장 77절은 『대순전경』 초판에는 없던 내용으로 2판에서 증보된 구절이다. 「천지귀신축문, 소원인도, 원군불군, 원부불부, 원사불사, 유군무신, 기군하립, 유부무자, 기부하립, 유사무학, 기사하립, 대대세세천지귀신수찰」은 『대순전경』 초판 제 10장 「문명文明」의 4절에 실렸던 내용이다. 「천상무지천, 지하무지지, 인중무지인, 지인하처귀」, 「면분수구심생신, 지원급사속망망, 허면허소거래간, 불토심정견여의, 세월여유검극중, 왕겁망재십년호, 부지이지지부지, 엄상한설대홍로」는 『대순전경』 초판 10장 26절에 실렸던 내용이다.

『대순전경』 2판 6장 81절은 「일삼오칠구, 이사육팔십, 성기국, 총묘천지신, 기지천지신, 운, 영대사해박, 득체, 득화, 득명」인데, 『대순전경』 초판 10장 9절에 있던 내용이다. 『대순전경』 2판 6장 82절은 「도전어야, 천개어자, 철환천하, 허령. 교봉어신, 지벽어축, 불신간아족, 지각. 덕포어세, 인기어인, 복중팔십년신명」인데, 『대순전경』 초판 10장 10절에 실렸던 내용이다.

『대순전경』 초판 7장의 제목은 전교傳教였는데, 2판 7장의 제목은 교범

敎範으로 바뀌었다.

『대순전경』 2판의 8장 6절, 8장 9절이 『대순전경』 초판보다 증보되었다. 『대순전경』 2판의 8장 20절은 『대순전경』 초판에는 없던 내용인데 증보되었다. "선천에 안락한 자는 후천 복을 받지 못하나니, 고생을 복으로 알고 잘 받으라. 만일 당하는 고생을 막지 못하여 애통하는 자는 오는 복을 물리치는 것이니라."이다. 선천에 부유하게 사는 사람은 다가오는 후천에서는 복을 받지 못할 것이라는 말로 현재의 가난을 부끄러워하거나 자책하지 말라는 증산의 가르침이다. 이어서 증산은 모진 고생을 복으로 여겨 잘 이겨내라고도 가르쳤다. 지금 겪는 고생을 이기지 못하고 슬퍼하고 고통으로만 받아들이면 곧 다가올 복을 물리치는 일이 되리라는 가르침이다.

『대순전경』 초판에는 없었던 내용인 『대순전경』 2판 8장 25절, 8장 26절, 8장 27절이 증보되었다. 『대순전경』 2판 8장 27절은 "이제 모든 선령신이 발동하여 그 착한 자손을 척신의 손에서 빼내어 새 운수 길로 들이려고 분주히 서두느니라."이다. 특정인의 조상신祖上神인 선령신先靈神들이 그들의 자손을 악을 관장하는 척신에게서 빼내어 새로운 운수를 받을 수 있도록 하기 위해 노력하고 있다는 말이다. 인간 세상에서 일어나는 사건의 이면에는 반드시 신적神的 존재의 활동이 있다는 주장과 믿음이 반영된 대목이다.

『대순전경』 초판에는 없었던 구절인 『대순전경』 2판의 8장 35절, 8장 36절, 8장 37절, 8장 38절, 8장 40절이 증보되었다. 『대순전경』 2판 8장 33절은 "신보神報가 인보人報만 같지 못하느니라."이다. 신적神的 존재의 보답이 사람의 보답보다 못할 것이라는 이야기이다. 신神에게 의지하지만 말고 사람들 사이의 관계를 좋게 하는 일에 힘쓰라는 가르침이다. 또 『대순전경』 2판 8장 37절은 "길성소조가 별도로 없고, 덕 닦고 남 잘 대접하는 데에 길성이 비치나니, 이것이 피난의 요도니라."이다. 길성소조吉星所照는 길한 별이 비취는 곳을 찾아가라는 비결이다. 증산은 특별한 비결이나 특정한 장소를 찾는 일을 삼가고, 스스로 덕德을 쌓기 위해 노력하고 남을 잘 대접하는 일이 바로 길한 별이 비치는 일이라고 해석하였다.

『대순전경』 2판 8장 48절, 8장 49절, 8장 50절이 『대순전경』 초판에는 없던 구절로 증보된 것이다. 『대순전경』 초판 8장 19절은 2판 8장 51절인데, 『대순전경』 2판에서 "무슨 일을 대하든지 일심 못함을 한할 것이요, 못 된다는 생각은 품지 말라."가 증보되었다. 한 마음을 가질 것을 강조한 대목이다.

『대순전경』 초판 8장 20절에는 임낙안林樂安이 죽은 인물로 기록되어 있었는데, 『대순전경』 2판 8장 53절에서 죽은 사람이 정시해로 바로잡혔다. 임낙안은 최익현의 제자로 대마도에 함께 유배된 인물이다. 역사적 사실이 종교 경전의 잘못된 내용을 바로잡은 부분이다.

『대순전경』 2판 8장 54절은 『대순전경』 초판보다 증보된 구절이다. 『대순전경』 초판 8장 23절은 『대순전경』 2판 8장 57절에 해당하는 내용인데, 2판에서 "큰일이 도수에 맞지 아니하면 허사가 된다."라는 내용이 증보된다. 정해진 질서나 원리를 뜻하는 도수度數에 의해 모든 일이 결정되어 있다는 생각이 반영된 대목이다.

『대순전경』 2판 8장 61절의 "한 때 새의 배 채움을 용납하지 못하니, 어찌 천하 사람의 배를 불리려 하리오?"라는 구절이 증보되었다. 작은 일을 받아들이지 못하는 국량을 지닌 사람은 천하 사람을 구원하려는 일에 나서지 못할 것이라는 말이다. 마음을 넓고 크게 가지라는 가르침이다.

『대순전경』 2판 8장 66절은 "천존과 디존보다 인존이 놉흐니, 이제는 인존시대니라."인데, 『대순전경』 초판 8장 29절에 나온다. 그리고 『대순전경』 초판 10장 29절은 『대순전경』 2판 4장 20절이다.

『대순전경』 2판 3장 116절의 "얼굴이 원만하사 금산사의 미륵불과 흡사하셨다."라는 구절은 『대순전경』 초판 13장 「선생의 이표異表」의 4절이고, 『대순전경』 2판 3장 117절의 "왼손바닥에 북방 임자 무늬와 오른손바닥에 별 무자 무늬가 있었다."라는 구절은 『대순전경』 초판 13장 5절이다. 그리고 『대순전경』 초판 13장 5절의 "양미간에 불표佛表가 있으셨다."라는 구절은 『대순전경』 2판에서는 3장 118절이 되었다.

3. 천지공사의 심화

『대순전경』 2장 3판 105절의 괴질(호열자)이 발생하자 증산이 이를 대속代贖했다는 대목에서 『대순전경』 초판 3장 101절에는 없던 "칙령괴질신장, 호불범제왕장상지가, 범차무고창생지가호?"라는 내용이 증보되었다. 초판에서는 "글을 써서 불살랐다."라는 구절만 있었는데, 2판에서는 그 글의 내용이 자세하게 증보되었다. 증산의 천지공사가 매우 구체적으로 진행되었다는 점을 강조하기 위해 증보된 것이다.

『대순전경』 2판(1933) 제 3장 「당신의 성도와 기행이적」의 36절의 주요 내용은 다음과 같다.

> 매양 텬디공사를 행하실 새, 모든 종도다려 마음을 잘 닥거 압헤오는 죠흔 세상을 마지라 하심으로 … 대인을 공부하는 자는 항상 남 살니기를 생각하여야 하나니 …

『증산천사공사기』(1926)의 "대인大人을 공부하는 자는 항상 호생好生의 덕德을 가져야 할 것이라."라는 구절이 『대순전경』 초판(1929)에서는 "대인을 공부하는 자는 항상 '남 살리기'를 생각하여야 하나니라."로 바뀌었다. 호생의 덕이 살아있는 것을 좋아하고 즐긴다는 의미로 주관적 입장의 말이었다면, '남 살리기'는 보다 적극적인 의미에서의 실천을 강조하는 말이다. 내가 먼저 나서서 남을 돕고 살리는 행위에 적극적으로 나서야 한다는 뜻이다. 따라서 『대순전경』 초판에서 종교적 가르침의 실천이 더욱 강조되었다고 평가할 수 있다. 호생好生이 상생相生으로 바뀌었고, 이러한 추세는 『대순전경』 2판에서도 계속 이어진다. 요컨대 상생은 협생協生, 공생共生, 화생和生이 아니라는 점이 강조된 대목이다. 상생은 내가 먼저 나서서 상대방인 남을 돕고 북돋우고 살리는 일에 앞장서라는 가르침이 집약된 용어다.

『대순전경』 초판 4장 13절에 증산甑山이 차경석車京石(1880~1936)을 만난 후 원평院坪에 이르러 사람들에게 술을 사주면서 "이 길은 남조선南朝鮮 배질이니, 짐을 채워야 떠나리라."라고 말하니, 사람들이 그 의미를 알지 못했다는 내용이 있다. 그런데 『대순전경』 2판 4장 13절에는 이 말과 함께 "이 길은 성인 다섯을 낳는 길이라."라고 말했다는 기록이 증보된다. "성인聖人 다섯 명"이 구체적으로 어떤 인물들을 가리키는 말인지는 알려지지 않았다. 이 길에서 증산은 차경석과 동행했고, 차경석의 친구였던 동학신도 박공우朴公又와 만났을 뿐이다. 차경석과 박공우를 성인에 포함한다고 하더라도 나머지 세 사람에 대한 정보는 더 이상 제공되지 않는다. 신비의 영역으로 남겨진 대목으로 이해할 수도 있고, 궁금증을 불러일으켜 천지공사天地公事의 실제를 확신하는 사람들의 굳건한 믿음과 다양한 해석을 유도하는 대목으로 볼 수도 있다. 어쨌든 『대순전경』에 전하는 증산의 언행을 통해서는 나머지 "성인 세 사람"에 대해서는 여전히 알려지지 않은 채 전할 따름이다.

『대순전경』 2판(1933) 4장 14절은 다음과 같다.

> 당신이 경석과 공우에게 일러 가라사대 "이제 만날 사람 만났으니, 통정신이 나오노라. 나의 일은 비록 부모형제처자라도 모르는 일이니, 나는 서양 대법국 천계탑 천하대순이라. 동학주에 「시천주조화정」이라 하였으니, 내 일을 이름이라. 내가 천지를 개벽하고 조화정부를 열어 사람과

하늘의 혼란을 바로잡으려 하여 삼계를 둘러 살피다가 너의 동토에 그쳐 피폐에 빠진 민중을 먼저 건지려 함이니, 나를 믿는 자는 무궁한 행복을 얻어 선경의 낙을 누릴 것이니 이것이 참동학이라. …

한편 『대순전경』 초판(1929)은 다음과 같다.

선생이 경석과 공우에게 일러 가라사대 "이제 만날 사람을 만났으니, 통정신通情神이 나온다. 나의 일은 비록 부모 형제 처자라도 모르는 일이니, 나는 서양西洋 대법국大法國 천계탑天啓塔 천하대순天下大巡이라. 동학주문東學呪文에 「시천주조화정侍天主造化定」이라 하였으니, 내가 천지天地를 개벽開闢하고 조화정부造化政府를 열어서 인천人天의 혼란을 안정케 하려 하여 삼계三界를 두루 살피다가, 너의 동토東土에 그쳐 잔피殘疲에 헤매는 민중을 먼저 건지려 함이니, 나를 믿는 자는 무궁한 영복寧福을 얻어 선경仙境의 낙樂을 누리리니, 이것이 참 동학東學이라. …

『대순전경』 초판과 2판의 내용이 대동소이하다. '조화정부造化政府'라는 용어가 공통으로 등장하는 점도 확인된다. '조화정부'는 『증산천사공사기』(1926)부터 등장하는 증산의 독창적인 용어다. 그런데 『대순전경』 초판 9장 4절의 "조화도장造化道場를 세워 무위지화無爲之化와 불언지교不言之敎로 화민정세化民靖世 할지니라."가 『대순전경』 2판 9장 4절에서는 "조화정부造化政府를 세워 하염없는 다스림과 말 없는 가르침으로 백성을 화하며 세상을 고치리라."로 바뀐다. 증산이 주장한 '조화정부'라는 독창적인 용어가 다시 한번 강조되는 대목이다. 『증산천사공사기』(1926) 이후에 『대순전경』 초판(1929)에도 '조화정부'라는 용어가 나오지만, 초판 9장 4절에서는 "조화도장"이라고 기록되었는데, 2판에서는 "조화정부"라고 고쳐졌다. 이는 종교적 의미와 맥락에서 사용되는 "도장道場"이 아니라 정치적 의미와 맥락의 "정부政府"가 원래 증산이 한 말이라는 점을 더욱 강조한 것이다. 이는 후대에 증산의 천지공사가 세계정세의 대국적인 변화를 정해놓았다는 뜻의 이른바 세운공사世運公事로 해석되는 결정적 계기가 된다. 증산이 여러 신명과 함께 회의체會議體를 구성하여 정치 판도의 큰 변화를 결정해 놓았다는 믿음으로 전개되는 것이다. 단순히 특정한 종교단체의 성립과정과 전개를 도모하는 수준을 넘어서 정치와 사회의 진행과 변화도 신적神的 존재와의 협의 과정을 통해 미리 정해 놓았다는 신앙으로 발전된다. '도장'이라는 종교적 용어가 '정부'라는 정치적 용어로 바뀐 것이다.

『대순전경』 초판 4장 14절에 "동학주문에 「시천주조화정」이라 하였으니"라는 구절이 『대순전경』 2판 4장 14절에서는 "내 일을 이름이라."라는 구절이 증보된다. 증산이 동학東學의 주장과 믿음을 자신의 체계 속에 포함하는 말이 추가된 것이다. 이러한 구절이 증보되어서 증산이 동학에서 말하는 천주天主, 즉 수운의 종교체험에 등장하는 '한울님'이 바로 증산 자신이었다는 주장과 믿음으로 전개될 수 있는 결정적 발판을 마련하였다. 그리고 이 『대순전경』 2판(1933) 4장 14절에는 『대순전경』 초판(1929)에는 없었던 "또 가라사대 '예로부터 계룡산의 정씨 왕국과 가야산의 조씨 왕국과 칠산의 범씨 왕국을 일러오나, 이 뒤로는 모든 말이 영자[2]를 나타내지 못하리라. 그러므로 정씨를 찾아 운수를 구하려 말지어다.'하시니라."라는 내용이 증보된다. 이른바 『정감록鄭鑑錄』에 등장하는 정씨진인출현설鄭氏眞人出現說을[3] 부정하는 대목이다. 이처럼 증산은 『정감록』 등의 예언서에 나오는 여러 비결祕訣을 신뢰하지 않았다. 여기에는 기존의 비결신

---

2 영자影子는 그림자를 뜻한다.

3 진인출현설의 성립과 전개 과정에 관해서는 김탁, 『조선의 예언사상』 상, 하(북코리아, 2016)를 참고하시오.

앙에 대한 증산의 불신이 드러나며, 전통적인 비결을 대신하여 이제는 증산 자신의 도道를 따르라는 무언의 압박이 강하게 느껴진다.

『대순전경』 초판 4장 20절은 『대순전경』 2판 4장 21절에 해당하는데, 초판에는 없었던 "또 가라사대 '나의 일은 수부가 들어야 되는 일이니, 네가 일을 하려거든 수부를 들여세우라.' 하시니라. 경석이 당신을 모시고 대흥리에 돌아와 그 이종매 고씨를 천거하니, 이날이 동짓달 초사흗날이러라."라는 내용이 『대순전경』 2판에서 증보된다. 수부首婦는 증산이 사용한 독창적인 용어인데, "천하 여성의 우두머리"라는 뜻을 지녔다. 증산과 맞먹을 정도의 권위와 능력을 지닌 여성 전체를 대표하고 대변하는 존재로 믿어진다. 차경석車京石(1880~1936)의 "이종누이 고씨"는 고판례高判禮(1880~1935)이다. 훗날 고판례는 증산교단 최초의 교단을 세운 인물이다. 따라서 고판례는 거의 모든 증산교단의 처음을 장식한 여성으로 인정되고 존경받는다.

『대순전경』 초판(1929)에는 없었던 내용이 증보되는데, 『대순전경』 2판(1933) 4장 22절의 "그 뒤에 또 「천고춘추아방궁 만방일월동작대」라 써서 벽에 붙여 주시니라."라는 내용이다. 증산이 썼다는 이 시는 차경석의 훗날 행적과 관련이 있다고 해석된다. 차경석이 보천교普天教를 세워 중국 역사상 최초로 대륙을 통일한 진시황秦始皇(BC 259~BC 210)이 세웠다고 전하는 화려한 궁전인 아방궁阿房宮과도 같은 엄청난 규모의 건물[4]을 정읍井邑 대흥리大興里에 있는 보천교의 본소本所에 건립했다는 이야기와 연결되어 해석된다. 그리고 중국 후한後漢 말기의 조조曹操가 세웠다는 동작대銅雀臺를 노래한 구절은, 조조가 자신의 원래 성姓은 하후夏侯라고 주장했던 일을 빗대어 말한 것으로 해석된다. 차경석이 자신의 원래 성씨가 정씨鄭

4 황실에서만 사용하는 누른 기와를 올렸고, 당시 우리나라에서 가장 큰 규모의 단일건축물이었다고 전한다.

氏라고 주장하여[5] 전승되는 비결신앙인 정씨진인출현설鄭氏眞人出現說을 주장했다는 사실을 증산이 미리 알고 있었고 경계했다는 이야기다.

『대순전경』 초판 6장 19절에는 사명기司命旗를 떼어서 불살랐다는 기록만 있는데, 『대순전경』 2판 6장 21절에서는 증산이 「걸군굿 초란이패 남사당 여사당 삼대치」라는 글을 제자들에게 읽히게 하고, "조선 형세가 오선위기판과 같다."라고 말하고 최수운을 보증으로 세워 우리나라를 일본으로 넘기겠다고 주장한 대목이 증보되었다. 이 과정에서 증산이 제자들에게 수운가사의 「가장이 엄숙하면 이런 빛이 왜 있으리?」와 「이 내 수치 씻어주면 그 아니 성덕인가?」라는 구절을 들으라고 명했고, 이때 갑자기 공중에서 신어神語가 그 두 구절을 노래했다는 기록이 증보된다.

『대순전경』 2판 6장 23절에서는 "천자신天子神과 장상신將相神을 모아 백의군왕백의장상도수白衣君王白衣將相度數를 보실 새"라는 구절과 "큰일을 그르치지 말라. 일을 하는 자는 불구덩이에 들어가기도 하느니라."라는 구절이 『대순전경』 초판 6장 21절보다 증보되었다. 증산이 자신을 따르는 무리와 함께 감옥에 갇힌 사건을 "천자의 신과 장상의 신을 모아 평범한 사람 〈백의白衣〉들이 군왕과 장상처럼 살게 되는 도수를 정하는 공사"로 정의하고 확정한다. 증산과 제자들이 오랫동안 감옥에 들어가 고난을 겪은 일을 부정적인 차원으로 평가하지 않고, 무언가 성스러운 의미가 있는 종교적 행위라고 확대해석하고 여기에 나름대로 의미를 붙인 대목이다.

『대순전경』 초판에는 없었던 내용이 『대순전경』 2판 9장 8절에 증보된다. 2판 9장 8절은 "모든 족속들은 각기 그 생활 경험으로 인하여 유전된 특수한 사상으로 제각기 문화를 지어내어, 그 마주치는 기회에 이르러서

---

5 차경석의 어머니가 차경석의 부친 차치구와 결혼하기 전에 정씨 총각에게 겁탈당해 차경석을 임신하고 있었다는 다소 억지스러운 주장이다.

는 마침내 큰 시비를 이루나니, 그러므로 각 족속의 모든 문화의 진액을 뽑아 통일하여 후천 문명의 밑자리를 정할지니라."이다. 후천에 새로 정해질 문명은 선천시대에 여러 지역에서 각기 전개되었던 문화의 엑기스를 뽑아 통일한 형태가 될 것이라는 전망이다. 기존 문명의 장점을 모아 새로운 차원의 문명이 건설되리라는 점을 강조한 대목이다.

『대순전경』 초판에는 없었던 내용이 『대순전경』 2판 9장 9절에 증보된다. 2판 9장 9절은 "선도와 불도와 유도와 서도는 세계 각 족속의 문화의 근원이 되었나니, 이제 최수운으로 선도의 종장을 정하고, 진묵으로 불도의 종장을 정하고, 주회암으로 유도의 종장을 정하고, 리마두로 서도의 종장을 정하여, 각기 그 진액을 거두며 모든 도통신과 문명신을 거느려 각 족속들 사이에 나타난 여러 갈래 문화의 정수를 뽑아 집중케 하며, 또 수운시에 「산하대운이 진귀차도라.」 함과 궁을가에 「사명당이 갱생하니, 승평시대 불원이라.」 함과 같이, 사명당을 응기하여 오선위기로 시비를 끄르며, 호승예불로 앉은 판을 하며, 군신봉조로 인금을 내며, 선녀직금으로 비단옷을 입히리니, 이로써 자리를 정하고 산하대운을 돌려 발음케 하리라."라는 내용이다. 유도儒道, 불도佛道, 선도仙道 등의 종교가 세계 인류가 세운 문화文化의 근원이라고 주장한 다음, 선도를 대표하는 종장宗長으로 수운 최제우, 불도를 대표하는 종장으로 진묵震黙, 유도를 대표하는 종장으로 주희朱熹, 서도를 대표하는 인물로 마테오 리치를 내세운다. 증산의 권능에 의해 각 종교의 창시자로부터 중흥조中興祖 내지 새로운 전개를 모색했던 인물로 그 대표자가 교체된다. 증산이 새롭게 임명한 종장들의 역할은 각 종교의 진액津液을 거두고 각 도통신道通神과 문명신文明神을 거느리고 여러 민족 사이에 나타난 여러 갈래로 전개된 문화文化의 정수精髓를 뽑아 통일하게 하는 일이다. 새로운 차원으로 문명의 전개가 모색되는 것이다. 이어서 증산은 네 곳의 명당明堂에 있는 기운에 응하여 사람들을 이롭게 하는 일도 추진한다고 믿어진다. 종장의 교체를 통한 세계 문화의 통일과 땅 기운에 응한 인류의 복지 증진이 증산이 행한 천지공사天地公事의 구체적인 내용이라고 설명되는 것이다.

『대순전경』 초판 6장 30절에는 "만국의원萬國醫院"으로 기록되어 있는데, 『대순전경』 2판 6장 32절에서는 "광제국匡濟局"으로 바뀐다. 만국의원이 질병의 치료에만 힘쓰는 장소로 인식되는 반면, 광제국은 좀 더 나아가 종교적 구원까지도 염두에 둔 이름으로 볼 수 있다. '고친다.'라는 뜻의 '의醫'에서 몸의 질병과 마음의 고통까지도 포함하는 '구원救援'을 의미하는 '널리 구제한다.'라는 뜻의 '광제匡濟'로 그 범주가 확대되었다.

『대순전경』 2판 6장 54절에서 "'문득 상씨름 넘어간다.'라고 이르시더니"라는 구절이 증보된다. 후대의 증산교단의 교리체계에서 '상씨름'은 매우 중요한 개념으로 해석된다. '상씨름'은 '결승전에 해당하는 씨름'이라는 뜻인데, 여기에서 증산이 세계의 정세를 애기판, 총각판, 상씨름에 비유하여 순서대로 변할 것을 공사公事로 결정했다는 믿음이 유발되었다. 일부 증산교단에서는 애기판을 제 1차 세계대전의 발생, 총각판을 제 2차 세계대전의 발발로 해석하고,[6] 상씨름을 후천이 오기 전에 일어날 인류사 최후의 전쟁으로 풀이하기도 한다. 나아가 그들은 상씨름의 두 상대방이 바로 남한南韓과 북한北韓이라고 주장하기도 한다. 한반도를 중심으로 세계의 정세변화가 이루어진다고 주장하는 것이다.

『대순전경』 초판 6장 57절은 『대순전경』 2판에서는 6장 60절에 기록되는데, 초판보다 2판에 "종도들에게 이십사절후를 읽히시고"라는 구절과 "가라사대 '곤이내짐제지, 곤이외장군제지'라 하시니라."라는 내용이 증보된다. 이십사절후二十四節候의 중요성이 강조되었는데, 이러한 맥락에

---

6 일부 증산교인들은 제 1차 세계대전 이후에 절대왕권이 몰락하였고, 제 2차 세계대전 이후에 제국주의의 침략으로 생겼던 여러 나라의 식민지가 사라졌다고 믿는다. 전쟁이라는 참혹한 사태를 통해 인류는 점차 발전적인 방향으로 진보되었다고 해석하는 것이다.

서 현재 대부분의 증산교단에서는 이십사절후를 주문呪文으로 읽는다. 이어지는 "대궐 안은 짐朕이 다스릴 것이니, 대궐 밖의 일은 장군將軍이 알아서 처결하라."라는 말은 『삼국지연의』에 나오는 구절인데, 상제上帝인 증산 자신이 맡은 일과 그의 가르침을 따르는 종도從徒들이 행할 일이 구별된다는 말로 해석된다.

『대순전경』 초판 6장 60절의 내용 가운데 "박공우에게 곤봉을 들리사, 차경석을 난타하며 마음을 변하지 아니하겠느냐 하여 다짐받으셨다."라는 부분은 『대순전경』 2판 6장 64절에서는 생략되었다. 『대순전경』 2판이 간행된 1933년에는 차경석이 생존해 있었기 때문에 그에 관한 부정적인 이야기가 빠진 것으로 판단된다.

『대순전경』 2판 6장 91절의 최익현과 박영효의 원한을 풀어준다면서 증산이 「천세천세천천세 만세만세만만세 일월최익현, 천포천포천천포 만포만포만만포 창생박영효」라는 글을 써서 불살랐다는 내용이 『대순전경』 초판보다 증보되었다. 증산이 당대의 유명 인사였던 최익현과 박영효의 원한을 글을 써서 직접 풀어주었다는 이야기가 구체화한 것이다.

『대순전경』 2판 6장 94절의 "당신이 매양 수십 일씩 굶으사, 가라사대 '뒷날 박복한 중생에게 식록을 붙여줌이로라.' 하시고, 또 여름에 핫옷을 입으시며 겨울에 홑옷을 입으신 때가 많으사, 가라사대 '이는 뒷날 빈궁에 빠진 중생으로 하여금 옷을 얻게 하려 함이로라.' 하시니라."라는 구절이 『대순전경』 초판보다 증보되었다. 증산이 후대의 복福이 부족한 사람들에게 복록福祿을 붙여 주기 위해 수십 일을 굶었다는 이야기와 가난에 빠진 사람들에게 옷을 구해주기 위해 자신이 직접 계절에 어울리지 않는 옷을 입었다는 내용이다. 증산이 밥과 옷이라는 구체적인 물질을 확보하기 위해 고난을 자처했다는 이야기로, 그만큼 그의 천지공사天地公事가 실제로 이루어질 것이라는 점을 강조한 대목이다.

한편 『대순전경』 초판 6장 81절에서는 "이윤伊尹이 오십五十에 사십구년四十九年의 잘못을 알고 드디어 성탕成湯을 도와 대업大業을 이루었다." 라는 내용이 있었는데, 『대순전경』 2판 6장 95절에서는 "옛사람이 쉰 살에 마흔아홉 해 동안의 그름을 깨달았다."라는 내용으로 바뀐다. 이윤에 얽힌 이야기로 전승되는 부분에는 "오십 살에 49년 동안의 잘못을 알았다."라는 내용이 보이지 않는다는 사실이 확인되어 이 부분을 삭제한 것이다. 『대순전경』 2판에 "옛사람"으로 나오는 인물은 거백옥蘧伯玉이다.[7]

『대순전경』 초판 7장 7절에는 "50년 공부"라고만 기록했는데, 『대순전경』 2판 7장 7절에서는 "포교布教 50년 공부"라고 증보되었다. 또 『대순전경』 초판에는 "충청도 비인인庇仁人 김경소金京訴가 태을주太乙呪를 얻었다."라고 기록했는데, 『대순전경』 2판에서는 "충청도 비인 사람 김경은"이라고 기록하였다. 그런데 이 구절에서 초판의 "이제는 신명해원시대神明解冤時代라."라는 구절과 "누구를 해원解冤함이 옳으냐?"라고 묻는 구절이 2판에서는 생략된다. "50년 공부"라는 다소 막연한 용어와 개념이 "포교 50년 공부"라고 바뀌어 증산의 가르침이 구체적인 기간에 걸쳐 세상에 알려지는 기간으로 해석되기 시작한다. 또 인명人名에 거의 사용되지 않는 '하소연할 소訴'를 대신하여 '은'으로 바뀌었다. 이후의 『대순전경』 판본에서는 '기뻐할 흔欣'으로 바뀐다. 그리고 이 공사公事가 단순히 신명神明을 해원하는 일에 그치지 않는다는 방향에서 기록의 삭제가 이루어졌다.

『대순전경』 2판 8장 1절이 『대순전경』 초판보다 증보되었다. "선천에는 하늘만 위하고 땅은 소중하게 여기지 않았나니, 이는 지덕地德이 큰 것을 모름이라. 이 뒤로는 하늘과 땅을 일체로 받듦이 옳으니라."라는 구절이다. 선천先天이 하늘만 중요시하던 시대였다면, 후천後天은 하늘과 땅을 동시에 중요시하는 시대가 되리라는 주장이다. 증산이 행한 천지공사天地

7 자세한 내용은 김탁, 『증산사상과 한국종교』(민속원, 2022), 70~72쪽을 참고하시오.

公事에 따라 전개될 새 세상의 원리를 극명하게 드러내는 방향으로 기록의 증보가 이루어졌다.

또 『대순전경』 2판의 8장 14절이 『대순전경』 초판보다 증보되었다. 8장 14절은 "인망人望을 얻어야 신망神望에 오르느니라."이고, 8장 16절도 증보된 부분인데 "나의 공부는 남 잘되게 하는 공부니, 남 잘되고 남은 것만 차지하여도 우리 일은 되느니라. 전명숙이 거사할 때에 상놈을 양반 만들어주려는 마음을 두었으므로 죽어 잘되어 조선명부가 되었느니라."이다. 2판 8장 14절에서는 인간사회에서의 평판이 좋아야 신들에게도 좋은 평가를 받을 수 있다는 내용이 증보되었다. 2판 8장 16절은 전명숙 즉 전봉준全琫準(1855~1895)이 조선朝鮮의 명부冥府를 다스리는 우두머리가 될 수 있었던 결정적인 근거와 이유가 상놈을 양반처럼 잘살게 해 주려는 마음을 가졌기 때문이라고 주장하였다. 내가 먼저 나서서 상대방인 남을 돕고 잘살게 하는 상생相生이라는 덕목을 가장 잘 실현한 인물이 바로 전봉준이라는 증산의 평가이다.

『대순전경』 초판 8장 21절은 『대순전경』 2판 8장 56절에 해당하는 구절인데, 2판에서 "손톱 밑에 미세한 가시 하나 드는 것도 신이 들어서 되느니라."라는 내용이 증보되었다. 아주 미세한 일이나 사건의 이면에도 신神 또는 신명神明이라는 신비한 존재가 개입되어 있다는 믿음이다. 이는 만물개유신명론萬物皆有神明論이라고 이름할 수 있으며, 물활론物活論의 일종으로 평가할 수 있다. 증산이 세상을 이해하고 인식하는 데 있어서 신적神的 존재存在의 역할과 기능을 적극적으로 인정하고 받아들이는 자세를 알 수 있는 대목이다.

『대순전경』 2판 8장 58절의 "선천에는 모사는 사람에게 있고 성사는 하늘에 있다 하였으나, 이제는 모사는 하늘에 있고 성사는 사람에게 있으리라."라는 구절은 『대순전경』 초판에는 없던 내용이다. 선천先天에는 일을 꾸미는 것은 사람이 하지만 그 일을 결정하고 완성하는 것은 하늘에 있다고 이야기되었지만, 이제 후천後天이 되어서는 일을 도모하는 것은 하늘이 맡지만 일을 궁극적으로 완결짓는 책임은 어디까지나 인간에게 달려 있다는 주장과 믿음이다. 성사재인成事在人은 인간의 책임을 강조하는 증산의 사상을 표현하는 구절인데, 한국 신종교에서 공통으로 등장하는 새로운 인식체계를 나타내는 대표적 용어이다.[8]

『대순전경』 2판 8장 62절은 "어떤 사람을 대하든지 마음으로 반겨서 잘 대우하면, 사람은 몰라도 신명은 알아 어디를 가든지 대접을 잘 받느니라. 밥 한 그릇만 먹어도 잊지 말고, 반 그릇만 먹어도 잊지 말라."는 내용인데, 『대순전경』 초판에는 없던 구절이다. 인간 사이에 일어나는 모든 일에 반드시 신명神明이 개입되어 있다는 주장과 믿음이다. 세계를 인식하는 새로운 차원의 발상이다. 『대순전경』의 판본이 증보되면서 신적神的 세계世界를 유달리 강조하는 방향으로 내용이 확대되고 심화하는 경향을 확인할 수 있는 대목이다. 그리고 증산은 보은報恩에 대해서도 밥 한 그릇이 아니라 반 그릇만 신세를 져도 반드시 기억하고 갚으라는 가르침을 내렸다. 은혜 갚기의 중요성을 특히 강조한 대목이다.

4. 수부首婦 관련 내용의 증보

『대순전경』 2판에서 수부라는 용어가 처음 등장한다. 천하 모든 여성을 대표하는 인물이라는 뜻을 지닌 수부는 증산의 독창적인 용어다. 이후 수부는 여성의 원한을 해소하는 중심인물로 신앙의 대상이 된다.

그리고 『대순전경』 2판에는 정음정양正陰正陽이라는 용어도 처음 나온

8 이에 대해서는 김탁, 『한국신종교를 관통하는 이념, 인간중심주의』(민속원, 2023)을 참고하시오.

다. 음이 양과 대응하는 개념과 용어로 서로 대등한 위상을 지닌다는 말이다. 남성과 동등한 자격과 권위를 지닌 여성을 상징하는 용어이기도 하다.

> 자고로 부인을 존신한 일은 적었으나, … 비록 부인이라도 공덕이 서고 신앙이 모여 금패와 금상으로 존신의 표를 세우리라. (『대순전경』 2판 4장 59절)

인류 역사상 여성을 존경하고 받든 일이 거의 없었다. 그런데 이제 새 세상을 맞이하여 비록 여성이라 하더라도 공덕이 있으면 그에 대한 신앙이 모여 금빛이 나는 패牌와 상像으로 존신尊信의 표시를 하게 되리라는 말이다. 여성의 해원解冤이 이루어지고 여성이 남성과 동등한 지위와 자격을 갖게 될 것이라는 전망이다.

『대순전경』 2판에는 증산이 만들어 사용했던 약장藥欌이 장차 고판례高判禮의 차지가 되리라는 기록이 있다.

> 그 뒤에 대흥리에 가사 고부인다려 이르사대 "약장은 곧 네의 농바리가 되리라." 하시니라. (『대순전경』 2판 6장 34절)

증산 사후에 그가 사용하던 물품을 고판례가 수습하여 정읍으로 가져오는 모습이 마치 신부新婦가 시집올 때의 광경과 비슷했던 일을 '농바리가 되리라.'라는 말로 표현한 대목이다.

『대순전경』 2판 6장 64절에서 "고부인高夫人으로 하여금 춤추게 하시고, 친히 장고를 치시며 가라사대 '이것이 천지굿이라.' 하시고, 또 가라사대 '네가 일등무당이니, 이 당 저 당 다 버리고 무당의 집에서 빌어야 살리라.' 하시고"라는 기록이 증보된다. 증산이 고판례에게 춤을 추라고 명하고, 직접 장구를 쳤다는 구절은 증산이 고판례의 위상을 대단히 높이 평가했다는 사실을 강조한 대목이며, 천지의 운세를 좌우할 굿이라고 불렀다고 기록하여 하늘과 땅의 질서와 원리를 재편하는 천지공사天地公事가 굿판에 비유되었다. 그리고 고판례를 일등가는 무당이라고 불러 그녀의 상징성과 중요성을 강조하였고, 무당의 집에 가서 빌어야 생존할 수 있다는 증산의 말에서 그가 한국 무속巫俗의 전통을 인정했다는 사실을 확인할 수 있다.

『대순전경』 2판 6장 70절에 의하면 기유년(1909) 정월 3일 고사 치성에 고부인이 차경석과 함께 참여했다. 이 고사 치성은 보천교普天教를 세운 차경석이 증산의 종통宗統이 자신에게 계승되었다고 주장하는 중요한 사건이다. 그런데 바로 이 치성에 그의 이종 누이인 고판례가 함께 참여하고 있었다. 증산교단사의 중요한 전환점을 이루는 사건에 수부首婦로 믿어지는 고판례가 직접 관여하고 있었다는 기록이다.

5. 개벽의 일꾼에 관한 정의

『대순전경』 초판(1929)에는 없던 내용이 증보되는데, 『대순전경』 2판(1933) 4장 27절의 "종도들에게 일러 가라사대 '시속에 남조선 사람이라 이르나니, 이는 남은 조선사람이라는 말이라. 서교와 불교와 천도교 등 여러 각 교에 빼앗기고 남은 못난 사람에게 길운이 있음을 이르는 말이니, 그들을 잘 가르치라.' 하시니라."라는 구절이다. 증산은 개벽開闢을 주체적으로 실천하여 이루고자 하는 사람들을 '남조선 사람'이라고 불렀다. 여기서 '남조선'은 '남조선南朝鮮'이다. 원래 남조선신앙은 한반도의 남쪽 지방에서 이상사회를 세울 진인眞人이 출현하리라는 믿음이다.[9] 조선 후기에 성립된 진인眞人에 대한 기대와 원망願望이 고스란히 결집한 신앙이 바로 남조선南朝鮮신앙이다. 따라서 남조선신앙의 '남南'은 '남쪽'을 가리킨다. 그런데 증산은 '남南'을 '남은'이라는 우리말이라고 매우 파격적인 해석을 시도한다. 증산은 남조선사람은 서교, 불교, 천도교 등의 여러 교파敎派에 빼앗기고 '남은' 못난 조선사람이라고 정의한다. 이러한 증산의 해석에 따르면 기독교, 불교, 유교, 도교, 천도교 등의 각종 종교단체에 속한 사람은 남조선사람이 아니다. 여러 교파에 속하지 않거나 못한 못난 나머지 사람들이 바로 '남조선사람'이라는 주장이다. 기존의 종교를 믿지 않는 조선사람을 증산은 특히 '남조선사람'이라고 불렀다. 이는 증산의 독창적인 해석이다. 이러한 증산의 견해를 따른다면 진인眞人이 될 가능성은 '남은 조선사람'에게 있다. 동양과 서양의 각 종교에 속하지 않은 못난이들 가운데 이상사회 건설을 책임질 사람들이 있다는 말이다. 개벽을 실천하는 사람인 남조선사람은 동서양의 각 종교에 속하지 않은 조선사람이 될 것이라는 점을 강조하였다. 그런데 후대의 『대순전경』 판본에는 천도교가 각 교파를 나열하는 부분에서 생략된다. 『대순전경』 2판에서는 천도교를 꼭 집어 거론했지만, 이후에 간행된 『대순전경』에는 빠진다. 아마도 굳이 천도교를 언급하지 않아도 된다는 생각이 반영된 듯하다. 어쨌든 증산은 매우 독특한 해석을 내렸다. 어쩌면 증산이 기존에 다른 종교를 믿는 사람들을 제외하고 남은 사람들에게 자신의 가르침이 전해질 가능성이 있다는 생각을 반영하고 있는 대목이기도 하다. 나아가 기존의 종교체계에 포함되지 않은 사람들을 중심으로 새 세상 건설의 책임이 있다는 점을 강조한 일로도 볼 수 있다.

---

9 남조선신앙의 성립과 전개 과정에 대해서는 김탁, 『조선의 예언사상』 상, 하(북코리아, 2016)를 참고하시오.

6. 『용담유사』의 적극적 수용

『대순전경』 초판에서는 "동학가사東學歌詞"라고 했는데, 『대순전경』 2판에서는 "수운가사"라고 기록된다. 수운 최제우가 지은 가사라는 점을 분명하게 밝힌 것이다. 이러한 언급은 이후의 『대순전경』 판본에서도 그대로 유지된다.

『대순전경』 2판 8장 75절의 "수운가사에 「난법난도하는 사람 날 볼 낯이 무엇인가?」 하였나니, 부디 죄를 짓지 말라.", 2판 8장 76절의 "수운가사에 「원처 근처 일이 있어 가게 되면 리가 되고, 아니가면 해가 되네, 네가 무슨 복력으로 불로자득 시킬테냐?」 하였나니, 알아두라.", 2판 8장 78절의 "수운가사에 「제 소위 추리한다고 생각나니 그 뿐이라.」 하였나니 옳으니라.", 2판 8장 100절인 "수운시에 「도기장존사불입」이라 하였나니, 나는 「진심견수복선래」라 하였노라.", 2판 8장 106절인 "수운가사에 「발동말고 수도하소. 때 있으면 다시 오리.」라 하였나니 알아두라.", 2판 8장 108절인 "수운가사에 「인물보고 가사보고, 무몰염치 추존말라.」 하였으며, 「선불처변명불수」라 하였으니 알아두라."라는 구절이 초판에는 없었는데, 『대순전경』 2판에서 증보된 구절이다. 이처럼 『대순전경』 2판에서는 '수운가사'가 많이 증보된다. 이는 동학東學을 세운 수운水雲 최제우崔濟愚(1824~1864)가 증산 이전에 있었던 유력한 인물이라는 점이 강조된 대목이며, 수운이 창시한 동학의 전통이 증산의 사상 형성에 상당한 영향력을 끼쳤던 사실을 알려준다.

7. 생활윤리와 이상세계의 모습을 강조

『대순전경』 초판 8장 64절에서 "「지소선후知所先後면 즉근도의卽近道矣

라.」 하였으니, 일꾼된 자의 명감明鑑이니라."라는 구절이 『대순전경』 2판에서는 생략되고, 대신 『대순전경』 2판 8장 77절에 "「기소후자에 박하고, 소박자에 후하 리 미지유야라.」 하였나니, 도道 하는 자 알아둘지니라."라는 구절이 증보된다. 거의 비슷한 내용을 좀 더 풀어서 설명하고 있다.

『대순전경』 초판 8장 70절의 "죄는 남의 천륜天倫을 끊은 것보다 더 큰 것이 없느니라."라는 구절은 『대순전경』 2판 3장 73절에 수록되는데, 2판에서는 "'최익현이 금상 부자의 천륜을 끊은 보복으로 큰 죄를 입어, 이제 내게 와서 그 죄보를 벗겨주기를 구한다.' 하시고, 죄 벗기는 일을 보시니라."라는 대목이 증보된다. 천륜을 끊은 대표적인 사건으로 최익현의 사례를 들어 설명하고 있다.

『대순전경』 초판 8장 71절의 "이제 모든 선령신先靈神이 발동하여 그 선자선손善子善孫을 모든 척신의 손에서 빼앗아 덜미를 쳐 내세우느니라."라는 구절은 『대순전경』 2판 4장 157절에서 "모든 선령신들은 쓸 자손 하나씩을 타내려고 육십 년간 힘을 들여도 못 타는 자도 많으니라."라는 내용으로 바뀐다. 초판이 선령신이 척신과 투쟁하여 자손을 지키려 했다면, 2판은 객관적인 서술만 하고 있다.

『대순전경』 2판 8장 71절인 "남의 부녀를 범하는 것은 큰 죄가 되니, 이는 그들의 정을 끊는 까닭이니라.", 2판 8장 83절, 2판 8장 84절인 "사람마다 성의를 말하나, 무물이면 불성이니, 돈을 불러보아야 하느니라.", 2판 8장 85절인 "돈이라는 것은 순환지리로 생겨 쓰는 것이요, 구해 쓰는 것은 아니니 「백탐탐물일조진이라.」 하였느니라.", 2판 8장 86절인 "나는 수명보다 복록을 중히 한다.", 2판 8장 87절, 2판 8장 88절, 2판 8장 89절인 "남의 비방과 혐의를 잘 받으면 천상에서 복 탈 것이 크리라.", 2판 8장 90절인 "구천에 사무치는 「시 -」 소리에 서양이 덜덜 떠느니라.", 2판 8장 91절인 "일에 뜻한 자는 남의 의뢰를 받지 말라.", 2판 8장 92절인 "이제 서양사람에게 재주를 배워 다시 그들을 겨루는 것은 어렵지는 아니하나, 제자로서 선생을 저버리는 것이 배은망덕줄에 범하므로, 판밖에서 남의 의뢰 없이 남 모르는 법으로 일을 꾸미노라.", 2판 8장 93절인 "나 보는 일이 일국 일에 그칠진대 어려울 것이 없지만, 천하사가 되므로 이렇게 더디도다.", 2판 8장 94절인 "동양의 형세가 위급함이 달걀을 포개 놓은 것과 같아서 내가 붙잡지 않으면 영구히 서양으로 넘어가리라.", 2판 8장 95절인 "마음을 청결히 가진 자는 복이 되나니, 남의 것을 탐내어 도적의 마음을 갖는 자는 잘 되지 못하느니라.", 2판 8장 96절인 "양반을 찾는 것은 망하는 기운이로다.", 2판 8장 99절인 "발 개이고 끄덕이는 기운은 다 같으니, 그런 행습을 놓지 아니하면 망하는 기운이 이르느니라." 등의 구절이 초판보다 증보되었고, 『대순전경』 2판 8장 101절도 증보되었다. 한편 『대순전경』 2판 8장 102절인 "심심황하수요, 구중곤륜산하라."는 『대순전경』 초판 10장 32절에 실렸었다.

『대순전경』 2판 8장 103절, 2판 8장 103절, 2판 8장 104절이 『대순전경』 초판보다 증보되었고, 『대순전경』 2판 8장 105절인 "내 밥을 먹은 자라야 내 일을 해 주느니라.", 『대순전경』 2판 8장 107절인 "너희들은 항상 평화를 주장하라. 너희들끼리 서로 싸우면 밖에서는 난리가 나리라." 등의 구절이 초판에는 없었던 구절인데 2판에서 증보되었다.

그리고 『대순전경』 초판 9장 12절에 있는 "쇠병사장衰病死葬을 면하여 불로불사不老不死하며, 빈부貧富의 차별이 폐지되고"라는 구절이 『대순전경』 2판 9장 16절에서는 생략된다. 불로불사가 문제가 된 듯하다. 그리고 초판의 "천신天神"이 2판에서는 "신명神明"으로 바뀐다.

『대순전경』 2판 9장 18절은 초판에는 없었던 구절이다. "이제 일본사람이 조선에 와서 천고역신을 거느려 역사를 시키느니라. 이조 개국한 이후로 벼슬하는 자가 모두 정씨를 사모하였나니, 이는 곧 두 마음이라. 남의 신하로서 두 마음을 두면 곧 역신이니, 그러므로 모든 역신이 그들에게 이르되 너희들도 두 마음을 품었거니, 어찌 역신을 그다지 학대하느뇨 하니,

이로 인하여 저들이 일본사람을 대하면 죄를 지은 자와 같이 두려워서 몸을 떠느니라."라는 내용이다. 일본의 강점強占에 대한 종교적 설명으로 보인다. 그리고 정씨진인출현설에 관해 언급하면서 우리나라의 각료들이 일본인에 대해 굴종적인 자세를 보였던 일을 비판하였다.

『대순전경』 2판 9장 20절도 초판에는 없었던 구절이다. "이제 일본이 백호 기운을 탔으나 만일 숙호충비하면 상해를 받을지라. 모든 일에 순종하고, 그 지휘를 거스르지 말라. 이것이 곧 피란하는 길이니라. 청룡이 동하면 백호가 쉬느니라."이다. 현실적으로 조선이 일본의 지배를 받는 상황을 종교적으로 설명하는 대목이다. 백호와 청룡 등 풍수적 설명에 등장하는 신비한 동물을 언급하면서 일본에 순종하고 거스르지 말라고 가르친다. 난리를 피하는 길이 일본인에게 잘 대우하는 일이라고 주장하면서 청룡이 움직이면 이러한 상황이 극복될 수 있으리라고 전망한다. 후대의 일부 증산교단에서는 청룡을 미국美國으로 해석하기도 한다.

『대순전경』 2판 9장 25절은 "이 세상에 조선과 같이 신명 대접 잘한 곳이 없으므로 신명들이 그 은혜를 갚기 위하여 각기 꺼릴 것 없이 소원을 따라 공궤케 되리니, 도인들은 아무 꺼림 없이 천하사만 생각하게 되리라."인데 『대순전경』 초판에는 없던 구절이다. 조선이 천하사天下事를 도모하는 중심국이 되는 결정적인 이유가 신명神明을 적극적으로 인정하고 잘 대접했다는 것이다. 신명들이 그 은혜를 갚으려고 조선사람들의 소원에 따라 접대할 것이니 일상생활에 필요한 소소한 일은 걱정하지 않고 개벽의 일꾼들은 장차 천하사에만 집중하게 되리라고 전망한 대목이다.

『대순전경』 2판 9장 26절은 "내가 출세할 때에 주루보각 삼십육만 칸을 지어 다 각기 닦은 대로 앉을 자리에 들여앉혀 옷과 밥을 신명들이 받들 것이니, 만일 못 앉을 자리에 앉은 자가 있으면 신명들이 그 목을 끌어 밖으로 내치느니라."인데, 『대순전경』 초판에는 없었던 구절이다. 증산의 출세出世가 예언되었고, "주루보각珠樓寶閣 36만간萬間"이라는 구체적인 건물의 규모가 제시되었고, "옷과 밥"이라는 실제적인 물질이 제공된다고 한다. 그런데 그곳에는 각자가 닦은 정도에 따라 들어갈 수 있을 것인데, 자격이 되지 않는 사람이 잘못 들어오면 신명神明들이 나서서 참혹한 벌을 줄 것이라고 강조한다. 따라서 이상향에 들어가기 위해서는 인간적인 차원에서 상당한 노력이 필요하다고 주장한 대목이다.

『대순전경』2판 9장 27절은 "후천에는 대진보의 정화로 도인의 집마다 등대 한 개씩 세우게 되면 그 동네가 크게 밝아 햇빛과 같이 되리니, 이제 전등은 그 표본에 불과하니라. 또 기차도 화통이 없이 몇만 릿길이라도 삽시간에 통행이 되며, 또 문고리도 황금으로 만들며, 옷걸이도 황금으로 만들며, 신도 금당혜를 신으리라."인데, 역시 『대순전경』 초판에는 없었던 구절이다. 후천後天이 되어 이루어질 새 세상의 모습을 상당히 구체적으로 묘사한 대목이다.

『대순전경』 2판 9장 28절은 "곡식 종자를 한 번 심어 베어들인 뒤로 해마다 그 뿌리에 움을 길러 거두어들이게 되는 것이 생기리니, 이제와 같이 힘고 기르기에 큰 힘이 들지 않으리라. 또 아무리 박장이라도 옥토가 되게 하리니, 이는 땅을 석 자 세 치를 태운 까닭이니라."인데, 『대순전경』 초판에는 없다가 2판에서 증보된 구절이다. 역시 이상사회의 구체적인 면을 제시한 대목이다.

『대순전경』 초판 제 10장 문명文明에 나오는 구절은 『대순전경』 2판에서는 흩어져서 각 장에 삽입된다.

『대순전경』 2판 10장 3절은 『대순전경』 초판 10장 13절의 "천지종용지사"가 "사지종용"을 바뀌었고, "천지분란지사"가 "사지분란"으로 축약되었다. 그리고 『대순전경』 2판 10장 3절에서 "자방의 종용과 공명의 정대를 본받으라."라는 구절이 증보되었다. 장량張良과 제갈공명諸葛孔明이라는 구체적인 인물을 모범으로 삼으라는 말로 표현되었다.

8. 전설의 적극적 수용

『증산천사공사기』(1926)에는 복희씨伏羲氏가 언급되지 않는다. 그런데 『대순전경』 초판(1929) 초판 10장 22절에 나오는 "응수조종태호복應須祖宗太昊伏"은 "모름지기 (인류의) 조상으로서 으뜸이 되는 사람은 태호太昊 복희씨伏羲氏로다."라고 해석할 수 있다. 『대순전경』 2판(1933) 4장 88절에도 증산이 "응수조종태호복"이라는 시구詩句를 외웠다는 내용이 있다.

> 수인씨燧人氏를 이어서 왕이 된 복희씨伏羲氏는 성姓이 풍風이었는데, 몸은 범이요 머리는 사람이었다고 한다. 그는 처음으로 팔괘八卦와 글자를 만들었으며, 새끼 매듭을 이용하여 약속을 정하게 하였다. … 복희씨가 세상을 다스리던 어느 날, 용마龍馬가 그림을 짊어지고 강에서 나오는 상서로운 징조가 있었다. 복희씨는 그 그림을 팔괘의 기본으로 삼았다. …[10]

사람들을 전멸해버린 대홍수 속에서 유일하게 생존한 오빠와 누이동생은 원래 이름이 없었는데, 호리병박 속에서 살아났다고 하여 '복희伏羲'라고 부르게 되었다. 복희란 '포희匏曦',[11] 곧 '호로葫蘆'박을 뜻한다.[12] 전설에 보이는 복희의 형상은 '인면사신人面蛇身' 또는 '인면용신人面龍身'이다.[13] 그리고 복희는 팔괘八卦와 결승結繩을 발명했고, 특히 복희가 인류에게 끼친 최대의 공헌은 불을 발명했다는 점이다. 복희는 '포희庖羲' 또는 '포희炮犧'라고도 불렸다. 여기서 '포庖'는 주방, 부엌이라는 뜻이고, '희犧'는 제사를 지낼 때 사용하는 희생물(특히 동물)을 말한다. 따라서 그의 이름은 "희

---

10 증선지 지음, 소준섭 편역, 『십팔사략 : 쉽게 읽는 중국사 입문서』, 현대지성, 2015.

11 포와 희는 모두 '박' 또는 '표주박'을 의미한다.

12 위앤커 지음, 정석원 옮김, 『중국의 고대신화』, 문예출판사, 1987, 52쪽.

13 위의 책, 55쪽.

생물을 주방에 채우다."라든지 "날고기를 익혀 먹는다."라는 의미를 지니고 있다. 그러자면 반드시 불이 있어야 했을 것이므로 동물의 고기를 굽는다는 뜻의 '포희炮犧'의 발명은 곧 '불의 발명'을 의미한다.[14]

『대순전경』 2판에서는 중국의 전설적인 제왕인 요堯임금과 순舜임금에 관한 이야기가 증보된다.

> 또 가라사대 "세상에서 요순지치堯舜之治를 일러왔으나, 9년 홍수는 곧 창생의 눈물로 일어났느니라." (『대순전경』 2판 4장 137절)

순임금 때 일어났던 대홍수가 사람들의 원한이 서린 눈물 때문에 발생했다는 이야기도 있다. 요순시대부터 인류는 원한을 품어왔고, 그것이 누적되어 현재 사회의 모순과 갈등으로 표출되었다는 말이다.

> 세상에서 순舜을 대효大孝라고 이르나, 그 아비 고수의 이름을 벗기지 못하였으니, 어찌 대효라 이르리요? (『대순전경』 2판 8장 48절)

증산은 순임금이 천하의 큰 효도를 했던 사람이라는 일반적인 평가에 반대한다. 그는 순임금이 진정한 효자라면 아비인 고수瞽叟라는 부정적인 이름부터 고쳤어야 한다고 주장한다. 아버지의 이름을 드높이는 일이 진정한 효자가 할 일이라는 점을 강조했다.

---

14 위의 책, 60~61쪽.

『대순전경』 2판의 위상과 의의

IV

『대순전경』 2판은 한글을 전용한 경전이다. 따라서 『대순전경』 2판의 발행은 한글로도 종교적 교리의 정립이 가능하다는 점을 보여주었다. 당시 일제는 혹정酷政을 심화하여 우리말과 우리글을 사용하는 일 자체를 엄격하게 통제하고 금지하는 민족말살정책을 추진하였는데, 이러한 열악한 상황에 맞서 『대순전경』 2판이 간행되었다. 대대로 이어오고 사용하던 이름조차 일본식으로 개명改名해야 하는 사회적 분위기 속에서 우리말로 된 경전을 발행했던 일은 참으로 놀랍다.

『대순전경』 2판이 간행된 시기에는 한글을 사용하는 일이 상당히 어려웠다. 특히 『대순전경』 2판이 간행된 1933년 이후의 국내 상황은 한글을 사용하는 일 자체가 모진 탄압의 대상이 되던 때였다. 이러한 시기에 오로지 한글만으로 경전을 간행한 교단 간부의 결정은 그 자체가 정신적 독립운동의 일환이었다. 따라서 『대순전경』 2판의 존재 자체가 우리말과 우리글을 따르고 우리의 고유한 전통문화를 지키려는 노력을 상징하는 하나의 사건이다. 그러나 내용 속에 포함된 한시漢詩를 한글로만 표기하는 일은 그 의미를 제대로 파악하기가 어렵다는 한계를 지닌다.

『대순전경』 2판에서는 증산甑山의 말씀과 행적과 관련한 자료의 수집이 더욱 확대됨으로써 그가 행한 천지공사天地公事의 내용이 점차 풍부해진다. 고유한 지명이 수록되었고, 증산이 만났던 사람에 관한 자료가 풍부해졌으며, 증산의 행적과 말씀이 증보되어 그의 종교적 사상과 행위를 알 수 있는 기회를 많이 제공하고 있다.

『대순전경』 2판에서는 교리체계화과정을 통해 교리가 더욱 심화한다. 증산甑山 강일순姜一淳(1871~1909)의 언행에 관한 여러 기록이 증보된다. 조화정부造化政府라는 용어가 한층 강조되어 증산의 천지공사가 세계의 정세政勢 변화와 관련이 있다는 믿음으로 전개되었다. 그리고 동학東學의 교리를 수용하고 적극적으로 흡수하는 방향으로 교리의 체계화가 이루어진다. 한편 전래한 비결에 대한 신앙을 부정한 증산은 이제는 비결 대신에 자신의 가르침을 따르라고 주장하였다. 특히 『대순전경』 2판에는 수부首婦에 관한 기록이 많이 증보되어 증산교단의 성립과 관련된 고판례高判禮(1880~1935)와 관련한 기록이 상당히 확인된다. 그리고 『대순전경』 2판에는 보천교를 세운 차경석車京石(1880~1936)과 관련된 기록이 초판보다 자세히 나타난다.

『대순전경』 2판에서는 오선위기五仙圍碁와 연관된 기록의 증보를 통해 향후 한반도를 둘러싼 강대국의 쟁탈전의 변화 양상의 전체적 모습에 대한 신앙을 유발하였다. 또 『대순전경』 2판에서는 도통신道通神과 문명신文明神이 힘을 합쳐 문화통일에 매진할 것이며, 한반도의 남쪽에 자리한 사명당四明堂을 둘러싸고 새로운 후천 문명이 발전할 것이라는 믿음을 강조하였다. 나아가 『대순전경』 2판에서는 인류가 오랜 기간에 걸쳐 성립시킨 대표적인 종교의 우두머리를 뜻하는 종장宗長의 교체 임명을 증보하여 장차 통합 문명의 탄생을 예고하였다.

그리고 『대순전경』 2판에는 '상씨름'이라는 새로운 용어와 개념을 사용하여 앞으로 있을 세계 각국의 최종 결승전을 예언하기도 했다. 또 『대순전경』 2판은 기존의 『대순전경』 판본에 있었던 일부의 오류를 바로잡았다. 대표적인 사례로 "이윤伊尹이 50살에 49년 동안의 잘못을 깨달았다."를 들 수 있는데, 정확한 전거典據를 확인할 수 없었든지 "옛사람"으로 고쳤다. 또 『대순전경』 2판에서는 증산이 조선의 저승세계를 다스리는 우두머리로 전봉준全琫準을 임명한 이유가 그가 살아생전에 '남 잘되게 하는 일'에 신명身命을 다 바쳤기 때문이라고 설명하였다.

한편 『대순전경』 2판에서는 성사재인成事在人을 강조하여 새 세상의 도래에 대한 설계도는 증산이 작성했지만, 실제로 그 일을 완성할 임무와 책임은 어디까지나 증산의 가르침을 올바르게 따르는 '사람들'에게 있다고 주장하여 인간의 역할을 무엇보다 강조하였다. 그리고 『대순전경』 2판에는 신명神明이라는 신적神的 존재의 기능과 역할을 특히 강조하였는데, 이는 증산의 가르침이 유교적 윤리와 인식에 얽매인 동학東學과는 전혀 다른 새로운 차원의 도道라는 점을 재차 확인시켜주었다.

『대순전경』 2판은 초판보다 생활 규범과 일상에서 지켜야 할 가르침의 내용이 많이 제시된다. 이는 후천개벽後天開闢이 시작되는 시점을 종말론적終末論的이나 대시적待時的 관점에서 주장하는 일부 사람들의 위기의식을 극복하려는 노력으로 보인다. 특정한 때가 되면 저절로 모든 일이 이루어지리라는 다소 나약하고 수동적인 신행을 벗어나고, 특히 자파自派만의 독선적獨善的 신앙 태도를 초월하여 일상생활에서 지켜나가야 할 윤리적 덕목과 실천적 가르침을 강조하는 방향으로 신앙인의 관심과 실천을 유도하기 위한 장치로 보인다.

『대순전경』 2판에서는 수부首婦라는 증산교단의 독창적인 용어를 사용하여 남녀동권男女同權시대의 핵심을 궁극적으로 표현했다는 의의가 있다. 특히 고판례高判禮를 수부로 인정하는 기록이 증보되어 증산교단의 최초 전개가 그녀의 힘에 따라 이루어졌다는 역사적 사실과 편찬자 이상호李祥昊(1888~1967)가 고판례를 자신의 교단인 동화교東華教에 모시고 왔던 사건을 적극적으로 반영하고 있다. 이러한 입장은 향후 우주적 차원으로까지 전개되는 수부신앙首婦信仰의 실마리가 되었다. 상제上帝인 증산甑山의 권능과 맞먹는 위상과 능력을 지닌 여성인 수부首婦가 강조되어, 후천이라는 이상세계가 남성과 여성의 동등한 지위와 역할을 보장하는 사회가 될 것이라는 확신을 심어주었다.

『대순전경』 2판에는 중국 고대의 신화적인 전설이 더욱 많이 인용되었다. 이는 당시 우리나라의 일반인들이 가졌던 역사와 문화에 대한 인식을 그대로 반영한 것으로 보인다. 당대의 지식인들과 일반 민중들은 우리나라의 고대사회에 대해 중국적 질서와 문화를 중심으로 이해하고 받아들였다. 이러한 상황을 통해 1930년대 당시의 역사관과 문화관을 엿볼 수 있다.

맺음말

V

『대순전경』 2판은 1933년에 간행되어 『대순전경』 3판이 간행된 1947년까지 14년 동안 증산교단 경전의 독보적인 위상을 차지하였다. 『대순전경』 2판은 교조인 증산 강일순의 말씀과 행적이 『대순전경』 초판보다 더욱 증보되어 그에 대한 자료가 많이 수록되었다. 특히 『대순전경』 2판은 한글 전용으로 발행되어 일제강점기의 민족말살정책에 적극적으로 대항하는 한민족의 전통과 고유문화를 지키려는 노력과 열정이 확연히 드러나는 우리말 경전이다.

『대순전경』 2판에서는 동학東學과 구별되는 증산의 독창적인 가르침의 내용이 초판보다 더욱 증보되어, 동학의 영향을 받았지만 이를 나름대로 극복하고 초월하려는 증산교단의 조직적 대응체계를 확인할 수 있다. 그 핵심은 동학을 창시한 수운 최제우의 종교체험에 등장하는 한울님이 바로 증산이며, 증산은 동학의 극복과 완성을 추구한 위대한 인물이라는 점을 강조하는 방향으로 교리의 체계화가 이루어진다. 나아가 동학의 전개 과정에서 일어난 동학농민혁명의 주동자인 전봉준全琫準(1855~1895)에 관한 언급이 『대순전경』 2판에서 『대순전경』 초판보다 상당히 증보되어 그에 대한 독창적인 관점을 제공하고 있다. 특히 전봉준이 바로 우리나라의 저승을 책임지는 종교적 인물이라는 점을 강조하여 그에 대한 종교적 재평가를 이루었다. 그렇지만 여전히 증산교단에서는 아직도 전봉준에 대한 뚜렷한 신행이 확인되지 않는 점은 아쉬움으로 남는다.

『대순전경』 2판에서는 오선위기五仙圍碁가 더욱 강조되는데, 국제질서의 변화에 관한 적극적인 관심을 유발하고, 복잡하게 전개되는 동양과 서양 사이의 쟁탈전을 해결할 새로운 대안을 제시하고자 했다. 특히 한반도를 둘러싸고 급격하게 변화하는 정치 · 사회적 상황 변화를 나름대로 설명하고 이해하려는 노력을 확인할 수 있다.

『대순전경』 2판은 초판보다 일상생활에서 지켜야 할 규범과 윤리가 많이 강조된다. 여기에서 우리는 어느 날 갑자기 개벽開闢이 전개되리라고 믿는 종말론적 신행信行을 거부하고 점진적 구원의 가치를 적극적으로 드높이려 한 편찬자의 의도를 엿볼 수 있다. 개벽은 외부에서 객관적으로 이루어지는 것이 아니라 내가 먼저 나서서 스스로를 주관적으로 변모시켜나가는 일련의 연속적인 과정이라는 점을 힘주어 말한 셈이다. 세상이 변하는 일을 바라지만 말고, 우선 내가 나를 바꾸어나가야 한다는 가르침이다.

한편 『대순전경』 2판에서는 수부首婦에 대한 언급이 초판보다 증보되었는데, 이는 편찬자인 이상호의 개인적 경험에서 연유한 것으로 보인다. 이상호는 직접 새로운 교단인 동화교東華教를 세워 고판례高判禮를 모시고 온 일이 있는데, 이러한 과정에서 현실적으로 증산甑山을 대신한 종교적 인물로 수부首婦를 제시한 것이다. 수부는 후천시대가 되면 남성과 여성이 본질적으로 동등한 자격과 능력을 지니게 되리라는 점이 특히 강조된 용어와 개념이다. 향후 이러한 이상사회가 이루어지기까지 지향해야 할 이상적 목표로서 제시되었다고 평가할 수 있겠다.

『대순전경』 2판은 증산 강일순의 말씀과 행적을 순우리말로 기록한 유일한 경전이다.

부록1

『대순전경』 2판 현대어본

대순뎐경

… 송이 높으니라.

5절 이렇게 수년 동안을 유력하시다가 경자년(1900)에 고향으로 돌아오시더니, 이때에 전주 이동면 전용리에 사는 이치안이 구혼차로 충청도를 향하다가, 주막에서 당신을 만나 하룻밤을 같이 자고 그 이튿날 떠나려 할새, 당신이 치안에게 일러 가라사대 "그대가 이제 구혼차로 길을 떠났으나 반드시 헛걸음이 되리니, 이 길을 가지 말고 다시 집으로 돌아가라. 그러면 전일부터 의혼하여 오던 곳에서 매파를 보내어 정혼하기를 구하리라. 만일 이 기회를 놓치면 혼로가 열리기 어려우리니, 빨리 돌아가라." 치안은 당신이 자기의 사정을 밝히 알고 말씀하심을 신기하게 여겨 비로소 성명을 통하고 당신의 주소를 자세히 물은 뒤에 곧 집으로 돌아오니, 과연 말씀하신 바와 같으니라.

6절 이 뒤로 치안이 당신의 신기하심을 흠모하여 자기 집으로 모셔오니라. 치안의 아들 직부는 그 마을 이장이라. 마침 그 마을 인구를 긴급히 조사할 일이 있다 하거늘, 당신이 숫대를 만들어 운산하신 뒤에 호수와 남녀 인구를 자세히 일러 주시고, 사흘 안에 한 사람이 적어질 것을 말씀하시거늘, 직부는 믿지 아니하고 온 마을을 돌아 낱낱이 조사한즉, 과연 한 집 한 사람도 틀림이 없고, 또 사흘 안에 한 사람이 죽는지라. 직부가 비로소 놀래어 당신의 신기하심을 감복하니라.

제3장 당신의 성도와 기행이적

1절 당신이 여러 해 동안 각지에 유력하사 많은 경험을 얻으시고 신축년(1901)에 이르사 비로소 모든 일을 자유자재로 하실 권능을 얻지 않고는 일을 이루지 못할 줄을 깨달으시고 드디어 전주 모악산 대원사에 들어가 도를 닦으사, 칠월 대우 오룡허풍에 천지대도를 깨달으시고 사종마를 항복받으시니, 이때에 그 절 주지 박금곡이 당신의 시종을 들었더라.

2절 임인년(1902) 4월에 당신이 금구군(지금 김제군) 수류면 원평장에 지나시다가 전주군 우림면 하운동 김형렬을 만나시니, 대저 형렬은 이왕부터 당신과 지면이 있는데, 당신의 성도하신 소문을 듣고 뵈입기를 원하던 차이므로, 크게 기뻐하여 자기 집에 오시기를 간청하였더니, 이달 열사흗날 형렬의 집에 이르사, 곧 형렬에게 일러 가라사대 "그대의 집에 삼신이 들어가니, 산기가 있을지라. 빨리 안방에 들어가 잘 도우라." 하시거늘, 형렬이 안방에 들어가니, 과연 그 아내가 셋째 아들을 낳더라.

3절 형렬의 아내가 이전부터 산후에는 반드시 복통이 나서 여러 달을 앓는 예증이 있어 또 복발하므로 형렬이 크게 근심하거늘, 당신이 위로하여 가라사대 "이 뒤로는 모든 일에 나를 믿고 근심을 놓으라." 형렬이 명하신 대로 다만 당신만 믿고 근심을 놓더니, 과연 그 아내의 복통이 곧 그치고, 그밖에 천촉과 해소 같은 별증도 다 나으니라.

4절 당신이 형렬에게 일러 가라사대 "이제 말세를 당하여 앞으로 무극대운이 열리나니, 모든 일에 조심하여 남에게 척을 짓지 말고 죄를 멀리하여 순결한 마음으로 천지공정에 참예하라. 나는 삼계대권을 주재하여 조화로써 천지를 개벽하여 불로불사의 선경을 열어 고해에 빠진 중생을 건지려 하노라." 하시고, 이로부터 형렬의 집에 머무르사 천지공사를 행하실 새, 형렬에게 신안을 열어주사 신명의 회산과 청령을 참관케 하시니라.

5절 여름을 지내실 새, 형렬의 집이 가난하여 대접이 조략하고 또 남새밭이 척박하여 채소가 잘 자라지 아니하므로 형렬이 근심하거늘, 당신이 일러 가라사대 "산중에는 별미가 없나니, 채소나 잘 번식하게 하려 주리라." 하시더니, 이로부터 약간 심어두었던 몇 가지 채소가 인공을 들이지 아니하여도 저절로 잘 번식하여 넉넉히 채용케 되니라.

6절 6월 어느 날 형렬을 명하사 예수교서 한 권을 구하여 오라 하시거늘, 형렬이 이웃 마을 오동정 김경안에게서 신약전서 한 권을 빌려다 올리니, 당신이 받아서 불사르시니라. 그 뒤에 형렬이 당신을 모시고 오동정 차윤필의 집에 가니, 경안이 와서 빌려 갔던 책을 돌려주기를 청함에, 형렬이 대답하지 못하거늘, 당신이 가늠하여 대답하시기를 "곧 돌려주리라." 하시더니, 마침 한 붓 장사가 지나거늘, 당신이 불러들이사 술을 많이 주신 뒤에 그 붓 상자를 열어 보이기를 청하신대, 붓 장사가 열어 보이니, 신약전서 한 권이 있는지라. 당신이 가라사대 "그대는 반드시 예수를 믿지 아니하니, 이 책이 쓸데없는지라. 나에게 전함이 어떠한가?" 붓 장사가 허락하거늘, 당신이 그 책을 받아서 경안에게 주시니라.

7절 그 뒤에 불가서 천수경과 한자 옥편과 사요와 해동명신록과 강절관매법과 대학을 불사르시니라.

8절 9월에 농가에서 보리갈이로 분주하거늘, 당신이 한숨을 지으며 가라사대 "이렇게 신고하여도 수확을 얻지 못하리니, 어찌 가석하지 아니하리오?" 하시거늘, 형렬이 이 말씀을 듣고 드디어 보리농사를 폐하였더니, 계묘년(1903) 봄에 이르러 기후가 순조로워서 보리가 크게 풍년이 들 징조가 있는지라. 김보경 등 모든 종도와 이웃 사람들이 모두 형렬을 조소하거늘, 당신이 가라사대 "이 일은 신명공사에서 결정된 것이니, 아직 결실기에 이르지 못하여 어찌 풍작이라고 단언하리오?" 하시더니, 과연 5월 5일 큰비로 인하여 보리 이삭이 다 말라서 수확이 거의 없게 되고, 쌀값이 올라서 한 말에 일곱 냥(지금 금은 1원 40전)이 되니, 이로부터 모든 사람이 당신께 믿음으로 복종하더라.

9절 한 사람이 물어 가로대 "금년에는 어느 곡종을 심음이 좋으리까?" 당신이 가라사대 "일본인이 녹을 띠고 왔으니, 일본 종자를 구하여 심으라. 또 생계의 모든 일에 그들을 본받아라. 녹줄이 따라 들리라." 하시더라.

10절 겨울에 형렬이 당신을 모시더니, 마침 큰 눈이 내리거늘, 형렬이 여쭈어 가로대 "전설에 송우암의 거처하는 지붕에는 눈이 쌓이지 아니하고 녹는다 하니, 진실로 천지의 지령지기를 타고난 사람이로소이다." 당신이 가라사대 "진실로 그러하랴? 이제 나 있는 곳을 살펴보라." 형렬이 밖에 나가 보니 날이 차고 눈이 내려 쌓이되, 오직 그 지붕에는 한 점 눈도 없고 맑은 기운이 하늘에 뻗쳐 구름이 가리지 못하고 푸른 공중이 통하여 보이더라. 이로부터 형렬이 항상 유의하여 살피니, 언제든지 당신이 머무시는 곳에는 반드시 맑은 기운이 푸른 하늘을 통하여 구름이 가리지 못하고 비록 큰비가 오는 때에도 그러하니라.

11절 매양 출타하실 때에는 신명에게 치도령을 써서 불사르사, 여름이면 바람을 불려 길에 이슬을 떨어뜨리고, 겨울이면 진 길을 얼어 굳게 하신 뒤에 마른 신발로 다니시더라.

12절 하운동은 산중이므로 길이 심히 좁고 나무 수풀이 길에 우거져 얽혀서 이슬이 많을 뿐 아니라 장마가 질 때에는 길에 물이 흘러 시내를 이루되, 당신의 신발은 항상 깨끗하므로 부근 촌민들이 모두 이상히 여기더라.

13절 또 출타하실 때에는 반드시 동구의 좌우 쪽에 구름 기둥이 높이 뻗쳐 여덟 팔자 형상을 이루므로 종도들이 그 이유를 물은대, 가라사대 "이는 장문이니라." 하시더라.

14절 계묘년(1903) 7월에 쌀값이 오르고 농작물에 충재가 성하여 인심이 극히 불안하거늘, 당신이 여러 종도에게 일러 가라사대 "신축년(1901) 이후로는 연사를 내가 맡았으니, 금년 농사를 풍년이 들게 하여 민록을 넉넉하게 하리라." 하시고, 크게 우레와 번개를 일으키시니, 이로부터 충재가 그치고 농사가 크게 풍등하니라.

15절 당신의 아우 영학이 항상 도술을 통하기를 열망하여 당신께 발원하더니, 하루는 당신이 부채에 학을 그려서 영학에게 주시며 가라사대 "집에 돌아가서 이 부채를 부치면서 칠성경을 무곡 파군까지 읽고, 이어서 대학을 읽으라. 그러면 도술을 통하리라." 영학이 부채를 가지고 집으로 돌아가다가 정남기(당신의 처남)의 집에 들리니, 남기의 아들이 그 부채의 아름다움을 탐내어 빼앗고 주지 아니하거늘, 영학이 부득이하여 그 사유를 말하고 돌려주기를 간청하니, 남기의 아들은 더욱 탐내어 주지 아니하므로 하릴없이 빼앗기고 돌아가더라.

16절 그 뒤에 남기의 아들이 그 부채를 부치면서 대학을 읽음에 문득 신력을 통하여 능히 신명을 부리며 물을 뿌려 비를 베푸는지라. 남기가 기뻐하여 그 아들을 교사하여 당신의 도력을 빼앗으려 하므로, 그 아들이 남기로 더불어 하운동에 이르니 당신이 그 일을 아시고, 남기의 무의함을 꾸짖으사 그 아들의 신력을 다 거두신 뒤에 돌려보내시더라.

17절 갑진년(1904) 정월에 백남신이 관액에 걸리어 어찌할 바를 알지 못하고, 김병욱을 통하여 당신께 끌러주시기를 간청하거늘, 당신이 가라사대 "부귀한 자는 돈을 써야 하나니, 돈 십만 냥의 증서를 가져오라." 남신이 곧 십만 냥의 증서를 올렸더니, 그 뒤로 남신의 액이 곧 풀리는지라. 당신이 그 증서를 불사르시니라.

18절 이때에 장효순의 어린 아들이 급히 병들어 죽게 되므로 효순의 아비 익모가 급히 와서 당신께 뵈옵고 고쳐주시기를 청하거늘, 당신이 청수를 먹여보라고 말씀하셨더니, 익모가 병든 아이에게 청수를 먹임에 병세는 효험을 내지 못하고 죽는지라. 익모는 본래 성질이 사나워서 부중 사람들이 천동이라고 부르는 터인데, 병든 아이의 죽음을 보고 크게 성을 내어 당신을 원망하여 가로대 "이는 짐짓 약을 바로 일러 주지 아니하여 죽음이라." 하고 드디어 몽둥이를 들고 와서 당신을 구타하고 다시 몸을 묶어서 장방청으로 끌고 갔다가 문득 뉘우친 듯이 풀어놓으며 가로대 "이것이 다 나의 잘못이라. 어린애가 급증으로 죽었거늘, 어찌 선생을 원망하리오?" 하고, 이전 교분을 회복하기를 청하며, 자기 집으로 함께 가시기를 청하거늘, 당신이 듣지 아니하시고, 서원규의 집으로 가서 머무르시고, 이튿날 이직부의 집으로 가시니라. 대개 익모가 당신을 용서하여 장방청으로부터 돌아가시게 한 것은 백남신에게서 받은 돈 십만 냥의 증서가 있음을 알고 돈을 요구하려 함이러라.

19절 이튿날 익모가 원규의 집에 가서 당신이 계시지 아니함을 보고 크게 성을 내어 살인범으로서 도망하였다 하고 사방으로 수색하더라. 이때에 당신의 가족은 전주군 탄천면 화정리 이경오의 집 곁방에 이거하고 있었는데, 효순의 가족이 그 집에 가서 행패하더라. 김형렬은 효순의 일을 알지 못하고, 당신의 소식을 들으려고 화정리에 오니, 효순의 집안사람들이 형렬을 결박하여 원규의 집으로 가서 당신의 행방을 묻되, 가르치지 아니하므로, 그들은 더욱 성내어 형렬과 원규를 무수히 구타하더라. 이로 인하여 당신의 가족은 순창군 밤재로 옮기고, 형렬은 원규의 집에서 밤을 타서 도망하고, 원규는 그들의 연일 행패에 견디지 못하여 약국을 닫고 가족을 거느리고 익산으로 옮겨 가더라.

20절 이때에 당신이 이직부의 집에 머무르시니, 직부의 아비 치안이 그 해 명수를 묻거늘, 당신이 백지 한 장에 글을 써서 불사르시고, 다시 글을 써서 긴히 봉하여 주시며 가라사대 "급한 일이 있으면 열어 보라." 하신지라. 치안이 깊이 감춰두었더니, 그 뒤에 그 며느리가 난산으로 위태한 지경에 이르렀음을 듣고 그 일을 가르치심인가 하여 봉서를 가지고 간즉, 이미 순산하였거늘, 다시 간직해 두었더니, 연말에 이르러 치안이 병들어서 위독한지라. 직부가 봉서를 떼어보니, 소시호탕 두 첩이라 썼거늘, 그 약을 써서 곧 나으니라.

21절 2월에 밤재에 계실 새, 영학에게 대학을 읽으라 하셨더니, 영학이 듣지 아니하고, 술법서에 천착하거늘, 당신이 탄식하여 가라사대 "멀지 아니하여 영학을 못 보게 되리라." 하시고, 이도삼을 명하사 '골폭사장전유초, 혼반고국조무친'이라는 그 글 한 귀로 영학을 경계하사 써 살펴 깨닫게 하시되, 영학이 종시 살펴 깨닫지 아니하니라.

22절 그 뒤에 영학이 병들어 위독하거늘, 당신이 들으시고, 김갑칠을 데리고 밤재로 가실 새, 중간에서 한 주막에 드시니, 한 사람이 허리가 굽어서 업드려 기어 다니거늘, 당신이 그 허리를 펴지 못한 이유를 물으시니, 그 사람이 대하여 가로대 "십여 년 전부터 곱사가 되어서 고치지 못하였나이다." 하거늘, 당신이 손으로 그 허리를 주물러 펴주시고, 사례금 열 닷 냥을 가져오라 하시니, 그 사람이 기뻐 뛰놀며 가로대 "선생은 실로 재생지은이 있사오니, 그 은혜를 갚으려 할진대, 태산이 오히려 가벼우나 지금 몸에 지닌 돈이 없사오니, 무엇으로 갚사오리까?" 당신이 가라사대 "물품도 가하니라." 그 사람이 대하여 가로대 "내가 널 장사를 하오니, 널로 드림이 어떠합니까? 널 한 벌 값이 열 닷 냥입니다." 당신이 가라사대 "그도 좋으니, 잘 가려두라." 하시고, 집에 돌아가시니, 영학이 이미 죽었거늘, 그 널을 가져다가 장례를 지내시더라.

23절 보름날 김갑칠을 데리고 부안 고부 등지를 두루 유력하실 새, 저녁에 고부 검은 바위 주막에 들리시니, 이때에 화적이 많아서 대낮에 횡행하므로 순검 한 사람이 미복으로 야간 순찰을 하려고 이 주막에 들었거늘, 당신이 주부에게 일러 가라사대 "저 사람에게 주식을 주지 말라. 만일 술과 밥을 주었다가 값을 받지 못하면 넉넉지 못한 영업에 손해가 아니냐?" 하시니, 순검이 그 말씀에 성내어 당신을 구타하며 무례한 말을 한다고 꾸짖거늘, 당신이 웃어 가라사대 "다 죽은 송장에게 맞아서 무엇이 아프랴?" 하시고, 밖으로 나가시니, 주부가 순검에게 이르되 "저 사람의 말이 이상하니, 반드시 무슨 까닭이 있을지라. 나가서 사과하고 그 연고를 물어보라." 하거늘, 순검이 옳게 여겨 당신의 뒤를 따르며 사과한 뒤에 연고를 물으니, 당신이 가라사대 "오늘 밤에는 사무를 폐하고 다른 곳으로 몸을 피하라." 순검이 명하신 대로 몸을 피하였더니, 이윽고 밤이 깊으매 화적이 몰려와서 주부를 구타하며 순검의 간 곳을 물으니, 이는 여러 화적이 순검을 죽이려고 미리 약속한 일이 있음이라. 이튿날 순검이 당신의 계신 곳을 찾아와서 살려주신 은혜에 감사하니라.

24절 5월에 당신이 밤재에 계실 새, 갑칠이 구릿골로부터 와서 뵙거늘, 당신이 물어 가라사대 "네 지방에 농사 상황이 어떠하더냐?" 갑칠이 대하여 가로대 "가뭄이 심하여 모 옮겨심지도 못하므로 민심이 소동하고 있습니다." 당신이 가라사대 "네가 비를 빌러 왔도다. 네게 우사를 부치노니, 곧 돌아가되 길에서 비를 만날지라도 피하지 말라. 그것은 네가 천지공사를 몸에 띤 연고니라." 갑칠이 명을 받고 돌아갈 새, 얼마 아니 가서 비가 시작하여 잠깐 동안에 냇물이 넘치는지라. 이로부터 물이 풍족하여 수일 동안에 모심기를 마치니라.

25절 6월에 형렬을 데리고 태인 신배를 지나실 새, 그 마을 어떤 집에 불이 나서 모진 바람에 기세가 크게 성하거늘, 당신이 민망히 여겨 가라사대 "저 불을 그대로 두면 이 바람에 온 마을이 재가 되리니, 맞불을 놓아 끄리라." 하시고, 형렬을 명하사 짚으로써 불을 피우시니, 곧 바람이 자고 불이 꺼지더라.

26절 8월 27일 의산 만성리 황사성의 집에 이르시니, 마침 어떤 사람이 노여움을 띠고 있거늘, 다시 그 마을 정춘심의 집으로 옮기시더라. 원래 사성의 아비 숙경이 전주 용진면 용바위 황참봉에게 빚이 있었더니, 황참봉이 죽은 뒤에 그 아들이 사람을 보내서 빚을 재촉하며 만일 갚지 아니하면 경무청에 고소하여 옥중에다 썩히면서 받겠다고 위협하는지라. 이날 밤에 사성 부자가 춘심의 집에 와서 당신께 뵙고 이 일을 말하며 무사하도록 끌러주시기를 간청하거늘, 당신이 숙경에게 명하사 무명베 한 필을 사 오라 하사, 옷을 지어 입으신 뒤에, 숙경에게 일러 가라사대 "일이 잘 끌리리니, 근심을 풀라. 무명베 한 필은 곧 채권 채무 사이에 길을 닦는 것이니라." 하시더니, 그 뒤에 순검이 와서 숙경을 잡아가려 하거늘, 숙경이 순검과 더불어 채권자의 집에 가서 갚을 기한을 물리기로 하고, 화해를 청한대, 채권자가 듣지 아니하고 고집하거늘, 그 어미가 아들을 불러 꾸짖어 가로대 "저 어른은 네 부친의 친구인데, 이제 옥에 가두려 하니, 이는 금수의 행위를 하려 함이라." 하고, 곧 그 증서를 빼앗아 불살라버리니, 채권자가 하릴없어 숙경에게 사과한 뒤에 드디어 고소를 취하하고 빚을 탕감하여 버리더라.

27절 9월 열흘날 함열 회선동 김보경의 집에 가시니, 보경이 여쭈어 가로대 "이 부근에는 요사이 도적이 출몰하여 밤마다 촌락을 터는데, 내 집이 비록 넉넉하지는 못하나 밖에서는 부자로 앎으로 실로 두려워서 마음을 놓지 못하오니, 청컨대 도적의 난리를 면하게 하여 주시옵소서." 당신이 웃으시며 문 앞에 침을 뱉으시고 일러 가라사대 "이 뒤로는 마음을 놓으라. 도적이 저절로 멀리 가리라." 하시더니, 과연 그 뒤로는 도적의 자취가 없어지니라.

28절 동짓달에 전주부에 이르시니, 마침 민요가 일어나서 인심이 뒤끓는지라. 보경에게 일러 가라사대 "김병욱이 국가의 중진에 처하였으니, 소동이 일어난 인심을 잘 진압하여 써 그 직책을 다 하여야 할지라. 그 방략을 어떻게 정하였는지 병욱에게 물어 오라." 보경이 병욱을 찾아 명하신 바를 전하니, 병욱이 당신께 뵙고 가로대 "무능한 나로서는 물이 끓듯이 하는 민요를 진압할 수 없사오니, 오직 선생의 힘만 믿나이다." 당신이 가라사대 "내가 가늠하여 진압하리라." 하시고, 그날 저녁부터 비와 눈을 크게 내리시며 천기를 혹독히 춥게 하시니, 방한설비가 없이 한데 모였던 군중은 하릴없이 해산하여 집으로 돌아가고, 비와 눈은 사흘 동안을 계속하므로 군중은 다시 모이지 못하고, 소동은 스스로 평정되더라.

29절 선달에 원평에 계실 새, 그때에 어사 박재빈이 전라북도 일곱 고을 군수를 파면하고 장차 전주에 출도하려 함에 군수 권직상의 지위도 위태하게 된지라. 김병욱은 그때에 육군장교로서 권직상과 친분이 있을 뿐 아니라 권직상이 파면되면 자기의 일에도 또한 낭패될 일이 많음으로 그 일을 근심하여 당신께 그 대책을 묻거늘, 당신이 가라사대 "그 일은 무사하도록 끌러주리니, 근심치 말라." 하시더니, 그 뒤에 박 어사가 권직상을 파면하려고 전주부에 들어오자 때마침 박 어사의 면관비훈이 전주부에 이르니라.

30절 을사년(1905) 정월 그믐날 당신이 형렬과 함께 부안 성근리 이환구의 집에 가사 여러 날 머무르실 새, 환구가 부안읍 사람 신원일을 자주 천거하거늘, 당신이 원일을 부르시니, 원일이 와 뵙고, 당신을 자기 집으로 모시니, 원일의 아비와 아우는 당신을 믿지 아니하고 오래 머무르심을 싫어하는지라. 원일이 청하여 가로대 "가친이 본래 고기잡이를 즐겨하여 해마다 경영하다가 작년에 폭풍으로 인하여 큰 손해를 보았으니, 청컨대 금년에는 풍재가 없게 하고 고기잡이를 잘되게 하여 주시면, 가친을 위하여 다행하겠나이다." 당신이 가라사대 "그 일은 어렵지 아니하니, 많은 이익을 얻은 뒤에 돈 천 냥을 나누어 오라. 장차 쓸데가 있노라." 원일 부자가 기뻐하여 허락하더니, 이해에 과연 풍재가 없고 칠산바다에서 원일 아비의 고기잡이가 제일 잘 되어 큰돈을 번지라. 당신이 원일 아비에게 사람을 보내사 허락한 돈 천 냥을 보내라 하시니, 원일 아비가 전 언약을 어기고 보내지 아니하거늘, 당신이 원일에게 일러 가라사대 "이는 대인을 속임이라. 내 일은 모든 것을 신명으로 더불어 작정하는 것이므로 한 가지라도 사사로이 못 하니, 이 뒤로는 그대 아비의 고기잡이가 철폐하게 되리라." 하시더니, 그 뒤로는 고기가 한 마리도 잡히지 아니하므로 드디어 고기잡이를 폐지하더라.

31절 3월에 일진회원과 전주 아전이 서로 다투어 최창권이 부중 백성을 모아 사대문을 잠그고 일진회원의 입성을 막으며 사방으로 통문을 돌려서 백병을 모집하여 일진회를 없애버리고자 하거늘, 당신이 가라사대 "어렵게 살아난 것이 또 죽게 되니, 구원하여 주리라.” 하시고, 화평리 이경오에게 돈 일흔 냥을 청구하시니, 경오가 돈이 없다고 사절하거늘, 다른 데서 일곱 냥을 주선하사 가라사대 “이 일곱 냥이 능히 일흔 냥을 대신하리라.” 하시고, 형렬을 데리고 전주 용머리 고개 주막에 이르사, 행인을 많이 청하여 술을 먹이시고, 종이에 글을 써서 그 집 문 돌쩌귀와 문고리를 연결하시더니, 이날 석양에 이르러 일진회와 아전이 화해하여 사대문을 열고 일진회원의 입성을 허락하더라. 이날에 쓴 돈이 엿 냥이라. 당신이 형렬에게 일러 가라사대 “옛사람은 바둑 한 점으로 십만 병을 물리쳤다고 하는데, 나는 돈 엿 냥으로 일진회와 아전의 싸움을 끌렀으니, 내가 옛사람만 같지 못하다.” 하시더라.

32절 그날 밤에 도적이 화정리 이경오의 집을 떨어서 돈 일흔 냥을 빼앗아 갔다 하거늘, 당신이 들으시고 가라사대 “그 돈에 적신이 범하였음을 알고 사람 살리는 일에나 쓰기 위하여 청구하였더니, 경오가 듣지 않고 없다고 사절하였다.” 하시더라.

33절 이 뒤로 두어 달 동안 손바래기 앞 주막에서 공사를 행하실 새, 종도의 내왕이 빈번하여 주막 주인 오동팔이 돈을 많이 모았더니, 그 뒤에 경비가 부족함을 보고 심히 냉대하거늘, 모든 종도가 그 무의함을 성낸대, 당신이 일러 가라사대 “어리석은 무리가 어찌 의리를 알리요? 우리가 만일 그 무의함을 성내면 그가 반드시 큰 화를 받으리니, 나의 지나는 길에 덕을 흘리지 못하고 도리어 화를 끼치면 어찌 온당하리오?” 하시더라.

34절 그 뒤에 태인읍에 이르사 밤중에 여러 종도를 데리고 산에 올라 공사를 행하신 뒤에 일러 가라사대 “이제 대신명이 모였으니, 그 해산 끝에는 참혹한 응징이 있으리라.” 말씀을 마치시자 문득 태인읍에서 군중의 고함소리가 나는지라. 종도들이 당신을 모시고 산에서 내려와 사유를 탐문하니, 신경현의 주막이 군중에게 엄습되어 세간과 술독이 모두 부서졌더라. 원래 경현이 술 장사를 함에 읍내 소년들의 동정을 얻어서 많은 돈을 벌었었더니 그 뒤에 소년들이 궁핍하여짐에 경현이 심히 냉대하거늘, 소년들이 그 무의함을 성내어 이렇게 엄습함이라. 이튿날 당신이 경현의 집에 가시니, 경현 부처가 울며 다른 데로 옮기려 하거늘, 당신이 일러 가라사대 "원래 이해득실이 모두 제 몸에 있고 처소에 있지 아니하니니, 이 뒤로는 삼가 모든 사람에게 온정을 베풀라. 그러면 앞길이 펴이고 영업이 다시 흥왕하리라." 하시더라.

35절 그날 밤에 오동팔의 주막에는 뜻밖에 우레같은 소리가 나며 집이 저절로 드날려서 뜰 밖에 엎어지고 사람과 세간은 상한 바 없는지라. 동팔이 재목을 수습하여 다시 집을 짓다가 두 번이나 거듭 전과 같이 엎어지므로 하릴없이 공사를 중지하고 임시 움막을 치고 지내더니, 하루는 어떤 사람이 지나다가 그 경상을 보고 불쌍히 여겨 자진하여 겨우 서너 시간 동안에 집을 지어주고 품삯도 요구하지 아니하고 가더라. 대저 그 집을 지으려면 보통 목수 십여 일 품이 들 일이므로 이웃 사람들은 크게 이상히 여기고, 종도들은 모두 태인 산 위에서 당신이 말씀하신 일을 생각하여 그 집이 엎어진 것은 신명들이 해산할 때에 응징한 바요, 다시 그 이상한 구조를 받은 것은 곧 당신이 불쌍히 여기사 신장을 보내어 그 집을 지어주게 하심이라고 생각하니라.

36절 매양 천지공사를 행하실 새, 모든 종도에게 마음을 잘 닦어 앞에 오는 좋은 세상을 맞이하라 하시므로, 종도들이 하루바삐 그 세상이 이르기를 바라더니, 하루는 신원일이 청하여 가로대 "선생께서 천지를 개벽하여 새 세상을 세운다고 하신 지 이미 오래이며, 공사를 행하시기도 여러 번이지만 시대의 현상은 조금도 변함이 없사오니, 제자의 의혹이 자심하나이다. 선생이시여, 하루바삐 이 세상을 뒤집어서 선경을 건설하시어 남의 조소를 받지 않게 하시고, 애타게 기다리는 우리에게 영화를 주시옵소서." 하거늘, 당신이 일러 가라사대 "인사는 기회가 있고 천리는 도수가 있나니, 그 기회를 지으며 도수를 제정함이 공사의 규범이라. 이제 그 규범을

버리고 억지로 일을 꾸미면 이는 천하에 재앙을 끼침이오, 억조의 생명을 빼앗음이라. 차마 할 일이 아니리라.” 원일이 굳이 청하여 가로대 “지금 천하가 혼란무도하여 선악을 가리기 어려우니, 마땅히 속히 진멸하시고 새 운수를 여심이 옳습니다.” 당신이 괴로이 여기사 7월에 원일과 두어 종도를 데리고 변산 개암사에 가서 손가락으로 물을 찍어서 부안 석교로 향하여 뿌리시니, 문득 그쪽으로 구름이 모아들며 큰비가 쏟아지고 개암사 부근은 청명하더라. 당신이 원일을 명하사 속히 집에 갔다 오라 하시니, 원일이 명을 받고 집에 돌아간즉, 그 아우의 집이 비에 무너져서 그 권속이 자기의 집에 모여있거늘, 원일이 슬픔을 이기지 못하여 곧 돌아와서 당신께 그 사유를 아뢰니, 당신이 일러 가라사대 “개벽이란 것은 이렇게 쉬운 것이라. 천하를 물로 덮어 모든 것을 잠겨 죽게 하고 우리만 살아있으면 무슨 복이 되리오? 대저 제생의세는 성인의 도요, 재민혁세는 웅패의 술이라. 이제 천하가 웅패에게 괴로운지 오래된 지라. 내가 상생의 도로써 백성을 화하며 세상을 평안케 하려 하노니, 새 세상을 보기가 어려운 것이 아니요, 마음을 고치기가 어려운 것이라. 이제로부터 마음을 잘 고치라. 대인을 공부하는 자는 항상 남 살리기를 생각하여야 하나니, 어찌 억조를 멸망케 하고 홀로 잘 되기를 도모함이 옳으리오?” 하시니, 원일이 이로부터 두려워하여 무례한 말로 당신께 괴롭게 한 일을 뉘우치고, 원일의 아우는 그 형이 당신을 따르고 집을 돌보지 아니함을 미워하여 항상 당신을 욕하더니, 형으로부터 이 이야기를 듣고는 당신께 욕한 죄로 집이 무너짐이나 아닌가 하여 이로부터 마음을 고치니라.

37절 그 뒤에 고부 선돌 박창국의 집에 이르시니, 창국의 아내는 당신의 누이라. 마침 벗은 발로 밖에 다니는 것을 보시고, 민망히 여겨 가라사대 “이 도량에 독사가 있으니, 벗은 발을 물면 어찌하리오?” 하시고, 길게 휘바람을 부시니, 문득 독사 한 마리가 풀밭으로부터 나와서 뜰 밑에 이르러 머리를 들고 가만히 있더니, 이윽고 창국이 밖으로부터 들어오다가 독사를 보고 몹시 놀라 곧 상장을 들어서 때려죽이거늘, 당신이 그 피가 땅에 있음을 보시고 가라사대 "이 피를 벗은 발로 밟으면 해가 있으리라." 하시고, 친히 그 피를 밟아 독기를 제거하시더라.

38절 섣달에 함열로부터 구릿골로 가실 새, 길이 심히 질이시 길 걷기가 어려운지라. 당신이 「어재함라산하」라 써서 불사르시니, 진 길이 곧 얼어서 굳어지거늘, 이에 마른 신발로 떠나시더라.

39절 병오년(1906) 정월 사흗날 구릿골에 계실 새, 여러 종도에게 일 주야 동안 말과 담배를 금지하시더라.

40절 닷샛날 모든 종도에게 일러 가라사대 "오늘은 호소신이 올 것이니, 너희는 웃음을 조심하라. 만일 웃는 자가 있으면 그 신명이 공사를 보지 아니하고 돌아가리니, 그가 한번 가면 어느 때 다시 올지 모르리라." 하시거늘, 여러 사람이 특별히 조심하더니, 뜻밖에 정성백이 웃으므로 모든 사람이 다 함께 웃으니라. 그날 오후에 성백이 문득 오한에 시달리며 크게 아파서 사흘 동안을 앓더니, 당신이 앞에 눕히시고 어루만지시니, 곧 나으니라.

41절 구릿골 앞에서 술장사하는 정괴산이 극히 가난하되, 매양 당신을 지성으로 공대하더니, 정월에 당신이 그 집에 들리셨더니, 괴산이 당신께 공대하려고 질솥에 개국을 끓이다가 문득 질솥이 깨어짐에, 괴산의 아내가 낙담하여 울고 섰거늘, 당신이 불쌍히 여기사, 신경원을 명하사 그의 경영하는 솥집에서 철솥 한 개를 가져다 주었더니, 이로부터 괴산의 가세가 점점 넉넉하여지더라. 그 뒤에 괴산이 태인 방아다리로 이사할 때에, 그 철솥을 환평 정동조에게 팔았더니, 괴산은 도로 가난하여지고, 동조는 넉넉하게 되었으므로 모든 사람이 그 철솥을 복솥이라 일컬으니라.

42절 하루는 용화동 박봉민의 주막에 이르사 술을 찾으시니, 마침 술이 떨어졌다 하거늘, 당신이 술을 빚어 넣던 그릇을 가져오라 하사, 물을 채워 부으시고, 손으로 저으신 뒤에 마시시며 여러 종도에게 나누어주시니, 그 맛이 본래 빚었던 술맛과 같으니라.

43절 스무 하루날 신원일이 와 뵙고 여쭈어 가로대 "내가 궁감이 되어 궁도조 수백 석을 자연히 범포되었더니, 그 궁에서 부안군수에게 부탁하여 독촉이 심할 뿐 아니라 장차 가산을 적몰하려 하므로, 할 수 없이 피하여 왔나이다." 당신이 가라사대 "그 일을 끄르기가 어렵지 아니하니, 이곳에 머물러 있으라." 원일이 가로대 "이 일을 끄르기 위하여 이렇듯 중대한 일을 이루기가 어렵지 아니합니까?" 당신이 가라사대 "한 사람의 소리가 곧 대중의 소리니라." 하시더라. 원일이 달포를 머문 뒤에 당신을 모시고 서울을 다녀와서 집에 돌아가니, 궁토의 제도가 혁파되고, 따라서 여러 궁감의 범포도 모두 면제되었거늘, 원일이 가로대 "나로 인하여 까다로운 궁폐가 없어지고 여러 궁감이 다 살길을 얻었다." 하니라.

44절 하루는 금산사 청련암 중 김현찬에게 일러 가라사대 "명당 쓰기를 원하느냐?" 현찬이 대하여 가로대 "평생소원이로소이다." 가라사대 "그러면 믿고 있으라." 하시고, 그 뒤에 또 김병욱에게 일러 가라사대 "명당을 쓰려느냐?" 병욱이 대하여 가로대 "고소원이로소이다." 가라사대 "그러면 믿고 있으라." 하시더니, 그 뒤로 두어 해를 지나도록 다시 말씀하지 아니하시므로 두 사람은 다만 당신의 뜻만 바라고 있다가, 하루는 병욱이 여쭈어 가로대 "전에 허락하신 명당은 언제나 주시렵니까?" 당신이 가라사대 "네가 아들을 원하므로 그때에 명당을 쓰였나니, 이미 발음되었느니라." 하시니, 원래 병욱이 자식 없음을 한하다가, 명당을 허락하신 뒤로 작은집을 얻어서 아들을 낳았더니, 그 일을 이르심이라. 병욱이 심히 허탄하게 여기거늘, 당신이 가라사대 "선천에는 백골을 묻어서 장사하였으되 후천에는 백골을 묻지 않고 장사하느니라." 하시더라. 그뒤에 현찬이 또 묻거늘 가라사대 "명당은 이미 써서 발음이 되었느니라." 하시니, 대저 현찬도 명당을 허락하신 뒤에 퇴속하여 장가들어 아들을 낳았으므로 이 일을 이르심이더라.

45절 김갑칠이 친산을 면례하려고 모든 기구를 준비하였더니, 당신이 일러 가라사대 "내가 너를 위하여 면례하여 주리라." 하시고, 준비한 널과 모든 물품을 모두 불사르게 하신 뒤에, 그 재를 앞내에 버리며 하늘을 보라 하시거늘, 갑칠이 명하신 대로 하면서 하늘을 우러러보니, 문득 이상한 기운이 북쪽으로부터 남쪽까지 뻗쳤더라.

46절 10월에 진주 문태윤이 와 뵙거늘, 당신이 그 가지고 온 보따리를 보시고 가라사대 "이 방이 한적한 공부방이라. 속 모르는 사람을 그대로 받아들이지 아니하나니, 그 보따리를 끌러서 보여라. 그 속에 반드시 전쟁의 장본이 있으리라." 태윤이 부끄러운 빛으로 그 보따리를 끄르니, 그 속질간에 돈 관계로 송사하는 문서가 있는지라. 태윤이 여쭈어 가로대 "이런 좋지 못한 일이 있으므로 선생께 해결책을 물으러 와서 부끄러운 마음으로 차마 여쭙지 못하였나이다." 당신이 가라사대 "전쟁은 가족 전쟁이 큰 것이니, 한 집안 난리가 온 천하의 난리를 끌어내느니라." 하시고, 한 봉서를 주시며 가라사대 "이 봉서를 그대 조카의 집에 가서 불사르라." 하시거늘, 태윤이 그대로 하였더니, 그 뒤로 과연 화해되더라.

47절 이달에 신원일이 건재약국을 배설하고, 약을 사러 공주영에 갈 새, 당신께 와 뵙고 여쭈어 가로대 "지금 길이 질어서 길 걷기가 극히 어려우니, 청컨대 공중의 교통을 편리하도록 길을 얼어 굳게 하여 주소서." 하거늘, 당신이 허락하시고, 술을 가져오라 하사 마시시니, 그날 밤부터 길이 얼어붙어서 연말까지 녹지 아니하니라.

48절 김익찬을 데리고 전주 세내를 지나실 새, 일본사람 사냥꾼이 기러기 떼가 많이 앉은 곳을 향하여 총을 겨누고 놓으려 하거늘, 당신이 가라사대 "군자가 차마 보지 못할 일이라." 하시고, 왼발로 땅을 한번 구르며 서시니, 그 총이 놓이지 아니한지라. 사냥꾼이 이상히 여겨 총을 검사하되, 이유를 알지 못하고 무수히 힘들이며 헤매던 차에 기러기 떼가 다 멀리 날아가거늘, 당신이 이에 발을 옮겨 길을 가시니, 총은 그제야 발사되더라.

49절 불가지 김성국의 집에 머무르실 새, 텃밭에 꿩 떼가 많이 내리거늘, 성국이 김덕찬으로 더불어 홀치를 많이 만들어 텃밭에 놓아 잡으려 하거늘, 당신이 가라사대 "너희는 잡을 공부를 하라. 나는 살릴 공부를 하리라." 하시더니, 이로부터 꿩 떼는 많이 내리되, 한 마리도 홀치에 걸리지 아니하니라.

50절 불가지로부터 전주로 가실 새, 동남으로부터 큰비가 몰아오거늘, 당신이 길 가운데 흙을 파고 침을 뱉어 묻으시니, 몰아오는 비가 문득 두 갈래로 나뉘어 한 갈래는 동쪽으로 향하고, 한 갈래는 서쪽으로 향하여 몰려가더라.

51절 황응종, 김갑칠을 데리고 원평을 지나실 새, 원평 앞 다리를 지나시면서 왼발로 길을 한번 구르시고 길가에 서시더니, 이윽고 말을 탄 사람 세 명이 오다가 다리 건너편에 이르러 말굽이 땅에 붙어서 옮기지 못하므로, 마부가 무수히 힘들여 끌다가 하릴없이 멈추고 섰더니, 한 마부가 고삐를 놓고 다리를 건너와서 당신께 절하고 비켜서시기를 비니, 당신이 웃으시며 비켜서시니, 말이 비로소 달려가더라.

52절 정미년(1907) 4월에 고부 손바래기로부터 태인으로 가실 새, 먼저 신원일을 보내사 사관을 정하라 하시고, 이튿날 손바래기를 떠나 그 앞 주막에 이르사, 형렬에게 일러 가라사대 "하마정에서 나를 기다리라." 형렬이 이 명을 받고 태인에 이르러 원일을 만나 함께 자고 이튿날 원일로 더불어 하마정에 이르니, 마침 장날이므로 사람이 많이 모여들더라. 당신이 형렬과 원일을 만나 길가 술집에 앉으시고 원일을 불러 가라사대 "내가 오늘 벼락을 쓰리니, 술을 가져오라." 원일이 술을 올림에 당신이 잔을 드시어 두어 번 두르신 뒤에 마시시니, 문득 바람이 일어나고 소낙비가 쏟아지며 우레가 크게 일어나더니, 이윽고 비가 개거늘, 당신이 원일을 명하여 가라사대 "신경원의 집에 가면 알 일이 있으리니, 빨리 갔다 오라." 원일이 명을 받고 신경원의 집에 가니, 마침 나무 장사가 비를 피하여 경원의 집에 들어와서 말하되 "나는 오늘 놀라운 일을 보았노라. 나무를 지고 오는 길에 늙은 여인과 젊은 여인이 길에서 싸우는 것을 보았는데, 그 내용을 들은

즉 젊은 여인은 늙은 여인의 며느리라. 아들을 낳은 지 이레가 못 되어 어젯밤에 상부를 하였는데, 초상도 치르지 아니하고, 어린애를 버리고 도망하므로, 늙은 여인이 쫓아 만나서 어린애를 데려다 기르라고 애걸하되, 그 며느리가 듣지 않고 서로 다투다가 문득 벼락을 맞아서 그 며느리가 죽었으니, 이로 볼진대 천도가 밝도다." 하거늘, 원일이 돌아와서 그 들은 말을 아뢰니, 당신이 가라사대 "내가 오늘 아침에 물망리 주막을 지날 때에 한 젊은 여인이 이슬을 떨며 빨리 지나가더니, 그 뒤로 늙은 여인이 달려오며 젊은 여인의 자취를 묻는 고로, 그 사실을 자세히 들으니, 실로 인도상 용서치 못할 죄악이라. 하물며 그 작배는 저희들끼리 지은 것이라 하니, 대저 부모가 지어준 것은 인연이오, 스스로 지은 것은 천연이라. 인연은 오히려 고칠 수 있으되 천연은 고치지 못하는 것이거늘, 이제 인도에 거슬리고 천연의 의를 저버리니, 어찌 천벌이 없으리오?" 하시더라.

53절 5월 닷샛날 단양절에 종도들과 마을 사람들이 연합하여 당신을 모시고 학선암으로 소풍하러 갈 새, 중간에서 소나기가 크게 몰려오니, 당신이 담뱃대로 몰아오는 비를 향하여 한번 두르시니, 문득 비가 다른 곳으로 몰려가더니, 학선암에 이른 뒤에 비로소 비가 내리더라.

54절 6월로부터 두어 달 동안 정읍 대흥리 차경석의 집에 계실 새, 박공우가 따르기 달포 전에 천원장에서 예수교인과 다투다가 큰 돌에 맞아서 가슴뼈가 상하여 한참 혼절하였다가 겨우 일어나서 수십 일 동안 치료받은 뒤에 겨우 다니기는 하되, 아직도 가슴에 손을 대지 못하고 크게 고통스러운 중이므로, 그 사실을 당신께 아뢰니, 당신이 가라사대 "네가 이전에 어느 길가에서 남의 가슴을 쳐서 사경에 이르게 한 일이 있으니, 그 일을 생각하여 잘 뉘우치라. 또 네가 몸이 쾌한 뒤에는 가해자를 찾아서 죽이려고 생각하나 네게 상해 받은 자의 척신이 그에게 붙어서 갚은 바이니, 오히려 그만하기 다행이라. 네 마음을 잘 풀어 가해자를 은인과 같이 생각하라. 그러면 곧 나으리라." 공우가 그 말씀에 크게 감복하여 가해자를 미워하던 마음을 풀어버리고 후일에 만나면 반드시 잘 대접하리라는 생각을 두었더니, 수일 후에 천원 예수교회에 열두 고을 목사가 모여서 대전도회를 연다는 말이 들리거늘, 당신이 공우에게 일러 가라사대 "네 상처를 낫게 하기 위하여 열두 고을 목사를 움직였노라." 하시더니, 그 뒤 사흘만에 공우의 상처가 완전히 나으니라.

55절 하루는 가물치회를 올렸더니, 당신이 잡수신 뒤에 문밖에 거니시다가 하늘을 우러러보시고 웃어 가라사대 "그 기운이 빠르다." 하시거늘, 종도들이 하늘을 우러러보니, 구름과 같은 이상한 기운이 가물치 모양을 이루어 동쪽으로 향하여 떠가더라.

56절 하루는 종도 오륙 인이 금사를 불러서 가야금을 타게 하고 유쾌히 놀더니, 당신이 금지하사 가라사대 "저 허공을 보라. 나는 모든 일을 함부로 하기 어려우니라." 종도들이 모두 우러러보니, 구름과 같은 이상한 기운이 가야금 타는 형상과 오륙 인이 벌려 앉은 모형을 이루어 허공에 떠 있더라.

57절 중복날 당신이 종도에게 일러 가라사대 "오늘 번개가 나지 아니하면 충재가 생겨 농작물이 큰 해를 입으리니, 잘 살피라." 하시거늘, 모두 주의하여 저물도록 살피되 번개가 나지 아니하거늘, 당신이 하늘을 우러러 가라사대 "천지가 어찌 생민의 재앙을 이렇듯 돌아보지 아니하느뇨?" 하시며, 마른 짚을 끊어서 화로에 꽂아 사르시니, 문득 북방에서 번개가 치는지라. 또 가라사대 "북방 사람만 살고, 다른 지방 사람은 다 죽어야 옳으리오?" 하시니, 다시 사방에서 번개가 번쩍이더라.

58절 하루는 신원일, 박공우 외 서너 사람을 데리고 태인 살포정에 이르사 주막에 들어 쉬시니, 문득 우레가 일어나며 번개가 크게 발하여 집에 내리려 하거늘, 당신이 허공을 향하여 꾸짖으시니, 우레와 번개가 곧 그치는지라. 공우는 당신이 정읍에서 글을 써서 벽에 붙여 우레를 크게 발하게 하시고, 또 이번에 한 말씀으로 우레와 번개를 그치게 하심을 보고는 비로소 당신께서 천지조화를 마음대로 쓰시는 줄 알고, 이로부터 더욱 경외하더니,

하루는 당신이 공우에게 일러 가라사대 "네가 오랫동안 식고를 잘하였으나 이제 만날 사람 만났으니 식고는 내게로 돌릴지어다." 하시니, 공우가 더욱 기뻐하여 평생소원을 이룬 줄 깨달으면서 곧 "그리하겠나이다."라고 대답하더라. 원래 공우는 다른 동학신도의 통례와 같이 「대신사응감」이라는 생각으로 식고를 하지 않고 항상 「하느님 뵈여지이다.」라는 발원으로 식고를 하였더니, 이제 당신께서 말씀하시는 바를 듣건대, 반드시 마음으로 생각하는 것을 통찰하심이며, 또 천지조화를 마음대로 쓰시는 것을 볼진대 분명히 하느님의 강림이 의심이 없다고 생각하더라.

59절 하루는 당신이 차경석에게 일러 가라사대 "너는 강령을 받아야 하리라." 하시고, 「원황정기래합아신」을 읽히시며 방문을 여시니, 경석이 문득 소리를 내어 통곡하다가, 이윽고 그치거늘, 당신이 가라사대 "그 울음은 신명에게 벌을 받는 소리라." 하시니라.

60절 하루는 경석에게 일러 가라사대 "네 선조의 뫼 구월산 금반사치의 기운을 옮겨 오리라." 하시고, 경석으로 하여금 춤추게 하시고 공우로 북을 치게 하시니라.

61절 하루는 정남기의 집에 이르시니, 남기의 아들이 무슨 일로 그 아비에게 꾸지람을 듣고 불순한 말로 대답한 뒤에 밖으로 나가다가 다시 안으로 향하여 들어오더니 문득 문 앞에 우뚝 서서 움직이지 못하고 땀을 흘리며 연하여 소리를 지름에 온 집안사람들이 크게 놀라서 어찌할 바를 모르는지라. 이윽고 당신이 돌아보시며 가라사대 "어찌 그렇게 고통을 당하느냐?" 하시니, 그제야 능히 움직이며 정신을 돌이키거늘, 집안사람들이 그 까닭을 물으니, 대하여 가로대 "뜻밖에 정신이 혼미하여지며 숨이 막혀서 호흡을 통치 못하며 골절이 굳어져서 굴신을 못하였노라." 당신이 물어 가라사대 "그때에 네 가슴이 답답하더냐?" 대하여 가로대 "심히 답답하여 견딜 수 없더이다." 당신이 가라사대 "네가 당한 바로써 네 부친의 가슴을 헤아려보라. 네 부친에게 그렇게 불경한 말을 하였으니 그 가슴이 어떠하였으랴? 이 뒤로는 허물을 뉘우쳐 다시는 그리하지 말지어다." 하시더라.

62절 동짓달에 구릿골에 계실 새, 박공우가 뵈러 오는 길에 우연히 흥이 나서 "모시러 가자. 모시러 가자. 부처님 모시고 우리 집으로 돌아오자."라고 노래를 불렀더니, 구릿골에 이르러 당신께 뵈니 가라사대 "내가 네 집에 가기를 원하느냐?" 하시거늘, 공우가 기뻐하여 가로대 "소원이로소이다." 하고 당신을 모시고 돌아오다가 용암리 물방앗집에 들어 쉴 새, 당신이 문을 열고 남쪽 하늘을 바라보시며 높다 높다 하시거늘, 공우가 바라보니, 구름이 가득 끼었는데 하늘이 방석 한 입 넓이쯤 통하며 바람이 쓸쓸 불고 눈이 내리거늘, 당신이 공우에게 일러 가라사대 "나와 친구로 지내자." 하시니, 공우는 그 말씀이 황공하기도 하고 이상하게도 여겼더니, 또 가라사대 "기운이 적다." 하시거늘, 공우가 부지중에 여쭈어 가로대 "바람이 좀 더 불리이다." 하였더니, 과연 바람이 크게 부는지라. 또 가라사대 "'나와 친구로 지내자.' 하시며, 기운이 적다." 하시거늘, 공우 또 가로대 "바람이 높아질 것입니다." 하였더니, 그때는 바람이 크게 일어나서 모래와 돌을 날리는지라. 당신이 가라사대 "용호대사의 기운을 공우에게 붙여 보았더니, 그 기운이 적다." 하시니라.

63절 하루는 공우를 데리고 정읍으로 가실 새, 공우에게 마음으로 풍운조화를 외우라 하시므로 공우가 그대로 외우다가 문득 잊어버리고 그릇 천문지리를 외우더니, 당신이 돌아보시며 가라사대 "그릇 찾으니 다시 생각하라." 하시거늘, 공우가 놀라서 생각하니 과연 그릇 찾았는지라. 이로부터 고쳐 외우며 대흥리까지 왔더니 이날 밤에 비와 눈이 섞여오거늘, 당신이 가라사대 "네 한번 그릇 생각함으로 인하여 천기가 한결같지 못하다." 하시더라.

64절 섣달에 고부 와룡리 신경수의 집에서 공사를 보실 때에 신원일에게 일러 가라사대 "네가 일찍 동천을 향하여 붉은 옷을 입고 구름을 타고 앉은 사람에게 네 번 절한 일이 있으니, 이제 다시 그와 같이 절하라. 내가 곧 그

사람이로라." 하시니, 원일이 곧 일어나서 네 번 절하는지라. 종도들이 원일에게 연고를 물은대, 원일이 대답하여 가로대 "연전에 우연히 병이 들어 죽게 되었더니, 정신이 황홀한 중에 어떤 큰 사람이 사인교를 타고 와서 내게 말하되 네가 새 옷을 입고 문밖에 나가서 동천에 붉은 옷을 입고 구름을 타고 앉으신 어른에게 절하라. 그러면 네 병이 나으리라 하므로 그 말대로 새 옷을 입고 문밖에 나가서 동천을 바라보니, 과연 붉은 옷을 입고 구름을 타고 앉은 어른이 계시므로 사배를 올렸더니, 그때로부터 병이 곧 나았는데, 집안사람들은 새 옷을 입고 밖에 나가는 것을 해괴하게 여겼다 하더라.

65절 무신년(1908) 2월에 종도를 데리고 어디를 가실 새, 보리밭 가로 지내시더니, 종도들이 서로 말하되, 이 세상에 빈부의 차별로 인하여 곡식 중에 오직 먹기 어려운 보리가 빈민의 양식이 되어 먹을 때에 항상 괴로움을 느끼니 보리를 없애버려야 먹는 데에 차별이 없이 일치하리라 하거늘, 당신이 들으시고 가라사대 "너희들의 말이 유리하니, 보리를 없애 버리자." 하셨더니, 4월에 크게 가물어서 보리가 다 말라죽음에 농민이 크게 소동하는지라. 종도들이 그 일을 아뢰어 가로대 "이제 만일 보리 흉년이 들면 굶어 죽는 자가 많을 것입니다." 하거늘, 당신이 꾸짖어 가라사대 "전자에 너희들이 보리를 없애버림이 옳다 하고, 이제 다시 보리 흉년을 호소하느냐? 내 일은 비록 농담 한마디라도 도수에 박혀 천지에 울려 나가나니, 이 뒤로는 모든 일에 실없는 말을 삼가라." 하시고, 전주 용머리고개에 가사 김낙범을 명하여 거친 보리밥 한 그릇과 된장 한 사발을 가져오라 하사 가라사대 "빈민의 음식이 이러하리라." 하시고, 된장에 밥을 말아서 다 잡수시니, 문득 검은 구름이 일어나며 비가 내려서 보리가 다시 생기를 얻어 풍작을 이루니라.

66절 공우가 따름으로부터 당신의 순행 길에 많이 모시고 다녔는데, 어디서든지 머무르시다가 다른 곳으로 떠나려 하실 때에는 밤이면 달머리가 나타나고 낮이면 햇머리가 나타나는 것을 징험하였으므로 언제든지 달머리나 햇머리만 나타나면 출입하실 줄 알고, 먼저 신발과 행장을 단속하여 명을 기다리면 반드시 부르사 가자 하시며 떠났나니, 대저 당신은 어디를 가시든지 미리 말씀을 아니하셨더라.

67절 하루는 정읍 수통점에서 유하실 새, 공우가 모셨더니, 이도삼이 와서 그 이웃 버들리에서 스무살 정도가 된 여자가 범에게 물려갔다는 말을 아뢴대, 당신이 공우에게 하늘에 충성(좀성이)이 보이는가 보라 하시므로, 공우가 나가서 우러러보고 나타나 있음을 아뢰니, 당신이 목침으로 마룻장을 치시며 충성아 어찌 사람을 해하느냐 하시더니, 이튿날 그 여자가 살아 돌아왔는데, 의복은 찢어졌으나 몸에 상해는 크지 아니하였더라.

68절 천도교 교주 손병희가 교도의 신앙을 끌기 위하여 호남 각처에 순회할 차로 전주에 이르러 머물더니, 당신이 공우에게 일러 가라사대 "네가 전주에 가서 손병희를 돌려보내고 오라. 사설로 민중을 속여 피폐가 극도에 이르렀으니, 그의 순화가 불가하니라." 공우가 대답하고 이튿날 떠나려 하다가 다시 말씀치 아니하시므로 이상히 여겨 정지하였더니, 수일 후에 손병희가 순회를 중지하고 서울로 돌아갔다는 소문이 들리더라.

69절 김보경이 곰개에 작은집을 두고 본집을 돌보지 아니하거늘, 당신이 글을 써주어 가라사대 "네 작은집을 면대하여 불사르라. 그러면 좋은 일이 있으리라." 보경이 그대로 하였더니, 뜻밖에 임질을 얻어서 본집으로 돌아와 달포를 머물렀더니, 그동안에 작은집이 다른 곳으로 간지라. 당신이 보경을 불러 경계하여 가라사대 "이제는 집안이 편안하여 좋은 운수가 열리리니, 본처를 사랑하여 저버리지 말라." 하시고, 임질을 낫도록 하시더라.

70절 하루는 용머리고개 주막에서 김덕찬과 김준찬 등 두어 사람을 데리고 공사를 보신 뒤에 마침 잡기꾼이 모여들어 윷판을 벌이니, 이것은 당신 일행을 유인하여 돈을 빼앗으려 함이라. 당신이 가라사대 "저희들의 소원을 이루어줌도 또한 해원이라." 하시고, 돈 쉰 냥을 놓고 윷을 노실 새, 말씀대로 윷이 져서 잠깐 동안에 그들의 돈 여든 냥을 다 빼앗은 뒤에 품삯이라 하사 닷 돈을 남기시고, 일흔아홉 냥 닷 돈을 돌려주시며 가라사대 "이것이 다 의롭지 못한 일이니, 각기 집에 돌아가서 직업을 구하여 살림을 하라." 하시니, 그들이 크게 감복하고 돌아가더라. 종도들이 말씀대로 윷이 지는 법을 물으니, 가라사대 "던지는 법을 한결같이 하여 고치지 아니하면 그리되나니, 이도 또한 일심의 법이니라." 또 일러 가라사대 "이제 조선 정세는 실업자가 많이 나서 도박으로 사는 사람이 많아지리니, 후일에 법으로 금함이 엄하여지면 그들은 굶어 죽을 수밖에 없을지라. 그러므로 이제 녹을 붙여주었노라." 하시더라.

71절 하루는 여러 종도를 데리고 익산 솜리를 지나실 새, 나룻가에 이르니 사공이 없고 빈 배만 떠 있거늘, 당신이 몸소 노를 저어 건너신 뒤에, 하늘을 우러러보시고 웃으시거늘, 모두 우러러보니, 구름과 같은 이상한 기운이 노 저어 가는 모형을 이루어 천천히 떠가더라.

72절 그 뒤에 태인 금상리를 지나실 새, 마침 날이 가물어서 모심기를 못하더니, 동학신도 류한필이 그 전날에 구름이 낌을 보고 비가 올 줄 믿어 마른 논에 호미로 모를 심었더니, 이내 비가 오지 아니하여 모가 마르거늘, 극히 초조하여 가로대 "가뭄이 이렇게 심하여 비가 올 뜻이 없으니, 호미심기를 다시 갈아서 콩이나 심을 수밖에 없다." 하며 탄식하거늘, 당신이 들으시고 가라사대 "모 심은 것을 갈아서 다른 곡식을 심는 것은 변괴가 아니냐?" 하시며, 한필을 앞세우고 그곳에 가서 그 참혹한 광역을 보시고 서쪽 하늘을 향하여 만수를 부르시니, 문득 검은 구름이 피어나며 소나기가 내리거늘, 한필은 어떤 까닭인지 알지 못하고, 다만 미리 아는 법이 있는가 하여 이상히 여기더라.

73절 하루는 당신이 구릿골에 계실 새, 종도들에게 일러 가라사대 "죄는 남의 천륜을 끊는 것보다 큰 것이 없느니라. 최익현이 금상 부자의 천륜을 끊은 보복으로 큰 죄를 입어 이제 내게 와서 그 죄보를 벗겨주기를 구한다." 하시고, 죄 벗기는 일을 보시니라.

74절 어떤 여인이 일찍 샛사나이를 보아 아들을 낳았으나 그 본부는 알지 못하고 제 아들과 같이 기르더니, 하루는 당신이 그 여인에게 일러 가라사대 "저 아이가 네 본부 아들이 아니거늘, 어찌 이같이 모호하게 하여 죄를 짓느냐?" 하시니, 그 여인이 이에 사실을 고백하더라.

75절 6월에 김병욱이 사람을 보내어 백남신의 친산에 묘적이 들어서 두골을 도적질하여 갔다는 사유를 아뢴대, 당신이 온밤을 새면서 등불을 밝히사 상가와 같이 지내시고, 남신에게 말씀을 전하여 가라사대 "두골을 찾으려 힘쓰지 말고 조용한 곳에 거처하면서 외인의 교제를 끊어라. 처서절에는 도적이 스스로 두골을 가져오게 하리라." 하시더라. 이때에 온밤을 철야하신 것을 종도들이 즐겨하지 아니하여 가로대 "이같이 힘을 들이되, 당사자는 알지 못하오니, 무슨 공로를 알 것입니까?" 당신이 가라사대 "두골만 찾게 할 뿐이오, 그가 알고 모름은 관계할 바 아니니라." 하시더라. 남신이 명하신 대로 외진 곳에 있는 백운정에 머물더니, 7월에 그 묘 아랫동리에서 동장이 자발적으로 동회를 열고 의론하되, 우리가 이 묘 아래 살면서 도리에 범연히 지낼 수 없으니, 온 동리가 나서서 이 근처를 수색하되, 만일 두골을 찾는 사람이 있으면 묘주에게 말하여 상을 후히 주게 함이 가하다 하고, 온 동리 사람을 총동원하여 근처 산기슭을 수색하니, 이때에 묘적이 생각하되 묘주가 가만히 있고 돈을 들여서 두골을 찾으려 하지 아니하니, 차라리 이 기회에 두골을 가지고 가면 도적이란 이름도 면하고 상당한 상을 얻으리라 하고, 그 두골을 가지고 동장에게 가서 고하되 내가 각처에 수색하여 다행히 찾았다 하거늘, 동장이 그 사람을 데리고 백운정에 오니, 이날이 곧 처서절이러라.

76절 당신이 이날 아침에 용머리고개에 가셨더니, 김병욱이 와서 두골 찾은 일을 아뢰거늘, 당신이 가라사대 "그 도적은 어떻게 조처하였느뇨?" 병욱이 대하여 가로대 "경무청으로 보내었나이다." 당신이 가라사대 "잘 설득하여 돌려보내는 것이 가하거늘, 어찌 그리하였느뇨?" 하시고, 검은 옷

한 벌을 지어오라 하사 불사르시며 가라사대 "징역에나 처하게 하리라." 하시더니, 과연 그 사람이 징역에 처해 지니라. 종도들이 반드시 처서절에 찾게 된 까닭을 물은대, 당신이 가라사대 "매양 사사일이라도 천지공사의 도수에 붙여두기만 하면 그 도수에 이르러 공사와 사사일이 다 함께 끌리느니라." 하시더라.

77절 김덕찬이 당신께 항상 거만하더니, 하루는 공사를 보실 새, 크게 우레와 번개를 치게 하시니, 덕찬이 두려워하여 자리를 옮기거늘, 당신이 가라사대 "네가 죄지은 바 없거늘, 어찌 두려워하느뇨?" 덕찬이 더욱 겁내어 어찌할 바를 모르더니, 그 뒤로는 당신을 극히 공경하더라.

78절 백남신의 일가 용안이 술도가 면허를 얻고 전주부중에 있는 수백 술집에 술빚는 것을 금하니, 이때에 당신이 용머리고개 김주보의 주막에 계실 새, 주보의 아내가 상을 치며 가로대 "다른 벌이는 없고 다만 술장사로 가족들이 살아왔는데, 이제 술을 빚지 못하면 무슨 벌이로 살아가리오?" 하거늘, 당신이 불쌍히 여기사 종도에게 일러 가라사대 "어찌 남장군만 있으리오? 마땅히 여장군도 있으리라." 하시고, 종이에 여장군이라 써서 불사르시니, 주보의 아내가 문득 신기를 얻어서 부중을 돌며 호령하여 잠시에 수백 주모를 모아 거느리고, 용안의 집을 엄습하여 형세가 불온하거늘, 용안이 크게 놀라서 군중에게 사과하고 술도가를 중지하더라.

79절 하루는 종도들을 데리고 전주 다가정을 지나실 새, 한 상자가 뒤를 따르며 살려주시기를 애걸하며 떠나지 못하되, 당신은 돌아보지도 아니하고 가시거늘, 종도들이 민망하여 여쭈어 가로대 "저 사람이 무슨 일로 저러는지 모르나 그 정상이 불쌍하니 돌려보내심이 어떠하십니까?" 당신이 돌아보시고 몸에 간직했던 붓을 빼서 먹을 찍으사 상자의 이마에 먹 점을 쳐주시며 가라사대 "네 보퉁이를 저 냇가에 버리라." 하시니, 그 상자가 명하신 대로 보퉁이를 버리고 울며 가거늘, 당신이 가라사대 "저 사람이 죄를 많이 지었으니, 제 죄에 제가 죽느니라. 저 보퉁이는 요술 부리는 기구니, 두어 시간 지나기 전에는 펴 보지 말라.” 하시거늘, 그 뒤에 종도들이 그 보퉁이를 펴 보니, 독을 싼 것이더라. 그 상자는 그곳에서 울며 떠난 뒤로 곧 실성하여 사방으로 뛰어다니다가 며칠 후에 죽었더라.

80절 하루는 신경원이 급히 사람을 보내어 아뢴대, “경관의 조사가 심하여 날마다 와서 선생의 주소를 묻나이다.” 당신이 온 사람에게 글을 써서 주시며 가라사대 “이 글을 경원에게 전하여 한번 보고 곧 불사르라 하라.” 하시니, 그 글은 이러하니라. 「천용우로지박, 즉필유만방지원, 지용수토지박, 즉필유만물지원, 인용덕화지박, 즉필유만사지원, 천용지용인용, 통재어심. 심야자, 귀신지추기야, 문호야, 도로야. 개폐추기출입문호. 왕래도로신, 혹유선혹유각, 선자사지, 악자개지, 오심지추기문호도로대어천지.」 경원이 받아 읽은 뒤에 곧 불살랐더니, 그 뒤로는 경관의 조사가 그치니라.

81절 김병욱의 차인 김윤근이 와 뵙고 여쭈어 가로대 “요사이 날이 가물어서 농작물이 다 마르오니, 선생은 단비를 주사 만민의 초조한 마음을 누그러뜨려 주소서.” 당신이 덕찬을 명하사 그 기르는 돼지 한 마리를 잡아서 여러 종도들과 함께 잡수실 새, 미처 마치지 못하여 우레가 일어나며 단비가 크게 내리거늘, 윤근이 기뻐하여 가로대 “선생은 진실로 만민을 살리는 하느님이시라.” 하니라.

82절 구릿골 이장 정성원이 여쭈어 가로대 “내가 가난하여 살 수가 없사오니, 원컨대 가난을 면할 길을 가르쳐주옵소서.” 당신이 웃으시며 가라사대 “금년에는 그대가 받는 동리 세금을 상납하지 말고 그대가 쓰라. 뒷날은 내가 끌러주리라.” 성원이 대하여 가로대 “너무 심하신 말씀이로소이다. 국세를 받아쓰고 어찌 생명을 보전하오리까?” 하며 물러가더니, 그 뒤에 고의는 아니라 자연히 세금 수천 냥을 범포하게 되어 기유년 봄에 이르러 관청에서 독촉이 심한지라. 성원이 술에 취하여 마을로 돌아다니며 외쳐 가로대 “내가 국세를 받아 썼으니, 누구든지 내 배를 가르라.” 하거늘, 당신이 들으시고 불러서 위로하여 가라사대 “너무 염려하지 말라. 무사하게 하여 주리라." 하시니, 모든 사람이 다 믿지 아니하였더니, 그 뒤에 과연 무기 세금이 면제되므로 인하여 성원의 일이 끌리더라.

83절 태인 백암리 김명칠이 산중 경사지를 개간하여 담배를 심었는데, 거름을 주고 붓을 하였더니, 문득 소나기가 오므로 명칠이 가슴을 치며 울어 가로대 "내 농사는 담배 벌이 뿐인데 거름하고 붓을 한 뒤에 이렇게 소나기가 퍼부으니 사태가 밀려 내려서 다 버리게 되리라." 하거늘, 당신이 들으시고 불쌍히 여겨 가라사대 "근심을 풀라. 그 재앙을 면케 하여 주리라." 하시더니, 비가 갠 뒤에 명칠이 가 보니, 조금도 피해가 없고 다른 사람의 담배밭은 모조리 사태의 해를 입어서 이 해에 담배 농사가 크게 흉년들었더라.

84절 하루는 정괴산의 주막에 지나실 새, 마침 고부화란에 안분이 있는 정순검이 이르거늘, 당신이 술을 사서 접대하시더니, 떠날 때에 돈 십원을 청구하며 조끼 주머니에 손을 넣어 돈 십 원을 훔쳐 가니, 당신이 일러 가라사대 "모든 일을 의로써 할 것이거늘, 어찌 이렇게 무례하냐?" 하시더라. 정순검이 전주에 가서 다시 편지로 사십 원을 청구하거늘, 당신이 형렬로 하여금 돈 얼마를 구하여 보내시며 가라사대 "의롭지 못한 사람이라." 하셨더니, 며칠 후에 정순검이 고부로 돌아가다가 정읍 한 다리에서 뭇 도적에게 맞아 죽은지라. 당신이 들으시고 가라사대 "순검은 도적을 징벌하는 직책을 가졌거늘, 도리어 분수 이외의 재물을 즐기니, 도적에게 죽음이 당연치 아니하랴? 이것이 다 신명의 행하는 바니라." 하시더라.

85절 하루는 김영서와 정남기가 와 뵈온 뒤에 두 사람이 서로 사담하되 남기는 일본말 배운 사람을 부러워하여 가로대 "요사이 일본말을 아는 사람은 출세하기도 쉽고 돈벌이도 잘한다." 하며, 영서는 배우를 부러워하여 가로대 "요사이는 연극을 잘하여도 돈벌이가 잘된다."하여 서로 그런 일에 등한하였음을 뉘우치더니, 문득 남기는 손을 흔들며 유창한 음조로 일본말을 지껄이고, 영서는 상자라 상건을 흔들며 일어나서 상복 소매로 북을 치는 흉내를 내면서 춤과 노래를 연주하여 등이 젖도록 땀이 흐르니 좌중이 크게 웃는지라. 당신이 웃으시며 가라사대 "너희는 속히도 소원을 이루었다." 하시니, 두 사람이 비로소 정신을 차려 부끄러워하는지라. 당신이 다시 일러 가라사대 "대인을 배우는 자 마땅히 마음을 정대히 하여 그칠 곳을 알아야 할 것이오. 한 가지라도 분수 밖의 생각을 가지며 실업는 말을 함이 불가하다." 하시니라.

86절 하루는 손병욱의 집에 가시니, 종도들이 많이 모였으므로 병욱이 그 아내를 시켜서 점심을 지을 새, 날이 심히 더우므로, 그 아내가 괴로이 여겨 부엌에서 홀로 불평한 말을 하였더니, 문득 와사증이 일어나거늘, 황응종이 보고 놀라서 당신께 아뢴대, 당신이 가라사대 "이는 불평한 말을 하다가 조왕에게 벌을 받음이라." 하시고, 글을 써주사 병욱의 아내로 하여금 부엌에 불사르며 사과하라 하시니, 병욱의 아내가 그대로 하여 곧 나으니라.

87절 대흥리에 계실 새, 공우에게 물어 가라사대 "네가 남과 싸움을 많이 하였느냐?" 대하여 가로대 "그리하였나이다." 다시 일러 가라사대 "네게 표단이 들어서 싸움을 즐기니, 이제 표단을 빼어내고 인단을 넣으리라." 하시더니, 이 뒤로는 공우의 성질이 온순하게 되어 싸움을 즐기지 아니하고 혹 싸우는 사람이 있으면 두려운 마음이 생겨서 곧 멀리 피하니라.

88절 8월 어느 날 김덕찬이 여쭈어 가로대 "오늘 내 매가에 잔치가 있으니, 소풍 겸하여 나가심이 어떠합니까?" 당신이 가라사대 "내 술을 먼저 마시라." 덕찬이 가로대 "무슨 술입니까?" 가라사대 "좀 더 기다리라." 하시더니, 이윽고 박공우가 술과 삶은 닭을 가져와서 당신께 올리더라.

89절 이해 겨울 어느 날 아침에 대흥리로부터 태인 새올 최창조의 집으로 가실 새, 박공우는 해가 오르면 길이 질까 하여 진 신발을 하였더니, 당신이 보시고, 진 신발을 하였느냐 하시며, 손으로 동쪽 재에 떠오르는 해를 향하여 세 번 누르시니, 해가 오르지 못하다가 살포정 주막에 들어 쉬시니, 그제야 해가 문득 높이 솟아오르더라.

90절 최창조의 집에 이르사 벽력표를 묻으시니, 곧 우렛소리가 크게 발하여 천지가 진동하거늘, 곧 걷으시고, 이튿날 구릿골 약방에 이르시니, 신원일이 여쭈어 가로대 "진묵대사는 칠성을 이레 동안 가두었다 하니 옳습니까?" 당신이 가라사대 "이제 시험하여 보리라." 하시고, 이날부터 석 달 동안 칠성을 가두신 뒤에 가라사대 "이 세상에 천문학자가 많다고 하나 칠성이 나타나지 아니한 일을 발표한 자가 없다." 하시더라.

91절 최창조의 집에서 공우에게 일러 가라사대 "네가 눈을 많이 흘겨보았느냐?" 대하여 가로대 "그리하였나이다." 다시 일러 가라사대 "집으로 돌아가라." 하시거늘, 공우가 당신께 하직하고 집으로 돌아올 새, 길에서부터 눈이 가렵고 붓더니, 집에 이름에 안질이 크게 나서 달포를 앓다가 하루는 밤을 쉬고 일어나니, 씻은 듯이 나았는지라. 곧 당신께 와 뵙더니, 가라사대 "안질로 공생하였느냐?" 하시고, 웃으시더라. 원래 공우는 성질이 사나워 싸움을 즐기고 눈짓이 곱지 못하더니, 이로부터는 성질이 부드럽고 눈짓이 곱게 되니라.

92절 공우가 술이 과하여 주실이 많더니, 하루는 당신이 가라사대 "네가 술을 즐기니 주량을 보리라." 하시고, 술을 많이 주시거늘, 공우가 연하여 받아마시고 취한지라. 다시 가라사대 "한 잔 술 밖에 못된다." 하시더니, 이 뒤로는 한두 잔만 마셔도 곧 취하여 견디지 못하니라.

93절 김덕찬이 그 아들 혼인을 지내려 할 새, 모든 사람이 물품과 돈으로 부조하거늘, 당신이 가라사대 "나는 부조할 것이 없으니, 일기로나 부조하리라." 하시더니, 이때에 일기가 연일 험악하여 심히 염려하던 중인데, 그날에 이르러서는 뜻밖에 온화하여지더라.

94절 동짓달에 형렬에게 일러 가라사대 "내가 정읍으로 가리니, 이 길이 길행이라. 이 뒤에 일을 네게 알리리라." 하시더니, 이날 차윤경이 와 뵙고, 고부인이 안질로 고생함을 아뢰니, 당신이 가라사대 "이제 돌아갔다가 내일 태인 살포정에서 나를 만나라." 윤경이 곧 돌아갔다가 이튿날 살포정으로 오니, 당신이 아직 오시지 아니하였거늘, 곧 소투원 주막에 이르니, 주막 주인이 말하되 "선생이 새올 최창조의 집으로 가시면서 윤경이 와 묻거든, 그곳으로 보내라." 하셨다고 하니, 윤경이 새올로 갈 새, 일본 군사 수백 명이 길에 진을 치고 주소와 가는 곳과 출행 이유를 묻더라. 새올에 이르러 천사께 뵈니 날이 이미 저물더라. 이날 밤에 윤경을 명하사 밤새도록 자지 말고 밖에서 돌아다니라 하시고, 닭의 소리가 난 뒤에 윤경을 데리고 백암리로 향하여 떠나시더라.

95절 백암리 김경학의 집에 이르사, 아침밥을 잡수시고, 다시 정읍으로 가실 새, 혹 앞서기도 하고 혹 뒤서기도 하사 서너 걸음을 걸으신 뒤에 가라사대 "이 길에는 일본사람을 보는 것이 불가하다." 하시더라. 정읍 노송정에 이르사 가라사대 "좀 지체함이 가하다." 하시고, 반식경을 지내신 뒤에 다시 떠나사 그 모퉁이 큰 못가에 이르니, 기병이 많이 오다가 되돌아간 자취가 있거늘, 당신이 그 자취를 보시고 가라사대 "저희들이 어찌 대인의 앞길에 지쳐오리오?" 하시거늘, 윤경이 그 근처에 있는 사람에게 물으니, 과연 기병 수십 명이 달려오다가 그곳에서 되돌아갔다 하니라.

96절 거기서 대흥리로 가려면 길이 두 갈래로 나뉘어 한 길은 정읍 읍내를 지나가는 큰길이오, 한 길은 샛길이라. 윤경이 어느 길로 갈 것을 물은대 당신이 가라사대 "군자가 어찌 샛길로 다니리오?" 하시고, 큰길로 잡아들어 정읍 읍내를 지나시니, 좌우 측에 즐비한 일본사람의 상점에 한 사람도 밖에 나선 자가 없더라. 대흥리에 이르사 고부인의 안질을 낫게 하시고, 당신이 그 안질을 하룻밤 대신하여 앓으신 뒤에 이어서 무신납월공사를 행하시더라.

97절 하루는 경석의 검은 두루마기를 가져오라 하사 입으시고 속옷을 벗으신 뒤에 긴 수건으로 허리를 매시고 모든 종도들에게 물어 가라사대 "이러하면 일본사람과 같으냐?" 모두 대하여 가로대 "같습니다." 다시 벗으시고 가라사대 "내가 어려서 서당에서 글을 배울 때, 한 아이와 더불어 먹장난을 하다가 그 아이가 나에게 지고 울며 돌아가서 다시 오지 아니하고 다른 서당에 다니다가 그 뒤에 병들어 죽었는데, 그 신명이 원을 품었다가 이제 와서 나에게 해원시켜 주기를 구하므로 어떻게 하면 해원이 될까 물으니, 그 신명이 내가 일본 옷을 싫어하는 줄 알고 일본 옷을 입으라 하므로, 내가 이제 그 신명을 위로함이로라 하시더라.

98절 대흥리에서 납월공사를 보시고, 기유년(1909) 정월 이튿날 관재를 피하여 백암리 김경학의 집으로 가셨더니, 태인읍에서 경학의 형이 사람을 보내어 경학을 불러 가거늘, 당신이 발을 만지시며 가라사대 "상말에 발복이라 하나니, 모르는 길에 잘 가면 다행이오, 잘못 가면 불행이라는 말이라." 하시고, 곧 떠나사 홀로 최창조의 집에 가셨다가 다시 그 앞 솔밭을 지내어 최덕겸의 집으로 가서 머무르시니, 모든 사람이 계시는 곳을 알지 못하니라. 원래 경학의 형은 경학이 술객에게 홀려서 살림을 돌보지 아니한다는 말을 듣고, 심히 염려하던 차에 관청으로부터 탐문되어 그 술객과 경학을 잡으러 간다고 하거늘, 이에 그 사실은 알리지 않고, 다만 그 아우만 불러 숨기려 함이더라. 집을 떠나 읍으로 가다가 중간에서 순검에게 붙들려서 그 집으로 도로 끌고 와서 당신을 찾다가 계시지 아니하므로 최창조의 집까지 끌려가 찾지 못하고 돌아가더라.

99절 닷샛날 구릿골에 이르시니, 수일 후에 태인으로부터 무사히 된 전말을 보고하거늘, 당신이 가라사대 "정읍 일은 하루 공사인데, 경석에게 맡겼더니, 하루아침에 끄르고, 태인 일을 하루아침 공사인데, 경학에게 맡겼더니, 하루를 걸렸으니, 경석이 경학보다 낫다." 하시고, 또 가라사대 "경석은 병판 감이요, 경학은 위인이 직장이라 돌리기 어려우니, 돌리기만 하면 착한 사람이 되리라." 하시더라.

100절 하루는 공우와 응종을 데리고 태인읍 주막에 이르사 신경원에게 일러 가라사대 "오늘은 백순검을 만나야 하겠으니, 그를 데려오라." 말씀이 마치자 백순검이 그 길 앞으로 지나거늘, 경원이 나가서 당신 계신 곳을 알리니, 백순검이 곧 뛰어 들어와서 당신을 포박하는지라. 당신이 공우에게 명하여 가라사대 "네게 있는 돈 백 냥을 내게 전하고, 최창조의 집에 갔다 오라." 하시니, 공우가 대답하고 가거늘, 또 응종과 경원을 불러 각기 다른 곳으로 보내시고, 백순검에게 돈 백 냥을 주며 가라사대 "그대를 만나려고 이곳에서 기다린 지 오래였노라. 이것을 적다 말고 용에 보태어 쓰라." 백순검이 치사한 뒤에 결박을 끄르고 물러가니, 대저 그가 당신을 붙들어서 돈을 빼앗으려 하는 줄을 아시고, 그 욕심을 채워주심이라.

101절 하루는 백암리에 계실 새, 글을 써서 경학에게 주시며, 물동이에 외로 돌려 적신 뒤에 불사르라 하셨더니, 그 뒤에 경학의 형 경은의 집에서 불이 나서 사나운 남풍에 기세를 얻어 경학의 집을 넘어 뛰어서 이웃집 아홉 채를 살랐으되, 경학의 집은 무사하니라.

102절 백암리 근처에 호환이 많으므로 경학이 크게 근심하거늘, 가라사대 "그 짐승이 사람을 먹으니 없이 하여야 하리라." 하시고, 호랑이가 그려진 담요를 가져오라 하사, 붓으로 먹을 찍어서 그 그림의 눈에 점을 치셨더니, 그 뒤로는 각처에 호환이 없어지더라.

103절 하루는 전주 불가지 김성국의 집에 계실 새, 김덕찬이 모셨다가 당신의 무슨 말씀 끝에 속으로는 실없게 알면서 거짓 대답하였더니, 다시 일러 가라사대 "이제 용소리 김의관의 집에 가서 자고 오라." 덕찬이 명을 받고 용소리에 갔다가 김의관 집 문 앞에서 취한 사람을 만나 패욕을 많이 당하고 분을 이기지 못하여 되돌아오거늘, 당신이 문밖에 나서 바라보시고, 웃어 가라사대 "왜 자지 아니하고 돌아오느냐?" 하시고, 술을 주어 가라사대 "사람을 사귐에 마음을 참되게 할 것이거늘, 어찌 마음을 스스로 속이느냐?" 하시니, 덕찬이 처음에는 당신이 무고히 용소리에 보내어 패욕을 당하게 하신 것을 불평하게 여기다가, 이 말씀을 듣고 비로소 당신의 말씀 끝에 속으로는 실없이 알면서 거짓 대답한 것을 아시고, 실없는 취한 사람을 만나도록 징벌하신 것인 줄 깨닫고, 이로부터는 더욱 두려워하여 비록 한번 생각함과 적은 일에라도 극히 삼가더라.

104절 6월에 구릿골에 계실 새, 하루는 경학이 이르러 오랫동안 날이 가물어서 모를 옮기지 못하여 민심이 불안함을 아뢴대, 당신이 갑칠을 명하사 청수 한 동이를 길어오라 하시고, 미리 양지 한 축에 글을 가득히 써두었던 것을 경학에게 내어주시며 가라사대 "청수에 적셔 사무가 되게 부벼라." 경학이 명하신 대로 하여도 비가 오지 아니하거늘, 갑칠에게 일러 가라사대 "네게 장령을 붙이어 서양으로부터 우사를 불러 넘겨 만민의 갈증을 풀어주려 하였더니, 네가 어제 저녁에 나의 명을 어기고 잠을 잤으므로 비가 오지 아니하니, 옷을 벗고 청수 앞에 합장하고 서서 사과하라." 갑칠이 명하신 대로 하니, 문득 서쪽 하늘로부터 검은 구름이 일어나며 큰비가 쏟아져서 삽시간에 앞내가 넘치거늘, 경학이 여쭈어 가로대 "이만하면 넉넉하겠나이다." 당신이 이에 부채를 들어서 한번 흔드시니, 비가 곧 그치거늘, 명하사 청수를 쏟아버리고 옷을 입으라 하시며, 모든 종도에게 일러 가라사대 "너희들도 잘 수련하면 모든 일이 마음대로 되리라." 하시더라.

105절 이때에 청주에서 괴질(호열자)이 창궐하고 나주에도 크게 성하여 민심이 뒤끓는지라. 당신이 가라사대 "남북에서 마주 터지니, 장차 무수한 생명을 죽이리라." 하시고, 이에 「칙령괴질신장, 호불범제왕장상지가, 범차무고창생지가호」라고 써서 불사르시며 가라사대 "내가 이것을 대속하리라." 하시고, 형렬을 명하사 새 옷 다섯 벌을 급히 지어서 한 벌씩 갈아입으시고 설사하여 버리신 뒤에 가라사대 "약한 자가 걸리면 다 죽겠도다." 하시더니, 그 뒤로 괴질이 곧 그치니라.

106절 원평 장터 김경집의 주막에 단골 주인을 정하고 오랫동안 머무르셨으므로 누구든지 당신의 말씀을 빙자하여 술밥을 청하면 값이 있고 없음을 묻지 않고 다 허락하더니, 태인 청석골 강팔문이 술밥을 많이 먹은 뒤에 돈 지닌 것을 주인에게 들켰으나 당신 말씀이 있다고 거짓 빙자하여 값을 주지 않고 갔더니, 이로부터 체하여 창증을 이루어 죽게 되거늘, 신경수가 그 사유를 아뢴대, 당신이 대답하지 아니하시더니, 그 뒤에 또 와서 위독함을 아뢴대, 당신이 가라사대 "몹쓸 일을 행하여 신명에게 죄를 얻어 그릇 죽음을 하게 되었으니, 하릴없다." 하시더니, 그 뒤에 곧 죽었더라.

107절 종도들이 매양 근심된 일이 있을 때에는 그 사유를 당신께 아뢰면 부지중에 자연히 풀리게 되는데, 만일 아뢴 뒤에도 오히려 근심을 놓지 아니하면 당신이 위로하여 가라사대 "내가 이미 알았으니 근심하지 말라." 하시더라.

108절 매양 종도들에게 일을 명하심에 반드시 기한을 정하여 주사 어기지 않게 하시며, 만일 명을 받은 자가 혹 그 기한이 되는 날에 일기가 좋지 못하여 어김이 있을까 염려하면 단신이 일깨워 가라사대 "내가 너희에게 어찌 좋지 못한 날을 일러주겠느냐?" 하셨나니, 대저 당신이 정하여 주신 날은 하루도 좋지 못한 날이 없었니라.

109절 매양 종도를 어느 곳에 보내시되, 무슨 일로 인하여 보낸다는 말씀을 하지 아니하신 때가 항상 많이 있었나니, 종도들은 항상 그렇게 경험하였으므로 다시 묻지 않고 명하신 곳에 가면 반드시 무슨 일이 있더라.

110절 가문 때에 비를 주실 새, 청수동이에 오줌을 좀 타면 그 비로 인하여 모든 곡물이 풍양하고, 충재가 있을 때에는 청수동이에 고춧가루를 풀어 넣으면 곧 충재가 걷히더라.

111절 더울 때에 출입하시면 구름이 일산과 같이 태양을 가려 볕이 쪼이지 아니하니라.

112절 매양 달밤에 길을 가실 때에 구름이 달을 가렸으면 손으로 달을 향하여 오른쪽으로 둘러 구름을 둥그렇게 열어젖히사 달빛을 내 비취시며 가시는 곳에 이르신 뒤에는 다시 손으로 달을 향하여 왼쪽으로 두르시면 구름이 다시 합하여 원상대로 회복되더라.

113절 매양 출행하실 때에 하루 삼십리를 넘겨 걷지 아니하시며, 가라사대 "대진은 하루 삼십 리를 넘기지 않는 것이라." 하시더라.

114절 당신은 위엄이 씩씩하시고 화기가 무르녹으사 누구든지 살에 붙고

가까이하고 싶은데, 다 각기 저의 아버지에게 비교하면 너무 엄하고, 사랑하여 주는 따뜻한 형님에게 비교하면 같다 하니라.

115절 당신이 항상 돈 일이 원씩을 몸에 간직해두시니라.

116절 당신은 얼굴이 원만하사 금신 미륵불과 흡사하니라.

117절 당신은 왼손바닥에 북방 임자 무늬와 오른손바닥에 별 무자 무늬가 있으니라.

118절 당신은 양미간에 불표가 있으시니라.

제4장 문도의 종유와 훈회

1절 임인년(1902) 4월에 당신이 김형렬의 집에 머무르사 공사를 행하시니, 형렬과 김자현과 김갑칠과 김보경과 한공숙 등이 차례로 따르니라.

2절 계묘년(1903) 정월에 전주부에 이르사 서원규 약방에 머무르시니, 원규와 김병욱, 김윤근 등이 따르더라.

3절 장효순이 그 어린 아들을 심히 사랑하거늘, 당신이 효순에게 일러 가라사대 "복은 위로부터 내리는 것이오, 아래에서 치오르지 아니하나니, 부모를 잘 공경하라." 하시더라.

4절 갑진년(1904) 6월에 김형렬의 집에 이르사 형렬에게 전주부에 가사 김병욱에게 만날 기회를 언약하고 오라 하시니, 형렬이 명을 받고 전주에 가서 병욱을 만나 그 이튿날 밤중에 만나기로 언약하고 돌아오는 길에 장익모가 죽었다는 소문을 들은지라. 형렬이 당신께 심부름한 것을 아뢰고 이어서 익모가 죽은 일을 아뢰어 가로대 "이 사람은 우리의 손에 죽어야 할 것인데, 저절로 병들어 죽었으니, 한스러운 일이로소이다." 당신이 가라사대 "그것이 무슨 말이뇨? 죽은 사람은 불쌍하니라." 하시더라.

5절 당신이 비록 지극히 미천한 사람을 대할지라도 반드시 존경하시더니, 형렬의 종 지남식에게도 항상 존경하시거늘, 형렬이 여쭈어 가로대 "이 사람은 곧 나의 종이오니 존경치 마소서." 당신이 가라사대 "이 사람이 그대의 종이니, 내게는 아무 관계가 없느니라." 하시며, 또 일러 가라사대 "이 마을에는 어려서부터 습관이 되어서 창졸간에 말을 고치기 어려울지나, 다른 곳에 가면 어떤 사람을 대하든지 다 존경하라. 이 뒤로는 적서의 명분과 반상의 구별이 없느니라."

6절 하루는 형렬이 어떤 친족에게 합의치 못할 일이 있어서 모질게 꾸짖거늘, 당신이 가라사대 "아직 언행이 덜 풀려서 독기가 남아있도다. 악장제거무비초요, 호취간래총시화니라. 말은 마음의 소리요, 행사는 마음의 자취라. 말을 좋게 하면 복이 되어 점점 큰 복을 이루어 내 몸에 이르고, 말을 나쁘게 하면 재앙이 되어 점점 큰 재앙을 이루어 내 몸에 이르느니라."

7절 을사년(1905) 봄에 함열 회선동 김보경의 집에 이르사 여러 달 동안 머무르실 새, 보경이 함열읍 사람 김광찬을 천거하여 따르게 하고, 또 소진섭과 임피 군둔리 김성화가 차례로 따르더라.

8절 하루는 당신이 어렸을 때에 지은 글이라 하사 「운래중석하산원 장득척퇴고목추」를 종도들에게 외워주시며, 「선생문명이 아닐런가?」라고 심고하고 받으라 하시고, 「상심현포청한국 석골천산수락추」를 외워주시며 「선영문명이 아닐런가?」라고 심고하고 받으라 하시고, 「천리호정고도원 만방춘기일광원」을 외워주시며 「선왕문명이 아닐런가?」라고 심고하고 받으라 하시고, 「시절화명삼월우 풍류주세백년진」을 외워주시며 「선생선영선왕합덕문명이 아닐런가?」라고 심고하고 받으라 하시고, 「풍상열역수지기 호해부유아득안 구정만리산하우 공덕천문일월처」를 외워주시며 「우리의 득의추가 아닐런가?」라고 심고하고 받으라 하신 뒤에, 시세를 짐작하건대 「인보국정지신, 마세진천운기신유 한경심종성의 일도분재만방심」라 창하시며 가라사대 "이 글은 민영환의 만장이니 「일도분재만방심」으로 하여 세상일을 알게 되리라." 하시고, 또 가라사대 "사오세무현관하니 선영은 생유학사학생이오, 이삼십불공명하니 자손은 입서방출석사라." 하시더라.

9절 병오년(1906) 10월에 예수교당에 가서 모든 의식과 교의를 상고하신 뒤에 종도에게 일러 가라사대 "족히 취할 것이 없다." 하시더라.

10절 하루는 종도에게 일러 가라사대 "이 세상에 학교를 널리 세워 사람을 가르침은 장차 천하를 그게 문명케 하여 써 천지의 역사를 시키려 함인데, 현재의 학교 교육은 배우는 사람으로 하여금 비열한 공리에 빠지게 하니, 그러므로 판밖에서 성도하게 되었노라."

11절 정미년(1907) 4월에 신원일을 데리고 태인 관왕묘 제원 신경언의 집에 가서 머무르실 새, 경언과 신경원, 김경학, 최창조, 최내경, 최덕겸 등이 따르더라.

12절 5월에 용암리 물방앗집에서 머무르실 새, 그 부근 서릿골 주막에서 정읍사람 차경석을 만나시더라. 경석이 전주로 가는 길에 이 주막에서 점심을 먹고 떠나려 할 새, 당신이 대삿갓에 푸단님으로 김자현 등 두어 사람을 데리고 오시니, 경석이 그 소탈한 가운데 씩씩한 기운을 띠우신 의표와 순진한 가운데 거짓이 없으신 거동을 보고 비범하게 여겨 말씀을 청하니, 당신이 온화하게 대답하신지라. 경석이 물어 가로대 "실례이오나 무슨 업을 하십니까?" 당신이 웃으시며 가라사대 "의원 노릇을 하노라." 또 물어 가로대 "어느 곳에 머무르십니까?" 가라사대 "나는 동역객서역객 천지무가객이로라." 하시니, 대개 경석이 당신의 거주를 묻기는 뒷날 다시 찾으려 함이더니, 이렇게 말씀하시니, 뒷날 찾기가 어렵겠으므로 인하여 떠나지 않기를 결정하고, 또 물어 가로대 "어떻게 하여야 인권을 많이 얻을 수 있으리까?" 가라사대 "폐일언하고 욕속부달이니라." 가로대 "자세한 뜻을 알지 못하겠나이다." 가라사대 "사람 기르기가 누에 기르기와 같아서 일찍 내이나 늦게 내이나 먹이기만 도수에 맞추면 오를 때에 같이 오르느니라." 하시더라. 경석은 원래 동학신도로서 손병희를 좇다가 그 모든 처사가 마음에 합하지 아니하여 다시 길을 고치려 하던 차이라. 이날 당신을 뵙자 모든 거동이 범속과 다름을 이상히 여겨 짐짓 떠나지 아니하고 저물기를 기다려서 당신의 돌아가시는 곳을 따라가니, 곧 용암리 물방앗집이라. 그 식사와 범절이 너무 험악하여 잠시라도 견디기 어렵더라. 당신이 경석의 떠나지 아니함을 괴로워하사, 물러가기를 재촉하시되, 경석은 떠나지 아니하고 자기 집으로 함께 가시기를 간청하니, 당신이 혹 성도 내시며 혹 욕도 하시며, 혹 구축도 하시되, 경석의 봄에는 모든 일이 더욱 범상치 아니할 뿐 아니라 수운가사에 「여광여취 저 양반을, 간 곳마다 따라가서, 지질한 그 고생을, 누구에게 한 말이며'라는 구절에 깨달은 바 있어 드디어 떠나지 아니하고 열흘 동안을 머무르면서 집지하기를 굳이 청하거늘, 당신이 일러 가라사대 "네가 나를 따르려면 모든 일을 전폐하고 오직 나의 가르치는 바에 일심을 다하여야 할지니, 이제 돌아가서 모든 일을 정리하고, 다시 이곳으로 찾아오라." 경석이 이에 하직하고 집에 돌아가서 모든 일을 정리하고 6월 초하룻날 다시 용암리에 와서 당신께 뵙고 정읍으로 가시기를 간청하니, 당신이 다시 거절하시다가 사흘 동안을 지낸 뒤에 허락하며 가라사대 "내가 깊은 목물에 빠져서 허우적거리다가 겨우 벗어나서 발목물에 채였는데, 이제 네가 다시 깊은 길물로 끌어들인다." 하시더라.

13절 물방앗집을 떠나 원평에 이르사 군중을 불러 술을 주시며 가라사대 "이 길은 남조선 뱃질이니, 짐을 채워야 떠나리라." 하시고, 또 가라사대 "이 길은 성인 다섯을 낳는 길이라." 하시니, 모든 사람은 그 뜻을 알지 못하니라. 다시 떠나시며 가라사대 "대진은 하루 삼십 리씩 가나니라." 하시니, 경석이 리수를 헤아려서 고부 솔안에 이르러 친구 박공우의 집으로 당신을 모시니, 공우도 또한 동학신도로서 마침 사십 구일 동안 기도하던 때더라.

14절 당신이 경석과 공우에게 일러 가라사대 "이제 만날 사람 만났으니, 통정신이 나오노라. 나의 일은 비록 부모형제처자라도 모르는 일이니, 나는 서양 대법국 천계탑 천하대순이라. 동학주에 「시천주조화정」이라 하였으니, 내 일을 이름이라. 내가 천지를 개벽하고 조화정부를 열어 사람과 하늘의 혼란을 바로잡으려 하여 삼계를 둘러 살피다가 너의 동토에 그쳐 피폐에 빠진 민중을 먼저 건지려 함이니, 나를 믿는 자는 무궁한 행복을 얻어 선경의 낙을 누릴 것이니 이것이 참동학이라. 궁을가에 「조선강산 명산이라, 도통군자 다시 난다.」라 하였으니, 또한 나의 일을 이름이니라. 동학신자 사이에 내선생이 갱생하리라고 전하니, 이는 대선생이 다시 나리라는 말이니, 내가 곧 대선생이로다." 또 가라사대 "예로부터 계룡산의 정씨 왕국과 가야산의 조씨 왕국과 칠산의 범씨 왕국을 일러오나, 이 뒤로는 모든 말이 영자를 나타내지 못하리라. 그러므로 정씨를 찾아 운수를 구하려 말지어다." 하시더라.

15절 이튿날 솔안을 떠나 정읍 대흥리로 향하실 새, 공우를 돌아보시며 가라사대 "만났을 적에" 하시니, 공우가 문득 수운가사에 「만나기만 만나보면, 너의 집안 운수로다.」라는 구절이 깨달아져 드디어 따라나서더라.

16절 이날 대흥리 경석의 집에 이르사 글을 써서 서쪽 벽에 붙이시니, 문득 우레가 크게 일어나거늘, 당신이 속하다 하시고, 그 글을 떼어 무릎 밑에 넣으시니 우레가 곧 그치는지라. 공우는 크게 놀라서 감복하고, 마을 사람들은 뜻밖에 일어나는 백일뇌성을 이상히 여기더라.

17절 이 뒤에 동학신도 안내성, 문공신, 황응종, 신경수, 박장근 등이 서로 이어 따르더라.

18절 이때에 김광찬은 구릿골에 있어 차경석의 종유함을 싫어하여 가로대 "경석은 본래 동학여당으로 일진회에 참가하여 의롭지 못한 일을 많이 행하였거늘, 이제 도문에 들임은 선생이 정대치 못하심이라. 우리가 힘써 마음을 닦아온 것이 다 쓸데없게 된다." 하고, 날마다 당신을 원망하거늘, 형렬이 민망하여 당신께 와서 뵙고, 광찬이 불평 품은 일을 아뢰며 가로대 "어찌 이런 성질 가진 자를 문하에 두셨나이까?" 당신이 가라사대 "용이 물을 구할 때에 비록 가시덤불이 길을 막을지라도 회피하지 아니하느니라. 돌아가서 잘 무마하라." 하시더라.

19절 하루는 경석에게 「계분수사파 봉수무이산 금회개재월 담소지광란

활계경천권 행장옥수간 소신구문도 비투반일한」이란 옛글을 외워주시고, 가라사대 "이제 천하대세가 순창 회문산 오선위기의 기세와 같으니, 내가 그 기운을 거두리라." 하시고, 경석을 데리고 순창 농바우 박장근의 집에 가사 여러 날 일을 보시고, 또 경석에게도 한 기운을 붙여 쓰리라 하사, 하루는 그 머슴을 불러 물으시기를 "어젯밤에 무슨 본 일이 있었느냐?" 머슴이 대하여 가로대 "어젯밤에 한 노인이 농바우를 열고 갑옷과 투구와 긴 칼을 내어주며 이것을 가져다가 주인을 찾아 전하라 하므로 내가 받아다가 이 방에 두었던 꿈을 보았나이다." 하니라. 대저 그 지방에서는 농바우 속에 갑옷과 투구와 긴 칼이 들어있는데, 장군이 나면 내어 가리라는 말이 전하여 오더라.

20절 농바우를 떠날 때에 글 한 수를 외우시니 이러하니라. 「경지영지불의쇠 대곽사로결대병 천지권우경지사 만사아손여복장」

21절 태인 고현 내 행단에 이르사 경석에게 일러 가라사대 "공자가 행단에서 도를 강의하였나니, 이제 여기서 네게 한 글을 전하리라." 하시고, 옛글 한 장을 외워주시며 잘 지키라 하시니 이러하니라. 「부주장지법 무람영웅지심 상녹유공 통지어중 여중동호미불성 여중동오미불경 치국안가득인야 망국패가실인야 함기지유 함원득기지」 또 가라사대 "나의 일은 수부가 들어야 하는 일이니, 네가 일하려고 하면 수부를 들여 세우라." 하시더라. 경석이 당신을 모시고 대흥리에 돌아와 그 이종매 고씨를 천거하니 이날이 동짓달 초사흗날이더라.

22절 그 뒤에 경석에게 일러 가라사대 "너는 이 뒤로 출입을 폐하고 집을 지키라. 까마귀가 자옥을 부르나니, 이것은 자옥도수니라." 하시고, 그 뒤에 또 「천고춘추아방궁 만방일월동작대」라 써서 벽에 붙여주시니라.

23절 이달에 구릿골에 이르사 공사를 보시고 형렬에게 일러 가라사대 "내가 머리를 깎을 것이니, 너도 또한 머리를 깎도록 하라." 형렬이 마음으로는 싫어하나 억지로 대답하였더니, 도 갑칠을 불러 가라사대 "내가 머리를 깎을 것이니, 내일 대원사에 가서 금곡 주지를 불러오라." 하시거늘, 형렬이 크게 근심하였더니, 그 뒤에 다시 말씀 아니하시니라.

24절 하루는 형렬에게 옛글 한 장을 외워주시며 잘 지키라 하시니 이러하니라. 「부용병지유 재숭례이중녹 례숭즉이사지 녹중즉지사경사 고녹헌불애재 상공불유시즉사졸병 적국삭」

25절 그 뒤에 또 옛글을 외워주시니 이러하니라. 「처세유위귀 강각시화기 반언상욕눌 임사당여치 급지상사완 안시불망위 일생종차계 진개호남아」

26절 또 옛글 한 귀를 외워주시니 이러하니라. 「명월천강심공조 장풍팔우기동구」

27절 종도들에게 일러 가라사대 "시속에 남조선 사람이라 이르나니, 이는 남은 조선사람이라는 말이라. 서교와 불교와 천도교 등 여러 각 교에 빼앗기고 남은 못난 사람에게 길운이 있음을 이르는 말이니, 그들을 잘 가르치라." 하시더라.

28절 대흥리에 계실 때에 안내성에게 출입을 말라 하셨다가 며칠 뒤에 구릿골로부터 대흥리 경석의 집에 가시니, 내성이 기운을 못 차리고 기어와 방에 엎드려서 울고 있거늘, 당신이 가라사대 "어찌 그러느냐?" 가로대 "여러 때를 굶어서 그러합니다." 당신이 무른 감 두 개를 먹이시니, 기운이 곧 소생하거늘, 눈물을 머금으시며 가라사대 "고기반찬에 잘 먹어야 하리라." 하시더라.

29절 이 뒤에 구릿골에 이르사 형렬을 명하사 육십사괘를 점치고 이십사방위자를 쓰이사, 태양을 향하여 불사르시며 가라사대 "여아동거하자." 하시고, 형렬을 돌아보시며 가라사대 "잘 믿는 자에게 해인을 전하여 주리라." 하시더라.

30절 또 가라사대 "선배는 반드시 몸에 지필묵을 가져야 하나니라."

31절 또 가라사대 "선배는 대학경 일장 장하를 알아두어야 하나니라." 하시고, 외워주시니 이러하니라. 「우경일장 개공자지언이증자술지 기여십장즉 증자지의이문인기지야 구전파유착간 금인정자소정이갱고경문 별유서차여좌」

32절 또 진서장을 외워주시며 잘 기억하라 하시니 이러하니라. 「여유일개신 단단해무타기 기심휴휴엄 기여유용 인지유기 약기유지 인지언성 기심호지 불시여자기구출시능용지 이보아자손여민 역즉유리재 인지유기모질이오지 인지언성이위지 비부달 시불능용 이불능보아자손여민 역왈태재」

33절 또 일러 가라사대 "너는 모든 말을 묻는 자가 있거든 듣고 실행이야 하든지 않든지 바른대로 일러 주라." 하시더라.

34절 하루는 태인 김경학이 와 뵙거늘, 당신이 명하사 김자선의 집에서 자게 하시고, 이튿날 자선의 집에 이르사 경학에게 어젯밤에 꿈꾼 것을 말하라 하시니, 경학이 여쭈어 가로대 "꿈에 개 한 마리가 채 짜지 아니한 우물에 빠지는 것을 보고 죽을까 염려하여 좇아가서 건져내려 하였더니, 그 개가 다시 우물에서 뛰어나와 다른 곳으로 가더이다." 당신이 가라사대 "속담에 강가를 개라 하나니, 네가 꿈을 옳게 꾸었다." 하시더라.

35절 하루는 밥상을 대하시더니 가라사대 "서양 기운을 물러내도 되밀려드는 기미가 있으므로 이상히 여겼더니, 뒷골방에서 딴전 보는 자가 있음을 몰랐다." 하시고, 칠성경에 문곡의 위차를 고쳐 쓰시니라.

36절 무신년(1908) 6월에 당신이 광찬에게 물어 가라사대 "네가 평소에 나를 어떠한 사람으로 불렀느냐?" 광찬이 대하여 가로대 "촌양반이라고 불렀나이다." 또 물어 가라사대 "촌양반은 너를 어떠한 사람으로 부르겠느냐?" 대하여 가로대 "고을 아전이라 할 것이외다." 당신이 가라사대 "촌양반은 고을 아전에게 고을 아전 놈이라 하고, 고을 아전은 촌양반에게 촌양반 놈이라 하나니, 이것이 다 불평줄이라. 이제 너와 내가 서로 화해하면 천하가 다 화평하리라." 하시니라.

37절 하루는 김형렬이 밖에 나갔다가 예수교인에게 무수한 패욕을 당하고 돌아와서 당신께 그 일을 아뢰니, 당신이 가라사대 "청수를 떠 놓고 스스로 허물을 살펴 뉘우치라." 형렬이 명하신 대로 하였더니, 그 뒤에 그 예수교인이 병들어서 사경에 이르렀다가 어렵게 살아났다 하거늘, 형렬이 듣고 아뢴대, 당신이 가라사대 "이 뒤로는 그런 일을 당하거든, 조금도 그를 원망하지 말고 스스로 몸을 살피라. 만일 허물이 네게 있는 때에는 그 허물이 다 풀릴 것이오, 허물이 네게 없는 때에는 그 독기가 그 본래 자리로 돌아가느니라."

38절 공우에게 일러 가라사대 "죽을 사람을 가려내라." 공우 이윽히 생각하다가 대하여 가로대 "도인으로서 겉과 속이 같지 아니한 자가 먼저 죽어야 옳을 것입니다." 당신이 아무 대답도 아니하시고, 또 가라사대 "살 사람은 누가 되겠느냐?" 대하여 가로대 "들판에 농사짓는 사람과 산중에 화전을 파는 사람과 남에게 맞고도 아무 대항을 못 하는 사람이 살아야 하겠나이다." 당신이 가라사대 "잘 맞혔다. 그들이 상등사람이니라."

39절 안내성에게 이르시기를 "농사를 힘써 밖으로 봉공의무와 안으로 선영제사와 자손양육의 일을 힘써 나의 돌아오기를 기다리라." 하시더라.

40절 8월에 구릿골에 계실 새, 차경석이 당신을 따름으로부터 세간살이를 돌보지 아니하여 살림이 날로 망하여 가는지라. 그 아우 윤칠이 불평하게 생각하되, 선생을 따르면 복을 받는다고 하더니, 이제 복은 멀어지고 가난이 따라 드니, 이는 한갓 속임에 지나지 못함이다. 내가 선생께 가서 질문하리라 하고 구릿골로 오다가 길에서 비를 만나고 진흙에 엎드러져서 의복을 망쳐서 당신께 와 뵙거늘, 당신이 놀란 빛으로 일러 가라사대 "이 근처에 의병이 출몰하므로 관병이 사방으로 정탐하니, 만일 네가 비를 맞고 길 걸은 모양을 보면 의병으로 오해하여 곤욕을 줄 것이니, 조용한 곳에 숨어 있어 내가 부를 때까지 기다리라." 하시고, 형렬로 하여금 잘 숨겨두었다가 이튿날 윤칠을 부르사 돈 열 닷 냥을 주시며 가라사대 "내가 수일 후에 정읍으로 가리니, 돌아가서 기다리라." 윤칠은 무서움에 싸였을 뿐 아니라, 수일 후에 정읍으로 오시겠다는 말씀을 듣고 마음이 좀 풀려서 질문은 뒷날로 미루고 돌아가더라.

41절 수일 후에 당신이 고부 와룡리에 가사 경석에게 기별하시기를, 나를 보려거든 학동으로 오라 하시거늘, 이튿날 경석이 학동으로 와 뵈니, 당신이 돈 십오 원을 주시며 가라사대 "너를 부르기는 이 일극을 주려 함이라. 내가 윤칠이 두려워서 네 집에 가지 못하노라." 경석이 돈을 받고 황송하여 여쭈어 가로대 "무슨 일로 그리하시나이까?" 가라사대 "일전에 윤칠이 살기를 띠고 구릿골에 왔는데, 돈이 아니면 풀기 어렵기로 돈 삼 원을 주어서 돌려보내었노라." 경석이 황망히 돌아와서 윤칠을 불러 물으니, 과연 사실을 자백하니라.

42절 이튿날 학동을 떠나실 새, 공우에게 일러 가라사대 "나의 이번 길은 한 사람의 절을 받기 위함이니, 이번에 받은 절이 천하에 널리 미치리라." 또 가라사대 "경석에게 한 짐을 잔뜩 지워놓으니 이기지 못하고 비척거린다." 하시더라.

43절 기유년(1909) 설날 경석이 그 선영에 차례를 지내려 하거늘, 당신이 그 장만한 찬수를 가져오라 하사, 여러 종도들과 더불어 잡수시며 가라사대 "이것이 곧 절사라." 하시니, 그 뒤로는 매양 절사와 기제사를 당하면 당신께 공양하더라.

44절 당신이 개고기를 즐기사 가라사대 "이 고기는 상등사람의 음식이니라." 종도들이 그 이유를 물은대 가라사대 "이 고기를 농민들이 즐기나니, 이 세상에 상등사람은 곧 농민이라. 선천에는 도가에서 이 고기를 기하였으므로 망량신이 응하지 아니하였느니라."

45절 하루는 김자현이 그 조모의 장사를 지내려고 상여를 운반하여 정한 땅으로 향하거늘, 당신이 구릿골 앞에 금광 터를 가리키시며 이곳에 장사하라 하시니, 자현이 듣지 아니하거늘, 당신이 가라사대 "용을 그리기 천년에 참 용이 이름을 모른다." 하시더라.

46절 한 때에 종도에게 일러 가라사대 "내가 고향에 가면 모든 일가의 항렬 높은 이를 대할 때에 반드시 항렬을 따라서 말하게 되나니, 이것은 윤리상 전통이라. 무슨 관계가 있으리오마는 모든 신명은 그 불경한 말을 그르게 여겨 반드시 벌을 주나니, 그러므로 나는 이 일이 어려워서 친족들과 상종을 직게 하노라."

47절 하루는 형렬을 명하사 광찬과 갑칠에게 태을주를 많이 읽으라 하시고, 김병선(광찬의 조카)에게 도리원서를 일천 번 읽으라 하시고, 경석과 내성에게 시천주를 혀와 입술을 움직이지 말고 많이 묵송하라 하시더라.

48절 태인으로부터 손바래기에 이르사 부친께 여쭈어 가라사대 "나의 일은 추호도 사가 없으니, 부디 죄를 짓지 마소서." 하시더라.

49절 모든 종도에게 일러 가라사대 "이제는 신명시대라. 삼가 죄를 짓지 말라. 새 기운이 돌 때에 신명들이 불칼을 번뜩이며 죄지은 것을 내어놓으라 할 때에는 정신을 차리기 어려우리라." 하시더라.

50절 공우가 물어 가로대 "동학신도가 강주를 읽어서 강을 받는 자가 많으나 나는 아무리 독실히 읽어도 강을 받지 못하오니, 무슨 연고입니까?" 당신이 웃으시며 가라사대 "동학강주에 내가 들었으므로 읽는 자가 다 두려워하여 떠는 것이요, 강령은 아니니라." 또 가라사대 "동학강주를 읽어서 강이 될지라도 그것은 다 제우의 강에 지나지 못한 것이요, 천강은 아니니라." 하시더라.

51절 하루는 당신이 경석을 명하사 세숫물을 가져오라 하시니, 경석이 물을 가져다 올리고 밖으로 나가거늘, 당신이 고부인을 돌아보시며 경석의 뒤를 가리켜 가라사대 "저 살기를 보라. 자칫하면 일이 낭패니, 조심하라." 하시고, 또 가라사대 "그대 세 식구 먹은 밥값을 후히 갚아야 하리라." 하시더라.

52절 이 뒤에 천원에서 경면주사와 새 붓으로 이십사장과 이십팔장을 써서 벽에 붙이시고, 겉 육임을 정하신 뒤에 각기 마음에 드는 대로 장명을 짚으라 하사, 주사로 써서 금낭에 넣어 채우시더니, 그 뒤에 불사르시더라.

53절 하루는 여러 종도에게 일러 가라사대 "어떤 대인이 있어 가사를 보지 아니하고 천하사에 매여 먼 길을 떠난 뒤에 그 부모와 처속이 의탁할 곳이 없는지라. 그 종유들 중에 한 사람이 그 일을 가엾이 생각하여 돌보아드릴 생각은 있으나 빈궁하여 어찌할 방도를 찾지 못하더니, 그때 시장에 지나가다가 육전 앞에서 그 일이 생각나 어찌하면 저 육물을 얻어 그 어른의 부모를 공대할까 하여 차마 떠나지 못하고 방황하거늘, 그 전인이 이상히 여겨 가로대 '가려면 어서 가고, 물건을 사려면 사는 것이 옳거늘, 어찌 그다지 방황하느뇨?' 그 사람이 하릴없이 그 사정을 말하니, 전인이 그 말에 감동하여 한 가지 그 집을 가 보니, 과연 그 말과 같은지라. 이에 양미와 찬용을 계속하여 공급하였더니, 그 뒤에 그 어른이 천하사를 마치고 돌아온즉, 부모와 처속이 무사하게 있을 뿐 아니라 그 부모는 전날 자기가 받들 때보다 건강하거늘, 이에 그 사유를 물어 알고, 두 사람을 감사히 하여 잘되게 하였다." 하니라.

54절 하루는 당신이 가라사대 "김병욱이 남의 나랏일만 힘쓰니, 그 소위 부당이라. 그 식근을 끊으리라." 하시더니, 그 뒤에 공우를 전주에 보내시며 병욱에게 들려오라 하시므로, 공우 전주에 갔다가 병욱에게 들리니, 그 생계가 극히 곤궁하여 전당을 잡혀 연명하거늘, 돌아와 병욱의 형편을 아뢰니, 당신이 웃으시고 글을 써 불사르시더니, 그 뒤에 다시 병욱에게 가니, 생도가 풍족하게 되었더라.

55절 당신이 고부인을 보시고 가라사대 "저기 앉은 저 양반은 사람이 없어 어찌하랴?" 하시니, 경석이 여쭈기를 "제가 도와 한 가지 하려 하나이다." 가라사대 "혼자 하는 일은 못 되느니라."

56절 당신이 가라사대 "밥은 불사약이요, 배추김치는 불로초니라." 어떤 사람이 여쭈기를 "시속에 배추김치는 담이 성한다 하나이다." 가라사대 "풀려나오는 담을 그리 알고 성한다 이르느니라."

57절 또 가라사대 "큰 사람 공부를 하려면 먼저 아내를 순종케 할지니, 만일 모든 선을 다하여 뜻을 돌리지 못할지라도 분란을 이루지 말고, 더욱 마음을 눅히고 예모를 갖추어 공근히 절하되, 매일 일과로 행하라. 그러면 아무리 어려운 아내라도 그 성의에 감동하지 아니할 사람이 없으리라."

58절 하루는 공우를 데리고 태인을 지나실 새, 두 젊은 여자가 앞을 지나가니, 공우가 체면상 모색을 바로 보지는 못하였으나 그 자태에 마음을 쏠려 연연히 잊히지 못하더니, 당신이 아시고 일깨워 가라사대 "어떤 여자를 당하든지 앞을 바로 하여 볼 때에 익히 보고 마음에 두지는 말라." 공우 문득 깨달아 마음을 돌리고 이 뒤로는 그 말씀대로 행하더니, 그 뒤에 당신을 모시고 다시 태인을 지나가니, 두 늙은 여자가 앞을 당하거늘, 당신이 몸을 돌이켜 외면하고 있다가 다 지나간 뒤에 가라사대 "이제는 해원시대라. 남녀의 분계를 틔워 각기 하고 싶은 대로 풀어놓았으니, 이 뒤로는 억음존양의 비법을 다시 꾸며 건곤의 정위를 작성하여 예법이 다시 서게 하리라."

59절 당신이 가라사대 "자고로 부인을 존경한 일은 적었으나 이 뒤로는 각기 닦은 바를 따라 비록 부인이라도 공덕이 서고 신앙이 모여 금패와 금상으로 존경의 표를 세우리라."

60절 당신이 매양 배 소리를 하시므로, 종도들이 그 이유를 물으니, 가라사대 "조선을 장차 상등국을 만들려면 서양 신명을 불러와야 하겠는데, 배에 실려 오는 물표에 따라오게 되므로 배 소리를 부르노라."

61절 공우 여쭈기를 "수운가사에 「청송녹죽은 도통지연원이라.」 하였나이다." 당신이 가라사대 "만물이 다 철을 찾는데 청송녹죽을 겨울이나 여름이나 항상 푸르러 있으니, 이는 철을 못 찾는 것이니라."

62절 정읍 천원에서 육임을 정하실 때, 어떤 사람이 참외를 가져와 올리니, 당신이 잡수지 않으시고 치우시거늘, 공우가 한 개를 먹었더니, 설사가 되어 낫지 않으므로, 당신께 아뢰니, 가라사대 "그의 안사람이 베풀기 싫어하였으므로 살이 있었나니, 네가 그 살을 맞았다." 하시고 닭 한 마리를 삶아 먹이사 낫게 하시더라.

63절 부안사람이 감주를 가져와 올리거늘, 당신이 물리쳐 가라사대 "네가 어찌 도적의 물건을 내게 나누어주느뇨? 이것이 곧 구천하감주인데" 하시더라. 좌우가 그 사람에게 연고를 물은대 가로대 "그 아내의 뜻을 돌리기 어려워 부득이 모르게 가져왔다." 하니라.

64절 당신이 가라사대 "김형렬은 도선이라. 마음이 굳세지 못하여 복을 마련하기가 어렵다." 하시더라.

65절 하루는 종도들을 불러 앉히시고 시조를 부리심에 각기 음조에 어두우므로 공우는 그 열등임을 웃고 자기 차례에 이르기를 기다리리니, 그 차례에 이르려는 사람이 정지시키시니, 공우 한하였다가 뒤에 그 이유를 물으니 가라사대 "모든 것이 평등이 좋으니, 만일 음조에 익은 자로 끝을 마치면 좌중의 화기가 덜 일까 하여 그런 것이로라."

66절 당신이 침묵하사 말씀이 적으시고, 종도에게도 무용한 소리를 금지하시더니, 종도들이 모시고 길을 가다가 무엇이 눈에 띄어 문득 칭찬이 되는 때는 꾸짖어 가라사대 "남의 것을 칭찬하는 것은 도적의 마음이 발동함이니, 이것이 사회의 소위라. 마음을 잘 닦아 사회의 기운을 눌러야 대인의 반열에 오르느니라." 하시고, 또 어떤 활발하고 영리한 아이를 보고 잘났다고 일컫는 때는, 또 가라사대 "아이는 오래 사는 것이 잘난 것이라. 수명을 모르고 어찌 잘났다 이르느뇨?" 하시더라.

67절 전주 용머리고개에 봉사 한 사람이 항상 길가에 앉아서 퉁소를 불어 돈을 벌더니, 하루는 당신이 지나가시다가 일러 가라사대 "네 돈으로 술 한 잔을 사 먹으려 하니, 뜻이 어떠하냐?" 가로대 "몇 잔이든지 잡수시기를 바라나이다." 당신이 웃으시고 돈 한 돈을 집어서 술 한 잔을 잡수시며 가라사대 "불쌍하니 편히 먹게 하리라." 하시더니, 그 뒤에 얼마 안 되어 전주 부호의 과부가 데려가 같이 있게 되니라.

68절 태인 살포정이 김선달 주막을 지나시다가 그 부엌데기를 보시고 경석과 공우로 하여금 당신을 모시도록 허락만 받으시고, 웃어 가라사대 "그

여자가 삼 년간을 부엌데기로 있어서 그것이 덕이 되었으니, 좋은 데 가서 편히 있게 하려는 것이로다." 하시더니, 얼마 안 되어 그 동네 부유한 사람이 상처하고 그 여자를 데려가 편히 있게 되니라.

69절 당신이 가라사대 "나무도 바람에 흔들리면 잎이 떨어지나니, 사람도 그와 같아서 몸을 흔들면 혼신이 흩어지나니, 몸을 진중히 하여 경솔히 동요치 말라. 이는 유교가 나온 폐습이니라."

70절 또 가라사대 "아무리 빈궁하여 상판에 올릴 것이 없을지라도 장은 빠뜨리지 말며, 장도 준비하지 못하게 되면 소금물 장이라도 지어 올릴지니, 이는 걸인의 상에 장이 없는 까닭이니라. 또 아무리 추워도 팔짱을 끼지 말며, 불도 쬐지 말라. 천하사를 하는 자는 항상 활달한 의표를 가져야 하는 까닭이니라."

71절 하루는 차경석이 구릿골에 이르거늘, 당신이 글을 써서 보이도록 하니 이러하니라. 「천지음양을인이불식고로 인지음양을천이불연하시다.」

72절 하루는 어느 술객이 이르거늘, 당신이 허령부를 그려 보이시며 가라사대 "이제 동양이 서양으로 둥둥 떠 넘어가는데, 공부하는 사람들이 그 일을 붙잡으려 생각하지 아니하니, 어찌 한심하지 않으리오? 그대는 공연히 떠돌아다니지 말고 나와 함께 그 일을 바룸이 어떠하냐?" 하시니, 그 술객이 놀라서 가로대 "제가 그런 능력이 어디 있사오리까?" 하거늘, 당신이 꾸짖어 몰아 내시더라.

73절 어떤 사람이 피난할 곳을 물으니, 가라사대 "일본사람을 잘 대우하는 것이 곧 피난이니라." 가로대 "무슨 연고입니까?" 가라사대 "일본사람이 서방 백호 기운을 띠고 왔으니, 범은 건들면 해를 붙이고, 건들지 않으면 해를 붙이지 않으며, 또 범이 새끼를 친 곳에는 그 부근 동네까지 해를 붙이지 않느니라."

74절 당신이 가라사대 "서양이 곧 명부라. 사람 삶이 원래 어두운 곳을 등지고 밝은 곳을 향하나니, 이것이 곧 배서향동이라. 만일 서양사람을 믿는 자는 다 죽으리라."

75절 하루는 대흥리 장성원에게 글을 써 주시며 잘 두었다가 뒷날 보라 하시니 이러하니라. 「장교자패니 견기이작하라.」

76절 종도들에게 남을 속이지 않는 공부를 시키사, 비록 미세한 당성냥이라도 다 쓴 뒤에는 갑을 빼어버리게 하시며, 가라사대 "만일 다 쓰고 난 빈 갑을 원형대로 놓아두면 남을 속이는 것이 되느니라." 하시더라.

77절 제갈량이 동남풍을 빌던 것을 그릇 여겨 가라사대 "만일 이 시간에 바람을 쓰려는데, 빌어야만 쓰게 될진대, 설비할 사이에 일은 다 틀리리라."

78절 박공우가 그 처와 함께 다툰 뒤에 당신께 와 뵙거늘, 당신이 꾸짖어 가라사대 "내가 독함도 천하의 독을 다 가졌고, 선함도 천하의 선을 다 가졌는데, 네가 어찌 내 앞에서 그러한 일을 행하느냐? 이제 천지신명이 운수 자리를 찾으려고 각 사람의 가정에 들어 기국을 시험하나니, 만일 가정에서 솔성이 용렬하여 화기를 돌리지 못하고, 서로 싸워 분란을 지으면, 신명들이 서로 웃고 손가락질하여 기국이 하잘것없으니 어찌 큰일을 맡기리오 하여 다 흩어져 가느니라." 하시더라.

80절 공우에게 일러 가라사대 "평소에 잡되게 다니며 짓던 일과 마음에 두었던 일이라도 일일이 생각하여 걷어드리라." 하시므로, 공우 일일이 생각하여 고한 뒤에, 경성에서 왕의 거동과 장신의 출입에 기세가 장엄함을 부러워하여 장부 마땅히 저와 같을진저 하였나이다. 당신이 가라사대 "네가 그런 생각을 죄로 알았느냐? 선으로 알았느냐?" 가로대 "죄가 될지언정 선이 되지 못할까 하나이다." 가라사대 "그러면 내게 사배하고, 다시 그런 죄를 짓지 않기를 고하라." 공우 명하신 대로 하였더니, 사흘 후에 무슨 굳은 덩이가 대변에 싸여 나오거늘 헤쳐보니 무수한 회 뭉치더라.

81절 당신이 어느 주막을 들리시든지 사처를 치우지 않으시고, 반드시 봉로방으로 들으심으로 그 이유를 물으니, 가라사대 "봉로방은 복으로 늙은 방이니, 진실로 좋은 방이라." 하시고, 또 가라사대 "모든 것이 남과 같아야 좋다." 하시더라.

82절 종도들에게 일러 가라사대 "사람이 마땅히 말 습관을 잘 가져야 할지라. 먹고살려고 고기반찬을 잘 먹은 뒤에는 배가 불러 죽겠다 이르고, 일하고 살려고 땀을 흘리며 힘써 일한 뒤에는 되어 죽겠다 이르나니, 이때는 소원대로 되는 때라. 병이 들 때에 죽지 않고 어찌 되랴?"

83절 또 가라사대 "천지에서 사람의 눈 정기를 빼서 쓰려고 불을 내이나니 불나는 것을 보지 말라."

84절 태인 새올 최창조의 집에서 공우가 당신을 모시고 밤을 잘 새, 꿈에 당신이 옷을 벗고 큰 바다 가운데서 섬에 바다 한쪽이 터지므로 공우가 막았더니, 뒷날 아침에 당신이 꿈꾼 것을 물으시므로 그 시말을 아뢰었더니, 당신이 세수하시고 양치하신 물에 공우로 하여금 세수 양치케 하시고, 정읍을 다녀오라 하시므로, 정읍에 순회하니, 가는 곳마다 공우의 얼굴이 당신과 같다고 하더라. 그 뒤에 고부 와룡리 신경수의 집에서 당신을 모시니, 당신이 공우와 그 밖의 세 사람을 명하여 윷을 놀라 하시데, 윷이야 삿이야 부르라 하시더니, 얼마 아니하여 거두시고 가라사대 "다른 것은 무엇이든지 한다고 이르나, 오직 윷은 논다고 이르나니 가르치고 놀라." 하시더라.

85절 어떤 사람이 병세문에 유천하지병자는 용천하지약이라야 궐병이내유라는 의미를 물으니, 가라사대 "천하사를 하는 자가 일을 이루지 못하여 병이 골수에 들어 약석이 효험을 내지 못하다가 어디서 좋은 소식이 들리면 물약자효가 되나니, 이 일을 이름이라. 운수에 맞추지 못한 자는 내종이 나서 죽으리라."

86절 공우가 형렬의 속인과 사소한 일로 다투다가 분노하여 동곡 김씨 성을 씨가 없이 멸족하리라 하니, 당신이 꾸짖어 말기셨더니, 그 뒤로 공우가 형렬의 집에 이르니, 김씨 제족이 우연히 노소 없이 다 모였거늘, 당신이 공우에게 이르시기를 "네가 못 다닐 곳을 다니나니, 이곳이 곧 너의 사지니라." 공우 가로대 "김씨가 아무리 많을지라도 어찌 무서워할 것입니까?" 하니, 김씨들이 다 웃고, 공우도 웃어 이로부터 화해되니, 대저 당신이 종도들에게 악한 말을 금하심은 곧 척이 되어 보복됨으로 인함이더라.

87절 하루는 전주 김준찬의 집에 계실 새, 김낙범에게 물어 가라사대 "근일 관왕묘에 치성이 있느냐?" 대하여 가로대 "있나이다." 가라사대 "그 신명이 이 지방에 있지 않고 멀리 서양에 가서 큰 난리를 일으키나니, 치성은 헛된 일이라." 하시더라.

88절 매양 구릿골 앞 정자나무 밑에서 소풍하시며 금산 안과 용화동을 가리켜 가라사대 "이곳이 내 기지라. 장차 꽃밭이 될 것이오, 이곳에 인성이 쌓이리라." 하시고, 또 「만국활계남조선 청풍명월금산사 문명개화삼천국 도술운통구만리」「세계유이차산출 기운금천장물화 응수조종태호복 도인하사다불가」라는 글을 외우시더라.

89절 하루는 김병선에게 글 한 장을 써 주시니 이러하니라.

일입유해자난분

일출인묘진 사부지　　배

일정사오미 개명

일종위시교역퇴

제출진

90절 하루는 종도에게 맹자 한 절을 외워주시며 가라사대 "이 글을 잘 보아두면 맹자 칠 편에 더 볼 글이 없느니라." 하시니, 그 글은 이러하니라.

「천장강대임어사인야 필선노기심지고기근골 아기체부 궁핍기신행 분란기소위 시고 동심인성 증익기소불능」

91절 하루는 경석과 공우를 데리고 어디를 가실 새, 경석을 돌아보고 가라사대 "이무기가 용이 되려다가 되지 못하고 땅에 떨어지면 삼십 리 안이 소가 되나니, 이 말을 기억하라." 하시더라.

92절 하루는 경석과 광찬을 앞에 세우고 윤경에게 칼을 들리고 공우에게 몽치를 들리사 하여금 너희들이 이 뒤에도 지금 선생을 모시듯이 마음을

변치 아니하겠느냐 하여 써 다짐받게 하시더라.

93절 하루는 종도들에게 일러 가라사대 "너희들이 신명 보기를 원하니 내일은 신명을 많이 불러 너희들께 보이리라." 하시니, 종도들이 기뻐하였더니, 이튿날 종도들을 데리시고 높은 곳에 오르사 원평 앞들에 전에 없던 광부들이 뜻밖에 무수히 모여들어 사방에 널려있는 것을 가리키며 가라사대 "저것이 곧 신명이니, 신명을 부르면 사람이 이르느니라." 하시더라.

94절 당신이 매양 종도들에게 참는 공부를 가르치시고, 남에게 분한 일을 볼 때에 마음을 눅혀 대항하지 말고 나의 허물을 살펴 끄르라 하시므로, 종도들은 항상 마음 쓰는 공부에 힘쓰더니, 하루는 경석의 집에 계실 새, 경석의 종형이 술에 취하여 경석에게 와서 행패하여 무수히 야료를 이루되, 경석은 당신을 모셨으므로 조심스러워 할 뿐 아니라 당신의 훈계를 지키기 위하여 대항하지 아니하니, 그 사람은 더욱 기승하여 그치지 아니하더니, 오랜 뒤에 제풀에 지쳐서 돌아가거늘, 당신이 가라사대 "너의 기운이 너무 빠졌으니, 좀 회복하라. 덕으로만 처사하려면 어려우니, 성과 웅을 합하여 써야 하나니라." 하시더라.

95절 하루는 최창조에게 효주 석 동이를 받아 오라 하사, 태인 작소리 앞에서 굿치고 노는 농부들을 불러 나누어주시더라.

96절 이 뒤에 종도에게 일러 가라사대 "직업은 귀천이 없고 녹줄이 달려있나니, 성의를 다하여 직업을 좇음이 옳거늘, 조금 피곤하면 이기지 못하여 '이 직업을 언제나 모면할꼬?' 하여 괴로워하는 말을 내니, 이는 제 녹을 제가 끊으려 함이라. 그러므로 모든 일이 뜻대로 되지 않느니라."

97절 하루는 종도에게 글 한 장을 써 보이시니 이러하니라. 「불지형체 선지조화 유지범절」

98절 또 글 한 절을 외우시니 이러하니라. 「속수지지 갈공모계 불능선사 와해지여 한신병선 역무내하」 또 「한담서화가기풍진 한담서화능소풍진」이라 쓰시니라.

99절 하루는 「불수편애편오왈인 불수전시전비왈의 불수전강전편왈례 불수자총자명왈지 불수남물남욕왈신」이라 쓰시고, 또 「잠심지하도덕존언 반장지간병법재언」이라 쓰시니라.

100절 또 글 한 장을 쓰시니 이러하니라. 「비인정불가근 비정의불가근 비의회불가근 비회운불가근 비운통불가근 비통령불가근 비영태불가근 비태통불가근」

101절 하루는 유찬명이 모실 새, 글 한 장을 쓰시니 이러하니라. 「정심수신제가치국평천하 위천하자불고가사 걸악기시야 탕선기시야 천도교걸어악 천도교탕어선 걸지망탕지흥재이윤」

102절 하루는 「궐유사상포일극 구지운조낙서중 도리불모금수일 방위기맹초목풍 개벽정신흑운월 편만물화백설송 남아숙인선삼재 하산무양탄고종」이라 쓰시고, 또 「구마일도금산하 기천년간기만리 포운태운양세계 대도일월왕성령」이라 쓰시니라.

103절 기유년(1909) 4월에 용머리고개에 머무르실 새, 광찬에게 일러 가라사대 "네가 김병욱의 집에 머무르며, 내가 전하는 글을 낱낱이 정서하여 가져오라." 하시고, 형렬로 하여금 글을 전하여 정서하여 온 뒤에 광찬에게 일러 가라사대 "이 글을 세상에 전함이 옳으냐?" 대하여 가로대 "처분대로 하소서." 당신이 가라사대 "정읍에 책 한 권이 있으니, 그 글이 나타나면 세상이 다 알리라." 하시고, 드디어 불사르신 뒤에 구릿골로 돌아오시니라. 그 글은 광찬의 기억한 대로 전하여 온 한 절이 이러하니라. 「사지상직야 농지공업야 사지상농지공직업야 만물자생 수치 방 탕 신 도 통 춘지기방야 하지기탕야 추지기신야 동지기도야 통이기지주장자야

지심대도술

무신십이월이십사일 좌선

사삼팔四三八 천지망량주장

구오일九五一 일월조왕주장

이칠육二七六 성신칠성주장

운 지기금지원위대강

무남녀노소아동영이가지

시고영세불망만사지

시천주조화정영세불망만사지

104절 구릿골에 계실 때에 종도들에게 일러 가라사대 "큰 운수를 받으려 하는 자는 서전서문을 만독하라." 하시고, 또 가라사대 "「차생어수천재지하 이욕강명어수천재지전 역이난의」의 구절은 청수를 떠 놓고 읽을만한 구절이라." 하시니라.

105절 하루는 글 한 장을 쓰시니 이러하니라. 「천하분운 자작사당 이불안성상지심 이불안성부지심 이불안교사지심」

106절 하루는 공사 끝에 「대장부대장부」라 써서 불사르시더라.

107절 하루는 어느 곳에서 젊은 여자가 상부를 당한 뒤에 곧 순절하였다 하거늘, 당신이 가라사대 "악독한 귀신이 무고히 인명을 죽인다." 하시고, 글을 써서 불사르시니 이러하니라. 「충효열 국지대강 연 국망어충 가망어효 신망어열」

108절 하루는 옛글 한 수를 외우시니 이러하니라. 「소년재기발천마 수파용천기세마 석상오동지발향 음중율려유여화 구전삼대시서교 문기천추도덕파 피폐이성현사가 가생하사원장사」

109절 또 종도들에게 「삼인동행칠십리 오로봉전이십일 칠월칠석삼오야 동지한식백오제」라는 옛글을 외워주시고, 또 「보습금강경 청산개골여 기후기려객 무흥단주저」라는 옛글을 외워주시며, 그 뒤로 또 「아득장생비태청 중성요아참요정 악역최절사마경 섭강리두대광령 천회지전보칠성 우보상최등양명 일기혼돈간아형 엄엄급급여율령」이라는 옛글을 외우시더라.

110절 또 종도들에게 옛글 한 수를 외워주시며 잘 알아두라 하셨는데 이러하니라. 「금옥경방시역려 석문태벽검위사 사동초미수능해 죽관현심

자불리 포락효성상가리 토장춘류일상수 혁원옹필유하익 목사경우이야이」라. 또 글 한 귀를 외워주시며 알아두라 하시니 이러하니라. 「일신수습중천금 경각안위재처심」

111절 당신이 가라사대 "이십사절후문이 좋은 글인데, 세상 사람들은 모르느니라. 상말에 절후를 철이라 하고, 어린아이의 명사를 모르는 것을 철부지라 하여 소년도 지각을 차리면 철을 안다 하고 노인도 지각을 차리지 못하면 철부지한 아이와 같다." 하느니라.

112절 당신이 당신께 불경하여 패욕하는 자에게는 더욱 우대하시므로 종도들이 혹 불가하게 여긴데, 당신이 일깨우시기를 "저들이 내게 불경함은 나를 모르는 연고라. 만일 나를 알면 너희들과 같으리니, 어찌 그들의 불경과 패욕을 개의하리오?"

113절 하루는 종도들에게 일러 가라사대 "과거에는 도통이 나지 아니하였으므로 음해를 이기지 못하여 성사되는 일이 적었으나, 이 뒤에는 도통이 났으므로 음해하려는 자가 도리어 해를 입으리라."

114절 또 가라사대 "예수교도는 예수의 재강림을 기다리고, 불교도는 미륵의 출세를 기다리고, 동학신도는 최수운의 갱생을 기다리나니, 누구든지 한 사람만 제대로 오면 각기 저의 스승이라 하여 따르리라."

115절 또 가라사대 "내가 출세할 때에는 천지가 진동하고 뇌성벽력이 크게 일어나리니 잘못 닦은 자는 죽지는 아니하나 앉을 자리로 갈 때에 따르지 못하고 엎드려지리라."

116절 또 가라사대 "대인의 행차에 삼초가 있나니, 갑오년에 일초가 되었고, 갑진년에 이초가 되었고, 손병희는 삼초를 맡았나니, 삼초 끝에는 대인이 나오느니라." 하시고, 손병희의 글을 지으시니 이러하니라. 「지충지의군사군 일마무장사해민 맹평춘신배명성 선생대우진일신」

117절 하루는 박공우가 여쭈어 가로대 "도통을 주옵소서." 당신이 꾸짖어 가라사대 "이 무슨 말이냐? 각 성 바지에 선령신 한 명씩이 천상공정에 참예하여 있나니, 이제 만일 한 사람에게 도통을 주면 모든 선령신들이 모여들어 편벽됨을 힐난할지라. 그러므로 나는 사정을 쓰지 못하노라. 이 뒤에 일제히 그 닦은 바를 따라 도통이 열리리니, 공자는 다만 칠십 이인만 육예를 통하게 하였으므로 통하지 못한 자는 모두 원한을 품었느니라. 나는 누구에게나 그 닦은 바에 따라서 도통을 주리니, 상등은 이레요, 다음은 열나흘에 성도할 것이요, 그 나머지는 말할 것도 없느니라."

118절 또 가라사대 "선천 영웅시대에는 죄로써 먹고 살았으며, 후천 성인시대에는 선으로써 먹고 사나니, 죄로써 먹고사는 것이 장구하랴? 선으로써 먹고사는 것이 장구하랴? 이제 후천 중생으로 하여금 선으로써 먹고살 도수를 짜놓았노라."

119절 당신이 가라사대 "이제 각 교 두목들이 저의 가족을 살릴 방도도 없으며, 살고 잘 된다는 말을 꾸며내어 남을 속이니, 어찌 잘 되기를 바라리오?"

120절 당신이 매양 이르시기를 "묵은 하늘이 사람 죽이는 공사만 날마다 보고 있으므로 뜯어고치지 아니하지 못한다." 하시더라.

121절 또 이르사대 "창생이 큰 죄를 지은 자는 천벌을 받고, 적은 죄를 지은 자는 인벌이나 혹 신벌을 받느니라."

122절 세속에 전하여 오는 모든 의식과 허례를 그르게 여기사 가라사대 "이는 묵은 하늘이 그르게 꾸민 것이니, 장차 진법이 날 것이라." 제례진설법을 보고 가라사대 "이는 묵은 하늘이 그릇 명한 것이니, 모든 찬수는 깨끗하고 맛있는 것이 귀한 것이오, 그 놓여 있는 자리로 인하여 귀중하게 되는 것이 아니니라." 또 상복을 보고 미워하시며 "걸인 죽은 귀신이 지은 것이라." 하시더라.

123절 최덕겸이 여쭈어 가로대 "천하사는 어떻게 되오리까?" 당신이 「자축인묘진사오미신유술해」를 쓰시며, 가라사대 "이러하리라." 자현이 가로대 "이것을 해석하기 어렵습니다." 당신이 다시 그 위에 「갑을병정무기경신임계」를 쓰시고, 경석에게 일러 가라사대 "이 두 줄은 베를 짜는 바디와 머리 빗는 빗과 같으니라." 하시며, 또 가라사대 "한 농부가 이른 봄 한가한 때부터 놀지 않고 그 지을 논에 새 도랑을 깊이 파 냇가까지 통하게 하려고 무한히 공부를 들이거늘, 이웃 사람들이 웃어 가로대 '이 논이 예로부터 도랑을 내어 냇물을 대지 않고도 농사에 오는 천수를 받아 실수없이 농사하여 왔거늘, 어찌 부질없이 헛수고를 저렇듯 들이느냐?' 하더니, 이해 여름에 큰 가뭄이 들어 온 들이 적지가 되었으되, 그 농부는 예비하였던 도랑으로써 냇물을 대어 농사를 잘 지었나니, 이 일을 알아두라." 하시더라.

124절 하루는 여러 종도에게 일러 가라사대 "나의 일은 어느 부랑자의 일과 같으니, 옛적에 어떤 사람이 지조가 견실하지 못하여 방탕히 지내더니, 하루는 홀로 생각하되, 내 일생에 아무것도 성취한 바 없고 이제 한갓 늙게 되었으니, 어찌 한할 바 아니리오? 이로부터 마음을 고쳐 신선을 찾아 선학을 배우리라 하고, 가만히 앉아 생각하더니, 문득 심신이 날라서 하늘에 올라가 한 신선을 만나니, 그 신선이 가로대 '네가 이제 방탕을 뉘우치고 선학을 배우려 하니, 그 뜻이 가상한지라. 내가 네게 선학을 가르치리니, 너는 조촐한 땅에 도장을 세우고 많은 동무를 모아 기다리라. 내가 장차 내려가서 선학을 가르쳐주리라.' 그 사람이 말을 듣고, 그 신선을 하직하고, 정신을 차리니, 기미가 쇄락한지라. 이날로부터 조촐한 땅을 가리고 동무를 구하니, 그의 방탕하던 버릇에 의심을 두어 듣는 자가 적고, 다만 평소에 그와 기미가 맞던 사람 몇 명이 모여 잔치를 베풀고 도장을 열었더니, 문득 하늘로부터 오색구름이 찬란하고 선악이 요량하게 들리더니, 이윽고 그 신선이 도장에 내려와서 일제히 선학을 가르쳐주었느니라."

125절 또 가라사대 "나의 일은 여동빈의 일과 같으니, 동빈이 인간에서 인연이 있는 사람을 가려 장생술을 전하려고, 빗 장사로 변장하여 거리에서 외쳐 가로대 '이 빗으로 빗으면 흰 머리가 검어지고, 굽은 허리가 펴지고, 쇠한 기력이 강장하여지고, 늙은 얼굴이 젊어지나니, 이 빗의 값이 천 냥이로라.' 하거늘, 세상 사람이 모두 허탄하게 생각하여 믿지 아니하므로, 한 늙은 여자에게 시험하니, 과연 말한 바와 같은지라. 모든 사람이 그제야 다투어 모여드니, 동빈이 드디어 승천하더라."

126절 또 가라사대 "사십팔장을 늘여 세우고 옥추문을 열 때에는 정신을 차리기 어려우리라."

127절 차경석에게 일러 가라사대 "동학은 차정으로 망하였느니라."

128절 또 종도들에게 일러 가라사대 "운수를 열어주어도 이기어 받지 못하면 그 운수가 본처로 돌아가기도 하고, 또 남에게 그 운수를 빼앗기기도 하나니, 부디 마음을 잘 가지라."

129절 또 가라사대 "나의 공부는 삼등이 있나니, 상등은 도술이 겸전하여 만사를 임의로 행하고, 중등은 용사하는 데에 국한이 있고, 하등은 알기만 하고 쓰지는 못하나니, 옛사람은 알기만 하고 쓰지 못하였으므로 모든 일을 뜻대로 하지 못하였느니라. 이 뒤로는 백성도 제 앞일은 다 알게 되리라."

130절 하루는 우레를 크게 일으키신 뒤에 일러 가라사대 "뒷날 출세할 때에는 어찌 이러할 뿐이리오? 부디 마음을 부지런히 닦고 내 생각을 많이 하라."

131절 또 가라사대 "내 일에는 곤란은 있을지언정 그릇 죽지는 아니하리니, 비록 초곤은 있을지라도 영원히 생명을 늘려감이 옳은 일이오, 잠시 쾌락으로 길이 생명을 잃은 것은 불가하니라."

132절 또 이르시기를 "담배 법은 묵은 하늘이 잘못 쌌으니, 상하귀천이 없어질지어다."

133절 김송환이 사람의 죽은 뒷일을 물은대 당신이 가라사대 "사람에게 혼과 넋 두 길이 있나니, 혼은 하늘에 올라 신이 되어 제사를 흠향하다가 사대를 지난 뒤에는 령이 되고, 혹 신선이 되기도 하며, 넋은 땅으로 돌아가 사대를 지나면 귀가 되느니라."

134절 또 가라사대 "자손을 둔 신명은 황천신이니 삼신이 되어 하늘로부터 자손을 타 내리고, 자손을 두지 못한 신명은 중천신이니 곧 서신이 되느니라."

135절 어떤 사람이 물어 가로대 "제사에 우는 것이 어떠합니까?" 가라사대 "원통히 죽은 선영에게는 우는 것이 옳되, 잘 죽은 선영에게는 우는 것이 불가하니라."

136절 어떤 사람이 물어 가로대 "제사를 닭이 울기 전후의 어느 때에 지냅니까?" 가라사대 "닭이 운 뒤에 지냄이 옳으니라."

137절 또 가라사대 "세상에서 요순지치를 일러왔으나, 9년 홍수는 곧 창생의 눈물로 이뤘느니라."

138절 또 가라사대 "민중전이 각처 사찰에 빠짐없이 기도하였으나, 오직 금산사는 들어오지 못하였느니라."

139절 하루는 모든 종도에게 소원을 써 오라 명하사, 낱낱이 살피시니, 대개 출장입상이 많은지라. 당신이 웃으시며 가라사대 "너희들이 나를 만나서 해원하지 못하면 포한이 되리라." 하시더라.

140절 또 가라사대 "내가 천지공사를 주장하는 것은 내가 하고자 함이 아니라 모든 신명의 원을 끌러줌에 신명들은 이 공사를 내가 주장하지 아니하면 될 수 없다 하여 억지로 밀어붙이므로 괴롭기 한량없으나 어찌할 수 없이 맡게 되었노라."

141절 또 가라사대 "선천에는 돈이 눈이 어두워서 불의한 사람을 따랐으나, 후천에는 그 눈을 틔워서 선한 사람을 찾게 하리라."

142절 경석이 여쭈어 가로대 "선생의 무소불능하신 권능으로 어찌 장효순의 일에 실수를 하셨나이까?" 가라사대 "집안에 분쟁이 일어나면 신정이 착란하여지나니, 이는 그때 가중불화로부터 일어난 것이라. 너희들에게 항상 화평하라고 말한 것도 또한 그런 일로 인함이니, 가정이나 도문에 불화가 있는 때에는 반드시 신정의 착란을 일으켜 뜻 아니한 화액이 이르느니라."

143절 하루는 신경수가 당신을 뵈려고 구릿골에 이르니, 종도 중 한 사람이 무슨 일로 왔음을 물은대, 경수가 놀러 왔다고 대답하거늘, 당신이 들으시고 좌우를 명하사 경수를 쫓아내시며 가라사대 "이곳은 쉼 없이 일하는 곳이니, 노는 사람은 받지 아니하노라." 하시더라.

144절 당신이 글씨를 항상 빨리 쓰시며 가라사대 "바쁜 때에 완만을 허락하지 아니하나니, 글을 쓰되 말 위에서 격서를 쓰듯이 빨리 쓰기를 공부하라." 하시더라.

145절 또 가라사대 "윗사람이 되어서는 영지 한 장은 쓸 줄 알아야 할 것이오, 아랫사람이 되어서는 제목 한 장은 쓸 줄 알아야 하나니라."

146절 또 가라사대 "이전에는 판이 좁아서 성으로써 천하를 다 살리기도 하였고, 웅으로써 천하를 다스리기도 하였으나, 이제는 판이 넓으므로 성과 웅을 합하여 쓰지 아니하면 능히 천하를 다스리지 못하느니라."

147절 당신이 가라사대 "도적을 잡는 자를 포교라 이르나니, 교를 전할 때에 포교라 일컬으라. 우리 일은 세상의 모든 의롭지 못한 것을 바루려는 일이니, 그러므로 세상에서 영웅이라는 이름을 띤 자는 모두 잡히리라."

148절 또 가라사대 "선천에는 도수가 그릇되어 제자로 스승을 해하는 자가 많았으나, 이 뒤로는 그러한 폐단이 없으리라."

149절 또 가라사대 "내 일은 판밖의 일이라. 가르쳐도 모른 것이오, 되어 보아야 아느니라."

150절 박공우에게 일러 가라사대 "죽어서 잘 될 줄을 믿으면 능히 죽겠느냐?" 공우는 당신께 아뢰는 말씀은 반드시 씨가 되어 실지로 이루게 되므로, 죽을까 두려워하여 대하여 가로대 "살아서 잘 되려 하나이다." 하니라.

151절 여러 종도에게 일러 가라사대 "동학주에 시천주라 읽으나 이는 선천에서 습관이 되어 천도에만 편벽됨이니, 이 뒤로는 시천지라고 읽으라."

152절 또 가라사대 "시속에 씨름판에 소 상금을 거나니, 일을 잘하는 자에게 익산 삼기산 와우를 주리라."

153절 하루는 박공우를 데리고 용화동을 지나시며 가라사대 "이곳이 곧 용화도장이라. 이 뒤에 이곳에서 사람이 나서거든 부디 정분을 두고 지내라." 하시더라.

154절 종도들이 여쭈어 가로대 "세상이 땅은 좁고 사람이 많아서 살 수가 없사오니, 속히 개벽을 부쳐서 수효를 덜게 하옵소서." 당신이 가라사대 "우리가 살 땅이 새로 나오리니, 안심하라." 하시더라.

155절 당신이 매양 부자를 싫어하사 종도들이 부자를 천거하는 자가 있으면 그 오는 길가 주막에 앉아 폭을 잡을 수 없는 행동을 하사, 짐짓 그들로 하여금 싫증을 내어 스스로 물러가게 하시거늘, 종도들이 그 까닭을 물으니, 가라사대 "그들에게는 그 가진 재산 수효와 같이 살기가 붙어있나니, 만일 그들의 따름을 그대로 두고 그 앞을 밝혀주려면 큰일에 방해가 있을 것이므로 차라리 그들로 하여금 스스로 물러가게 하노라."

156절 어떤 사람이 과실이 없이 뭇사람의 오해를 받아 시비가 분분히 일어남을 분개하거늘, 당신이 가라사대 "천지를 흔드는 모진 바람의 위력도 그칠 때가 되면 자취도 없이 그치나니, 남의 시비를 잘 이기라. 동정이 각기 때가 있어 그칠 때에는 흔적도 없이 그치느니라."

157절 종도들에게 일러 가라사대 "하늘이 사람을 낼 때에 각기 무한한 공부를 들이나니, 그러므로 모든 선령신들은 쓸 자손 하나씩을 타내려고 육십 년간 힘을 들여도 못 타는 자도 많으니라. 이렇듯 어렵게 받아 난 몸으로 꿈결같이 쉬운 일생을 헛되이 보낼 수 있겠느냐?"

158절 또 가라사대 "자고로 상통천문과 하찰지리는 있었으나, 중통인의는 없었나니, 내가 비로소 인의를 통하였노라." 하사, 각 종도들을 논평하여 앞일을 경계하시더라.

159절 박공우가 삼 년 동안 당신을 모시고 다녔는데, 매양 공사 끝에는 각처 종도에게 순회연포하라 명하시며, 가라사대 "이것이 곧 천지의 대순이라." 하시더라.

160절 당신이 종도들에게 무슨 일을 명하심에 혹 힘이 미치지 못하여 거행하기 어렵다고 하는 자가 있으면, 곧 꾸짖어 가라사대 "무슨 일이든지 하리라고 결심하면 못 되는 일이 없나니, 만일 겁을 내어 못 하겠다는 말을 내면 이루지 못하는 기운이 따라 드느니라." 하사, 반드시 다짐받으시며, 또 무슨 일을 경영하실 때에 곁에서 못 되리라는 자가 있으면, 곧 마정된 일이라 하사 꾸짖으시더라.

161절 당신이 가라사대 "나는 곧 미륵이로라." 하시고, 또 가라사대 "금산 미륵은 여의주를 손에 들었으나, 나는 입에 물었노라." 하사, 아랫입술 안에 붉은 점을 보이시며, 또 가라사대 "나는 곧 삼리화이며 천지일월이로라." 하시다.

제5장 치병

임인년(1902)에 당신이 병을 고치는 법을 전주 우묵실 이경오에게 처음 베푸시더라. 이경오는 대원사 주지 박금곡과 친분이 있으므로 그 병세가 위독함을 금곡에게 말하여 의사를 널리 구하여 주기를 청하니, 금곡이 당신의 신성하심을 알므로 그 일을 아뢰어 신방을 베풀어주시기를 간청하거늘, 당신이 경오에게 가보시니, 그 병의 증세는 왼발 무명 가락이 저리고 쑤시어 오후로부터 새벽까지 다리가 부어올라 다리 전부가 큰 기둥과 같이 되었다가 아침부터는 부기가 내려 정오에는 원상을 회복하여 이렇게 삼사년 동안을 앓음에 촌보를 옮기지 못하고 앉은뱅이가 되어 있더라. 당신이 가라사대 "이 병이 진실로 괴이하도다. 모든 일이 적은 것으로부터 큰 것을 헤아리나니, 내가 이 병으로써 본을 삼아 천하의 병을 다스리기에 시험하리라." 하시고, 손으로 만져 내리신 뒤에 처마 끝으로부터 떨어지는 빗물을 받아서 씻으라 하셨더니, 경오가 명하신 대로 하여 곧 나으니라.

2절 이경오의 어린아이가 배앓이가 있어서 여러 날 동안 대소변을 통하지 못하여 생명이 위태한지라. 경오가 어린아이를 안고 와서 고쳐주시기를

청한대, 당신이 어린아이를 앞에 누이시고, 손으로 배를 내려 만지시니, 곧 소변을 통하는지라. 그릇에 소변을 받아서 두었다가 내어본즉, 그릇 바닥에 무슨 가루가 가라앉았거늘, 당신이 가라사대 "이것은 사탕가루라. 어린아이가 사탕을 많이 먹으면 항문이 막히고 이러한 병이 나기 쉬우니 주의하라." 하시더라.

3절 계묘년(1903) 3월에 전주부에 머무르실 새, 장효순의 딸이 어려서부터 횟배를 앓아 해마다 달포씩 서너 번을 고통스러워 하더니, 이 해에는 연하여 두어 달을 앓음에 생명이 위태하게 된지라. 효순이 그 일을 아뢰며 고쳐주시기를 청하니, 당신이 그 사위를 부르사 부부끼리 벽을 끼어 서로 등을 맞추어 서라 하시니, 그 사위가 명하신 대로 함에 아내의 병은 낫고, 그 사위가 병을 옮겨서 앓거늘, 당신이 손으로 만져 낫게 하시더라.

4절 김윤근이 묵은 치질로 수십 년 동안 앓아오다가 이 해에는 더욱 심하여 거동을 못 하고 누웠거늘, 당신이 불쌍히 여기사 아침마다 시천주를 일곱 번씩 외우라 하셨더니, 윤근이 그대로 하여 수일 만에 곧 나으니라.

5절 고부 이도삼이 간질이 있어서 고쳐주심을 청하거늘, 당신이 가라사대 "나를 따르라." 하시고, 누워서 자지 못하게 하였더니, 밥 먹은 뒤에는 배가 아프고, 대변에 담이 섞여 나오다가 열나흘 만에 나으니라.

6절 갑진년(1904) 9월 10일 함열 회선동 김보경의 집에 가시니, 개가 심히 짖고 나오더라. 이때에 보경이 병들어 누워서 크게 위독하므로 당신께 고쳐주심을 청하거늘, 당신이 웃으시며 가라사대 "주인의 병은 이미 저 개에게 옮겼으니, 근심을 말라." 하시더니, 과연 보경의 병은 곧 낫고, 그 개는 병들어서 사흘 만에 죽으니라.

7절 섣달에 구릿골에 이르시니, 김갑진이 여러 해 된 문둥병으로 얼굴과 손발에 부종이 나고 눈썹 털이 다 빠졌더니, 당신의 신성하심을 듣고 와서 고쳐주시기를 청하거늘, 당신이 갑진으로 하여금 정문 밖에서 방을 향하여 서게 하시고, 김형렬 외 두어 사람으로 하여금 대학경 일장 장하를 읽히신 뒤에 돌려보내시더니, 이로부터 갑진의 병이 곧 나으니라.

8절 구릿골 앞에서 술장사하는 전순일이 장병으로 오랫동안 앓다가 당신께 한번 뵙기를 원하거늘, 당신이 한공숙을 데리고 그 집에 가사 순일에게 일러 가라사대 "나 있는 곳에 술 한 상을 차려오라." 하시고, 또 일러 가라사대 "의원이 떠나니, 병인은 문밖에 나와 전별하라." 하시니, 순일이 강작하여 사람을 붙들고 일어나서 문밖에 나와 전송함에 병이 곧 나으니라. 그 뒤에 순일이 술상을 차려오지 아니하거늘, 당신이 가라사대 "그 사람이 구미를 얻지 못하여 신고하리라." 하시더니, 과연 순일이 구미가 돌지 아니하여 두어 달을 신고하더라.

9절 또 그 이웃에 술장사하는 김사명의 아들 성옥이 예닐곱 살 되었는데, 어느 날 급증에 걸려서 죽거늘, 반일이 넘도록 살리려고 백방으로 주선하여도 회생할 여망이 없는지라. 하릴없이 그 어미가 죽은 아이를 안고 구릿골 약방에 다다르니, 당신이 그 밖에 문에 당도할 때에 미리 아시고, 문득 가라사대 "약방이 안 되려고 송장을 안고 오는 자가 있다." 하시더라. 성옥의 어미가 성옥을 당신 앞에 누이고 울면서 살려주시기를 애걸하거늘, 당신이 웃으시며 죽은 아이를 무릎 위에 올려 누이시고, 배를 만져 내리시며 허공을 향하여 미수시켜 우암을 부르라고 큰 소리로 외치신 뒤에, 침을 흘려서 죽은 아이의 입에 넣으시니, 죽은 아이가 문득 항문으로 시추물을 쏟으며 큰소리를 치고 살아나거늘, 이에 미음을 쑤어서 먹이시고 걸려서 돌아가게 하시더라.

10절 구릿골 김창여가 여러 해 된 적체로 음식을 먹지 못하여 심히 고통하거늘, 당신이 불쌍히 여기사 평상 위에 누이신 뒤에, 배를 어루만지시며 형렬을 명하사 「조래천하팔자곡 누류인간삼월우 규화세침능보곤 평수부종빈읍결 일년월명임술추 만리운미태을궁 청음교무이객소 왕겁의비삼국진」이라는 글을 외워주었더니, 그 뒤로 창여의 체증이 곧 나으니라.

11절 전주 용머리고개 김모가 앉은뱅이로서 교자를 타고 와서 고쳐주시기를 청하거늘, 당신이 그 사람을 앞에 앉히시고, 담뱃대를 들어 올리시며 가라사대 "이 담뱃대를 따라서 차차 일어서라." 하시니, 그 사람이 천천히 들어 올리시는 담뱃대를 따라 무릎과 다리를 점점 펴며 일어서거늘, 이에 형렬을 명하사 「예고신예팽신석란신 동서남북중앙신장 조화조화운오명령훔」이라는 글을 외운 뒤에, 그 사람으로 하여금 마당에서 빨리 달리게 하시고, 광찬을 명하사 회초리로 다리를 때려 빨리 걷게 하시고, 교자를 버리고 도보로 돌려보내실 새, 사금 서른 냥을 받아서 큰길가 주막에 나가사 오고 가는 행인을 불러서 술을 사주시며 가라사대 "다리를 펴 주니 고맙다." 하시더라.

12절 금구 수류면 구미란 최운익의 아들이 병들어서 사경에 이르렀으므로 운익이 와서 살려주기를 청하거늘, 당신이 가라사대 "그 병인의 얼굴이 심히 못나서 일생에 한을 품었으므로 그 영혼이 이제 청국 심양에 있어서 돌아오기를 싫어하니 어찌할 수 없노라." 운익이 그 아들의 얼굴을 보는 듯이 알아 말씀하심을 신기하게 여기며 살지 못하리라는 말씀에 더욱 슬퍼하여 굳이 약을 청하는지라. 당신이 사물탕 한 첩을 지으사 약봉지에 구월음이라 써주시니, 운익이 약을 가지고 집에 돌아간즉 그 아들이 벌써 죽었더라. 운익이 돌아간 뒤에 종도들이 구월음의 뜻을 물은대, 가라사대 "「구월에 장시황어여산하」라 하였으니, 살지 못할 뜻을 표시함이로라. 만일 굳이 약을 청하여 얻지 못하면 한을 품을 것이므로 그 마음을 위로하기 위하여 약을 주었노라." 하시더라.

13절 구릿골 박순여의 어미가 나이 육십여 세에 병들어 매우 위독하여 회춘할 희망이 없으므로 초상을 치를 제구를 준비하고 장사에 쓸 술까지 빚어 넣었더니, 당신이 들으시고, 순여의 집에 가사 순여로 하여금 장에 가서 초종에 쓰는 모든 물건에 대하여 쓰이지 않게 하여 주라는 심고를 성의껏 하고 돌아오라 하시고, 사물탕 한 첩을 달이신 뒤에 그 병실 정문 밖 뜰 밑에서 열두 걸음을 걸으사 땅을 장방형으로 파고 그 약을 부으며 가라사대 "병이 이미 장기에 이르렀으니, 약을 땅에 써야 되리라." 하시고 돌아오시니, 병인은 이로부터 곧 회생하더라. 이때에 순여가 장으로부터 돌아오거늘, 당신이 물어 가라사대 "장에서 누구에게 심고하였느냐?" 순여가 대하여 가로대 "선생께 심고하였나이다." 당신이 웃으시고 그 빚어 넣었던 술을 가져오라 하사 이웃 사람들을 불러 나누어 먹이시더라.

14절 병오년(1906) 3월에 서울 황교 김영선의 집에 머무르실 새, 이웃에 있는 오의관이 삼 년 전부터 폐병에 걸려 이미 위기에 이르렀더니, 영선에게 당신의 신성하심을 듣고 와 뵈온 뒤에 고쳐주시기를 간청하거늘, 당신이 글을 써주시며 가라사대 "이것을 그대의 침실에 간직해 두라." 오씨가 그대로 하였더니, 그날 밤부터 잘 자고 모든 다른 증상도 다 끌려 완쾌하더라.

15절 오의관의 아내가 젊어서부터 눈뜬 봉사가 되어 보지 못하더니, 그 남편의 병이 나았음을 듣고 눈을 뜨게 하여 주시기를 애걸하는지라. 당신이 그 봉사의 침실 정문 앞에 이르사, 양산대로 땅을 그어 돌리신 뒤에, 소금을 좀 먹이고 해가 쪼이는 곳에서 사성음 한 첩을 달여서 땅을 파고 부으시니, 그 눈이 별안간 환하게 밝아졌더라. 오의관 부부는 크게 감사하여 지성으로 당신을 공양하며 일행의 경비를 부담하더라.

16절 구릿골 근처에 사는 김도일이 당신께 심히 거만하더니, 배앓이를 얻어서 여러 날 동안 고통하거늘, 당신이 도일과 함께 가 보시고, 손으로 그 가슴에서 배꼽 위까지 만져 내리고 돌아오셨더니, 그 뒤로는 배꼽 위에는 아픈 증상이 없어지고 배꼽 밑으로는 아픈 증상이 이전과 같은지라. 도일이 사람을 보내어 당신께 다시 만져 주시기를 청하니, 당신이 도일을 불러오사, 방 한가운데 누이시고, 문밖에서 거니시다가 들어오시며 문득 도일을 꾸짖어 가라사대 "네가 어찌 어른 앞에 누웠느냐?" 하시고, 종도들을 명하사 일으켜 쫓아내시니, 도일이 크게 성을 내어 돌아갔더니, 그때부터 병이 곧 낫거늘, 도일이 비로소 그 꾸지람이 약이었음을 깨달았도다. 종도들이 꾸짖음으로 병을 고치시는 까닭을 물은대 가라사대 "그 병은 곧 회충의 장난이라. 내가 한번 만짐에 회충이 배꼽 밑으로 내려가서 감히 일어서지 못하는데, 만일 다시 만지면 회충은 녹아서 죽되 사람의 생명까지 위태할지라. 그러므로 병인의 화를 일으켜 회충이 그 기운을 타고 올라와서 본처로 돌아와 안정을 얻게 한 것이니, 이것이 의술이니라." 하시더라.

17절 도일이 병이 나은 뒤로 요통이 나서 풀리지 아니하여 지팡이를 짚고 당신께 와서 뵈니, 당신이 가라사대 "병이 나은 뒤에 오히려 지팡이를 짚고 다님은 웬일이냐?" 도일이 대하여 가로대 "요통이 나서 그리하나이다." 당신이 광찬을 명하여 그 지팡이를 꺾어버리셨더니, 이로부터 요통이 곧 나으니라.

18절 다시 도일을 명하여 가라사대 "서쪽 하늘에 붉은 구름이 떠 있는가 보라." 하시니, 도일이 나가보고 아뢰어 가로대 "붉은 구름이 떠 있나이다." 당신이 가라사대 "금산을 얻기가 어렵다." 하시더라.

19절 형렬이 다리가 아파서 오한두통하며 음식을 전폐하고 크게 앓거늘, 당신이 육십사괘를 암송하라 명하시니, 형렬이 그대로 함에 곧 오한이 물러가며 두통이 그치고 다리 앓이도 낫거늘, 크게 이상히 여겨 그 까닭을 물은대 당신이 가라사대 "팔괘 가운데 오행의 이치가 있고, 약은 오행의 기운을 응함인 연고니라." 하시더라.

20절 경성에 가실 때에 갑칠이 설사로 괴로워하다가 막힌 뒤에 수십 일이 되도록 뒤를 통하지 못하여 고민하더니, 김영선의 아우가 순검으로 있을 때에 김병욱을 잡으러 갔던 일을 말하니, 당신이 물으사 "대군도는 어디 있느냐?" 가로대 "집에 있나이다." 당신이 곧 명하여 가져와 영선의 방 벽에 붙여 세우시고, 갑칠로 하여금 홀로 자라 하시며, 가라사대 "오늘 저녁에는 담배를 피우지 말라. 내일 새벽에는 대변이 통하리라." 갑칠이 홀로 자다가 새벽이 됨에 문득 군도가 스스로 꺼꾸러지며 소리를 내거늘, 갑칠이 잠결에 심하게 놀랐더니, 곧 대변이 통하더라.

21절 5월에 당신이 임피읍 이봉현의 집에 머무르실 새, 그 이웃 사람 강화운이 창증으로 사경에 이르러서 죽기만 기다리고 있다가, 당신의 신성하심을 듣고, 그 노부가 문 앞에 와서 엎디어 살려주시기를 애걸하니, 당신이 불쌍히 여기사 화운의 집에 이르러 그 크게 부어오른 배와 몸을 손으로 만지시고, 사물탕 네 첩을 지어 문밖에 뿌리시고, 그 손을 붙잡아 일으켜 걸리셨더니, 이로부터 나아 완인이 되었더라.

22절 또 그 이웃 사람이 그 아내가 폐병으로 중기에 들어서 낫을 도리가 없으므로 당신께 와서 살려주시기를 애걸하니, 당신이 그 집에 가사 청홍 염색을 물에 풀어 그 사람으로 하여금 손으로 젓게 하시니, 그 손에 청홍색이 들었더라. 당신이 웃으시며 가라사대 "그 손을 그대로 씻지 말고 제대로 지게 둘지어다. 네 아내의 병도 그 염색이 지기와 한가지로 나으리라." 하시더니, 과연 그러하니라.

23절 봉현의 집에 오래 머무르시다가 떠나실 때에 봉현에게 일러 가라사대 "너의 집에 생폐가 많이 되었으나 갚을 것이 없으니, 너의 노쇠한 노모나 건강하게 하여 세상을 떠날 때까지 무병케 하리라." 하시고, 푸른 대나무 한 개를 가져다가 당신의 발에 맞추어 끊으신 후에 종이에 글을 써서 감아서 정문 앞에 가로로 놓고 모래로 그 머리를 덮은 후에 병현에게 일러 가라사대 "오늘 밤에 보이는 것이 있으리라." 하시더니, 그 밤에 이르러 그 푸른 대나무가 놓인 곳으로부터 서기가 하늘에 뻗질러 달빛과 같더라. 이로부터 봉현의 노모가 강건하여 팔십이 넘도록 병이 없이 지내더라.

24절 김낙범의 아들 석이 폐병으로 사경에 이르렀다 하거늘, 당신이 김덕찬을 데리고 가사, 사랑으로 업어내다가 엎드려 놓고, 당신의 발로 허리를 밟으시며, 어디가 아프냐 하시고, 손을 붙들어 일으켜 다시 눕지 못하게 하셨더니, 이로부터 완쾌하더라.

25절 치병하실 때에는 흔히 각 환자들로 하여금 그 가슴과 뱃속을 들여다보라 하시면, 곧 환하게 속이 들여다보이는데, 그 경락과 장부를 일일이 가리키시며, 이곳은 어디고 이곳은 어디인데, 어느 장부에서 병이 났다 하사, 다 알게 하시고, 또 누릿누릿하여 각 부에 끼어있는 것이 담이라 하시더라.

26절 정미년(1907) 봄에 전주 이서면 불가지 김성국의 집에 계실 새, 그 면 황샛골 문치도가 당신께 와 뵈려 할 새, 오는 길에 이성동 송대유에게 들려서 같이 오려 하였더니, 송대유는 마침 일이 있어서 같이 오지 못하고, 그 종제를 딸려 보내며 가로대 "내 종제가 폐병으로 고통한 지 여러 해라. 이제 위기에 이르렀으니, 강선생께 말씀을 잘하여 좋은 약을 얻어줌을 바라노라." 하며, 돈 이 원을 그 종제에게 주며 가로대 "이것이 약소하나 가지고 가서 술이나 한때 공양하라. 그리고 갚을 때에 이자는 없이 하라." 병인이 그 돈을 받았다가 갚으라는 말을 듣고 일 원을 돌려주며 가로대 "일 원이면 넉넉하외다." 하고, 치도를 따라서 당신께 와 뵙더라. 치도가 당신께 그의 병세를 아뢰고 고쳐주시기를 청한대, 당신이 가라사대 "인색한 자는 병을 낫게 하지 못하느니라." 치도가 대하여 가로대 "이 사람이 본래 가난하여 인색할 거리가 없나이다." 당신이 가라사대 "주는 것을 가지고 오지 아니하였으니, 어찌 인색이 아니리오? 병이란 저의 믿음과 정성으로 낫느니라." 치도는 이 말씀을 듣고, 그 신성하심에 놀라고, 병인은 부끄러워하여 돌아가더라. 치도가 돈 일 원을 내어 김성국에게 부탁하여 약간의 술과 안주를 준비하여 당신께 올리니, 당신이 가라사대 "이것이 어디서 난 것이냐?" 하시니, 성국이 치도가 올렸음을 아뢰거늘, 당신이 가라사대 "그 돈이 오늘 저녁에 많이 불어날 것인데, 부질없는 일이로다." 하시니, 대개 그 돈은 그날 저녁에 노름 밑천을 하려고 하였던 것이라. 치도가 더욱 놀라서 천신이 세상에 내려오신 줄로 믿었더라. 치도가 물러감을 아뢴대, 당신이 가라사대 "병인은 오늘 저녁부터 보리밥을 먹게 하라. 그러면 곧 나으리라." 치도가 병인에게 그대로 일렀더니, 과연 보리밥으로써 미구에 낫더라.

27절 형렬의 종제 준상의 아내가 좌우 발바닥에 종창이 나서 모든 약에 효험을 보지 못하고 마침내 사경에 이르렀거늘, 준상이 와서 고쳐주시기를

청한대, 당신이 가라사대 "그 종처가 곧 용천혈이라. 다스리기 어려울 것이니, 죽는 날만 기다릴 수밖에 없을 것이오, 만일 정성을 다하여 고치려 할진대 돈 백 냥이 들어야 하리라." 준상이 여쭈어 가로대 "집이 가난하여 돈 백 냥을 장만하기 어려우니, 집이라도 팔 수밖에 없나이다." 당신이 가라사대 "그러면 그 집을 내게 팔라." 준상이 드디어 허락하고, 집 문서를 써서 올리니, 당신이 받아서 불사르시고 손가락으로 물을 찍어서 종처를 만져 낫게 하신 뒤에, 그 집은 준상으로 하여금 전과 같이 살게 하시고, 다만 한편 방 한 칸만 수리하여 약방을 차리시더라.

28절 구릿골 박순여가 반신불수증으로 오랫동안 앓다가 당신께 사람을 보내어 고쳐주시기를 청하거늘, 당신이 김자현에게 물어 가라사대 "순여의 병을 고쳐줌이 옳으냐? 그대로 두어 죽게 함이 옳으냐? 네가 마음을 풀어야 하리라." 자현이 이상히 여겨 가로대 "살려주심이 옳습니다." 당신이 가라사대 "순여가 네게 불평을 끼친 일이 많으니, 그러면 너와 함께 가서 다스리리라." 하시고, 자현을 데리고 순여의 집에 이르사, 휘파람을 한 번 부시고, 병든 다리를 주물러 내리시며, 끓인 물 한 그릇을 먹였더니, 그 병이 곧 나으니라. 대저 자현이 사교 관계로 순여에게 불평을 품었는데, 당신이 그 일이 척이 되어 있음을 아시고 물으신 것이더라.

29절 구릿골 이재헌의 아내가 병들어 수년을 앓음에 수척하여 뼈만 남았거늘, 재헌이 당신께 와 뵙고, 고쳐주시기를 청하니, 당신이 가라사대 "그 병은 병인이 평소에 남에게 나쁜 말을 많이 하여 그 보응으로 난 것이니, 날마다 회개하면 병이 저절로 나으리라." 재헌이 명하신 대로 그 아내를 효유하여 날마다 허물을 뉘우치게 하였더니, 그 뒤로 곧 나으니라.

30절 용암리 앞 주막에 지나실 새, 그 주부가 연주나력으로 여러 해 동안 고생하다가 당신께 고쳐주시기를 애걸하거늘, 당신이 글을 써서 그 집 개에게 던지시니, 그 개는 곧 엎드려 죽고 주부의 병은 곧 나으니라.

31절 박공우의 아내가 겨울에 물을 긷다가 빙판에 엎드려져서 허리와 다리를 중상하여 기동하지 못하고 누웠거늘, 공우가 크게 걱정하여 청수를 떠 놓고 멀리 당신 계신 곳을 향하여 그 아내의 상처를 낫게 하여 주시기를 지성으로 빌었더니, 그 아내가 곧 나아 일어나더라. 그 뒤에 공우가 당신께 와 뵈니, 당신이 웃으시며 가라사대 "네가 내환으로 얼마나 염려하였느냐?" 하시더라.

32절 무신년(1908)에 차경석의 작은 집이 손가락 끝이 바늘에 찔린 것이 독이 나서 점점 팔이 저리다가 마침내 반신불수가 되었거늘, 당신이 육십간지를 쓰시고 한 간지씩 읽으심을 따라서 상하였던 손가락 끝으로 힘껏 짚으라 하신 뒤에, 다시 명하사 술잔을 들고 거닐게 하시니, 이로부터 혈기가 돌아 곧 나으니라.

33절 대흥리 근처 거사막에 사는 장성원의 어린아이가 병들어 낮이면 낫고 밤이면 신열과 기침으로 잠을 자지 못하여 두어 달 동안 고통하거늘, 성원이 아이를 안고 와서 고쳐주시기를 청한대, 당신이 가라사대 "이 증상은 곧 서양으로부터 멀리 건너온 비별이니, 낮에는 나가 놀고 밤에는 들어오는 것이라. 불가불 다른 곳으로 옮겨야 나을 것인데, 산으로 옮기면 금수도 또한 생명이오, 바다로 옮기면 어별도 또한 생명이니, 전선에 붙여서 사방으로 흩어가게 하리라." 하시고, 성원을 명하사 철사 두어 자를 구하여 아이의 머리 위에 두었다가 전선대 밑에 버리라 하시니, 성원이 그대로 하여 곧 나으니라.

34절 김경학의 여덟 살 된 어린아이가 병들어 여러 날을 앓거늘, 당신이 앓는 방에 들어가 보시고, 꾸짖어 가라사대 "너의 부친이 들어오는데 일어나지 아니하니, 그런 버릇이 어디 있느냐?" 하시니, 앓는 아이가 두려워하여 일어나니 곧 병이 나으니라. 경학이 부친이라는 말씀을 이상히 여겨 생각하니, 일찍 시속을 좇아 금산사 미륵불에 판 일이 있었는데, 당신은 곧 미륵불이신 까닭이더라.

35절 그 뒤에 경학이 병들어 위독하거늘, 당신이 아시고 사물탕 한 첩을

달여서 땅에 붓고 달빛을 우러러보라 하시니, 경학이 그대로 하여 곧 나으니라.

36절 김낙범이 천포창으로 고통하다가 하루는 당신이 용머리고개에 계실새, 낙범이 지성으로 모시더니, 당신이 문득 진노하사 꾸짖어 가라사대 "네가 어찌 어른 앞에서 그렇게 태만하냐?" 하시니, 낙범이 다만 머리를 숙여 한편으로는 황송하게 생각하고 한편으로는 이상히 여기다가 집으로 돌아가서 허물을 생각하되 깨닫지 못하고 황송히 지내더니, 그 뒤로 천포창이 곧 낫거늘, 비로소 당신의 진노하심과 꾸짖으심이 곧 약임을 깨닫더라.

37절 수류면 회평에 사는 십팔 구세 된 소년 광부가 큰 독에 상하여 다리가 부러지고 힘줄이 떨어져 마침내 그대로 굳어서 다리가 오그라져서 굴신을 못하므로 당신께 와서 고쳐주시기를 애걸하거늘, 당신이 가라사대 "남의 눈에 눈물을 흘리게 하면 내 눈에는 피가 흐르느니라." 하시며, 몸을 뛰어서 골절과 혈맥을 충동하라 하시니, 그 소년이 몸을 솟아 한번 뛰에 그 오그라졌던 다리가 곧 펴져서 굴신을 마음대로 하게 되니라.

38절 구릿골 이정삼이 발지가 나서 크게 고통하거늘, 당신이 보시고, 광찬을 명하사 백호를 쳐 주시니, 그 병이 곧 낫더라.

39절 구릿골 앞에서 술장사하는 평양네의 아들이 다섯 살이 되었는데, 앉은뱅이가 되어서 일어서지 못하므로 당신께 안고 와서 고쳐주시기를 청하거늘, 당신이 가라사대 "내일 아침에 소고기와 참기름을 좀 먹이고 안고 오라." 하시니, 평양네가 가난하므로 소고기는 사 먹이지 못하고 참기름만 먹인 뒤에 안고 와서 그 일을 아뢰니, 당신이 누워서 아무 말씀도 아니하신지라. 평양네가 심히 미안하여 아이를 때리며 가로대 "병신이 되려거든 차라리 죽으라." 하니, 아이가 울며 문득 다리를 펴고 일어나서 피하여 달아나거늘, 평양네가 그 광경을 보고 심히 기뻐하여 당신께 감사하되, 당신은 아무 말씀도 아니하시니라.

40절 황응종이 당신을 뵈려고 태인 새올 최창조의 집에 이르니, 마침 곡성이 들리거늘, 응종이 들어가지 아니하고, 창조를 불러내서 온 사연을 말하니, 창조가 들어가서 당신께 아뢴 뒤에 나와서 일러 가로대 "선생이 이제 내 집에 계시나 지금 보시는 일이 있으니 좀 지체하라."하므로 응종이 그 앞 주막에 나가서 기다리려 하였더니, 다시 곧 부르시거늘, 들어가서 당신께 뵈니, 당신이 창조의 일곱 살 된 아들을 무릎 위에 뉘어 안으셨는데, 곧 숨이 끊어진 송장이더라. 대저 창조의 아들이 그 앞날 급증에 걸려서 죽었으므로 창조가 당신 계신 곳으로 찾아가서 죽은 아이를 살려주시기를 애걸하니, 당신이 그때에 당장 창조의 집에 오셔서 죽은 아이를 살리려 하심이더라. 당신이 손으로 아이의 배를 만지시고, 숟갈로 냉수를 떠서 아이의 입에 넣으시니, 죽은 아이가 왼 다리를 움직이거늘, 당신이 꾸짖어 가라사대 "네가 어찌 어른 앞에 누웠느냐?" 하시니, 죽은 아이가 문득 눈을 뜨고 정신을 차려 일어나거늘, 당신이 모든 사람에게 사담을 금하시며 가라사대 "이 아이가 머나먼 천릿길을 갔다 왔으니, 고요히 있어야 할지라. 안방으로 옮겨 누이고 미음을 쑤어 먹이라." 하셨더니, 이튿날 그 아이가 사랑에 나오거늘, 그 입에 참기름을 바르시고 밥을 먹이시더라.

41절 그 뒤에 손병욱의 아내가 병들어 사경에 이르거늘, 응종이 그 일을 아뢰니, 당신이 응종을 데리고 병욱의 집에 이르사, 앓는 방의 문밖에 앉아 말씀하시더니, 응종이 병욱에게 당신께 공양할 술을 준비하라 하거늘, 당신이 들으시고 가라사대 "나 먹을 술은 있으니, 준비하지 말라." 하시더니, 과연 병욱의 장모가 당신이 오셨음을 알고 술과 안주를 가져오더라. 당신이 술을 마시신 뒤에 응종에게 일러 가라사대 "와병에 인사 절이니, 병인을 붙들어 일으키라." 하시니, 응종이 병인을 붙들어 일으키거늘, 다시 가라사대 "병은 이미 나았으나 이 뒤로 잉태하지 못 하리라." 하시더니, 과연 그 뒤로는 잉태하지 못하니라.

42절 당신의 부친이 병들어서 위독하거늘, 응종이 당신께 병보를 아뢰려고 구릿골에 이르러 당신 계신 곳을 물으니, 전주 능소에 계신다고 하거늘, 다시 그곳으로 떠나가니, 구릿골에서 거리가 칠십 리더라. 능소에 이르러 당신께 뵙고 병보를 아뢴대, 당신이 술을 주신 뒤에 돈 십 원을 주시며 가라사대 "날은 이미 늦었으나 불쾌한 마음을 두지 말고 곧 돌아가다가 청도원 김송환의 집에 들어가 자고, 내일 아침에 구릿골 김갑칠에게 가서 내 모시 두루마기 한 벌을 가지고 집에 돌아가 부친을 입히고 이 돈으로 자양물을 사서 잘 공양하라." 응종이 날은 이미 저물었으나 감히 명을 어기지 못하고 능소를 떠났더니, 길을 걸은 지 한 시간이 못 되었는데, 뜻밖에 길가에 비가 보이거늘, 자세히 살피니 곧 청도원이라. 응종이 놀라서 생각하되 능소에서 여기가 육십 리인데, 한 시간도 못 되어서 이르게 됨은 반드시 선생의 도력에 밀려옴이라 하니라. 송환의 집에 들어가 자고 이튿날 아침에 구릿골에 들려 두루마기를 가지고 손바래기에 이르러서 당신의 부친에게 두루마기를 입히니 병이 곧 낫는지라. 이에 자양물을 사서 공양하니, 원기도 곧 회복되더라.

43절 김준찬의 어미가 여러 해 동안 견비통을 앓아와서 팔을 굴신하지 못하더니, 하루는 형 덕찬이 당신을 모시고 이르거늘, 준찬이 그 작은집의 침실을 치우고 당신을 모셨더니, 당신이 가라사대 "네 모친이 견비통으로 고생하느냐?" 준찬이 대하여 가로대 "그렇습니다." 또 홀로 말씀하시기를 "밖의 인심은 좋으나 안 인심이 좋지 못하도다." 하시거늘, 준찬이 이상히 여겨 안에 들어가 살피니, 그 작은집이 제 침실을 치운 것을 불평하게 생각하여 노기를 띠고 있으므로 준찬이 잘 달래어 어루만지더라. 이튿날 그 어미의 견비통이 저절로 나아서 굴신을 마음대로 하니, 이로부터 준찬은 크게 감복하여 당신을 따르더라.

44절 황응종의 아들이 병들어 위독하거늘, 응종이 청수를 떠 놓고 당신 계신 곳을 향하여 낫게 하여 주시기를 발원하니, 그 병이 곧 낫는지라. 이튿날 구릿골에 와서 당신께 뵈니, 당신이 물어 가라사대 "어제 구름을 타고 내려다본즉 네가 손을 비비고 있었으니 무슨 일이었느냐?" 하시거늘, 응종이 그 일을 아뢴대, 당신이 웃으시더라.

45절 김준찬의 아들이 병들어 사경에 이르거늘, 빨리 구릿골에 와서 당신께 그 일을 아뢰니, 당신이 아무 말씀도 아니하시므로 마음이 초조하여 곧 돌아가기를 아뢴대, 당신이 만류하사 밤을 지내고 가라 하시므로, 명을 어기지 못하여 뜬눈으로 밤을 새고 이튿날 아침에 떠나서 집에 돌아가니, 병든 아들이 나아서 쾌활하게 노는지라. 그 병세가 낫던 때를 물으니, 곧 당신께 병세를 아뢰던 시간이더라.

46절 김준상의 아내가 흉복통이 있어서 해마다 두세 번씩 지루하게 앓아서 형용이 초췌할 뿐 아니라 살림을 거두지 못하여 항상 집안이 어지럽거늘, 준상이 당신께 그 일을 아뢰며 고쳐주시기를 청한대, 당신이 불쌍히 여기사 사성음 한 첩을 지어주시며, 장롱 속에 깊이 간직해 두라 하시거늘, 준상이 명하신 대로 하였더니, 그 뒤로는 그 증세가 다시 일어나지 아니하니라.

47절 대흥리 신재인의 아들이 흉복통으로 사경에 이른지라. 신재인이 당신께 와서 고쳐주시기를 청하거늘, 당신이 가라사대 "돼지 한 마리를 잡아서 삶아오라." 재인이 명하신 대로 하려 하더니, 문득 다시 가라사대 "미구에 돼지고기 석 점이 이르리니, 돼지를 잡지 말라." 하시더니, 이윽고 차윤경이 제사 지낸 집에 가서 술상을 가져오니, 과연 술상에 돼지고기 석 점이 있는지라. 드디어 재인에게 주사 그 아들에게 먹이게 하시니, 흉복통이 곧 나으니라.

48절 하루는 신원일의 집에 이르사 원일에게 일러 가라사대 "네가 내종으로 죽게 되었으므로 살리러 왔노라." 원일이 놀라서 가로대 "아무 병이 없나이다." 가라사대 "그렇지 아니하니 국수를 사서 잘 말아 오라." 원일이 명하신 대로 하여 국수를 말아 오니, 한 그릇을 먹이신 뒤에 가라사대 "속이 어떠하냐?" 가로대 "별로 다른 일이 없나이다." 다시 한 그릇을 먹이시고, 또 물으시니, 가로대 "속이 쓰리나이다." 가라사대 "대변을 보고 살펴

보라,” 원일이 나가서 대변을 보니, 대변이 전부 고름이더라.

49절 이도삼의 딸이 병들어 죽거늘, 그 어미가 울며 가로대 “선생이 계시면 이 아이를 살리실 터인데, 지금 어디 계신 지 알 수 없으니, 이 일을 어찌하리오?” 하더니, 저물녘에 당신이 이르사 가라사대 “이 아이가 죽지 아니하였으니 울지 말라. 울면 살리지 못 하리라.” 하시고, 도삼을 명하사 달 속에 무엇이 있는가 보라 하시니, 도삼이 달을 우러러보고 대하여 가로대 “달 가운데 어린아이가 있나이다.” 가라사대 “너의 딸이 살았으니, 이름을 월례라 하라.” 하시더니, 그 딸이 과연 다시 살아나더라.

50절 대개 종도들 중에 무슨 병고가 있어 와서 아뢰는 자가 있으면, 그 증세의 어떠함을 물으신 뒤에는 아무 법을 베푸심이 없이 나으며, 만일 위경에 이른 사람이면 그 증세를 가늠하여 앓으시면 곧 나았나니, 가령 배를 앓는 사람이면 문득 배가 아프다고 한번 말씀하시고, 머리를 앓는 사람이면 머리가 아프다고 한번 말씀하실 따름이니라. 그러므로 하루는 형렬이 여쭈어 가로대 “병을 낫게 하여 주시며, 아이를 낫게 하여 주시고도 아무 말씀을 아니하시니, 그 공을 알아줄 사람이 없겠나이다.” 당신이 가라사대 “병만 낫고 아이만 나으면 가할지니,공을 알게 할 필요가 있으리오? 공덕을 남에게 알게 하려는 것은 소인의 일이라.” 하시더라.

제6장 천지공사

1절 임인년(1902) 4월에 당신이 김형렬의 집에 머무르사 명부공사를 행하시며 일러 가라사대 “명부공사의 심리를 따라서 세상의 모든 일이 결정되나니, 명부의 혼란으로 말미암아 세계도 또한 혼란하게 되느니라.” 하시고, 최수운과 전명숙과 김일부로 하여금 각기 명부를 주장케 한다 하시며, 날마다 글을 써서 불사르시더라.

2절 김형렬의 집이 가난하여 보리밥으로 당신께 공양하더니, 팔월 추석을 당하여 할 수 없이 솥을 팔아서 반찬을 장만하려 하는지라. 당신이 가라사대 "솥이 들썩이니 미륵불이 출세하리로다." 하시고, 형렬로 하여금 쇠꼬리 한 개를 구하여 불을 피우고 두어 번 둘러낸 뒤에 형렬을 명하사 해를 보라 하시니, 형렬이 우러러봄에 햇머리가 둘러있더라. 당신이 가라사대 "이제 천하대세가 큰 종기를 앓음과 같으니, 내가 그 종기를 파하였노라." 하시더라.

3절 계묘년(1903) 봄에 당신이 형렬과 모든 종도에게 일러 가라사대 "옛적에는 동서양의 교통이 없었으므로 신명도 또한 서로 넘나들지 못하였더니, 이제는 기차와 윤선으로 수출입되는 화물의 표호를 따라서 서로 통하여 다니므로 조선 신명을 서양으로 건너보내어 역사를 시키려 하니, 재주를 얻어서 길을 틔워야 할지라. 재주를 천거하라." 김병욱이 전주 부자 백남신을 천거하거늘, 당신이 남신에게 물어 가라사대 "가진 재산이 얼마나 되느냐?" 남신이 대하여 가로대 "삼십만 냥은 되나이다." 또 가라사대 "이십만 냥으로 그대의 생활을 넉넉히 하겠느냐?" 대하여 가로대 "그러하겠나이다." 또 가라사대 "이제 쓸 곳이 있으니, 돈 십만 냥을 들이겠느냐?" 남신이 한참 생각하다가 드디어 허락하거늘, 이에 열흘로 한정하여 증서를 받아서 병욱에게 맡기셨더니, 기한이 이름에 남신이 돈을 준비하여 각지로 열두 장을 올린대, 당신이 글을 써서 불사르시고, 또 병욱에게 맡기신 증서를 불사르신 뒤에, 각지 열두 장은 도로 돌려주시며 가라사대 "돈은 이미 요긴히 써서 일을 잘 보았으니 다행이라." 하시니, 남신은 현금으로 쓰지 아니하심을 미안히 여기고, 다시 여쭈어 가로대 "현물 시세를 보아서 무역하여 이를 냄이 어떠합니까?" 당신이 가라사대 "그것은 불가하니라." 하시고, 또 가라사대 "남신의 일이 용두사미와 같다." 하시더라.

4절 그 뒤에 당신이 여러 종도에게 일러 가라사대 "이 지방을 지키는 모든 신명을 서양으로 건너보내어 큰 난리를 일으키리니, 이 뒤로는 외인들이 주인 없는 빈집 들 듯하리라. 만일 모든 신명이 일을 마치고 돌아오면 제집 일은 제가 맡아서 하리라."

5절 곽종석이 출산함에 천하가 모두 촉망하거늘, 당신이 괴이히 여겨 가라사대 "무엇으로 하여 이리 인망을 끄느냐? 이것이 조명에 지나지 못하니, 그 기운을 누르리라." 하시고, 우물에 손을 넣어 저으사 댓가지 한 개를 건져내시니라.

6절 하루는 이도삼에게 일러 가라사대 "금년에 농사를 지으리니, 농비를 준비하여 오라." 도삼이 대하여 가로대 "내가 가진 돈이 없어 준비하기 어렵습니다." 가라사대 "네가 논 한 말 서되 지기가 있어 팔면 일백서른 냥이 되리니 그만하면 넉넉하리라." 도삼이 이에 논을 팔아 일백서른 냥을 장만하여 당신께 올리니, 당신이 종이에 한 일자를 길게 그어 놓고 그 획에 걸치어서 만물대선록이라 써서 불사르시고, 그 돈을 도삼에게 돌려주고, 주막에 가사 길을 가는 사람들을 불러 술을 받아주어 다 쓰시니라.

7절 이해 여름에 김병욱이 관찰사의 심부름으로 남원에 가서 오랫동안 체류하면서 세금을 감독하여 받더라. 이때에 조정에서는 러시아를 결탁하여 일본을 억제하고자 할 새, 일본에 망명한 박영효 일파를 친일파로 지목하여 그 당파를 크게 찾아 죽이니, 병욱이 또한 연루가 된지라. 10월에 서울로부터 다수한 순검들이 전주에 이르러 병욱을 찾다가 남원에 있는 줄 알고, 즉시 곧 남원으로 떠나더라. 이때에 당신이 남원에 이르사 병욱을 찾아서 그 받은 세금은 주인에게 맡기게 하고, 곧 병욱을 데리고 들 밖에 나가시니, 병욱은 그 까닭을 알지 못하더라. 십여 리를 가사 병욱의 선산 재실에 들어가사, 산지기를 명하여 남원에 가서 형편을 살펴오라 하시니, 산지기가 명하신 대로 곧 남원에 갔다 와서 다수한 경순검이 이르러 병욱을 찾는 경상을 아뢰니, 병욱이 비로소 크게 두려워하더라. 이튿날 가마를 준비하여 병욱을 태우고 전주로 돌아오사, 서원규의 약방으로 들어가시니, 원규가 병욱을 보고 크게 놀라 가로대 "그대가 어찌하여 죽을 땅을 벗어났으며, 또 어찌 이러한 위지로 들어왔느냐? 너무 급한 일이므로 통지할 겨를이 없어 그대의 집안에서는 어찌할 줄을 모르고 다만 울음으로 지낼 따름이니라.” 하거늘, 병욱이 그 자세한 경과를 들으니, 경순검이 전주를 떠나서 남원에 이를 때와 자기가 당신을 따라서 남원을 벗어날 때가 겨우 한두 시간쯤 틀리는지라. 병욱이 탄식하여 가로대 “선생은 진실로 천신이시라. 만일 선생의 구원이 아니었다면 어찌 죽을 땅을 벗어났으리오?” 하니라. 그때에 순검들이 남원에 이르러 병욱을 찾지 못하고 전주로 돌아와서 사방으로 크게 찾더라. 원규의 약방이 큰길거리에 있으므로 병욱이 그 조용하지 못함을 근심하거늘, 당신이 가라사대 “모든 것을 내게 믿고 근심을 풀어버리라. 내가 장차 네 일을 끌러주리라.” 하시더라. 병욱이 원규의 약방에 오랫동안 머무르되, 아는 사람의 출입이 없고 또 밤에는 당신이 꺼림 없이 병욱을 데리고 거리에 다니며 소풍하되, 한 번도 아는 사람의 눈에 띄지 아니하니라.

8절 당신이 병욱에게 일러 가라사대 “내가 네 일을 끄르기 위하여 일러전쟁을 붙여서 일본을 도와서 러시아 세력을 물리치리라.” 하시니, 종도들이 그 말씀을 믿지 아니하여 서로 이르되 “한 사람의 액을 끄르기 위하여 두 나라의 전쟁을 붙인다고 함도 망령일 뿐 아니라 약소한 일본을 도와서 천하에 막강한 러시아의 세력을 물리친다고 함도 더욱 허황한 말이라.” 하더니, 섣달에 일러전쟁이 일어나, 일본 군사가 승세를 타서 국경을 지나가니, 이에 국금이 해이해져서 박영효의 혐의가 드디어 끌리더라.

9절 그때에 당신이 병욱에게 물어 가라사대 “일본과 러시아가 국가의 허약함을 타서 서로 세력을 다투는데, 조정에는 당파가 나뉘어 혹은 일본과 친선하려 하며, 혹은 러시아를 결탁하려 하니, 너는 어떤 주의를 옳게 여기느냐?” 병욱이 대하여 가로대 “인종의 차별과 동서양의 구별로 하여 일본을 친선하고 러시아를 멀리함이 옳다고 생각하나이다.” 당신이 가라사대 “네 말이 옳으니라. 이제 만일 서양사람의 세력을 물리치지 아니하면, 동양은 영구히 서양사람에게 짓밟힌 바 되리라. 그러므로 서양사람의 세력을 물리치고 동양을 붙잡음이 옳으니, 일본사람이 천지에 큰 일꾼이 되느니라." 하시고, 이에 천지대신문을 열고 날마다 공사를 보사 사십구일을 한 도수로 하여 동남풍을 불리시더니, 미처 기한이 두어 날이 차지 못하였는데, 한 사람이 와서 병을 고쳐주시기를 애걸하는지라. 당신이 공사에 전심하사 그 사람의 애걸하는 말에 아무 대답이 없으시니, 그 사람이 드디어 한을 품고 돌아가더니, 그 뒤로 문득 동남풍이 그치거늘, 당신이 그제야 깨달으시고, 급히 사람을 그 병인에게 보내어 공사의 전심으로 인하여 미처 대답하지 못한 사실을 말하여, 써 안심하게 하시고, 곧 병을 고쳐주시며 가라사대 "한 사람이 원한을 품음에 능히 천지 기운을 막는다." 하시더라. 그때에 러시아가 해륙으로 연하여 패하더라.

10절 동학신도가 갑오의 겁난을 당한 뒤에 감히 나타나지 못하고 잠세력을 지켜 오다가 일러전쟁의 기회를 타서 일본에 결탁하여 일진회를 조직하니, 사방이 향응하여 그 세력이 날로 왕성함에 백성들은 갑오년의 난폭하던 행동을 기억하여 두려운 마음을 품은지라. 당신이 종도에게 일러 가라사대 "저희들이 이번 운동에는 각기 제힘을 들이게 할 것이오, 갑오년과 같이 백성에게 폐를 짓지 못하게 하리니, 내가 솔선하여 모범을 지어야 하리라." 하시고, 약간의 전답과 살림을 파셔서 전주부에 이르러 모든 걸인에게 나누어주시더니, 과연 일진회원이 마침내 각기 제 재산을 탕패하거늘, 당신이 가라사대 "저희들이 나를 본받으니, 살려줌이 옳으니라." 하시고, 갓을 벗고 삿갓을 쓰시며 옷은 안이 검고 밖이 희게 하사, 가라사대 "저 구름이 속은 검고 밖은 흼이 나를 본받음이라." 하시더라.

11절 병오년(1906) 2월에 당신이 여러 종도를 데리고 익산 배산 부근 만성리 정춘심의 집에 이르사, 중 옷 한 벌을 지어서 벽에 걸고 사명당을 외우시며 산하대운을 돌리실 새, 이레 동안을 방에 불을 때지 아니하시고, 춘심을 명하사 쇠머리 한 개를 삶아서 문 앞에 놓은 뒤에, 남조선 윤선 기운을 비춰 보리라 하시고, 정성백을 명하사 중 옷을 부엌에서 불사르시니, 문득 뇌성이 고동 소리와 같이 나며, 석탄 연기가 코를 찌르니, 온 집안 도량이 큰 풍랑에 흔들리는 뱃속과 같아서 온 집안에 있는 사람이 모두 혼도하여 혹 토하기도 하고, 혹 정신도 잃으니, 이때에 참석한 사람은 소진섭, 김덕유, 김광찬, 김형렬, 김갑칠, 정춘심, 정성백과 및 그 가족들이라. 김덕유는 문밖에서 꺼꾸러지고, 춘심의 가권들은 각기 그 침실이나 행기하던 곳에서 혼도하고, 김갑칠은 인사불성이 되어 숨을 통하지 못하거늘, 당신이 청수를 그 입에 흘러 넣으시며 부르시니, 곧 살아난지라. 차례로 청수를 혹 얼굴에도 뿌리며, 혹 먹이기도 하시니, 모두 정신을 회복하더라. 당신이 가라사대 "역사하려고 애들을 썼는데, 밥이나 제때에 먹여야 하리라." 하시고, 종이에 글을 써서 갑칠을 주어 부엌에 이르니, 성백의 부인이 부엌에서 혼도하였더라. 갑칠이 황급히 종이를 사르니, 그 부인이 곧 회생하여 밥을 지어 올리니, 당신이 밥을 많이 비벼 한 그릇에서 여러 사람이 같이 먹게 하시며, 가라사대 "이것이 곧 불사약이라." 하시더라. 모든 사람이 그 밥을 먹은 뒤에 정신이 맑고 기운이 완전히 회복되니라. 김덕유는 폐병으로 중기에 이르렀던 바 이로부터 완전히 나으니라. 당신이 가라사대 "이렇게 허약한 무리들이 일을 재촉하느냐? 육정육갑을 쓸어 들일 때에 살아날 사람이 적으리로다." 하시더라.

12절 그 뒤에 구릿골로 돌아오사 수일을 지내신 뒤에, 다시 큰 공사를 보시려고 서울로 떠나실 새, 전함은 순창으로 돌려대리니 형렬은 지방을 잘 지키라 하시고, 또 모든 사람을 명하사 각기 제 소원을 기록하여 오라 하사, 그 종이로 안경을 싸서 오신 뒤에 정남기, 정성백, 김갑칠, 김광찬, 김병선을 데리고 군산으로 가서 윤선을 타기로 하시고, 신원일과 그 외 네 사람은 한밭으로 가서 기차를 타라 하시며, 가라사대 "이는 수륙병진이라." 하시더라. 또 신원일에게 명하여 가라사대 "너는 먼저 서울에 들어가서 천자부해상이라 써서 남대문에 붙이라." 원일이 명을 받고, 일행을 거느리고, 한밭으로 떠나더라.

13절 당신이 군산으로 떠나가실 새, 병선으로 하여금 「영세화장건곤위대방일명간태궁」을 외우라 하시고, 군산에 이르사, 여러 종도에게 물어 가라사대 "바람을 걷고 감이 옳으냐, 놓고 감이 옳으냐?" 광찬이 대하여 가로대 "놓고 감이 옳습니다." 하거늘, 이에 모든 종도들로 하여금 오매 다섯 개씩 준비하라 하시고, 윤선을 타시니, 바람이 크게 일어나서 배가 심히 흔들려서 모든 사람이 멀미하거늘, 각기 오매를 입에 물어 안돈하게 하시고, 이날 밤에 갑칠을 명하사 각 사람의 소원을 기록한 종이로 싼 안경을 북방으로 향하여 바닷물에 던지라 하시니, 갑칠이 배 위에 올라가서 방향을 분별하지 못하여 머뭇거리거늘, 당신이 다시 불러들여 물어 가라사대 "왜 빨리 던지지 아니하느냐?" 갑칠이 대하여 가로대 "방향을 분별하지 못한 연고입니다." 가라사대 "번개가 치는 곳으로 던지라." 갑칠이 다시 배 위에 올라 살피니, 문득 번개가 치거늘, 이에 그 방향으로 던지더라. 이튿날 인천에 내리사 곧 기차를 바꾸어 타시고, 서울에 이르사 각기 담배를 끊으라 하시고, 광찬의 인도로 황교에 사는 그의 종제 영선의 집에 드시니, 신원일의 일행은 먼저 당도하였더라.

14절 원일은 이르는 즉시에 천자부해상이라는 글을 써서 남대문에 붙이니, 온 서울이 크게 소동하여 인심이 뒤끓으므로 조정에서는 엄중히 경계하더라. 서울서 여러 가지 공사를 보실 새, 통 안에 벽력표를 묻으시더라. 십여일 후에 모든 종도들은 다 돌려보내시고, 오직 광찬만 머무르게 하시다가, 수일 후에 다시 만경으로 보내시며, 통지가 있기까지 기다리라 하시더라.

15절 4월 그믐날 당신이 만경 김광찬의 처소에 이르시니, 이때에 최익현이 충청남도 홍주에서 의병을 일으킴에 마침 날이 가물어서 인심이 소동하여 서로 안도하지 못하고, 의병에 가입하는 자가 날로 더하여 군세가 크게 떨치거늘, 이에 수일 동안 만경에 머무르시면서 비를 많이 내리시니, 인심이 비로소 안돈되어 각기 농사터로 돌아가므로 의병의 형세가 크게 쇠하여지고, 최익현은 마침내 순창에서 잡히더라.

16절 당신이 최익현이 잡혔다는 말을 들으시고, 만경을 떠나 익산 만성리로 가시며 가라사대 “이번에 최익현의 동함으로 말미암아 다만 창생만 죽는 곳으로 몰아들일 것이니, 내가 어찌 차마 앉아 보리오?” 하시며, 최익현의 만장을 지어 종도들에게 주시니라.

17절 이 공사를 마치시기 전에 서울서 김갑칠을 돌려보내실 새, 명하여 가라사대 “구릿골에 가서 형렬과 성백으로 더불어 사십구일 동안을 날마다 종이 등 한 개씩 어울려 만들고, 또 각기 짚 세기 한 결레씩 삼아두라.” 하시므로, 갑칠이 돌아와서 명하신 대로 행하였더니, 그 뒤에 당신이 만경으로부터 구릿골에 이르사, 짚 세기는 원평 장에 팔게 하시고, 종이 등에는 각기 음양 두 글자를 쓰신 뒤에 다 불사르시고, 갑칠에게 은행 한 개를 구하여 오라 하시니, 갑칠이 사방으로 구하여도 얻지 못하다가 그의 종형수에게 한 개가 있음을 발견하여 가져 올리니, 당신이 종이 등 사른 재 속에 넣으신 뒤에, 다시 갑칠을 명하사 그 재를 모아서 앞내에 가서 한 줌씩 물에 띄워 내리며 하늘을 우러러보라 하시거늘, 갑칠이 명하신 대로 하여, 하늘을 우러러보니, 구름이 재가 물에 띄우는 대로 피어 흐르는 모양과 같이 무듸무듸 피어나더라. 은행은 갑칠이 간직해 두었더라.

18절 그 뒤에 글을 써서 형렬의 집 벽에 붙이시니 이러하니라.

시

천

주

조 경주용담보은신

화 법

정 연

영 지기금지원위대강

세 월

불 사

망 전주동곡해원신 일

만
사
지

19절 그 뒤에 군산에 가사 공사를 보시고, 글을 써서 불사르시니 이러하니라. 「지유군창지 사불천하허 왜만리청만리양구만리 피천지허차천지영」

20절 정미년(1907) 가을에 순창 농바우에 머무르시며 공사를 보실 새, 가라사대 "순창에 큰 기운이 묻혀 있으나 전 최 두 사람은 그 사람이 아니므로 도리어 해를 주었느니라." 하시고, 또 가라사대 "허미수가 중수한 성천 강선루 일만 이천 고물은 녹줄이 붙어 있고, 금강산 일만 이천 봉은 겁살이 끼어있으니 이제 그 겁기를 제하리라." 하시고, 김형렬을 명하사 김광찬 이도삼으로 더불어 구릿골에 가서 백지를 한 방촌씩 오려서 「모실 시」자를 써서 네 벽에 붙이되, 한 사람이 하루에 사백 자씩 써서 열흘에 마치라. 그리고 그동안에 아침저녁으로 청수 스물네 그릇씩 길어 놓고 밤이면 칠성경 스물한 번씩 읽으라 하시거늘, 형렬이 명하신 대로 행한 뒤에 갑칠을 농바우에 보내어 일을 다 마쳤음을 아뢰니, 당신이 염소 한 마리를 사 주시며, 가라사대 "나의 돌아가기를 기다리라." 하시더라. 그 뒤에 당신이 구릿골에 이르사 염소를 잡아서 그 피를 일만 이천 모실 시자 머리에 바르시고, 가라사대 "그 글자 모양이 아라사 병정과 같다." 하시고, 또 가라사대 "사기는 김제로 보내리라." 하시더니, 마침 김제 수각 임상옥이 이르거늘, 청수를 길던 사기를 개국에 씻어주시며 가라사대 "인부를 많이 부릴 때에 쓰라." 하시더라.

21절 순창 피노리에 계실 새, 황응종이 이르거늘, 당신이 가라사대 "고부 사람이 오니 바둑판을 가히 운동하리라." 하시고, 「영웅소일대중화 사해창생여낙자」라는 글을 외우시고, 농바우에 이르사 최수운과 전명숙의 원을 끄른다고 하시고, 사명기를 한 개씩 만들어서 높은 솔가지에 달아매시고, 방 한가운데 짚을 많이 묶어놓고 또 종이로 송낙을 많이 만들어 놓고,

그 아래 식해를 놓고 「걸군굿 초란이패 남사당 여사당 삼대치」라 써서 종도들로 하여금 읽히시고, 가라사대 "조선 형세가 오선위기 판과 같아 서로 패로 들쳐 따먹으려 하니, 이제 최수운을 보증으로 세워 일본으로 넘기리라." 하시고, 종도들에게 물어 가라사대 "최수운의 얼굴과 음성을 아는 자가 있느냐?" 모두 대하여 가로대 "알지 못하나이다." "글빨은 아는 자가 있느냐?" 가로대 "대략 압니다." 가라사대 "수운가사에 「가장이 엄숙하면 이런 빛이 왜 있으리?」와 「이내 수치 씻어주면 그 아니 성덕인가?」라는 구절이 있나니, 이제 고요히 그 성음을 들으라." 하시더니, 문득 공중으로부터 신어가 있어 그 두 구절을 노래하더라. 이에 설비한 모든 물품을 불사르시고, 이튿날 돈 서른 냥을 가지고 태인 행단에 이르사, 돼지 한 마리를 잡아서 오고 가는 사람에게 술과 돼지고기를 많이 베푸시고, 소리치며 가라사대 "이 일은 하늘도 뜻대로 못 하리니, 글자 수효대로만 가져가라." 하시더니, 그 뒤에 시천교인이 헌병에게 그릇 의병 혐의를 받아 그곳에서 스물한 사람이 총살되더라.

22절 선달에 고부 와룡리에 이르사 신경수의 집에 머무르시며 벽 위에 글을 써 붙이니 이러하니라.

두문동성수

八 八 신농패

유사표

九 九

백복신

만사신

다시 종도 이십여 인을 그 마을 문공신의 집에 모으시고, 「천지지주장 음양지발각 사물지수창」이라 쓰신 후, 또 끝으로 「인사각지」라 쓰시며, 종이 중앙에 흑선을 많이 그리고, 그 사이로 「정의」 두 자를 네 귀와 중앙에 벌여 쓰사, 문공신의 집 벽에 붙이시고, 또 「일월무사치만물 강산유도수백행」

이라는 글 한 귀를 외우시고, 당요의 역상 일월성신경수인시를 해석하사 가라사대 "천지가 일월이 아니면 빈 껍데기요, 일월은 아는 사람이 아니면 헛된 그림자라. 당요가 비로소 일월의 법을 알아서 때를 백성에게 알렸으니, 하늘 은혜와 땅의 이가 이로부터 틀림없이 인류에게 누릴 바 되었느니라." 하시고, 박공우에게 일러 가라사대 "후천 오만년 첫 공사를 행할 터이니, 네가 잘 생각하여 중요한 자를 들어서 말하라." 공우가 지식이 없어서 아뢸 바를 모른다고 하여 사양하다가 이윽고 여쭈어 가로대 "선천에는 청춘소부가 수절한다고 하여 공방을 지켜 적막히 늙어버리는 것이 불가하오니, 후천에는 이 폐단을 없애사 젊은 홀어미는 젊은 홀아비를, 늙은 홀어미는 늙은 홀아비를 각각 가려서 일가와 친구들 모두 청하여 공변된 예석을 벌이고, 예를 갖추어서 개가하게 하는 것이 좋을 줄 아나이다." 당신이 칭찬하여 가라사대 "네가 아니면 이 공사를 말할 이가 없겠기로 네게 맡겼더니 과연 잘 하였도다. 이제 결정한 이 공사가 오만년을 내려 가느니라."

23절 또 공신의 집 문에 문구멍을 뚫어놓고, 공우를 비롯하여 모든 종도들을 벌여 세우시고, 담뱃대를 들며 가라사대 "서로 번갈아서 물초리를 문구멍에 대고 입으로 「탕」 소리를 하며 돌라." 종도들이 명하신 대로 몇 번 함에 사방에서 천고성이 크게 나는지라. 이에 천지대신문을 열고 천자신과 장상신을 모아 백의군왕백의장상 도수를 보실 새, 김형렬, 김자현, 박공우, 문공신, 박장근, 이화춘 등 이십여 명의 종도에게 일러 가라사대 "너희는 문공신의 집에 있어서 비록 관헌이 올지라도 두려워하지 말고, 나의 처소를 물으면 속이지 말고 바른대로 가르치라. 만일 관재에 겁이 나거든, 각기 해산하여 큰일을 그르치지 말라. 일을 하는 자는 불구덩이에 들어가기도 하나니라." 모든 사람은 다만 이상히 여길 따름이더니, 마침 그 면장 양 모와 그 동리 이장이 공신의 집에 들어오거늘, 당신이 문득 가라사대 "내가 이제 천하를 도모하려 하노니, 너희들이 어찌 이런 공사장에 참여하느뇨?" 하시거늘, 면장과 이장이 그 말씀을 듣고 의병인 줄로 오해하여 관헌에 고발하더라.

24절 섣달 스무닷샛날 무장한 순검 수십 명이 돌연히 공신의 집을 에워싸고 모든 사람을 결박한 뒤에, 당신의 처소를 묻거늘, 모든 사람이 비로소 당신의 말씀을 깨닫고 신경수의 집에 계심을 바른대로 고하니, 순검들이 다시 달려가서 당신을 붙들어 합하여 스물한 사람을 고부 경무청으로 잡아가더라. 이 일이 나기 전에 김광찬과 박공우는 차경석의 집으로 보내고, 신원일은 신경원의 집으로 보내시니, 대개 박공우는 여러 번 관재를 당하였음을 아시고 그 화를 면하게 하심이요, 광찬과 원일은 성질이 너무 굳셈을 꺼려 참여하지 아니하게 하심이더라. 스무엿샛날 경관이 당신과 몇 종도들을 신문할 새, 당신께 먼저 묻되 "네가 의병이뇨?" 가라사대 "나는 의병이 아니라 곧 천하를 도모하는 사람이로다." 경관이 놀라서 가로대 "감히 그런 참담한 말을 하느뇨?" 당신이 가라사대 "사람마다 지혜가 부족하고 도략이 없으므로 천하사에 뜻을 두지 못하나니, 만일 거룩한 지혜와 큰 도략이 있으면 어찌 천하를 도외로 보리오" 경관이 당신을 구타하여 드디어 옥에 가두고 다른 사람도 낱낱이 신문하니, 대답이 한결같지 못하여 혹은 도를 배우기 위하여 따른다고 하며, 혹은 속임을 입어서 따른다고 하더라. 신문을 마친 뒤에 모두 옥에 가두니, 이때에 각처에서 의병이 일어나서 관군과 싸우며 혹 의병의 탈을 쓰고 촌락을 터는 화적도 횡행하므로 의병혐의로 잡힌 자는 흔히 시비를 묻지도 않고 총살하니 실로 공포시대더라.

25절 이 먼저 당신이 이 일에 쓰기 위하여 돈 얼마를 준비하여 갑칠에게 맡기사 경석에게 전하라 하셨더니, 갑칠은 이 일이 난 뒤에, 곧 정읍에 가서 그 돈을 경석에게 전하니, 경석이 고부로 와서 이불과 사식을 차입하더라. 간수 중에 형렬과 자현을 아는 사람이 있어서 그의 편의를 돕기 위하여 다른 조용한 옥방으로 옮기거늘, 형렬이 그 간수에게 청하여 당신까지 옮기시게 되니라. 당신이 다른 방으로 옮기신 뒤에 형렬과 자현에게 일러 가라사대 "삼인회석에 관장의 공사를 처결한다고 하니 우리 세 사람이면 무슨 일을 해결하지 못하리오?" 또 자현에게 가만히 일러 가라사대 "비록 십만 대중이 이러한 화액에 빠졌을지라도 조금도 상함이 없이 다 끌리게 하여 데리고 나가리니 안심하라." 하시더라. 그믐날 밤에 우레와 번개가 크게 일어나거늘, 당신이 가라사대 "이는 천자신이 넘어옴이라." 하시고, 또 가라사대 "천자신은 넘어왔으나 너희들이 혈심을 가지지 못하므로 장상신이 응하지 아니한다." 하시더라.

26절 이때에 눈이 크게 내리고 일기가 심히 차거늘, 당신이 가라사대 "이는 대공사를 처결함이라." 하시더라. 경관이 여러 사람을 조사하여도 아무 의병의 증거를 얻지 못하므로 당신의 말씀은 미친 말로 돌리더라. 정월 열흘날 옥문을 열고 여러 사람을 내어 보낸 뒤에 오직 당신만 남겨두었다가 그 뒤 경칩절에 또한 내어 보내니라.

27절 이때에 차경석과 안내성이 돈 일백이십 냥을 가지고 와서 새 옷을 지어 드리려 하거늘, 당신이 금지하시고, 그 돈을 여러 순검과 가난한 사람에게 나누어주시고, 사흘 동안 머무르신 뒤에, 와룡리 황응종의 집으로 가시니 차경석이 따르더라.

28절 갇히셨을 때 모든 종도들은 당신께서 천지를 개벽하사 선경을 열어 각기 부와 녹을 마련하여 주실 줄 믿었더니, 뜻밖에 이런 화액에 빠지게 되니, 이는 허무한 말로 우리를 속임이라 하여 모두 당신을 원망하고 문공신, 이화춘, 박장근 세 사람은 더욱 성내어 자주 욕설을 내며 경관에게 당신을 얽어 말하더니, 삼월에 당신이 대흥리 차경석의 집에 계실 새, 이화춘이 이르거늘, 당신이 일러 가라사대 "사람이 비록 화지에 들지라도 더욱 마음을 굳게 하여 본심을 지키고 의리를 존중히 할 것이거늘, 너는 어찌 그렇듯 소조가 무상하여 불의를 감행하느뇨? 이 뒤로는 깊이 회개하여 모든 일에 의리를 잘 지키며 나의 가르치는 바를 잘 따르라. 그렇지 아니하면 신명을 그르치리라." 또 일러 가라사대 "네가 이제 돌아가거든 방문을 굳이 닫고 출입을 폐하여 문구멍을 뚫어놓고 밥을 받아들여 먹고 대소변도 받아내어 이렇게 보름 동안을 지낼지어다. 만일 그렇지 아니하면 큰 화를 당하리니, 부디 명심하여 잊지 말라." 하사 여러 번 부탁하시거늘, 화춘이 명을 받고 물러가니, 당신이 다시 내성을 명하사 화춘을 불러들여 일러 가라사대 "네가 만일 나의 부탁을 믿지 아니할진대, 비록 죽는 땅을 당할지라도 나를 원망하지 말라." 화춘이 대답하고 물러가더라. 며칠 지난 뒤에 당신이 세수하시다가 문득 가라사대 "시체 냄새가 코를 찌른다." 하시더니, 이윽고 화춘의 집사람이 급히 와서 화춘이 밖에 나갔다가 의병에게 총살당하였다고 아뢰거늘, 당신이 탄식하여 가라사대 "귀신으로나 좋은 곳에 가게 하리라." 하시고, 글을 써서 불사르신 뒤에 심부름꾼에게 일러 가라사대 "시체는 단단히 묶지 말고 널에 넣어 널 덮개도 단단히 잠그지 말고 양지쪽에 외빈하여 풍우나 가리게 하라." 하시더라. 수일을 지낸 뒤에 당신이 또 탄식하여 가라사대 "박장근도 또한 죽으리라. 그 성질이 화하기 어려우니, 어찌할 수 없노라." 경석과 내성이 함께 여쭈어 가로대 "그 위인이 성질은 강포하나 여러 달 동안 닦아온 경력을 돌아보시어 그 죽음을 면하게 하여 주시옵소서." 가라사대 "귀한 것이 인망이라. 인망이 그러하니 한 도리를 생각하리라." 하시더니, 다시 가라사대 "그 액을 아주 없이 하기는 어려우나 생명은 보전하게 하리라." 하시더니, 그 뒤에 장근이 의병에게 맞아서 다리가 부러진지라. 당신이 들으시고 공신에게 일러 가라사대 "너도 또한 마음을 고치라. 그렇지 아니하면 어느 지경을 갈지 모르리라." 하시더라.

29절 2월 초이튿날 본댁으로부터 태인 신경원의 집에 이르사 그곳에서 한 달 동안 머무르실 새, 최창조에게 명하여 가라사대 "돼지 한 마리를 삶아서 계란으로 전야를 부쳐서 대그릇에 담아서 깨끗한 곳에 두고, 또 내 옷 한 벌을 지어두라. 장차 쓸데가 있노라." 창조가 명하신 대로 돼지고기 전야와 옷을 만들어두더라.

30절 3월에 구릿골에 이르사, 형렬에게 명하여 가라사대 "네가 태인에 가서 신경원과 최내경을 데리고 백암리 최창조의 집에 가서 일찍 만들어 둔 내 옷 한 벌을 세 사람이 한 가지씩 나누어 입고, 오늘 저녁 인적이 그칠 때를 기다려 그 집 정문 밖에 땅을 파고 그 앞에 청수 한 그릇과 화로를 놓고 깨끗한 그릇에 효주와 문어와 진복을 넣고, 그 위에 두부로 덮어 구덩이 속에 넣고, 다시 한 사람은 다시 받아 그 구덩이 속에 넣은 뒤에, 흙으로 덮으라 하여 자세히 일러 주고, 빨리 돌아오라." 형렬이 명을 받고 태인에 가서 일일이 지휘한 뒤에 빨리 돌아오니, 밤이 깊고 검은 구름이 하늘을 덮어서 소낙비가 쏟아지며 우레와 번개가 크게 일어나는지라. 당신이 물어 가라사대 "변산과 같은 큰 불덩이가 나타나 구르면 온 세계가 재가 될지라. 그러므로 이제 그 불을 묻었노라." 하시더라.

31절 4월에 백남신으로부터 돈 천 냥을 가져오셔서, 구릿골 김준상의 집에 방 한 칸을 수리하고 약방을 차릴 새, 장판은 고부 장판을 쓰시며, 가라사대 "고부에 선인포전이 있으므로 그 기운을 쓴다." 하시고, 또 목수 이경문을 불러 약장과 궤를 짜라 명하사, 그 장광 척촌과 짜는 방법을 낱낱이 가르치시고, 기한을 정하여 주시며 그 기한을 넘기지 말라 하셨더니, 목수가 그 기한 안에 마차지 못하거늘, 당신이 목수로 하여금 재목을 한곳에 모아 놓고 그 앞에 꿇어앉게 하신 뒤에, 그 기한 넘겼음을 꾸짖으시며 한 봉투 글을 목수에게 주어 불사르시니, 문득 번개가 번쩍이는지라. 목수가 몸을 떨며 땀을 흘리더라. 다시 명하사 속히 짜라고 하시니, 목수가 손 떨리는 증상이 나서 한 달이 넘은 뒤에 비로소 마치거늘, 당신이 목수에게 일러 가라사대 "약장에 번개가 들어야 하리니, 네가 몸을 정하게 씻고 의관을 정제하고 청수 한 그릇을 약장 앞에 놓은 뒤에 성심으로써 절하라." 목수가 명하신 대로 하니, 문득 맑은 하늘에 번개가 크게 발하더라. 약장과 궤를 약방에 들여놓은 뒤에 갑칠을 명하사, 날마다 이른 아침에 약방을 깨끗이 쓸게 하시며, 문을 닫고 사람의 출입을 금하시고, 스무하루를 지낸 뒤에 비로소 방을 쓰실 새, 통감과 서전 각 한 질과 철연자, 삭도 등 모든 약방

기구를 장만하여 두시니라.

32절 그 뒤에 전주 용머리고개에 이르사 박공우에게 일러 가라사대 "천지에서 약 기운이 평양으로 내렸으니, 네가 내일 평양에 가서 약재를 사 오라." 하시거늘, 공우가 대답하고 행장을 수습하여 다시 명이 있기를 기다리더니, 이날 밤에 글을 써서 불사르시며 가라사대 "평양서 약 기운이 전주로 왔다." 하시고, 김공신을 불러 약 삼백 냥어치를 사 오라 하시더라. 수일 후에 구릿골로 돌아오사 밤나무로 약패를 만들어 패면에 「광제국」이라 각하여 글자 획에 경면주사를 바르신 뒤에, 공우에게 명하여 가라사대 "이 약패를 원평길 사거리에 붙이라." 공우가 대답하고 원평으로 가려 하거늘, 당신이 물어 가라사대 "이 약패를 원평에 붙일 때에 경관이 물으면 어떻게 대답하려 하느냐?" 공우 대하여 가로대 "광제국을 설립하여 죽은 자를 다시 살리며, 눈먼 자를 보게 하며, 앉은뱅이를 걷게 하며, 그밖에 모든 병을 대소 물론하고 다 낫게 한다고 하겠나이다." 당신이 가라사대 "네 말이 옳으니, 그대로 하라." 하시고, 약패를 불사르시더라.

33절 약장은 아래에 큰 칸을 두고, 그 위로 빼닫이 세 칸이 가로 있고, 또 그 위로 내려 셋 가로 다섯 합하여 열다섯 빼닫이 칸이 있는데, 그 한가운데 칸에 「단주수명」이라 쓰시고, 그 속에 목단피를 넣고, 또 「열풍뇌우불미」라 쓰시고, 또 태을주를 쓰셨으며, 칠성경을 양지에 내려쓰신 뒤에 그 끝에 「우보상최등양명」이라 가로 써서 약장 위로부터 뒤로 내려 붙였으며, 궤 안에는 「팔문둔갑」이라 쓰시고, 그 글자를 눌러서 「설문」 두 자를 불지짐 하신 뒤에, 그 주위에 스물넉 점을 붉은 물로 돌려 찍으시니라. 전주로부터 약재를 가져올 때에 비가 오거늘, 가라사대 "이는 약탕수라." 하시더라.

34절 약재는 스물네 가지인데, 당귀, 천궁, 백작약, 숙지황, 목과, 오매, 원지, 석창포, 독활, 강활, 창출, 형개, 방풍, 길경, 전호, 백지, 진피, 고련근, 갈근, 복단, 감초, 지각, 양강, 시호 등이더라.

35절 약방 벽 위에 「사농공상 음양」과 또 그밖의 여러 글자를 많이 붙이시고, 백지로 배접한 뒤에, 자현을 명하사 뜻이 가는 대로 밥사발을 대고 배접한 곳을 오려 떼이니, 음자가 나타나거늘, 당신이 가라사대 "정히 옳도다. 음과 양을 말할 때에 음자를 먼저 읽나니, 이는 시천내니라." 하시고, 또 가라사대 "약장은 곧 안장농이며, 또 신주독이니라." 하시고, 또 가라사대 "이 종이를 뜯을 날이 속히 이르러야 하리라." 하시니라. 그 뒤에 대흥리에 가사, 고부인에게 이르시데 "약장은 곧 너의 농바리가 되리라." 하시니라.

36절 그 뒤에 약방에 갖추어둔 모든 물목을 기록하여 박공우와 김광찬에게 주시며 가라사대 "이 물목기를 금산사에 가지고 가서 그곳에 봉안한 석가불을 향하여 마음으로 다른 곳으로 옮긴다는 생각을 하면서 불사르라." 하시니, 두 사람이 금산사에 가서 명하신 대로 행하더라.

37절 당신이 가라사대 "중천신은 의탁할 곳이 없어서 황천신에게 붙어 물밥을 얻어 먹어왔나니, 그러므로 원한을 품었다가 나에게 하소연하므로 이로부터는 중천신에게 복록을 맡겨 사가 없이 고루 나누게 하려 하노라," 또 가라사대 "황천신은 사람으로 낳고 죽게 하기를 주장하고, 중천신은 한번 나서 늙지도 죽지도 않게 하려고 주장하나, 결정하지 아니하였노라."

38절 하루는 여러 날 글을 쓰신 양지를 크게 권축을 만드신 뒤에, 종도들을 명하사 방 안에서 문을 닫고 그 글축을 화로에 불사르되, 연기가 방 안에 차게 하여, 다 사른 뒤에 문을 열라. 일을 하려면 화지에도 들어가야 하나니라 하시니, 모든 사람이 명하신 대로 함에 연기가 방에 가득 차서 숨을 통하기 어려우므로, 윤근과 원일은 밖으로 나가고, 남은 사람은 다 타기를 기다리더라.

39절 하루는 황응종이 이르거늘, 당신이 가라사대 "황천신이 이르니 황건역사의 숫대를 불사르리라." 하시고, 갑칠을 명하사 짚 한 뭇을 물에 축여 잘라서 숫대를 만들어 화로에 불사르더라.

40절 하루는 백암이 최창조의 집에 계실 새, 창조를 명하사 포대를 지어서 벼 서 말과 짚 재를 섞어 넣은 뒤에, 황응종에게 일러 가라사대 "이 포대를 가지고 너의 집에 가서 항아리에 물을 붓고 그 속에 담궈 두고, 날마다 한 번씩 물을 둘러 저으며, 또 식해 일곱 사발을 빚어서 오라. 내가 사흘 후에 너의 집에 가리라." 응종이 명을 받고 돌아가서 그 포대를 물에 담가두고, 날마다 한 번씩 저으니, 물빛이 잿빛처럼 되고, 하늘빛도 또한 사흘 동안을 잿빛같이 되어 햇빛이 나지 아니하더라.

41절 사흘 후에 당신이 응종의 집에 이르러 가라사대 "이제 산하대운을 거두어들이리라." 하시고, 이날 밤에 백지로 고깔을 만들어 응종의 머리에 씌우고 포대에 넣었던 벼를 꺼내어 그 집 사방에 뿌리며, 백지 일백 스무 장과 양지 넉 장에 글을 써서 식해에 버무려서 밤중에 인적이 없을 때를 타서 시금 흙 속에 묻고, 고깔 쓴 대로 세수하라 하시니, 응종이 명하신 대로 함에 양미간에 콩알과 같은 큰 사마귀가 나서 손에 거치더라. 이튿날 아침에 벼를 뿌리던 곳을 두루 살피니, 하나도 남아있는 것이 없더라.

42절 그 뒤에 박공우에게 마음으로 속 육임을 정하라 하시거늘, 공우가 마음으로 육임을 생각하여 정할 새, 한 사람을 생각하니, 당신이 문득 불가하다 하시거늘, 다시 다른 사람으로 바꾸어 정하였더니, 이날 저녁에 공우가 마음으로 정한 여섯 사람을 부르사 하여금 밤중에 등불을 끄고 방 안에서 돌아다니면서 시천주를 읽게 하시니, 문득 한 사람이 꺼꾸러지거늘, 모든 사람이 놀라서 주문을 그치니, 당신이 가라사대 "놀라지 말고 주문을 계속하여 읽으라." 하시므로, 다시 계속하여 한 식경을 지낸 뒤에 주송을 그치고 불을 밝혀보니, 손병욱이 꺼꾸러져 죽었는지라. 당신이 가라사대 "이는 몸이 깨끗하지 못한 연고라." 하시고, 물을 머금어서 얼굴에 품으시니, 병욱이 겨우 정신을 돌리거늘, 불러 가라사대 "나를 부르라." 하시니, 병욱이 목 안 소리로 겨우 당신을 부르니, 기운이 곧 회복되는지라. 이에 일러 가라사대 "시천주에 큰 기운이 박혀 있도다." 하시고, 또 일러 가라사대 "너를 그대로 두었다면 밭두둑 사이에 엎드려져서 우마에게 밟힌 바가 되었으리라." 또 일러 가라사대 "이 뒤에 괴이한 병이 온 세계를 엄습하여 몸을 돌이킬 틈이 없이 이와 같이 사람을 죽일 때가 있으리니, 그 위급한 때에 나를 부르라." 하시니라. 속 육임을 정할 때에 불가하다고 말씀하시던 사람은 수일 후에 죽으니라.

43절 6월에 대흥리에 계실 새, 공우를 명하사 각처에 순회하여 여러 종도로 하여금 스무하루 동안을 잠자지 말고 새벽에 한 시간씩만 자라 하시더라. 경석이 여러 날 자지 못하므로 심히 피곤함을 이기지 못하더니, 밖에 나갔다가 돌아오는 길에 문 앞 모시밭 가에 이르러 혼도하거늘, 당신이 가라사대 "천자를 도모하는 자는 다 죽으리라." 하시더라.

44절 하루는 여러 종도에게 일러 가라사대 "이제 천하에 수기가 말랐으니, 수기를 돌려야 하리라." 하시고, 뒷산 피난동 안씨 재실에 가사 그 앞 우물을 댓가지로 한번 저으시고, 가라사대 "음양이 고르지 못하니, 재실에 가서 어떠한 연고인지 물어 오라." 안내성이 대답하고 재실에 들어가서 물으니, 재지기는 사흘 전에 죽었고, 그 아내만 있거늘, 돌아와서 사실을 아뢴대, 또 가라사대 "그 행랑에 가 보라. 딴 기운이 고이고 있도다." 내성이 행랑에 들어가 보니, 봇짐 장사 남녀 두 사람이 들어있거늘, 돌아와서 사실을 아뢴대, 당신이 이에 재실 대청에 오르사 모든 사람들로 하여금 서쪽 하늘을 바라보고 만수를 크게 부르게 하시며, 가라사대 "이 가운데 수운가사를 가진 자가 있으니, 가져오라." 하시니, 과연 한 사람이 가사를 내어 올리고 물러가거늘, 당신이 그 책 중간을 펴고 한 절을 읽으시니, 하였으되「시운 벌가벌가여, 기칙불원이라. 내 앞에 보는 것을 어길 바 없지마는 이는 도시 사람이오, 부재어근이라. 목전지사 쉽게 알고, 심량 없이 하다 가서, 말래지사 같잖으면 그 아니 내 한인가?」라 하니라. 처음에 가는 소리로 한번 읽으시니 맑은 날에 문득 뇌성이 일어나거늘, 다시 크게 읽으시니 뇌성이 대포 소리와 같이 일어나서 천지진동하며 또 지진이 일어나서 모든 사람이 정신을 잃고 엎드려지거늘, 당신이 내성을 명하사 각기 일으키시더라.

45절 하루는 당신이 태인 새올에서 백암리로 가실 새, 공우가 모셨더니, 문득 관운장의 얼굴로 변하사 돌아보시며 물어 가라사대 "내 얼굴이 관운장의 얼굴과 같으냐?" 하시니, 공우는 놀래어 어떻게 대답하는 것이 좋을지 몰라서 알지 못한다고 대답하였더니, 그와 같이 세 번을 물으시므로, 이에 대답하여 가로대 "관운장과 흡사하옵니다." 하니, 그 뒤로는 본 얼굴을 회복하시고 경학의 집에 이르러 공사를 행하시더라.

46절 하루는 구릿골에 계실 새, 경학에게 물어 가라사대 "십인 적이면 왕이 되겠느냐?" 경학이 가로대 "적의 뜻을 알지 못하나이다." 당신이 가라사대 "일 적이 열 사람이니라." 경학이 가로대 "십인 적으로는 왕이 되지 못하겠나이다." 또 가라사대 "백인 적이면 어떠하겠느냐?" 가로대 "그도 불가합니다." "천인 적이면 어떠하겠느냐?" "그도 불가합니다." "만인 적이면 어떠하겠느냐?" "그도 불가합니다." "십만인 적이면 어떠하겠느냐?" 경학이 이에 가로대 "십만인 적이면 가합니다." 당신이 이에 글을 써서 불사르시더라.

47절 이튿날 한공숙이 이르거늘, 당신이 친히 술을 부으사 공숙에게 주며, 가라사대 "내 일을 많이 하였으니, 술을 마시라." 공숙이 대하여 가로대 "선생의 일을 한 바가 없나이다." 가라사대 "한 일이 있느니라." 공숙이 덩둘하여 술을 받아 마시고, 이윽히 앉았다가 여쭈어 가로대 "지난 밤 꿈에는 한 일이 있나이다." 당신이 가라사대 "꿈에 한 일도 또한 일이니라." 여러 사람이 공숙에게 그 꿈을 물으니, 공숙이 가로대 "꿈에 선생께서 내 집에 이르사 천하의 호구를 성책하여 오라 하시기로 대답하고 오방신장을 불러서 성책하여 올림에 선생께서 받아들이신 것을 보았노라." 하더라.

48절 하루는 공우에게 「천지대팔문 일월대어명 금수대도술 인간대적선 시호시호 귀신세계」라 써 주시며, 신경수의 집 벽에 붙이라 하사 가라사대 "경수의 집에 수명소를 정하노니, 너희들은 모든 사람을 대할 때에 그 장점만 취하여 좋은 뜻을 가질 것이오, 혹 단점이 보일지라도 잘 용서하여 미워하는 마음을 두지 말라." 하시더라. 이때에 공우는 신경수의 집에 함께 시는 고로, 공우를 시키심이더라. 또 형렬에게 일러 가라사대 "법이란 것은 서울로부터 비롯하여 만방에 펴서 내리는 것이므로 서울 경자 이름을 가진 사람의 기운을 써야 할지라. 그러므로 경수의 집에 수명소를 정하노라." 하시고, 이 뒤로 인하여 김경학의 집에 대학교를 정하시고, 신경원의 집에 복록소를 정하셨으며, 차경석의 집에 포정소를 정하심도 이 뜻을 취하심이러라.

49절 하루는 구릿골에 계실 새, 형렬에게 일러 가라사대 "내가 이제 화둔을 묻었으니, 너의 집에 불을 조심하라. 만일 너의 집에서 불이 나면, 화신이 세력을 얻어 온 세계에 큰 재앙을 끼치리라." 형렬이 놀라서 집안사람들을 단속하여 종일토록 불을 조심하더라.

50절 하루는 공사를 보실 새, 글을 써서 불사르시니 이러하니라. 「천하자기신은 고부 운회요, 천하음양신은 전주 운회요, 천하통정신은 정읍 운회요, 천하상하신은 태인 운회요, 천하시비신은 순창 운회라.」 또 회문산은 산군, 변산은 해왕의 도수를 붙여 그 기령을 쓰시니라.

51절 하루는 구릿골에서 밤중에 글을 쓰시며, 김보경에게 명하여 가라사대 "동쪽 하늘에 별이 나타났는가 보라." 보경이 밖에 나가서 우러러보고 대하여 가로대 "검은 구름이 하늘을 가리워서 별이 보이지 아니하나이다." 당신이 문을 열고 동쪽 하늘을 향하여 입으로 한 번 부시니, 구름이 흩어지고 별이 나타나더라.

52절 9월에 당신이 양지 일곱 조각에 각기 「병자기이발 장사병쇠왕관대욕생양태포」를 써서 봉하여, 형렬을 주며 가라사대 "전주에 가서 아무아무 일곱 사람에게 나누어주고 돌아오라." 여러 종도들이 그 뜻을 물은대, 당신이 가라사대 "말하여도 모를 것이오, 성편한 뒤에는 스스로 알게 되리라."

형렬이 명을 받고 전주에 이르러 김낙범, 김병욱, 김광찬, 김준찬, 김윤근 다섯 사람에게 나누어주고, 그밖에 두 사람은 만나지 못하여 전하지 못하고 돌아왔더니, 당신이 기다려서 전하지 아니하였음을 꾸짖으시더라.

53절 10월에 김낙범을 명하사 백미 스무 말을 약방에 들여두었더니, 형렬이 양식이 떨어져서 갑칠로 하여금 그 쌀에서 반말을 갈라내었더니, 당신이 아시고 꾸짖으시더라.

54절 이달에 고부 와룡리에 이르사, 종도에게 일러 가라사대 "이제 혼란한 세상을 바루려면 황극신을 옮겨와야 하리니, 황극신은 청국 광서제에게 응기되어 있다 하시고, 또 가라사대 "황극신이 이 땅으로 옮겨오게 될 인연은 송우암이 만동묘를 세움으로부터 시작되었느니라 하시고, 여러 종도를 명하사 밤마다 시천주를 읽게 하시고, 친히 곡조를 먹이사, 며칠을 지난 뒤에, 가라사대 "이 소리가 운상하는 소리와 같다." 하시고, 또 가라사대 "운상하는 소리를 어로라 하나니, 어로는 곧 임금의 길이라. 이제 황극신의 길을 틔웠노라." 하시고, 문득 상씨름 넘어간다고 이르시더니, 그때에 광서제가 죽으니라.

55절 하루는 종도에게 일러 가라사대 "만국제왕의 기운을 이곳에 옮겨오리라." 하시고, 문득 구름과 같은 이상한 기운이 제왕의 장엄한 거동의 모형을 이루어 허공에 벌여 있다가 이윽고 사라지니라.

56절 하루는 공사를 보실 새, 「배은망덕만사신」이라 써 불사르시며, 가라사대 "배은망덕하는 자는 만 번이나 죽으리라." 하시더라.

57절 동짓달 스무여드렛날 당신이 정읍 대흥리 차경석의 집에 이르사, 포정소를 정하시고, 공사를 행하시니, 대개 아래와 같으니라.

58절 하루는 양지에 스물네 방위 자를 돌려쓰시고, 중앙에 「혈식천추도덕군자」라 쓰신 뒤에 가라사대 "천지가 간방으로부터 시작되었다 하나, 그것은 그릇된 말이오, 스물네 방위에서 한꺼번에 이룬 것이니라." 하시고, 또 가라사대 "이 일은 남조선 배질이라. 혈식천추도덕군자의 신명이 배질을

하고, 전명숙이 도사공이 되었느니라. 이제 그 신명들에게 어떻게 하여 만인에게 앙모를 받으며, 천추에 혈식을 그침 없이 받아오게 된 까닭을 물은즉, 모두 일심에 있다고 대답하니, 그러므로 일심을 가진 자가 아니면 이 배를 타지 못하리라." 하시고, 모든 법을 행하신 뒤에 불사르시더라.

59절 이때에 황극수를 돌리시며 종도들에게 소원을 물으실 새, 경석에게 물으니, 경석은 열지를 원하거늘, 당신이 가라사대 "너는 병부가 마땅하다." 하시니, 경석이 불쾌하게 생각하는지라. 당신이 가라사대 "곧은 신하가 아니면 병권을 맡기기 어려우므로 이제 특별히 네게 맡기노라." 하시더라.

60절 섣달 스무날 종도들에게 이십사절후를 읽히시고, 밤중에 경석의 집 앞 버드나무 밑에 벌여 세우시고, 북쪽을 향하여 휘파람을 한 번 부시니, 문득 방장산으로부터 구름 한 줄기가 일어나서 사방을 둘러 문턱을 이루거늘, 교훈하사 가라사대 "「곤이내짐제지 곤이외장군제지」라." 하시더라.

61절 하루는 공사를 보실 새, 글을 써서 불사르시니 이러하니라.

「체면장
유세무신십이월칠일
 도술 000 감소고우
  황공복지문안 기체후 만사불충불효무서신읍축
  어군어부어사
  기체후대안천만복망

62절 하루는 종도들에게 명하사 과거의 모든 명장을 써서 들이라 하시니, 경석이 여쭈어 가로대 "창업군주도 명장이 되겠나이까?" 가라사대 "그러하니라." 경석이 모든 창업군주와 명장을 낱낱이 기록하고 맨 끝에 전명숙을 써서 올린대, 당신이 가라사대 "왜 전명숙은 끝에 써느냐?" 경석이 대하여 가로대 "왼편으로부터 보시면 전명숙이 첫머리가 되나이다." 당신이 가라사대 "네 말이 옳다." 하시고, 여러 종도에게 일러 가라사대 "전명숙은 진실로 만고명장이라. 백의한사로 일어나서 능히 천하를 움직였느니라.” 하시더라.

63절 이때에 경석에게 일러 가라사대 “전날에는 네가 나의 말을 좇았거니와 오늘 공사에는 내가 네 말을 좇아 결정하리니, 모든 일을 묻는 대로 잘 생각하여 대답하라.” 하시고, 물어 가라사대 “서양사람이 발명한 모든 문명이기를 그대로 두어야 옳으냐, 걷어버려야 옳으냐?” 경석이 대하여 가로대 “그대로 두는 것이 사람의 생계에 이로울 듯하나이다.” 당신이 가라사대 “네 말이 옳으니, 저들의 기계가 하늘로부터 내려온 것이니라.” 하시고, 또 여러 가지를 물으신 뒤에 공사로써 결정하시더라.

64절 또 안내성으로 하여금 방망이를 치게 하시며, 이제 병독에 걸린 세계 인류를 건지려면 일등방문이라야 감당할 것이요, 이등방문으로는 불가하리라고 이르게 하시더라. 이 뒤에 당신이 고부인으로 하여금 춤추게 하시고, 친히 장고를 치시고 가라사대 “이것이 천지굿이라.” 하시고, 또 가라사대 “네가 일등 무당이니, 이 당 저 당 다 버리고 무당의 집에서 빌어야 살리라.” 하시고, 인하여 무당도수를 붙이시더라.

65절 하루는 공사를 보실 새, 글을 써서 불사르시니 이러하니라.

「무내팔자지기금지원위대강
욕속부달시천주조화정영세불망만사지
구년홍쉬칠년대한천추만세세진
불선유
일원수육십삼합위길흉도수
십이월이십육일재생신
오주
천문지리풍운조화팔문둔갑육정육갑지혜용력
도통천지보은」

66절 하루는 종이 서른 장 되는 양지책에 전 열다섯 장에는 면마다 「의약복서 종수지문 일양시생」이라 쓰시고, 뒤 열다섯 장에는 면마다 「작지부지성의웅약 일음시생」이라 쓰신 뒤에, 경면주사 가루와 보시기 한 개를 놓고, 광찬에게 일러 가라사대 "이 일은 살길과 죽을 길을 결정하는 것이니, 잘 생각하여 말하라." 광찬이 여쭈어 가로대 "선영신을 부인하거나 박대하는 자는 살 기운을 받기 어려울 것이로소이다." 당신이 한참 생각하시다가 가라사대 "네 말이 옳다." 하시고, 보시기를 종이로 싸서 주사 가루를 묻혀가지고, 책장 면마다 찍어 돌리시며, 가라사대 "이것이 마패니라." 하시더라.

67절 하루는 글을 써서 경석을 주사, 이 뒤에 음양에 제한이 없게 하여 달라고 심고하라 하신 뒤에 불사르시더라. 이 뒤에 또 글을 써서 불사르시니 이러하니라. 「인생세간하자미오, 왈의왈식이오, 의식연후에왈색야라. 고로 지어의식색지도하야는 각수천지지기야니 혹세무민자와 기인취물자도 역수천지지기야니라.」

68절 하루는 공사를 보실 새, 글을 써서 불사르시니 이러하니라.

「성사

의통　　경주용담

무극신대도덕　　봉천명봉신교대선생전여율령심행선지후각원형리정포교오십년공부」

69절 하루는 있는 기운 그대로 풀어버릴 수밖에 없다고 하시고, 상량공사를 보실 새, 경석에게 백목을 가져오라고 하사, 공사를 보시다가 백목이 부족하다 하시고, 경석으로 하여금 백목을 더 사 오라 하사, 이어서 공사를 마치시더라.

70절 기유년(1909) 정월 초 이튿날 현무경을 쓰사, 흰 병에 물을 담은 뒤에 양지에 글을 써서 권축을 지어 병입을 막아놓고, 그 앞에 백지를 깔고 백지 위에 현무경을 놓아 두시더라. 당신이 화천하신 뒤에 병마개를 빼서 펴보니 「길화개길실 흉화개흉실」이라는 글과 병세문이 쓰여 있었는데, 병세문은 이러하니라.

「병유대세
병유소세
대병무약 소병혹유약 연 대병지약 안심안신 대병용약 사물탕팔십첩
시천주조화정영세불망만사지
지기금지원위대강
대병출어무도
소병출어무도
득기유도즉 대병 물약자효 소병 물약자효
지기금지사월래
의통
망기군자무도
망기부자무도
망기사지무도
세무충세무효세무열 시고 천하개병
유천하지병자 용천하지약 궐병내유
성부
성자 원형리정봉천지도술약국재전주동곡 생사판단
성신
삼계복마대제신위원진천존관성제군
지천하지세자 유천하지생기
암천하지세자 유천하지사기
동유대성인왈동학
서유대성인왈서학 도시 교민화민
공자 노지대사구
맹자 선세제양지군
근일일본국문신무신 병무도통

조선국상계신중계신하계신 무의무탁 불가불문자 계어인
궁상각치우 성인내작 선천하지직 선천하지업 직자의야 업자통야」

71절 이날 모든 일을 마치시고 사흗날 고사를 지내려 하실 새, 차문경이 술에 취하여 역모한다는 소리를 크게 외치니, 이 말이 천원 병참에 들리어 군대가 출동하려 하는지라. 당신이 아시고 고부인과 경석에게 일러 가라사대 "너희는 집을 지키고 나를 대신하여 내일 자정에 문틈을 봉하고 모든 제사 반찬을 화로에 구우며, 술병은 마개만 빼고 지성으로 심고하라. 이것이 곧 고사니라." 하시고 떠나시더라. 사흗날 새벽에 고부인과 경석이 명하신 대로 행한 뒤에 날이 밝으니, 무장한 군대 수십 명이 몰려와서 당신을 찾다가 얻지 못하고 돌아가더라.

72절 이날에 당신이 백암리 김경학의 집으로 가시니, 경석이 공우와 윤경을 보내어 무사히 된 경과를 아뢰니, 당신이 가라사대 "내가 공사를 본 뒤에 경석을 시험함이더니, 무사히 겪어내니 다행하다." 하시더라.

73절 하루는 당신이 모든 종도에게 물어 가라사대 "일 년 중에 가장 속하게 자라나는 물건이 무엇이냐?" 모두 대라고 대답하거늘, 당신이 가라사대 "대의 기운이 만물 중에 제일 크니, 그 기운을 덜어 쓰리라." 하시더니, 그해에 대가 크게 망하더라.

74절 백암리로부터 구릿골 약방에 이르러 계실 새, 모든 종도들을 벌여 앉히시고 「삼국시절이 수지지어사마소」를 큰 소리로 읽히시더라.

75절 하루는 공사를 보실 새, 글을 써서 불사르시니 이러하니라.

「천지귀신축문
소원인도 원군불군 원부불부 원사불사 유군무신 기군하립 유부무자 기부하립 유사무학 기사하립
대대세세천지귀신 수찰」

76절 또 글을 불사르시니 이러하니라. 「천상무지천 지하무지지 인중무지인 지인하처귀」

77절 하루는 등을 처마에 달고 공사를 보실 새, 문득 가라사대 "오랜만에 어렵게 빠져나온다." 하시고, 글 한 수를 읊으시니 이러하니라. 「면분수구심생신 지원급사속망망 허면허소거래산 불토심정견여의 세월여유금극중 왕겁망재십년호 부지이지지부지 엄상한설대홍로」

78절 하루는 윤경이 이르거늘, 당신이 일러 가라사대 "천지에서 현무가 쌀을 부르니, 네 형의 기운을 써야 할지라. 돌아가서 네 형에게 혀와 입술을 움직이지 말고 시천주를 읽되, 기거동작할 때라도 잠시라도 쉬지 말라고 지휘하라." 하시더라.

79절 하룻밤에는 약방에 계시사 삼십육만 신을 쓰시고, 또 관운장주를 쓰사, 모든 사람으로 하여금 칠백 번씩 암송하라 하시며, 가라사대 "국가에나 사가에나 화둔을 묻었는데, 날마다 바람이 불다가 그치고 학담으로 넘어가니, 사람이 많이 죽을까 하여 그리하노라." 하시더라.

80절 하루는 용머리고개에 계실 새, 광찬으로 하여금 방약합편에 있는 약 이름에 붉은 먹으로 점을 쳐서 불사르시더라.

81절 하루는 구릿골에서 공사를 보실 새, 글을 써서 불사르시니 이러하니라.
「一三五七九
二四六八十
　　성기국 총묘천지신 기지천지신 운 영대사해박 득체 득화 득명」

82절 하루는 공사를 보실 새, 글을 써서 불사르시니 이러하니라.
「도전어야천개어자 철환천하허령
교봉어신지벽어축 불신간아족지각
덕포어세인기어인 복중팔십년신명」

83절 하루는 모든 종도에게 일러 가라사대 "이제 청국공사를 볼 터인데, 너무 멀어서 가기가 어려우므로 청주 만동묘에 가서 천지신문을 열고자 하나, 또한 가기가 불편하니, 다만 음동을 취하여 청도원에 그 기운을 붙여서 일을 보려 하노라." 하시고, 형렬과 공우를 데리고 청도원으로 가실

새, 청도원 고개에 이르사 성황묘 마루에 쉬어 누우시며 좀 지체하여 가자 하시고, 잠깐 조시다가 다시 일어나시며 가라사대 "아라사 군사가 내 군사라." 하시고, 김송환의 집에 이르사 글을 써서 불사르시고, 그날 밤에 유찬명의 집에서 머무시면서 천시내신문을 열고 공시를 보실 새, 무수한 글을 써서 불사르시더라.

84절 하루는 당신이 약방 마루에 앉으시고 유찬명을 마루 밑에 앉히사 순창 오선위기와 장성 옥녀직금과 무안 호승예불과 태인 군신봉조를 쓰이시고, 또 청주 만동묘를 쓰이사 불사르시더라. 이때에 찬명이 좀 방심하였더니, 당신이 가라사대 "신명이 먹줄을 잡고 있는데, 네가 어찌 방심하느냐?" 하시더라.

85절 하루는 찬명으로 하여금 주지에 이십팔 숫자를 왼편으로부터 가로 쓰이신 뒤에 펴서 자로 재게 하시니 한 자가 차거늘 이에 불사르시더라.

86절 하루는 양지책에 무수히 글을 써서 한 장씩 오려 떼이사 다시 종도들을 명하여 마음대로 무수히 찢으라 하신 뒤에, 한 조각씩 헤어서 불사르시니, 도합 삼백여든석 장이라. 한 조각이 모자란다고 하시고 두루 찾으니, 사람 그린 한 조각이 요 밑에 있거늘, 당신이 가라사대 "이것이 곧 황극수라. 당요 때에 나타났던 수가 이제 다시 나타난다." 하시더라.

87절 하루는 용머리고개에 계실 새, 마당에 촛불을 밝히시고 「천유일월 지명지 유초목지위 천도재명고 인행어일월 지도재위고 인생어초목」이라는 글을 써서 불사르시니, 하늘에 구름이 가득 차고 바람이 급히 불며 비가 내리되 촛불은 꺼지지 아니한지라. 당신이 유찬명을 명하사 서북쪽 하늘에 별이 나타났는가 보라 하시니, 찬명이 우러러 살핌에 다만 구름 사이에 별 한 개가 보이거늘, 그대로 아뢰니, 다시 동남쪽 하늘을 보라 하시거늘, 또 우러러보니 구름이 많이 흩어지고 별이 많이 보이는지라. 그대로 아뢰니 당신이 가라사대 "서북은 살아날 사람이 적고, 동남은 살아날 사람이 많으리라." 하시더라.

88절 하루는 종도에게 일러 가라사대 "오늘은 청국 만리창신명이 이르리니, 접대하여야 하리라." 하시고, 술을 사서 마시시더라.

89절 하루는 청국 기우제를 지내리라 하시고, 돼지 한 마리를 잡아서 찜하여 효주를 마시시고, 종도들에게도 나누어 먹이시더라.

90절 하루는 약방에 종도 여덟 사람을 벌여 앉히시고 사물탕 한 첩을 지어 그 폭지에 사람을 그리사 두 손으로 합하여 우드시고 시천주 세 번을 읽으신 뒤에 여덟 사람에게 차례로 돌려서 그와 같이 시키시고 「남조선배가 범피중류로다.」 라고 노래하시며, 가라사대 "상륙하였으니 풍파는 없으리라." 하시더라.

91절 하루는 종도들에게 일러 가라사대 "최익현은 나라 운수를 돌려 잡으려 하다가 실패하였고, 박영효는 평민의 권리를 신장하려 하다가 실패하였나니, 두 사람의 고충은 일반이라. 이제 아울러 두 사람의 원을 풀어주리라." 하시고, 「천세천세천천세 만세만세만만세 일월최익현 천포천포천천포 만포만포만만포 창생박영효」 라 써서 불사르시더라.

92절 하루는 이도삼에게 일러 가라사대 "사람을 해롭게 하는 물건을 낱낱이 헤아려라." 하시니, 도삼이 범과 사자와 이리로부터 모기와 이와 벼룩 빈대에 이르기까지 자세히 헤아려 아뢴대, 당신이 가라사대 "후천에는 사람을 해롭게 하는 물건은 다 없애리라." 하시더라.

93절 하루는 종도에게 일러 가라사대 "내가 천지공사를 받아봄으로부터는 연사를 맡아서 모든 아표신을 하늘 위로 올려보냈으니, 이 뒤로는 굶어 죽는 폐단이 없으리라."

94절 당신이 매양 수십 일씩 굶으사 가라사대 "이는 뒷날 박복한 중생에게 식록을 붙여줌이로라." 하시고, 또 여름에 핫옷을 입으시며 겨울에 홑옷을 입으신 때가 많으사, 가라사대 "이는 뒷날 빈궁에 빠진 중생으로 하여금 옷을 얻게 하려 함이로라." 하시더라.

95절 당신이 천지공사를 마치신 뒤에 「포교오십년공부종필」 이라 써서 불사르시고, 모든 종도에게 일러 가라사대 "옛사람이 쉰 살에 마흔아홉 살 동안의 그름을 깨달았다 하였나니, 이제 그 도수를 썼노라. 내가 천지의 운로를 뜯어고쳐 물이 샐 틈 없이 도수를 굳게 짜놓았으니, 제 도수에 돌아 닿는 대로 새 기틀이 열리리라. 너희들은 오직 마음을 한결같이 하여 나락 하지 말고 나아가라. 이제 9년 동안 보아온 개벽공사의 확증을 천지에 질정하리니, 너희들도 참관하여 믿음을 굳게 하라. 오직 천지는 말이 없으니 뇌성과 지진으로 표증하리라." 하시고, 글을 써서 불사르시더라. 문득 천둥과 지진이 아울러 크게 발하더라.

제7장 교범

1절 당신이 김경학의 집에 대학교를 정하시고 가라사대 "학교는 이 학교가 크리라. 이제는 해원시대라. 천한 사람에게부터 교를 전하리니, 무당 여섯 명을 불러오라." 경학이 명을 받고 무당을 불러오니, 당신이 명하사 관건을 벗기고 각 사람의 앞에 청수를 놓이고, 그 청수를 향하여 네 번씩 절을 시키신 뒤에, 시천주 세 번을 읽으시며, 각 사람으로 하여금 따라 읽게 하시고, 성명을 물으신 뒤에, 청수를 마시라 하사, 가라사대 "이것이 곧 복록이니라." 하시더라.

2절 구릿골에 계실 새, 종도 아홉 사람을 벌여 앉히시고, 일러 가라사대 "이제 교운을 전하리라." 하시며, 갑칠을 명하사 푸른 대 한 개를 뜻대로 잘라 오라 하사, 그 마디 수를 헤이니, 모두 열 마디이거늘, 또 명하사 그 한마디를 끊으시며 가라사대 "이 한마디는 두목이라. 왕래와 순회를 마음대로 할 것이오, 남은 아홉 마디는 교 받는 자의 수효와 맞도다. 하늘에 별이 몇 개나 나타났는가 보라." 갑칠이 밖에 나가서 우러러보니, 검은 구름이 하늘에 덮였는데, 다만 하늘 복판이 열려서 별 아홉 개가 나타났거늘, 그대로 아뢴대, 당신이 가라사대 "이는 교 받는 자의 수효를 응함이니라." 하시고, 또 가라사대 "교운의 개시가 초장봉기지세를 이루리라." 하시더라.

3절 정미년(1907) 겨울에 고부 와룡리에서 모든 종도에게 오주를 가르치시며, 가라사대 "이 글은 천지의 진액이니라." 하시니 이러하니라.

시천지가가장세일월일월만사지

시천지조화정영세불망만사지

복록성경신수명성경신지기금지원위대강

명덕관음팔음팔양지기금지원위대강

삼계해마대제신위원진천존관 성제군

4절 대흥리 차경석의 집에 계실 새, 양지 온 장에 사람을 그려서 벽에 붙이고 제사 절차와 같이 설위한 뒤에, 모든 종도를 명하사 그곳을 향하여 절하고 마음으로 소원을 고하라 하시며, 당신이 사람 그린 앞에 서시더니, 식을 마침에 물어 가라사대 "누구에게 심고하였느냐?" 대하여 가로대 "선생께 소원을 고하였나이다." 당신이 웃어 가라사대 "내가 산 제사를 받았도다." 하시더라.

5절 기유년(1909) 봄에 당신이 운장주를 써 주시며, 가라사대 "이 글이 대차력주라." 하시니, 이러하니라.

천하영웅관운장 의막처 근청천지팔위제장 육정육갑육병육을소솔제장 일별병영사귀 엄엄급급여율령사파아

6절 하루는 당신이 종도들을 돌려 앉히시고, 오주를 써서 한 사람에게 주어 읽히시고, 만 명에게 전하라 하사, 다짐받으신 뒤에 그 사람으로 하여금 다시 그와 같이 다른 사람에게 전하여 연차로 돌려서 서로 전하여 주게 하시더라.

7절 하루는 종도들에게 물어 가라사대 "최수운의 시천주는 포교 오십 년 공부가 들어있고, 김경은(충청남도 비인 사람)은 오십 년 공부로 태을주를 얻었나니, 같은 오십 년 공부에 어느 주문을 취함이 옳으냐?" 광찬이 대하여 가로대 "선생의 처분대로 하시옵소서." 당신이 가라사대 "시천주는 이미 행세가 되었으니, 태을주를 쓰라." 하시고, 읽어주시니 이러하니라.

훔치훔치태을천상원군훔리치야도래훔리함리사파아

8절 당신이 유찬명과 김자현에게 일러 가라사대 "각기 십만 명에게 포교하라." 하시니, 찬명은 대답하고, 자현은 대답하지 아니하거늘, 재촉하사 대답받으신 뒤에, 일러 가라사대 "평천하는 내가 하리니, 치천하는 너희들이 하라. 치천하 오십 년 공부니라."

9절 이때에 태인 숯구지 근처에 태을주가 크게 전파된다고 하거늘, 당신이 가라사대 "이는 문공신의 소위라. 시기가 아직 이르니 그 기운을 거두리라." 하시고, 약방 벽에 「기동북이고수 리서남이교통」이라 쓰시고, 문밖에 반석 위에 물형을 그리고 점을 치신 뒤에, 종이에 태을주와 김경은을 써서 붙이시고 일어나서 절하여 가라사대 "내가 김경은에게 받았노라." 하시고, 칼 한 개와 붓 한 개와 부채 한 개와 먹 한 개를 반석 위에 벌여 놓으시고, 모든 종도들로 하여금 뜻이 가는 대로 들라 하시니, 유찬명은 칼을 들고, 김형렬은 부채를 들고, 김자현은 먹을 들고, 한공숙은 붓을 드는지라. 이에 사람을 약방 네 구석에 갈라 앉히시고, 당신은 한가운데에 서시어 「이칠륙 구오일 사삼팔」을 한번 외우신 뒤에 종도 세 사람으로 하여금 종이를 지화와 같이 끊어서 벼룻집 속에 채워 넣은 뒤에, 한 사람으로 하여금 한 조각을 집어내어 등우를 부르고, 다른 한 사람에게 전하며, 그 종잇조각을 받은 사람도 또 등우를 부르고, 다른 한 사람에게 전하며, 다른 한 사람도 그와 같이 받은 뒤에 청국지면이라 읽고, 다시 전과 같이하여 마성을 부른 뒤에 일본지면이라 읽고, 또 그와 같이하여 오한을 부른 뒤에 조선지면이라 읽어서 이십팔장과 이십사장을 다 마치기까지 종잇조각을 집으니, 그 조각 수효가 맞더라.

10절 매양 공사를 보실 새, 글이나 물형을 써서 불사르시므로 그 물형은 뜻을 알 수 없고, 다만 그 글이나 기록하려 하되, 당신이 금지하시며 가라사대 "문명은 뒷날에 나오느니라." 하시므로 문명의 기록은 없고, 다만 몇 절을 전하여 온 것은 그때에 종도들이 한번 보아서 기억된 것이더라.

11절 당신이 공사를 행하실 때나 어느 곳에 자리를 정하고 머무르실 때에는 반드시 종도에게 정심하라고 명하시고, 혹 방심하는 자가 있으면 마음을 보는 듯이 일깨워주시며, 혹 주무실 때를 타서 방심하는 자가 있을지라도 문득 보는 듯이 마음을 거두라고 명하시더라.

12절 또 처음 따르려는 자에게는 반드시 평생에 지은 허물을 낱낱이 생각하여 마음으로 사하여 주시기를 빌라 하시되, 만일 잊고 생각하지 못한 일이 있으면 낱낱이 일깨워 깨닫게 하시며, 또 반드시 그 몸을 위하여 척신과 모든 병고를 맑게 해 주시더라.

제8장 법언

1절 당신이 종도들에게 일러 가라사대 "선천에는 하늘만 위하고, 땅은 소중하게 아니 여겼나니, 이는 지덕이 큰 것을 모름이라. 이 뒤로는 하늘과 땅을 일체로 받듦이 옳으니라."

2절 김형렬에게 일러 가라사대 '남 잘되는 것을 부러워하지 말고, 남은 복이 많으니, 남은 복을 구하라. 호한과 신천이 오히려 죽지 아니하느니라."

3절 봄에 씨앗을 드리지 아니하면 가을에 거두어드리지 못할지라. 농가에서 추수한 뒤에 곡식종자를 간직해 두는 것은 오직 토지를 믿는 연고니, 이것이 곧 믿음의 길이니라."

4절 어떤 사람이 연사를 물은대, 가라사대 "칠산바다에 고기잡이도 먹을 사람 정하고 잡히나니, 농사도 또한 먹을 사람 정하고 될지라. 그러므로 굶어 죽지는 아니하리라."

5절 이때는 해원시대라. 사람도 이름 없는 사람이 기세를 얻고, 땅도 이름 없는 땅에 길운이 돌아오느니라.

6절 차경석이 모든 행동에 위엄을 내어 양반의 기습을 본뜨거늘, 당신이 싫어하여 가라사대 "대인 공부를 하는 자는 항상 공근하고 온화한 기운을 기를지니, 이 뒤로는 그런 기습을 빼어버리라. 망하는 기운이 따라 드느니라."

7절 보화라는 글자에 낭패라는 패자가 붙어있느니라.

8절 부귀한 자가 빈천을 즐기지 아니하고, 강한 자가 약함을 즐기지 아니하고, 지혜로운 자가 어리석음을 즐기지 아니하나니, 그러므로 빈천하고 병들고 어리석은 자가 내 사람이 되느니라.

9절 안내성에게 일러 가라사대 "네가 불의로써 남의 자제를 유인하지 말며, 남의 보배를 탐내지 말며, 남과 서로 싸우지 말며, 도한과 무당에게 천대하지 말라."

10절 종도들에게 일러 가라사대 "한고조는 소하의 덕으로 천하를 얻었나니, 너희들은 베풀 것이 없으니, 언덕을 잘 가지라. 남에게 말을 좋게 하면 덕이 되고, 그 여음이 밀려서 점점 큰 복이 되어 내 몸에 이르고, 남에게 말을 나쁘게 하면 해가 되고, 그 여앙이 밀려서 점점 큰 재앙이 되어 내 몸에 이르느니라."

11절 외식을 버리고 음덕을 힘쓰라. 덕은 음덕이 크니라.

12절 유찬명에게 일러 가라사대 "동도를 하는 자는 동으로 갈 길이 막히고, 서도를 하는 자는 서로 갈 길이 막히느니라."

13절 뱀도 인표를 맞아야 용이 되나니, 남에게 말을 좋게 하면 덕이 되느니라.

14절 인망을 얻어야 신망에 오르느니라.

15절 식불언이라 하였으니 남의 먹는 일을 말하지 말며, 침불언이라 하였으니 남의 누행을 드러내지 말라.

16절 나의 공부는 남 잘되게 하는 공부니, 남 잘되고 남은 것만 차지하여도 우리들의 일은 되느니라. 전명숙이 거사할 때에 상놈을 양반 만들어주려는 마음을 두었으므로 죽어서 잘되어 조선명부가 되었느니라.

17절 시속에 어린 학동에게 통감을 읽히나니, 이는 처음 공부를 시비로써 넣는 것이라. 어찌 마땅하리오?

18절 형렬에게 일러 가라사대 "망하는 세간살이는 아낌없이 버리고, 새

배포를 꾸미라. 만일 아껴서 놓지 않고 붙들면 몸까지 따라 망하느니라."

19절 시속에 화복이라 이르나니, 복보다 화가 앞섬을 이름이라. 화를 견디어 잘 받아야 복이 이어 이르느니라.

20절 선천에 안락한 자는 후천 복을 받지 못하나니, 고생을 복으로 알고 잘 받으라. 만일 당하는 고생을 막지 못하여 애통하는 자는 오는 복을 물리치는 것이니라.

21절 나는 해마로 위주하는 고로 나를 따르는 자는 모든 복마가 발동하나니, 복마의 발동을 잘 바다 이겨야 복이 이어 이르느니라.

22절 상말에 무척 잘 산다 이르나니, 척이 없어야 잘 산다 함이라. 남에게 원억을 짓지 말라. 척이 되어 갚느니라. 또 남을 미워하지 말라. 그의 신명이 먼저 알고 척이 되어 갚느니라.

23절 이웃 사람이 맛이 없는 음식을 주어 먹고 병들지라도 그 사색을 내지 말라. 그도 또한 척이 되느니라.

24절 사람이 만일 나를 치면 그의 손을 만져 위로할지니라.

25절 여러 종도에게 일러 가라사대 "허물이 있거든 다 생각하여 풀어버리라. 만일 하나라도 남아있으면 신명을 그르치느니라."

26절 차경석이 전의 허물을 생각하여 걱정하니, 당신이 가라사대 "일찍 모든 허물을 생각하여 내 앞에 낱낱이 끄르라 하였나니, 어찌 남겨두었느냐? 이 뒤로는 다시 생각하지 말라."

27절 이제 모든 선영신이 발동하여 그 착한 자손을 척신의 손에서 빼내어 새 운수의 길로 들이려고 분주히 서두느니라.

28절 대군을 거느리고 적진을 쳐 파함이 영화롭고 장쾌하다 할지라도, 인명을 잔멸하는 일이므로 악척이 되어 앞을 막느니라.

29절 혹이 남의 일을 비방하거늘, 당신이 일깨워 가라사대 "다 각기 제 노릇을 하는데, 어찌 옳고 그름을 말하리오?"

30절 나는 생 장 염 장 네 가지를 쓰노니, 이것이 곧 무위이화니라.

31절 예로부터 생이지지를 말하나, 이는 그릇된 말이라. 천지의 조화로도 풍우를 지으려면 무한한 공부를 들이나니, 공부하지 않고 아는 법은 없느니라. 정북창 같은 재주로도 산에 든 지 사흘 만에 비로소 천하사를 알았다 하느니라.

32절 생각에서 생각이 나오느니라.

33절 신보가 인보만 같지 못하느니라.

34절 모든 일을 알기만 하고 취사를 못하면 모르는 것만 같지 못하나니, 될 일을 못되게 하고 못될 일을 되게 하여야 하느니라. 손빈의 재주는 방연으로 하여금 저물어 마릉에 이르게 함에 있고, 제갈량의 재주는 조조로 하여금 화룡도에서 만나게 함에 있느니라.

35절 글도 않고 일도 안 하는 자는 사농공상에서 벗어난 자니 용처가 없느니라.

36절 안으로는 불량하고 겉으로만 꾸며대면 누가 능히 분간하리오?

37절 시속에 길성소조를 찾으나 길성소조가 별도로 없고, 덕 닦고 남 잘 대접하는 데에 길성이 비치나니, 이것이 피난의 요도니라.

38절 안다는 자는 죽으리니, 아는 것도 모르는 체하여 어리석은 자와 같이 하라. 남이야 어떻게 알든지 실지만 있으면 좋으니라. 길가에 좋은 꽃을 심어두면, 아이도 꺾고 어른도 꺾느니라.

39절 가장 두려운 것은 박람박식이니라.

40절 말을 듣고 실행하지 아니하면 바위에 물 주기와 같으니라.

41절 마음은 성인의 바탕으로 닦고, 일은 영웅의 도략을 취하라.

42절 위징은 밤이면 상제를 섬기고, 낮이면 당 태종을 도왔다 하나, 나는 사람의 마음을 뺐다 질렀다 하노라.

43절 모든 일을 있는 말로 지으면 천지가 부수려 하여도 못 부술 것이요, 없는 말로 꾸미면 부서질 때에 여지가 없느니라.

44절 사람을 쓸 때에는 남녀노소의 구별이 없나니, 진평은 밤에 여자 이천인을 동문에 내었느니라.

45절 악을 악으로 갚으면, 피로 피 씻기와 같으니라.

46절 나를 모르는 자가 나를 헐뜯나니, 내가 헐뜯어서 갚으면 나는 더욱 어리석은 자가 되느니라.

47절 남의 비소를 비수로 알며, 남의 조소를 조수로 알라. 대장이 비수를 얻어야 적진을 헤치며, 용이 조수를 얻어야 천문에 오르느니라.

48절 세상에 순을 대효라 이르나, 그 아비 고수의 이름을 벗기지 못하였으니, 어찌 대효라 이르리오?

49절 나를 믿고 마음을 정직히 하면 하늘도 덜덜 떠느니라.

50절 일꾼이 된 자는 넘어오는 간을 잘 씹어 넘겨야 하느니라.

51절 이제 모든 일에 성공이 없는 것은 일심을 가진 자가 없는 연고라. 만일 일심만 가지면 못 되는 일이 없느니라. 그러므로 무슨 일을 대하든지 일심 못함을 한할 것이요, 못 된다는 생각은 품지 말라.

52절 천지간에 있는 말은 하나도 거짓말이 없느니라.

53절 최익현이 순창에서 잡히거늘, 당신이 가라사대 "일심의 힘이 크니라. 같은 탄환 속에 정시해는 죽었으되, 최익현을 살았으니, 이는 일심의 힘으로 인하여 탄환이 범하지 못함이라. 일심을 가진 자는 한 손가락을 튕겨 만 리 밖에 있는 군함을 깨트리느니라."

54절 인간의 복록을 내가 맡았으나 태워줄 곳이 적음을 한하노니, 이는 일심을 가진 자가 적은 까닭이라. 만일 일심 자리만 나타나면 남김없이 태워주리라.

55절 내가 비록 서촉에 있을지라도 일심을 하는 자에게는 찾으리라.

56절 천지간에 찬 것이 신이니, 풀잎 하나라도 신이 떠나면 마르고, 흙 바른 벽이라도 신이 떠나면 무너지며, 손톱 밑에 미세한 가시 하나 드는 것도 신이 들어서 되느니라.

57절 큰일이 도수에 맞지 아니하면 허사가 되나니, 나의 말은 늘지도 줄지도 않고 부절과 같이 합하리라.

58절 선천에는 모사는 사람에게 있고 성사는 하늘에 있다고 하였으나, 이제는 모사는 하늘에 있고 성사는 사람에게 있으리라.

59절 천하를 위하는 자가 집 일을 돌보지 아니하나니, 제갈량이 성공하지 못함은 뽕나무 팔백 주를 둔 연고니라.

60절 삶은 죽음에 있고, 죽음은 삶에 있나니, 나를 좇는 자는 먼저 망하고 들어서야 하느니라.

61절 경석이 논에 내리는 새를 굳이 쫓거늘, 당신이 가라사대 "한때 새의 배를 채움을 용납하지 못하니, 어찌 천하 사람의 배를 불리려 뜻하리오?"

62절 어떤 사람을 대하든지 마음으로 반겨서 잘 대우하면, 사람은 몰라도 신명은 알아 어디를 가든지 대접을 잘 받느니라. 밥 한 그릇만 먹어도 잊지 말고, 반 그릇만 먹어도 잊지 말라.

63절 한신이 한 고조의 먹던 밥을 밀어 먹이고, 입던 옷을 벗어 입힌 은혜를 감격하여, 괴철의 말을 듣지 아니하였나니, 한신이 한 고조를 저버림이 아니라 한 고조가 한신을 저버렸느니라.

64절 세상 사람이 전명숙의 힘을 많이 입었나니, 한 몫에 여든 냥의 중세를 서른 냥으로 내린 자는 전명숙이라. 언론으로라도 그의 이름을 해하지 말라.

65절 김병욱에게 일러 가라사대 "남은 어떻게 알든지 너는 전명숙의 이름을 해하지 말라. 너의 영귀에는 전명숙의 힘이 많으니라."

66절 천존과 지존보다 인존이 높으니, 이제는 인존시대니라.

67절 대인의 말은 구천에 사무치나니, 나의 말도 한마디가 땅에 떨어지지 아니하리라.

68절 나의 일은 남 죽을 때 살자는 일이오, 남 살 때에는 영화와 복록을 누리자는 일이니라.

69절 삼생의 인연이 있어야 나를 좇으리라.

70절 혹이 생식과 절식의 편의함을 말하니, 당신이 놀라서 가라사대 "천하사는 살고 죽는 두 길에 그치나니, 우리의 쉴 새 없이 서두는 일은 하루에 밥 세 때 벌이로 잘 먹고 살자는 일이라. 이제 먹지 않기를 꾀하는 자 무슨 영위가 있으리오?"

71절 남의 부녀를 범하는 것은 큰 죄가 되나니, 이는 그들의 정을 끊는 까닭이니라.

72절 수운의 가사에 세 기운이 박혔으니, 말은 소장의 구변이 있고, 앎은 강절의 지식이 있고, 글은 이두의 문장이 있나니, 대개 나의 비결이니라.

73절 수운가사에 「운수는 길어지고, 조갓은 잠시로다.」 하였나니, 도에 뜻하는 자의 거울이니라.

74절 종도들에게 일러 가라사대 "너희들이 이제는 이렇게 친숙하되 후일에는 눈을 바로 하지 못하리니, 마음을 바로 갖고 닦기를 잘하라. 수운가사에 「많고 많은 저 사람에, 어떤 사람 그러하고, 어떤 사람 저러한가?」와 같이 탄식줄이 나오리라."

75절 수운가사에 「난법난도하는 사람, 날 볼 낯이 무엇인가?」 하였나니, 부디 죄를 짓지 말라.

76절 수운가사에 「원처 근처 일이 있어, 가게 되면 리가 되고, 아니 가면 해가 되네. 네가 무슨 복력으로, 불로자득 시킬 테냐?」 하였나니 알아두라.

77절 대학에 「물유본말하고, 사유종시라.」 하며, 「기소후자에 박하고, 소박자에 후하리 미지유야라.」 하였나니, 도하는 자 알아둘지니라.

78절 수운가사에 「제 소위 추리한다고, 생각나니 그 뿐이라.」 하였나니 옳으니라.

79절 일꾼이 된 자 마땅히 씨름법을 본받을지니, 씨름판에 뜻하는 자는 판밖에 있어 술과 고기를 많이 먹고 기운을 길러 끝판을 꼰우고 있느니라.

80절 이 세상에 허다한 주의로 허다한 단체를 지은 것은, 가을이 되어 오곡을 걷어 묶는 것과 같으니라.

81절 상말에 맥 떨어지면 죽는다 하나니, 연맥을 잘 바루라.

82절 형렬이 여쭈어 가로대 "세상 사람이 당신을 광인으로 여기나이다." 당신이 가라사대 "전일에 거짓말로 행세할 때에는 진인이라 일컫더니, 이제 참말을 하는데 도리어 광인으로 아는도다."

83절 오장이 바루지 못한 자는 수숫대 꿰이듯 하여 죽고, 거짓말하는 자는 창자가 터져 죽으리라.

84절 사람마다 성의를 말하나, 무물이면 불성이니, 돈을 불러보아야 아느니라.

85절 돈이란 순환지리로 생겨 쓰는 것이요, 구해 쓰는 것은 아니니, 「백년탐물이 일조진이라.」 하였느니라.

86절 세상이 수명복록이라 일러 복록보다 수명을 중히 여기나, 복록이 적고 수명 긴 것보다 욕된 가가 없나니, 그러므로 나는 수명보다 복록을 중히 하노니, 녹이 떨어지면 죽느니라.

87절 재상분명이 대장부라 이르나니, 이 말이 지언이니라.

88절 대학에 「생재유대도하니 생지자중하고 식지자과하며 위지자질하고 용지자서면 이즉재항족의라.」 하였나이 이 말이 지언이니라.

89절 남의 비방과 혐의를 잘 받으면 천상에서 복 탈 것이 크리라.

90절 구천에 사무치는 「시 - 」 소리에 서양이 덜덜 떠느니라.

91절 남의 힘을 빌리는 자는 보은줄에 얽혀 할 일을 못하니, 일에 뜻한 자는 남의 의뢰를 받지 말라.

92절 이제 서양사람에게 재주를 배워 와 다시 그들을 겨루는 것은 어렵지는 아니하나, 제자로서 선생을 저버리는 것이 배은망덕줄에 범하므로, 판밖에서 남의 의뢰 없이 남이 모르는 법으로 일을 꾸미노라.

93절 내가 보는 일이 일국 일에 그칠진대 어려울 것이 없지만은, 천하사가 되므로 이렇게 더디노라.

94절 동양의 형세가 위급함이 알을 포개어 놓은 것과 같아서 내가 붙잡지

아니하면 영구히 서양으로 넘어가리라.

95절 마음을 청결히 가진 자는 복이 되나니, 남의 것을 탐내어 도적의 마음을 갖는 자는 잘 되지 못하느니라.

96절 양반을 찾는 것은 그의 선영을 이리저리 오려내는 것 같아서 망하는 기운이 이르나니, 그러므로 양반의 기운을 속히 떼고 천인에게 우대하여야 속히 해원이 되느니라.

97절 술수는 삼국시절에 나서 해원하지 못하고 이제야 비로소 해원이 되느니라.

98절 혹이 도술 가르쳐주기를 청하니, 가라사대 "이제 가르쳐주어도 들어가지 않고 밖으로 흘러서 바위에 물 주기와 같으리니 쓸 때 열어주리라."

99절 발 개이고 끄덕이는 기운은 다 같으니, 그런 행동 습관을 놓지 않으면 망하는 기운이 이르느니라.

100절 수운시에 「도기장존사불입」이라 하였나니, 나는 「진심견수복선래」라 하였노라.

101절 덕무이명하고 과중비식하라.

102절 심심황하수요 구중곤륜산하라.

103절 일하지 않고 품삯을 말하지 못하며, 하루 품에 이틀 삯을 받지 못하느니라.

104절 일꾼이 된 자는 강유가 상반하여 한편이라도 기울지 아니하여야 하나니, 천지의 대덕이라도 은위로써 이루느니라.

105절 내 밥을 먹는 자라야 내 일을 해 주느니라.

106절 수운가사에 「발동말고 수도하소. 때 있으면 다시 오리.」라 하였나니 알아두라.

107절 너희들은 항상 평화를 주장하라. 너희들끼리 서로 싸우면 밖에서는 난리가 나리라.

108절 수운가사에 「인물보고 가사보고, 무몰염치 추존말라.」 하였으며,

「선불처변명불수」라 하였으니 알아두라.

제9장 개벽과 선경

1절 당신이 가라사대 "이제 혼란하기 짝이 없는 말대의 천지를 뜯어고쳐 새 세상을 열고 비겁에 빠진 사람과 신명을 널리 건져 각기 안정을 누리게 하리니, 이것이 천지개벽이라. 옛일을 이음도 아니오, 전 사람의 전함도 아니오, 오직 내가 처음 짓는 일이라. 비유컨대 부모가 모은 재산이라도 항상 얻어쓰려면 쓸 때마다 얼굴빛을 쳐다보임과 같이, 쓰러져가는 집을 그대로 살려면 엎드려질 염려가 있음과 같이, 남 지은 것과 낡은 것을 그대로 쓰려면 불안과 위구가 따라 이르나니, 그러므로 새 배포를 꾸미는 것이 옳으니라.

2절 대범 판 안에 드는 법으로 일을 꾸미려면 세상에 들켜서 저해를 받나니, 그러므로 판밖에 남이 모르는 법으로 일을 꾸미는 것이 완전하니라.

3절 크고 적은 일을 물론하고 신도로써 다스리면 현묘불측한 공을 거두나니, 이것이 곧 무위이화라. 이제 신도를 골라잡아 모든 일을 도의에 맞추어서 무궁한 선경의 운수를 정하리니, 제 도수에 돌아 닿는 대로 새 기틀이 열리리라. 지난 임진 난리에 정난의 책임을 최풍헌(경남 고성인)이 맡았으면 사흘 일에 지나지 못하고, 진묵이 맡았으면 석 달이 넘지 않고, 송구봉이 맡았으면 여덟 달에 끌렀으리라 하나니, 이는 선도와 불도와 유도의 법술이 서로 다름을 인함이라. 옛적에는 판이 적고 일이 간단하여 한 가지만 오롯이 쓸지라도 능히 난국을 바로잡을 수 있었거니와 이제는 판이 넓고 일이 복잡하여 모든 일을 합하여 쓰지 않고는 능히 혼란을 끄르지 못하느니라.

4절 선천에는 상극의 이치가 인간 사물을 맡았으므로 모든 인사가 도의에 어그러져서 원한이 맺히고 쌓여 삼계에 넘침에 마침내 살기가 터져 나와 세상의 모든 참혹한 재앙이 생겼나니, 그러므로 이제 천지도수를 뜯어고치며 신명을 바로잡아 만고의 원을 끄르고 상생의 도로써 선경을 열고 조화정부를 세워 하염없는 다스림과 말 없는 가르침으로 백성을 화하며 세상을 고치리라. 무릇 머리를 들면 도리가 펴임과 같이 인륜 기록의 비롯이요 원의 역사의 처음인 당요의 아들 단주의 깊은 원을 끄르면 그 뒤로 수천년 동안 쌓여 내려온 모든 원이 마디와 고가 풀릴지라. 대저 당요가 단주를 불초하게 여겨 두 딸을 우순에게 보내고 드디어 천하를 전하니, 단주는 깊이 원을 품어 그 분울한 기운의 충동으로 마침내 우순이 창오에서 죽고 두 황비가 소상에 빠지는 참혹한 일을 이루었나니, 이로부터 원의 뿌리가 깊이 박혀 시대의 오름을 따라 더욱 발달하여 드디어 천지에 가득 차서 세상을 무너뜨림에 이르렀나니, 그러므로 단주 해원을 첫머리로 하고 모든 천하를 건지려는 큰 뜻을 품고 시세가 이롭지 못함으로써 구족을 멸하는 참혹한 화를 당하여 의탁할 곳이 없이 한을 머금고 천고에 떠도는 만고역신을 그 다음으로 하여 각기 원통과 억울을 끌러 혹은 행위를 바로 살펴 곡해를 바루며 혹은 의탁을 붙여 영원히 안정을 얻게 함이 곧 선경을 건설하는 첫걸음이니라.

5절 원래 역신은 곧 시대와 기회가 지은 바라. 그 회포를 이루지 못하여 원한이 하늘에 넘치거늘, 세상 사람들은 사리를 잘 알지 못하고 그들을 미워하여 비할 데 없는 악평으로써 항언에 모든 죄악의 머리로 일컬으니, 역신은 그것을 싫어하므로 만물 가운데 시비가 없는 별로 붙여 보내리라. 하늘도 명천과 노천의 시비가 있고, 땅도 걸고 박한 시비가 있고, 날도 가뭄과 장마의 시비가 있고, 때도 춥고 더운 시비가 있으되, 오직 별은 시비가 없느니라.

6절 대개 예로부터 각 지방을 나누어 차지한 모든 족속들의 분란투쟁은 지운이 서로 통일되지 못함을 인함이라. 그러므로 산하의 기령을 통일하게 함이 곧 인류 화평의 원동이 되느니라.

7절 전주 모악산은 순창 회문산과 서로 마주 서서 부모산이 되었으니, 부모는 한 집안 어른으로 모든 식구를 거느리는 것과 같이, 지운을 통일하려면 부모산으로써 비롯할지라. 이제 모악산으로 주장을 삼고, 회문산을 응기하여 산하의 기령을 통일할지니라.

8절 또 모든 족속들은 각기 그 생활 경험으로 인하여 유전된 특수한 사상으로 제각기 문화를 지어내어 그 마주치는 기회에 이르러는 마침내 큰 시비를 이루나니, 그러므로 각 족속의 모든 문화의 진액을 뽑아 통일하여 후천 문명의 밑자리를 정할지니라.

9절 선도와 불도와 유도와 서도는 세계 각 족속의 문화의 근원이 되었나니, 이제 최수운으로 선도의 종장을 정하고, 진묵으로 불도의 종장을 정하고, 주회암으로 유도의 종장을 정하고, 이마두로 서도의 종장을 정하여 각기 그 진액을 거두며, 모든 도통신과 문명신을 거느려 각 족속들 사이에 나타난 여러 갈래 문화의 정수를 뽑아 집중하게 하며, 또 수운시에 「산하대운이 진귀차도라.」 함과 궁을가에 「사명당이 갱생하니, 승평시대 불원이라.」 함과 같이 사명당을 응기하여 오선위기로 시비를 끄르며, 호승예불로 앉은 판을 하며, 군신봉조로 인금을 내며, 선녀직금으로 비단옷을 입히리니, 이로써 자리를 정하고 산하대운을 돌려 발음케 하리라.

10절 이제 하늘도 뜯어고치고 땅도 뜯어고쳐 물이 샐 틈 없이 도수를 짜놓았으니, 제 도수에 닿는 대로 기틀이 열리리라. 또 신명으로 하여금 사람의 배 속에 나들게 하여 그 체질과 성격을 고쳐 쓰리니, 이는 비록 말뚝이라도 기운을 붙이면 쓰임이 되는 연고라. 오직 어리석고 가난하고 천하고 약한 것을 편히 하여 마음과 입과 뜻으로부터 일어나는 모든 죄를 조심하고 남에게 척을 짓지 말라. 부하고 귀하고 지혜롭고 강권을 가진 자는 모든 척에 걸리어 콩나물 뽑히듯 하리니, 묵은 기운이 채워 있는 곳에 큰 운을 감당하기 어려운 까닭이라. 부자의 집 마루와 방과 곳집에는 살기와 재앙이 가득히 채워 있느니라.

11절 선천에는 위엄과 무기로써 보배를 삼아 복과 영화를 이 길에서 구하였나니, 이것이 상극의 유전이라. 아무리 좋은 것이라도 쓸 곳이 없으면 버린 바 되고, 비록 천한 것이라도 쓸 곳이 있으면 취한 바 되나니, 이제 서양에서 건너온 무기의 위력에는 짝이 틀려 겨루어 낼 것이 없으리니, 전쟁은 장차 끝을 막으리라. 그러므로 모든 무술과 병법을 멀리하고 비록 천한 것이라도 의통을 알아두라. 사람을 많이 살리면 보은줄이 찾아들어 영원한 복을 얻으리라.

12절 서양사람 이마두가 동양에 와서 천국을 건설하려고 여러 가지 계획을 내었으나 쉽게 천고에 내려 쌓인 폐단을 고치고 저의 이상을 실현하기 어려우므로 마침내 뜻을 이루지 못하고, 다만 하늘과 땅의 경계를 틔워 예로부터 각기 지경을 굳게 지켜 서로 넘나들지 못하던 신명으로 하여금 서로 거침없이 넘나들게 하고, 그 죽은 뒤에 동양의 문명신을 거느리고 서양으로 돌아가서 다시 천국을 건설하려 하였나니, 이로부터 지하신이 천상에 올라가 모든 기묘한 법을 본받아 내려 사람에게 알음귀를 열어주어 세상의 모든 학술과 정묘한 기계를 발명하게 하여 천국의 모형을 본떴나니, 이것이 현대의 문명이라. 그러나 이 문명은 다만 물질과 사리에 정통하였을 뿐이요, 도리어 인류의 교만과 잔포를 길러내어 그 천지를 흔들며 자연을 정복하려는 기세로써 모든 죄악을 꺼림 없이 범행하니, 신의 위엄이 떨어지고 삼계가 혼란하여 천도와 인사가 제 도수를 어기는지라. 이에 모든 신성과 불타와 보살이 모여 인류와 신계의 큰 겁액을 민망히 여겨 구천에 하소연하므로 내가 서양 대법국 천계탑에 내려와 삼계를 둘러보고 천하에 대순하다가 중 진표가 석가모니의 당래불 찬탄설게를 근거하여 당래의 소식을 깨달아 모악산 금산사에 금상을 세워 지성으로 빌어오던 곳에 그쳐, 삼십 년을 지내면서 최제우에게 천명과 신교를 내려 대도를 세우게 하였더니, 제우가 능히 유교의 테 밖에 벗어나 진법을 들쳐 내어 신도와 인문의 푯대를 지으며 대도의 참 빛을 열지 못하므로, 드디어 갑자로써 천명과 신교를 거두고 신미로써 스스로 세상에 내려왔노라.

13절 진묵이 봉곡에게 참혹히 죽은 뒤에 원을 품고 동양의 도통신을 거느리고 서양에 건너가서 문화계발에 역사하였나니, 이제 그를 해원하여 고국으로 돌려와서 선경건설에 역사하게 하리라.

14절 원래 인간에서 하고 싶은 일을 하지 못하면 분통이 터져서 큰 병을 이루나니, 그러므로 이제 모든 일을 풀어놓아 각각 사유행동에 맡겨 먼저 난법을 지은 뒤에 진법을 내리니, 오직 모든 일에 마음을 바르게 하라. 거짓은 모든 죄의 근본이오, 진실은 만복의 근원이라. 이제 신명으로 하여금 사람에게 임감하여 마음에 먹줄을 잡혀 사정을 감정하여 번갯불에 달리리니, 마음을 바루지 못하고 거짓을 행하는 자는 기운이 돌 때에 쓸개가 터지고 뼈마디가 튀어나오리라. 운수는 좋건마는 목을 넘기가 어려우리라.

15절 이때는 천지성공시대라. 서신이 명을 맡아서 만유를 지배하여 뭇 이치를 모아 크게 이루나니, 이른바 개벽이라. 만물이 가을바람에 혹 말라서 떨어지기도 하고, 혹 성숙하기도 함과 같이, 참된 자는 큰 열매를 얻어 그 수가 길게 창성할 것이오, 거짓된 자는 말라 떨어져 길이 멸망할지라. 그러므로 혹 신위를 떨쳐 의롭지 못한 자를 맑히며, 혹 인애를 베풀어 의로운 사람을 돕나니, 삶을 구하는 자와 복을 구하는 자는 힘쓸지어다.

16절 후천에는 천하가 한 집이 되어 위력과 무기와 형벌을 쓰지 아니하고 조화로써 중생을 다스려 화할지니, 벼슬아치는 직품 자리를 따라 화권이 열리므로 분의를 넘는 폐단이 없고, 백성은 원통과 한과 상극과 사나움과 탐심과 음탕과 노여움과 모든 번민이 그치므로 성음소모에 화기가 무르녹고 동정어묵이 도덕에 합하여 맛있는 음식과 좋은 옷이 요구를 따라서 빼닫이 칸에 나타나며, 모든 일은 자유욕구에 응하여 신명이 수종을 들며, 운거를 타고 공중에 날라 먼 데와 험한 데를 다니며, 하늘이 나직하여 오르내림을 뜻대로 하며, 지혜가 밝아서 과거 미래 현재 시방세계의 모든 일을 통달하며 수화풍 삼재가 없어지고 상서가 무르녹아 맑고 고운 낙원이 되느니라.

17절 치우가 작난하여 큰 안개를 지음으로 황제가 지남거로써 정란하였나니, 작란하는 자도 조화요, 정란하는 자도 조화라. 최수운은 동세를 맡았고, 나는 정세를 맡았나니, 전명숙의 동은 곧 천하의 난을 동하게 하였느니라.

18절 이제 일본사람이 조선에 와서 천고역신을 거느려 역사를 시키느니라. 이조 개국한 이후로 벼슬하는 자가 모두 정씨를 사모하였나니, 이는 곧 두 마음이라. 남의 신하로서 두 마음을 두면 곧 역신이니, 그러므로 모든 역신이 그들에게 이르되 너희들도 두 마음을 품었거니 어찌 역신을 그다지 학대하느냐 하니, 이로 인하여 저들이 일본사람을 대하면 죄를 지은 자와 같이 두려워서 몸을 떠느니라.

19절 신농씨가 농사짓는 법과 의술을 가르침으로부터 천하가 그 두터운 덕택을 받아왔으나 그 공덕을 우러러 갚지 않고, 강태공이 잔포한 도적을 제거하는 묘략을 전함으로부터 천하가 치안을 유지하여 왔으나 그 공덕을 우러러 갚지 아니하니, 어찌 도리에 마땅하리오? 이제 해원시대를 당하여 모든 신명이 신농과 태공의 은혜를 갚으리라.

20절 이제 일본이 백호 기운을 탔으나 만일 숙호충비하면 상해를 받을지라. 모든 일에 순종하고 그 지휘를 거스르지 말라. 이것이 곧 피난하는 길이니라. 청룡이 동하면 백호가 쉬느니라.

21절 용력술을 배우지 말라. 기차와 윤선으로 백만 근을 운전하리라. 축지술을 배우지 말라. 운거를 타고 바람을 멍에 하여 만 리 길을 잠깐동안에 이르리라.

22절 바둑도 한 수만 높으면 이기나니, 남이 모르는 공부를 하여 두라. 이제 비록 장량 제갈이 두름으로 날지라도 어느 틈에 끼인 줄 모르리라. 선천 개벽한 뒤로 수한도병의 겁재가 서로 번갈아서 그칠 새 없이 세상을 진탕하였으나 아직 병겁은 크게 없었나니, 이 뒤에는 병겁이 온 세상을 엄습하여 인류를 전멸하게 하되, 살아날 방법을 얻지 못하리니, 모든 기이한 일과 묘한 법을 다 버리고 의통을 알아두라. 내가 천지공사를 맡아봄으로부터

이 땅에 모든 큰 겁재를 물리쳤으나 오직 병겁은 그대로 두고 너희에게 의통을 전하여 주리니, 멀리 있는 귀중한 약품을 중히 여기지 말고, 순전한 마음으로 의통을 알아두라. 몸 돌이킬 겨를이 없이 홍수 밀리듯 하리라.

23절 나의 말은 곧 약이라. 말로써 사람의 마음을 편안하게도 하고, 말로써 병든 자를 일으키기도 하고, 말로써 죄에 걸린 자를 끄르기도 하나니, 이는 내 말이 곧 약인 까닭이라. 충언이 역이나 리어행이라 하니, 나의 말을 잘 믿을지어다.

24절 현하의 대세가 오선위기와 같아서 두 신선은 서로 판을 대하고, 두 신선은 각기 훈수하고, 한 신선은 주인이라 곁에서 구경만 하고 다만 손님 접대만 맡았나니, 그러므로 연사만 큰 흠이 없어서 접대하는 절차만 빠지지 아니하면, 주인의 책임은 다하나니, 만일 바둑이 마치고 판이 흩어지면 판과 바둑은 주인에게로 돌리느니라.

25절 이 세상에 조선과 같이 신명 대접을 잘한 곳이 없으므로 신명들이 그 은혜를 갚기 위하여 각기 꺼릴 것 없이 소원을 따라 공궤하게 되리니, 도인들은 아무 꺼림 없이 천하사만 생각하게 되리라.

26절 내가 출세할 때에 주루보각 삼십육만 칸을 지어 다 각기 닦은 대로 앉을 자리에 들여앉혀 옷과 밥을 신명들이 받들리니, 만일 못 앉을 자리에 앉은 자가 있으면 신명들이 그 목을 끌러 밖으로 내치느니라.

27절 후천에는 대진보의 정화로 도인의 집마다 등대 한 개씩 세우게 되면 그 동학이 크게 밝아 햇빛과 같이 되리니, 이제 전등은 그 표본에 불과하니라. 또 기차도 화통이 없이 몇만 리 길이라도 삽시간에 통행이 되며, 또 문고리도 황금으로 만들며, 옷걸이도 황금으로 만들며, 신도 금당혜를 신으리라.

28절 또 곡식종자를 한번 심어 베어들인 뒤로 해마다 그 뿌리에 움을 길러 거두어들이게 되는 것이 생기리니, 이제와 같이 심고 기르기에 큰 힘이 들지 않으리라. 또 아무리 박장이라도 옥토가 되게 하리니, 이는 땅을 석 자세 치를 태운 까닭이니라.

29절 현하의 대세가 가구판 노름과 같으니, 같은 수에 묻어 있는 중집이 먹느니라.

제10장 화천

1절 무신년(1908)에 당신이 고부인에게 일러 가라사대 "내가 없으면 여덟 가지 병으로 어떻게 고통하리오? 그중에 단독이 크리니, 이제 그 독기를 제거하리라." 하시고, 그 손등에 침을 바르시니라.

2절 또 일러 가라사대 "내가 없으면 그 크나큰 세 살림을 어떻게 홀로 맡아서 처리하리오?" 하시니, 고부인은 어느 외처에 출입하실 말씀으로 알았더라.

3절 동짓달에 김광찬이 개벽을 속히 붙이지 아니하심을 조급히 하여 모든 일에 불평을 내어 항상 좌석을 시끄럽게 하며 가로대 "내가 집안일을 돌보지 아니하고 여러 해 동안 선생을 따르기는 하루바삐 새 세상을 보자는 일이거늘, 이렇게 시일만 천연함에 집에 돌아가서 처자 권속을 대할 낯이 없으니, 차라리 스스로 생명을 끊음만 같지 못하다." 하거늘, 당신이 일깨워 가라사대 "개벽이란 것은 때와 기회가 있나니, 마음을 눅혀 어린 것을 버리라. 사지종용도 자아유지하고, 사지분란도 자아유지하나니, 자방의 종용과 공명의 정대를 본받으라." 하시며, 또 가라사대 "죽는 일은 장차 내게서 보라." 하시더라.

4절 기유년(1909) 2월에 김자현을 데리고 김제 내주평 정남기의 집에 가사 일러 가라사대 "이 길은 나의 마지막 길이니, 처족들을 낱낱이 찾으리라." 하시고, 등불을 들리시고 밤새도록 여러 집을 찾으신 뒤에, 이튿날 새벽에 수각리 임상옥의 집에 가사 공사를 보시고, 만경 삼거리에 이르사 쉬시며 가라사대 "오늘 오후에 흰 무지개가 해를 꿰리니, 내가 잊어버리더라도 네가 잘 살펴보라." 하시더니, 과연 오후에 백홍이 관일하더라.

5절 3월에 김자현에게 일러 가라사대 "학질로도 사람이 상하느냐?" 자현이 대하여 가로대 "학질이 세측차에는 거적을 가지고 달려든다고 하니, 이 말이 상한다는 말일 것이외다." 가라사대 "진실로 그러하리라." 하시고, 전주로 가셨너니, 그 뒤에 자현의 여든 살 된 조모가 문득 학질을 앓아서 세측되는 날 죽거늘, 당신이 돌아오사 가라사대 "학질로 상한다고 함이 옳도다." 하시고, 그 만들어 놓은 널 안에 누우시며 가라사대 "내 몸에 맞는다." 하시더니, 그 뒤에 자현을 불러 일러 가라사대 "널 한 벌을 만들어야 하겠으니, 박춘경의 집에서 파는 관재 중에서 잘 맞을 것으로 가려서 오라. 내가 장차 죽으리라." 자현이 가로대 "선생이시여, 어찌 이런 상서롭지 못한 말씀을 하시나이까?" 당신이 가라사대 "네가 내 말을 믿지 아니하도다." 하시더라.

6절 하루는 모든 종도에게 일러 가라사대 "나의 얼굴을 잘 익혀 두라. 후일에 내가 출세할 때에는 눈이 부시어 보기 어려우리라." 또 가라사대 "예로부터 신선이란 말은 전설로만 내려왔고, 본 사람은 없었으나, 오직 너희들은 신선을 보리라."

7절 또 가라사대 "사람의 죽음길이 먼 것이 아니라 문턱 밖이 곧 저승이니, 나는 죽고 살기를 뜻대로 하노라."

8절 하루는 모든 종도에게 일러 가라사대 "이 세상이 너무 악하여 몸 둘 곳이 없으므로 장차 깊이 숨으려 하노니, 어디가 합당하리오?" 신원일이 대하여 가로대 "변산 속에 은벽한 곳이 많으니, 그곳으로 가사이다." 당신이 대답하지 아니하시니라.

9절 또 가라사대 "내가 금산사로 들어가서 불양답이나 차지하리라."

10절 또 가라사대 "내가 금산사로 들어가리니, 나를 보고 싶으면 금산사로 오라."

11절 6월에 신원일이 여쭈어 가로대 "천하는 어느 때에 정하려 하시나이까?" 가라사대 "이제 천하사를 도모하려 떠나리니, 일을 다 본 뒤에 돌아오리라."

12절 황응종에게 일러 가라사대 "내가 없을 때 네가 나를 보지 못하여 애통하며 이곳에 내왕하는 거동이 내 눈에 선연하게 보이니, 내가 네 등 뒤에 있어도 너는 보지 못할 것이요, 내가 찾아야 서로 만나리라."

13절 모든 종도에게 일러 가라사대 "내가 이제 몸을 피하려 하노니, 너희들이 능히 찾겠느냐?" 모두 대하여 가로대 "찾겠나이다." 당신이 가라사대 "너희들은 나를 찾지 못할 것이요, 내가 너희들을 찾아야 만나보게 되리라."

14절 상말에 이제 보니 수원나그네라 하나니, 누구인지를 모르고 대하다가 다시 보니 낯이 익고 아는 사람이라는 말이니, 낯을 잘 익혀 두라.

15절 또 가라사대 "내가 장차 열 석 자의 몸으로 오리라."

16절 6월 초열흘에 모든 종도에게 6월 스무날 구릿골 약방으로 모이라고 통지를 발하시니라.

17절 스무날 모든 종도들이 구릿골에 모이니, 당신이 앞에 한 줄로 꿇려 앉히시고, 물어 가라사대 "너희들이 나를 믿느냐?" 모두 대하여 가로대 "믿나이다." 또 가라사대 "죽어도 믿겠느냐?" 모두 대하여 가로대 "죽어도 믿겠나이다." 또 가라사대 "한 사람만 있어도 나의 일은 성립되느니라." 하시니, 대개 종도들은 천하사를 하려는데 위지에 들어가서 죽게 될지라도 믿겠느냐는 뜻으로 알았더라.

18절 당신이 천지공사를 마치셨음을 종도들에게 성명하시니, 경학이 여쭈어 가로대 "공사를 마치셨으면 나서시기를 바라나이다." 당신이 가라사대 "사람 둘이 없으므로 나서지 못하노라." 경학이 가로대 "내가 비록 무능하오나 몸이 닳도록 두 사람의 일을 대행하려 하나이다." 가라사대 "그렇게 되지 못하느니라." 경학이 가로대 "그러면 우리는 모두 쓸데없는 사람이오니, 선생을 따른들 무슨 소용이 있으리까?" 하고, 모든 종도에게 일러 가로대 "우리는 다 복이 없는 사람이니, 한 가지로 손을 잡고 물러감이 옳다." 하고, 일어서서 문밖으로 나가니, 당신이 만류하여 가라사대 "좀 기다려라." 하시거늘, 경학이 거역하지 못하고 다시 들어오니, 당신이 드디어 누우사 여러 가지 병을 번갈아 앓으시며 가라사대 "내가 이러한 모든 병을 대속하여 세계 창생으로 하여금 영원한 강녕을 언게 하리라." 하시더라. 이렇게 모든 병을 두어 시간씩 번갈아 앓으시되, 매양 한 가지 증수를 앓으신 뒤에는 문득 일어나 앉으사 약을 알았다 하시고, 거울을 들어 얼굴을 이윽히 보시면 그 수척하고 열기가 떠올랐던 기상이 씻은 듯이 곧 원기를 회복하시니, 그 증수는 대략 운기, 상한, 황달, 내종, 호열자 등속이더라. 다시 가라사대 "세상에 있는 모든 병을 다 대속하였으나, 오직 괴병은 그대로 남겨두고 너희들에게 의통을 전하리라." 하시더라.

19절 이때에 당신이 돈 사십 원을 궤 속에 넣어두사 다른 곳에 쓰지 못하게 하시더라.

20절 이때에 갑칠에게 장령을 붙여 서양으로부터 우사를 넘겨오신 뒤에 (제3장 100절) 유찬명이 여쭈어 가로대 "이러한 묘한 법을 세상 사람이 다 알지 못하니, 원하옵건대 세상 사람으로 하여금 널리 알게 하소서." 당신이 가라사대 "너는 내가 길게 살기를 바라는도다." 하시고, 옛글을 외워주시니 이러하니라. 「치아곡문모하지 위도청산채채지 일락서산인불도 갱장하설담체아」 또 남원 양진사의 자만시를 외워주시니 이러하니

〈누락〉

27절 이날 밤에 박공우를 침실로 불러들여 일러 가라사대 "네 입술에 곤륜산을 달라. 무진년 동지에 기두하며 묻는 자가 있으리니, 인패 한 벌을 전하라. 좋고 나머지가 너희들의 차지가 되리라." 하시더라.

28절 스무나흗날 신축 아침에 형렬을 명하사 밀수 한 그릇을 가져오라 하사 마시시고, 사시에 모든 종도들은 문밖으로 물러가고 경석이 들어오거

늘, 흘겨보시며 가라사대 "정가 정가 글도 무식이고 똑똑하지도 못한 것이 무슨 정가냐?" 하시고, 곧 화천하시더라. 모든 종도들이 당신의 시체를 방안에 모시고, 문을 닫고 나와서 탄식하여 가로대 "허망한 일이로다. 대인의죽음이 어찌 이렇게 아무 이상이 없이 잠자는 것과 같으리오?"하니, 문득 비가 뿌리며 뇌성이 크게 일어나고 번개가 번쩍이더라.

29절 이날에 손바래기 본댁에 부고하여 당신의 부친을 모셔 오고, 궤 안에 간직해 둔 돈으로 치상하더라.

뒷말

대순 오십구년 기사년 삼월 기망에 대순전경이 13장으로 성편되어 언한문본으로 간행되었으나, 그 뒤로 착오가 더러 발견될 뿐 아니라 오히려 유루된 바가 많이 수집되었으므로 이에 다시 정리하여 제 10장 문명과 제 11장 인고문명과 제 13장 이표는 다른 장으로 분류 합편하고, 10장으로만 편찬하여 언문본으로 간행하노니, 비록 수사의 결함은 많을지언정 서술의 완성은 보증하는 바이로라. 이 언문본을 간행하면서 교우 고찬홍 백윤옥이 빈궁한 중에 경산출자한 열성을 깊이 감사하노니, 대순전경이 영원의 빛이 되는 동안 두 교우의 열성이 또한 영원의 공덕이 될 것을 믿는 바이로다.

대순 63년 7월 3일 편자

부록2

『대순전경』 2판 영인본

敎友田畯燁의本典經刊行에出資同情함을謝함

昭和八年八月一日 印刷
昭和八年八月十五日 發行

大巡典經

定價金七十錢

編輯兼發行人 京畿道高陽郡延禧面新村里山九 李祥昊

發行所 全北金堤郡水流面金山里龍華洞 東華敎會道場

印刷人 京城府水下町四番地 李根澤

印刷所 京城府水下町四番地 平和堂印刷會社

는 다른장으로분류합편하고 십장으로만편찬하야 언문본으로간행하노니 비록 수사의결합은만흘지언정 서술의완성은보증하는바이로라 이언문본을간행하면서 교우고찬홍백윤옥이 빈궁한중에 경산출자한열성을 깁히감사하노니 대순전경이영원의빗이되는동안 두교 외열성이 ᄯᅩ한 영원의공덕이 될것을밋는바이로다

대순육십삼년칠월삼일 편자 지

二七 이날밤에 박공우를 침실로불너들여 일너가라사대 네넉술이 곤륜산을달따 무진년동지에긔두하며 뭇는자가잇으리니 인패한벌을젼하라 좃 넘어지가 너히들외 차지가되리라하시니라

二八 스므나흔날신축아참에 형렬을명하사 밀수한그릇을가저오라하사 마스시고 사시에모든종도들은 문박으로물너 가고 경석이들어오거늘 흙여보시며가라사대 정 가정가균도무식이고 똑똑지도못한것이 무슨뎡가이냐하시고 곳 화현하시니라 모든종도물이 당신시체를 방안에모시고 문을닷고나와서 탄식하야가로대 허음 한일이로다 대인의죽엄이 엇디이러케아모이상이업시 잠자는것파갓흐리오하니 문듯 비가부리며 뢰성이크제일어나고 번개가번적이더라

二九 이날에 손바라기본댁에부고하야 당신부친을모셔오고 궤안에갈워둔돈으로 치상하니라

뒷 말

대순오십구년기사삼월기망에 대순전경이 십삼장으로선편되여 언한문본으로간행되엿으나 그뒤로 착오가더러발현될섇아니라 오히려 유루된바가만히수집되엿음으로 이에다시정리하야 제십장 문명파 제십일장인고문명파 제십삼장이표

二百一四
(누락)

二百一三

(누락)

문밧그로나가니 당신이 만류하야가라사대 좁기달어라하시거늘 경학이 거역지못하고 다시들어오니 당신이 드대여누오사 여러가지병을번갈어알으시며 가라사대 내가 이러한모든병을대속하야 세계창생으로하여금 영원한강녕을엇게하리라하시더라 이럿케 모든병을 두어시간씩 번갈아알으시되 매양한가지증수를알으신뒤에는 문듯일어안지사 약울알엇다하시고 거울울들어 얼골을이옥히보시면그척수하고 열기가쩌올낫는긔상이 씻은듯이 꿋원긔를회복하시니 그중수는 대략 윤긔 상한 황달 내종 호열자등속이러라다시가라사대 세상에잇는모든병올다대속하엿스나 오직 피병은 그대로남겨두고 너희들게 의통올전하리라하시니라

一九 이때에 당신이 돈사십원을 궤속에너두사 달은곳에쓰지못하게하시니라

二〇 이때에 갑칠에게장령올부처 서양으로부터 우사를넘겨오신뒤에 (데삼장一〇〇) 류찬명이엿주어 가로대 이러한묘한법올 세상사람이 다알지못하니 원컨대 세상사람으로하여금 널이알게하소서 당신이가라사대 너는 내가길게살기를바라는도다하시고 녯글을외워주시니 이러하니라「치아곡문모하지 위도청산채채지 일락서산인불도 갱장하설담제아」 또남원양진사의자만시를외워주시니 이러하니

낫이 익고아는사람이라는말이니 낫올잘익혀두라
一五 또가라사대 내가 장차열석자의몸오로오리라
一六 류월초열흘게 모든종도에게 류월스므날 구리끌약방으로모이라고 통지룰
발하시니라
一七 스므날 모든종도들이 구릿곱에모으니 당신이압헤한줄로쑬너안치시고 물
어가라사대 너희들이나룰밋나냐 모다대하야가로대 밋나이다 또가라사대 죽어
도밋겟나냐 모다대하야가로대 죽어도밋겟나이다 또가라사대 한사람만잇어도
나의일은성립되나니라하시니 대개 종도들은 뎐하사룰하려는대 위디에들어가서
죽게될지라도 믿겟나냐는뜻으로알엇더라
一八 당신이 뎐디공사룰맛치셧슴을 종도들에게성명하시니 경학이엿주어가로대
공사룰맛치셧스면 나서시기를바라나이다 당신이가라사대 사람들이업슴으로 나
서지못하노라 경학이가로대 내가비록무능하오나 몸이닳도록 두사람의일을 대
행하려하나이다 가라사대 그러케되지못하나니라 경학이가로대 그러면 우리는
모다쓸대업는사람이오니 선생을따른들 무순소용이잇스리잇가하고 모든종도다려
일너가로대 우리는 다복업는사람이니 한가지손잡고물너감이옯라하고 일어서서

살기를뜻대로하노라

八 하로는 모든종도다려일너가라사대 이세상이 너무악하야 몸둘곳이업슴으로 쟝챠 깁히숨으려하노니 어대가합당하리오 신원일이대하야가로대 변산속에 은벽한곳이만으니 그곳으로가사이다 당신이 대답지아니하시니라

九 또가라사대 내가 금산사로들어가서 불향답이나하지하리라

十 또가라사대 내가 금산사로들어가리니 나를보고십거든 금산사로오라

一一 류월에 신원일이엿주어가로대 텬하는어느때에뎡하려하시나있가 가라사대 이제 텬하사를도모하려떠나리니 일을다본뒤에도라오리라

一二 황응종다려일너가라사대 내가업을때에 네가나를보지못하야 애통하며 이곳에래왕하는거동이 내눈에 선연하게보이노니 내가네동뒤에있서도 너는보지못할것이오 내가차저야 서로만나리라

一三 모든종도다려일러가라사대 내가 이제몸을피하려하노니 너희들이 능히찻겟나냐 모다대하야가로대 찻겟나이다 당신이가라사대 너희들은 나를찻지못할것이오 내가 너희들을차저야만나보게되리라

一四 상말에 이제보니수원나그내라하나니 누구인지몰으고대하다가 다시보니

만경삼거리에니르사 쉬시며가라사대 오늘오후에 흰무지개가 해를쒸리니 내가
이저버리드라도 네가잘살펴보라하시더니 파연 오후에 백홍이관일하니라

五 삼월에 김자현다려일너가라사대 학질로도사람이상하나냐 자현이대하야가로
대 학질이세죽차에는 거젹가지고달녀든다하오니 이말이 상한다는말일것이외다
가라사대 진실로그러하리라하시고 전주로가섯더니 그뒤에 자현의 여든살된조
모가 문듯학질을알어서 세죽되는날죽거늘 당신이도라오사 가라사대 학질로상한
다함이올토다하시고 그만들어논널안에 누으시며가라사대 내몸에맛는다하시더니
그뒤에 자현을불너일너가라사대 널한벌을만들어야하겟스니 박춘경의집에서파는
판재중에서 잘마즐것으로갈여오라 내가 장차죽으리라 자현이가로대 선생이시
어 엇디이런상서롭지못한말삼을하시나잇가 당신이가라사대 네가 내말을밋지아니
하는도다하시니라

六 하로는 모든종도다려일너가라사대 나의얼골을 잘익혀두라 후일에 내가출
세할쌔에는 눈이붓이어 보기어려우리라 또가라사대 녜로부터 신선이란말은
전설로만나려왓고 본사람은업섯스나 오직너희들은 신선을보리라

七 또가라사대 사람의죽엄길이 먼것이아니라 문턱박기곳저승이니 나는 죽고

二百八

一 무신에당신이 고부인다며일녀가라사대 내가업스면 여덜가지병으로 엇더케고통하리오 그중에 단독이크리니 이제 그독긔를제하리라하시고 그손등에 춤을발으시니라

二 또일너가라사대 내가업스면 그크나큰세살님을 엇더케홀로맛허서처리하리오하시니 고부인은 어느외처에 출입하실말삼으로알엇더라

三 동짓달에 김광찬이 개벽을속히붓치지아니하심을 조급히하야 모든일에불평을내여 항상좌석을 숫글업게하며가로대 내 가집안일을돌보지아니하고 여러햇동안선생을딸으기는 하로밧비 새세상을보자는일이어늘 이러케시일만천연함에 집에도라가서 처자권속을대할낫이업스니 찰하리 스사로생명을끈음만갓지못하다하거늘 당신이 일세워가라사대 개벽이란것은 때와긔회가잇나니 마음을누켜 어린것을버리라 사지종용도자아유지하고 사지분란도자아유지하나니 자방의종용과 공명의정대를 본밧으라하시며 또가라사대 죽는일은 장차내개보라하시니라

四 긔유이월에 김자현을다리고 집데내주평명남긔의집에가사 일녀가라사대 이길은 나의마즈막길이니 처족들을 낫々이찻즈리라하시고 등불을들니시고 밤새도록 여러집을차즈신뒤에 이튼날새벽에 수각리림상옥의집에가사 공사를보지고

二五 이세상에조선파갓치 신명대접잘한곳이업슴으로 신명들이그은혜를갑기위하
야 각히그릴것업시 소원을뼈마공궤케되리니 도인들은아무거릿김업시천하사만생
각하게되리라
一六 내가출새할때에 쥬루보각삼십뉵만간울지어 다각히닥근대로안질자리에드뎌
안치 옷파밥을신명들이밧드리니 만일못안질자리에안진자가잇스면 신명들이그목
올ᄯᅳ러박그로내치나니라
一七 後천에는대진보의정화로 도인의집마다둥대한개씩세우게되면 그동하이크제
발거햇빗파가치되리니 이제전등은그표본에불파하니라 ᄯᅩ기차도화통이업시몃만릿
길이라도 삽십간에롱행이되며 ᄯᅩ문고리도황금으로만들며 옷거리도황금으로만들
며 진도금당헤를신으리라
一八 ᄯᅩ 곡식종자를한번심어베여들인뒤로 해마다 그ᄲᅮ리에움을기뤄거더드리재
되는것이생기리니 이제와갓치심으고길우기에큰힘이들지안으리라 ᄯᅩ아무리박장이
라도옥로가되게하리니이는 쟝을석자세치를태윤까닭이니라
二九 현하의대세가 가구판노름파갓흐니 갓혼 수에 무더잇는중집이먹 니라

뎌십장 화뎐

二百六

二二 바돌도 한수만놉흐면이기나니 남몰으는공부들하여두라 이제비록 장량제갈이두름으로날지라도 어느틈에세인지몰으리라 선텬개벽한뒤로 수한도병의겁재가서로번갈너서 그칠새업시 세상을진탕하엿으나 아즉 병겁은크게업섯나니 이뒤에는 병겁이 온세상을엄습하야 인류를전멸하게하되 살어날방법을엇지못하리니모든긔이한일파 묘한법을다버리고 의통을알어두라 내가 텬디공사를맛터봄으로붓터 이짱에 모든큰겁재를물니쳣스나 오직병겁은 그대로두고 너희에게 의통을젼하여주리니 멀니잇는귀중한약픔을중히녁이지말고 순전한마음으로 의통을알어두라 몸돌이킬결을이업시 홍수밀니듯하리라

二三 나의말은곳약이라 말로써 사람의마음을편안하게도하고 말로써 병든자를일으키기도하고 말로써 죄에걸닌자를풀으기도하나니 이는 내말이곳약인싸닭이라 충언이역이나리어행이라하나니 나의말을 잘미들지어다

二四 현하의대세가 오선위긔와갓하야 두신선은서로판을대하고 두신선은 각히훈수하고 한신선은주인이라 겻헤서 구경만하고 다만 손님접대만마텻나니 그럼으로 년사만큰흠이업서서 접대하는절차만쌧지아니하면 주인의책임은다하나니만일바돌이맛치고 판이허친면 판파바돌은 주인에게로돌니나니라

一八 이제 일본사람이 조선에와서 천고역신을거나려 역사를식히나니라 리됴개국한이후로 벼슬하는자가 모다뎡씨를사모하엿나니 이는곳두마음이라 남의신하로서 두마음을두면 곳역신이니 그럼으로 모든역신이 그들에게일으되 너희믈도두마음을품엇거니 엇디 역신을그다지하대하나뇨하니 일로인하야 저놈이일본사람을대하면 죄를지은자와갓치 두려워서몸을떠나니라

一九 신롱씨가 농사짓는법과의술을가라침으로붓터 텬하가 그두터운덕택을바더왓스나 그공덕을 우르러갑지안코 강태공이 잔포한도적을제거하는묘략을젼함으로붓터 텬하가 치안을유지하여왓스나 그공덕을 우르러갑지아니하니 엇디도리에맛당하리오 이제해원시대를당하야 모든신명이 신롱과태공의은혜를갑흐리라

二〇 이제일본이 백호긔운을탓스나 만일숙호충비하면 상해를바들지라 모든일에순종하고 그지휘를거슬이지말라 이것이 곳피란하는길이니라 청룡이동하면백호가쉬나니라

二一 용력술을배우지말라 긔차륜선으로 백만근을운젼하리라 축디술을배우지말라 운거륜타고 바탑을멍에하야 만릿길을 잠간동안에니르리라

크게일우나니 일은바개벽이라 만물이 가을바람에 혹말나써러지기도하고 혹성숙하기도함과갓치 참된자는 큰열매를 어더그수가길게창성할것이오 거즛된자는 말나써러저 길이멸망할지라 그럼으로 혹신위를설치 의롭지못한자를밝히며 혹인애를베풀어 의로운사람을돕나니 삶을구하는자와 복을구하는 자는힘쓸지어다

一六 후텬에는 텬하가한집이되야 위력과무긔와형벌을쓰지아니하고 조화로써중생을다사려화할지니 벼슬아치는 즉품자리를쌔어 화권이열님으로 분의를넘는폐단이업고 백성은 원통과한과상극과사나움과탐십과음탕과노염과모든번민이그침으로 셩음소모에 화긔가무리녹고 동졍어묵이 도덕에합하며 맛잇는음식과조흔옷이 요구를써러서 쌔다지간에나터나며 모든일은 자유욕구에응하야 신명이수종들며 운거를타고 공중에날러 먼대와험한대를다니며 하눌이 나즉하야 올으나림을뜻대로하며 지혜가밝어서 과거미래현재십방세계의모든일을통달하며 수화풍삼재가 업서지고 상서가무르녹아 맑고고은락원이되나니라

一七 치우가작란하야 큰안개를지음으로 황뎨가지남거로써뎡하엿나니 작란하는자도조화오 졍란하는자도조화라 최수운은동세를맛혓고 나는정세를맛혓나니 전명숙의동은 곳텬하의란을동하게하엿나니라

에게 텬명파 신교를내려 대도를 세우게하엿더니 제우가 능히 유교의테밧게
벗어나 진법을 듣처내여 신도와 인문의 푯대를지으며 대도의참빗출 열
지못함으로 드대여 갑자로써 텬명파신교를거두고 신미로써 스사로 세상에나
려왓노라

一三 진묵이 곡에게참혹히죽은뒤에 원을품고 동양의도통신을거나리고 서양
에건너가서 문화계발에역사하엿나니 이제 그를해원하야 고국으로돌녀와서 선
경건설에역사하게하리라

一四 원래인간에서 하고십흔일을하지못하면 분통이터저서 큰병을일우나니 그
럼으로 이제모든일을풀어 노아 각각자유행동에맛기여 몬저라법을지은뒤에 진법
을내이리니 오직 모든일에 마음올발으게하라 거즛은 모든죄의근본이오 진실
은만복의근원이라 이제 신명으로하여금 사람에게임감하야 마음에먹줄을잡혀
사정올감뎡하야 번갯불에달니리니 마옴을발우지못하고 거즛을행하느자는 긔운
이돌때에 씨래가터지고 뼈마듸가튀여나리라 운수는좃컷마는 목넘기가어려우리
라

一五 이때는 텬디성공시대라 서신이명을맛허서 만유를지배하야 뭇리치를모아

들어영원한복을엇으리라

十二 서양사람리마두가 동양에와서 텬국을건설하려고 여러가지계획을내엿으나 쉽게천고에다려싸인폐단을고치고 저의리상을실현하기어려움으로 마참내 뜻을일우지못하고 다만 하늘파짱의경계를틔워 녜로부터각히디경을굿게지키여 서로넘나들지못하든신명으로하여금 서로거칠업시넘나들게하고 그죽은뒤에 동양의문명신을거나리고 서양으로도라가서 다시텬국을건설하려하엿나니 일노부터 디하신이현상에올나가 모든긔묘한법을본바더내려 사람에게 알음귀를열어주어 세상의모든학술파 정묘한긔계를발명케하야 텬국의모형을본떳나니 이것이현대의문명이라 그러나 이문명은 다만물질파사리에 정통하엿슬뿐이요 도로혀 인류의교만파잔포를길너내여 그텬디를흔들며 자연을정복하려는긔세로써 모든죄악을 꺼림업시범행하니 신의위엄이떨어지고 삼계가혼란하야 텬도와인사가 제도수를어기는지라 이에 모든신성파부타와보살이모아 인류와신재의큰겁액을민망히녁여 구텬에하소연함으로 내가 서양대법국텬계탑에나려와 삼계를둘너보고 텬하에대순하다가 중진표가 서가무니의당래불찬탄설게를빙거하야 당래의소식을깨달어 모악산금산사에 금상을세워 지성으로빌어오든곳에 그쳐 삼십년을지내면서 최제우

례불노 안진판을하며 군신봉조로 인삼을내며 선녀직금으로 비단옷을이피리니 일노써자리를명하고 산하대운을돌녀발음케하리라

十 이제 하늘도뜨더곳치고 쌍도뜨더곳처 물샐틈업시 도수를짜노앗스니 제도수에닷는대로 긔틀이열니리라 또 신명으로하여금 사람의배속에 나들게하야 그체질과성격을곳쳐쓰리니 이는비록 말뚝이라도 기운을붓치면 쓰임이되는연고라 오직어리석고 가난하고 천하고약한것을편히하야 마음과 입과 뜻으로부터러나는 모든죄를조심하고 남에게척을짓지말나부하고 귀하고 지혜롭고 강권을을가진자는 모든척에걸니여 콩나물뽑히듯하리니 묵은기운이채워잇는곳에 큰운을감당키어려운쌔닭이라 부자의집 마루와 방과 곳집에는 살긔와재앙이가득히채워잇나니라

十一 선천에는 위엄파무긔로써 보배를삼어 복과영화를 이길에서구하엿나니 이것이 상극의유전이라 아모리조흔것이라도 쓸곳이업스면 버린바되고 비록천한것이라도 쓸곳이잇스면 취한바되나니 이제서양서건너온무기의위력에는 짝이틀니여결워볼것이업스리니 전쟁은장차쏫을막으리라 그럼으로 모든무술과병법을멀니하고 비록천한것이라도 의통을알어두라 사람을만히살니면 보은줄이차저

六 대개 예로부터 각지방을난와차지한 모든족속들의분란투쟁은 디운이서로통일되지못함을인함이라 그럼으로 산하의기령을 통일케함이 곳인류화평의원동이되나니라

七 전쥬모악산은로 순창회문산파 서로마주셔서 부모산이되엇으니 부모는 한집안어른으로 모든식구를 거나리는것파갓티 디운을통일하려면 부모산으로써 비롯한지라 이제모악산으로주장삼고 회문산을응기하야 산하의긔령을 통일할지니라

八 또 모든족속들은 각히그생활경험으로인하야유전된특수한사상으로 제각히문화를지어내여그마조치는기회에이르러는 마침내큰시비를일우나니 그럼으로 각족속의모든문화의 진액을뽑아통일하야후텬문명의밋자리를뎡할지니라

九 선도와 불도와 유도와 서도는 세계각족속의문화의근원이되엿나니 이제최수운으로 선도의종장을정하고 진묵으로 불도의종장을정하고 주회암으로 유도의종장을정하고 리마두로 서도의종장을정하야 각히 그진액을것우며 모든도통신파 문명신을거나려 각족속들사이에 나더난여러갈내문화의정수를 뽑아집중케하며 또 수운시에「산하대운이진귀차도라」함파 궁을가에「사명당이갱생하니 승평시대불원이라」함파갓치 사명당을응기하야 오선위긔로 시비를끄르며 호승

천년동안싸여나려온 모든원이 마듸와고가풀닐지라 대저 당요가 단주를불초히 녁여 두쌀을우슌에게보내고 드대여텬하를전하니 단주는 깁히원을품어 그분을 한긔운의충동으로 마참내 우슌이창오에죽고 두황비가소상에싸지는 참혹한일을 일우엇나니 일로부터 원의쌔리가깁히박혀 시대의올름을쌀어 더욱발달하야 드대여 텬디에가득차서 세상을문허트림에니르럿나니 그럼으로 단주해원을쳣머리로하고 모든 텬하를건즈려는큰뜻을품고 시세가리롭지못함으로써 구족을멸하는 참혹한화를당하야 의탁한곳이업시 한을먹음고 천고에써도는 만고역신을 그다음으로하야 각히 원통파억울을풀너 혹은행위를밧우살펴곡해를밧우며 혹은의탁을붓치여영원히안졍을엇게함이 곳선경을건설하는쳣걸음이니라

五 원래역신은 곳시대와긔회가지은바라 그회포를일우지못하야 원한이하늘에념치거늘 세상사람들은 사리를잘알지못하고 그들을미워하야 비할데업는악평으로써 항언에 모든죄악의머리로 일가르니 역신은 그것을 슬혀함으로 만물가운데 시비업는별로 부처보내리라 하늘도 명천파노천의시비가잇고 땅도 걸고박한시비가잇고 날도가믐파장마의시비가잇고 때도 춥고더운 지비가잇스되 오직 별은 시비가업나니라

로 판박개남몰으는법으로 일올쑤미는깃이완젼하니라

三 크고적은일을물론하고 신도로써다사리면 현묘불측한공을거두나니 이깃이곳무위이화라 이제 신도를골나잡어 모든일올도의에맛추어서 무궁한선경의운수롤뎡하리니 제도수에돌아닷는대로 새긔운이열니리라 지난임진란리에 졍란의책의올 최풍헌(경남고셩인)이마텃수면 사흘일에지내지못하고 진묵이마텃스면 석달이넘지안코송구봉이마텃스면 여덜달에쓸넛스리라하나니 이는 선도와불도와유도의법술이 서로달음을인합이라 옛적에는 판이적고 일이간단하야 한가지만올옷이쓸지라도 능히 란국을밥우잡올수잇섯거니와 이제는 판이넓고 일이복잡하야 모든일을 합하여쓰지안코는 능히 혼란을쓸으지못하나니라

四 선텬에는 상극의리치가 인간사물을마텃슴으로 모든인사가 도의에어긔어저서 원한이매치고싸여 삼계에넘침에 마참내 살긔가터저나와 세상에모든참혹한재앙이생기나니 그럼으로 이제텬디도수를뜨더고치며 신명을발우잡어 만고의원울쓸으고 상생의도로써 선경을열고 조화정부를세워 하옴업는다사림파 말업는가라침으로 백성을화하며세상을고치리라무릇머리를들면 됴리가떠임파갓티 인류긔독의비롯이오 원의력사의처음인 당요의아들단주의 깁흔원을쓸으면 그뒤로수

一〇四 일군된자는강유가상반하야 한편이라도기울지아니하여야하나니 천지외대덕이라도온위로써이루나니라

一〇五 내밥을먹은자라야내일을해여쥬나니라

一〇六 수운가사에「발동말고수도하소때잇쓰면다시오리」라하엿나니아러두라

一〇七 너의들은항상평화롤쥬장하라너의들세리서로싸우면 밧께서는난리가나리라

一〇八 수운가사에「인물보고가사보고 무몰념처추존말라」하엿쓰며「선불처변명불수」라하엿스니아라두라

데구장 개벽파선경

一 당신이가라사대 이제 혼란하기짝없는말대의현디롤 뜨더고처 새세상을열고 비겁에싸즌사람파신명을 넓이건저 각히안뎡을누리게하리니 이것이현디개벽이라 네일을니음도아니오 전사람의전함도아니오 오직내가처음짓는일이라 비컨대 부모가모인재산이라도 항상어더쓰려면 쓸때마다 얼골비출치어다보임파갓치 쓸어저가는집을 그대로살여면 엽듣어질념녀가잇슴파갓치 남지은것파 낡은것을 그대로쓰려면 불안파위구가 딸어니르나니 그럼으로 새배포롤수미는것이올으니라

二 대법 판안에드는법으로 일울수미려면 세상에들켜서 저해를밧나니 그럼으

百九十七

으로너머가리라

九五 마음을청결히 가진자는복이되나니남의것을탐내여 도적의마음을갓는자는 잘되지못하나니라

九六 양반을찾는것은 그의선영을이리저리오려내는것갓하야 망하는기운이이르나니 그럼으로양반의기운을속히쎄고천인에게 우대하여야속히해원이 되나니라

九七 술수는삼국시절에나서해원하지못하고 이제야비로소해원이되나니라

九八 혹이도술가라처주기를청하니가라사대 이제가라처주어도 드러가지안코 밧그로흘너서 바우에물주기와갓흐리니 쓸때에여러쥬리라

九九 발개이고쇠덕이는긔운은 다갓스니 그런행습을놋치아니하면 망하는기운이이르나니라

一〇〇 수운지에「도기장존사불입」이라하엿나니 나는「진심견수복선태」라하엿노라

一〇一 덕무이명하고 파중비식하라

一〇二 심심황하수요 구중곤륜산 한다

一〇三 일하지안코품삯을말하지못하며 하로품에 잇흘삯을밧지못하나니라

八六 세상이 수명복녹이라일너 복녹보다수명을즁히역이나 복녹적고수명긴것보
다욕된자가업나니 그럼으로나는수명보다복녹을즁히하노니 녹이써러지면죽나니라

八七 재상분명이대장부라이르나니 이말이지언이니라

八八 대학에「생재유대도하니 생지자즁하고식지자파하며 위지자질하고용지자서
면이족재항족의라」하엿나니 이말이지언이니니라

八九 남의비방ㅠ.협의를잘밧으면 천상에서복탈것이크리라

九〇 구천에사무치는「지ㅣ」소리에 서양이덜덜써나니라

九一 남의힘을빌너는자는 보은쥴에열키여 할일을못하나니 일에뜻한자는남의외
뢰를밧지말라

九二 이제서양사람에게 재조를베와다시그들을저루는것은 어렵지는아니하나 제
자로서선생을저바리는것이 배운망덕즁에범함으로 판밧게서남의의뢰업시 남모루
는법으로 일을삼미노라

九 나보는일이 일국일에긋칠진대 어려울것이업지마는 천하사가됨임으로 이
럿케더듸노라

九四 동양의형세위급함이 알쪽에논것과갓하야 내가붓잡지아니하면 영구히서양

百九十五

지유야라」하엿나니 도하는자아라둘지니라

七八 수운가사에「제소위추리한다고생각나니 그뿐이라」하엿나니올으니라

七九 일군된자 맛당히시름법을본바들지니 시름판에뜻하는자는 판밧게잇서술파고기를만이먹고기운을기뤄 씃판을싼으고잇나니라

八〇 이세상에허다한쥬의로 허다한단채를지은것은 가을이되야오곡을거더뭇지은것파갓흐니라

八一 상말에맥써러지면죽는다하나니 연맥 잘바루라

八二 혐렬이엿쥬어가로대 세상사람이당신을광인으로역이나이다 당신이가라사대켠일에거짓말로행세할때에는 진인이라일컷더니 이제참말을하는데는 도로혀광인으로아는도다

八三 오장이바루지못한자는 수숫대쇄이듯하야죽고 거짓말하는자는 창자가터저죽으리라

八四 사람마다성의를말하나 무물이면불성이니 돈을불너보아야아나니라

八五 돈이라는 순환지리로 생겨쓰는것이요 구혜쓰는것은아니니「백년탐물이일조진이라」하엿나니라

七〇 혹이생식파절식의편의합을말하니 당신이 놀내여가라사대 쳔하사는살고숙는두길에 쏫치나니 우리의쉴세업시서드는일은 하로에밥세때버리로 잘먹고살자는일이라 이제먹지안키를쎄하는자 무슨영위가잇스리요

七一 남의부녀를범하는것은 큰죄가되나니 이는그들의 정을쓴는쌔닭이니라

七二 수운의가사애세기운이박혓스니 말은소장의구변이잇고 알믄 강절의지식이잇고 글은이두의문장이잇나니 대계내의비결이니라

七三 수운가사에「운수는길어지고조갓흔잠시로다」하엿나니 도에뜻하는자의거울이니라

七四 종도들다려일너가라사대 너의들이이제는이럿탓친숙하되 후일에는눈을바로하지못하리니 마음을바로갓고 닥기를잘하라수운가사에「만코만흔저사람에엇던사람그러하고엇던사람져러한가」와가치탄식줄이나오리라

七五 수운가사에「난법난도하는사람날볼낫치무엇인가」하엿나니부데죄를짓지말라

七六 수운가사에「원처근처일이잇서가거드면리가되고아니가면해가되내 네가무슨복력으로불노자득식힐쏘냐」하엿나니아러두라

七七 대학에「물유본말하고사유종시라」하며「기소후자에박하고소박자에후하리미

못하니 엇지편하사람의배를불니려뜻하리오

六二 엇던사람을대하든지 마음으로반겨하야잘대우하면 사람은몰나도신명은아라 어데를가든지대접을잘밧나니라 밥한그릇만먹어도잇지말고 반그릇만먹어도잇지말나

六三 한신이 한고조의먹든밥올미러먹이고 입든옷을벗어입힌은혜를감격하야 피철의말을돗지아니하엿나니 한신이한고조를저바림이아니라 한고조가한신을저바렷나니라

六四 세상사람이젼명숙의힘을만이입엇나니 한먹에 여든냥의중세를설흔냥으로내린자는젼명숙이라 언론으로라도그의일홈올해하지말라

六五 김병욱다려일너가라사대 남은엇덧캐알든지 너는전명숙의일홈을해하지말나 네의영귀에는전명숙의힘이만흐니라

六六 천존파디존보다 인존이놉흐니이제는 인존시대니라

六七 대인의말은구천에사무치나니 내의말도한마듸가 썽에써러지지아니하리라

六八 내의일은남죽을때에살자는일이오 남살때에는영화와북녹올누리자는일이니라

六九 삼생의인연이잇서야 나를조치나니라

이다 일심을가진자는 한손가락을퉁겨만리밧게잇는 군함을새트리나니라

五四 인간의복녹을 내가마탓스나 태워줄곳이적음을한하노니 이는일심가진자가 적은새닭이라 만일일십자리만나타나면 유루업시태워쥬리라

五五 내가비록서촉에잇을지라도 일심하는자에게는 차지리라

五六 텬디간에찬것이신이니 풀닙하나라도신이써나면마르고흙바른벽이라도신이써나면 문허지며손톱밋에 미세한가시하나드는것도신이드러서되나니라

五七 큰일이도수에맛지아니하면허사가되나니 내의말은늘도줄도안코 부절파갓치 합하리라

五八 선천에는 모사는사람에게잇고 성사는하눌에잇다하엿스나 이제는 모사는 하눌에잇고 성사는사람에게잇스리라

五九 텬하를위하는자가 집닐울돌보지아니하나니 제갈량이성공치못함은 쌩나무 팔백쥬를둔연고니라

六〇 삶은죽음에잇고 죽음은삶매잇나니 나를조치는자는몬저망하고드러서야하나 니라

六一 경석이논에내리는새를 구지쏫거늘 당신이가라사대 한쎄새의배채움을용납지

百九十一

四五 악올악으로갑흐면 피로피싯기와갓흐니라

四六 나롤모로는자가 나를허나니내가헐므로써갑흐면 나는더욱어리석은자가되나니라

四七 남의비소롤비수로알며 남의조소를죠수로알라 대장이비수를어더야적진을헛치며 용이조수를어더야 천문애오르나니라

四八 새상에순올대효라이르나 그아비고수의일홈올 벗기지못하엿스니 엇지대효라일으리여

四九 나를밋고 마음을정직히하면 하눌도덜덜써나니라

五〇 일꾼된자는 넘어오는간을잘씹어 넘겨야 하나니라

五一 이제모든일에 성공이업는것은 일심가진자가업는연고라 만일일심만가지면 못되는일이업나니라 그럼으로무슨일을대하든지 일심못함을한할것이요 못된다는 생각은품지말라

五二 천지간에잇는말은하나도거짓말이업나니라

五三 최의현이순창에서잡히거늘 당신이가라사대 일심의힘이크니라 갓흔탄환슈에 정시해는죽엇스되 최의현은살엇스니 이는일심의힘으로인하야탄환이범치못함

三六 안으로는불냥하고 것흐로만수며대면 뉘가능히 분간하리요

三七 시속에길성소조를차지나 길성소조가별노히업고 덕닥고남잘대접하는데에 길성이빗치나니 이것이 피란의요도니라

三八 안다는자는죽으리니 아는것도모르는체하야 어리석은자와갓치하라 남이야 엇덧케알든지 실지만잇으면조으니라 길가에조은꼿을심어두면 아이도썩고어룬도썩나니라

三九 가장두려운것은 박남박식이니라

四〇 말울듯고실행치아니하면 바우에물주기와갓흐니라

四一 마음은성인의바탕으로닥고 일은영웅의도략을취하라

四二 위중은 밤이면상제를섬기고 낫이면당태종을도와다하나 나는사람의마음을 쌧다질넛다하노라

四三 모든일을잇는말노지으면 천지가부스랴하여도 못부슬것이요 업는말노수미면부서질때에여지가업나니라

四四 사람을쓸때에는남녀노소의구별이업나니 진평은밤에여자이천인을 동문에내엿나니라

百八十九

百八十八

二八 대군을건으리고 적진을쳐파함이 영화롭고장쾌하다할지라도 인명을잔멸하는일임으로 악척이되야암을막나니라

二九 혹이남의일을비방하거늘 당신이일세워가라사대 다각히제노릇제하는대 엇지옵코 그름을말하리요

三〇 나는 생 장 염 장 네가지를쓰노니 이것이 곳무위이화니라

三一 예로부터생이지지를말하나 이는그릇된말이라 텬디의조화로도 풍우를지으랴면무한한 공부를드리나니 공부안코아는법은업나니라 정북창갓흔재조로도 산에든지사흘만에 비로소텬하사를알엇다하나니라

三二 생각에서생각이나오나니라

三三 신보가인보만갓지못하나니라

三四 모든일을알기만하고취사를못하면 몰으는것만갓지못하나니 될일을못되게하고 못될일을되게하여야하나니라 손빈의재쥬는방연으로하여금 저무러마릉에이르게함에잇고 재갈양의재쥬는조조로하여금 화룡도에맛나게함에잇나니라

三五 글도안코일도안는자는 사롱공상에버서진자니 용처가업나니라

하는고생을 막지못하야애통하는자는 오는복을물니치는것이니라

二一 나는해마로 위쥬하는고로나를따르는자는모든복마가발동하나니 복마의발등을잘밧어어겨야 복이이어이르나니라

二二 상말에무척잘산다이르나니 척이업서야잘산다함이라 남에게원억을짓지말라 척이되야갑나니라 또남을미워하지말라 그외신명이먼저알고 척이되야갑나니라

二三 이웃사람이맛업는 음식을쥬어먹고병들지라도 그사색을내지말나 그도또한척이되나니라

二四 사람이만일 나를치면 그의손을만저위로할지니라

二五 여러종도더러일너가라사대 허물이잇거든다생각하야 푸러바리라 만일하나라도남어잇으면 신명을그릇처나니라

二六 차경석이 전허물을 생각하야격정하니 당신이가라사대 일즉모든허물을 생각하야 내압헤 낫々치쓰르라하엿나니 엇지남겨두엇나냐 이뒤로는다시생각지말라

二七 이제모든선영신이 발동하야 그착한자손을 척신의손에서빼내여 새운수길노드릴야고 분주히서드나니라

百八十七

자는서로갈길이막히나니라

十三 배암도인표를마저야 용이되나니 남에게말을좃케하면 덕이되나니라

十四 인망을어더야 신망에오르나니라

十五 식불언이라하엿스니 남의먹는일을말치말며 침불언이라하엿스니 남의누행을들어내지말나

十六 내외공부는 남잘되게하는공부니 남잘되고남은것만차지하여도 우리들일은되나니라 전명숙이거사할ᄶᅢ에 상놈을양반만드러쥬려는마음을두엇음으로 죽어잘되야 조선명부가되엿나니라

十七 서속에어린학동에게 통감을읽히나니 이는처음공부를 시비로써넛는것이라 엇지맛당하리오

一八 형렬다려일너가라사대 망하는세간사리는 앗김업시버리고 새배포를ᄭᅮ미라 만일앗겨서놋치안코붓들면 몸ᄭᅡ지ᄶᅡᆯ녀망하나니라

一九 시속에화복이라이르나니 복보다화가압섬을일음이라 화를견데여잘바더야 복이이어이르나니라

二〇 선천에안락한자는후천복을밧지못하나니 고생을복으로알고잘바드라 만일당

따오나니라

六 차경석이 모든 행동에위엄을 내여양반의 기습을본뜨거늘 당신이시려하야가라사대 대인공부를하는자는 항상공근하고온화한기운을길을지니 이뒤로는 그던기습을빼여바리라 망하는기운이따라드나니라

七 보화라는글자에낭패라는패짜가부터잇나니라

八 부귀한자가빈천함을질기지아니하고강한자가약함을질기지아니하고지혜로운자가어리석음을질기지아니하나니 그럼으로빈천하고병들고어리석은자가내사람이되나니라

九 안내성다려일너가라사대 네가볼외로써남외자재를 유인치말며 남외보배를탐내지말며 남파서로싸우지말며 도한파무당에게천대하지말라

十 종도들에게일너가라사대 한고조는소하외덕으로천하를어덧나니 너희들은베품것이업스니 언덕을잘가지라 남에게말을좃케하면 덕이되고 그여음이밀녀서 점々큰복이되야내몸에이르고 남에게말을납부게하면 해가되고 그여앙이밀녀서 점々큰재앙이되야 내몸에 이르나니라

十一 외식을버리고 음덕을힘쓰라 덕은음덕이크니라

十二 유찬명다려일너가라사대 종도를허는자는 동으로갈길이막히고 서도를허는

百八十五

니라

一二 ᄯᅩ 처음죵유하려는자에게는 반닷이 평생에지은허물을 낫낫치생각하야 마음으로 사하여주시기를빌라하시되 만일 잇고생각지못한일이잇스면 낫낫치개두하야 깨닷게하시며 ᄯᅩ반닷이 그몸을위하야 척신파 모든병고를 밝혀주시니라

뎨팔장 볍언

一 당신이죵도들에게일너가라사대 선천에는 하늘만위하고 ᄯᅡᆼ은소중케아니역엿나니 이는디덕이 큰것을모름이라 이뒤로는 하늘과ᄯᅡᆼ을일체로밧돌미올흐니라

二 김형렬다려일너 가라사대 남잘되는것을불어워말고 남은복이만흐니 남은복을구하라 호한파신천이 오히려죽지아니하나니라

三 봄에씨앗을들이지아니하면 가을에거더들이지못할지라 농가에서추수한뒤에곡식종자들갈마두는것은 오직토지를밋는연고니 이것이곳미듬의길이니라

四 엇든사람이연사를부른대 가라사대 칠산바다에고기잡이도 먹을사람정하고잡히나니 농사도ᄯᅩ한먹을사람정하고될지라 그럼으로굴머죽지는안이하리라

五 이때 해원시대 라사람도일음업는사람이기세를엇고 ᄯᅡᆼ도일음업는ᄯᅡᆼ에 길운이도

듦들고 감자현은먹을들고 한공숙은붓울드는지라 이에 사람을 약방네구석에 갈니안처시고 당신은 한가운대서사 「이칠륙 구오일 사삼팔」을 한번외으신뒤에 종도세사람으로하여곰 조희를 지화와갓치쓴어서 벼룻집속에채워너은뒤에 한사람으로하여곰 한조각을집어내여 둥우를붙으고 달은한사람에게전하며 그조희조각을바든사람도 쏘둥우를붙으고 달은한사람에게전하며 달은한사람도 그와가치바든뒤에 청국지면이라읽고 다시젼파갓치하야 마셩을불은뒤에 일본지면이라읽고 쏘그와갓치하야 오한울불은뒤에 조선지면이라읽어서 이십팔장파 이십사장을 다맛치기싸지 조희조각을집으니 그조각수효가마즈니라

一〇 매양 공사를보실새 글이나물형을써서불살으심으로 그물형은 뜻을알수업고 다만 그글이나긔록하려하되 당신이금지하시며가라사대 문명은 뒷날에나느니라하십으로 문명의긔록은업고 다만몃절을전하여온것은 그쌔에 종도들이 한번보아서긔억된것이러라

一一 당신이 공사를행하실쌔나 어느곳에자리를뎡하고머물으실쌔에는 반닷이 종도에게 정심하라명하시고 혹방심하는자가잇스면 마음을보는듯이일새우시며 혹주므실쌔를타서 방심하는자가잇슬지라도 문듯보는듯이 마음을거두라고명하시

七 하로는 종도들에게물어가라사대 최수운의시텬쥬는포교 오십년공부가드러잇고 김경은 (충청남도비인사람) 은 오십년공부로 태을주를어덧나니 가튼오십년공부에 어늬쥬문을취함이올흐냐 광찬이대하야가로대 선생의처분대로하사이다 당신이가라사대 시텬주는 임의행세되엿스니 태을주를쓰라하시고 읽어주시니이려하니라

훔치훔치태을텬상원군훔리치야도래훔리함리사파아

八 당신이 류찬명과김자현에게 일녀가라사대 각히십만명에게포교하라하시니 찬명은대답하고 자현은대답지아니하거늘 재촉하사대답을바드신뒤에 일녀가라사대 평텬하는내가하리니 치텬하는너희들이하라 치텬하오십년공부니라

九 이때에 태인숫구지근처에 태을주가 크게젼파된다하거늘 당신이가라사대 이는 문공신외소위라 시긔가아죽일으니 그긔운을거두리라하시고 약방벽에「긔동북이고수리서남이교통」이라쓰시고 문박게반석우에 물형을그리고 점윤치신뒤에 조희에 태을주와김경은을 써서부치시고 일어나서절하야가라사대 내가 김경은에게바덧노라하시고 칼한개와붓한개와부채한개와먹한개를 반셕우에벌여노시고 모든종도들로하여금 뜻가는대르들나하시니 류찬명은칼을들고 김형렬은부채

북두성경신수명성경신지긔금지원위대장
명덕관음팔음팔양지긔금지원위대강
삼계해마대뎨신위원진텬존관 성뎨군

四 대흥리차경석의집에계실새 양지온장에 사람을그려서 벽에부치고 제사절차와갓티설위한뒤에 모든종도를명하사 그곳을향하야절하고 마음으로소원을고하라하시며 당신이 사람그린압헤서시더니 식을맛침에 물어가라사대 누구에게심고하엿나냐 대하야가로대 선생께소원을고하엿나이다 당신이 웃어가라사대 내가산제사를바덧도다하시니라

五 긔유년봄에 당신이 운장주를써주시며 가라사대 이글이 대차력주라하시니이러하니라

텬하영웅관운장 의막처 근청텬디팔위제장 륙정륙갑륙병륙을소솔제장 일별병영사귀 엄々급々여률령사파아

六 하로는 당신이 종도들을둘녀안치시고 오주를써서 한사람에게주어읽히시고만명에게전하라하사 다짐을바드신뒤에 그사람으로하여금 다시 그와갓치달은사람에게전하야 련차로돌녀서 서로전하여주게하시니라

노이고 그쳥수를향하야 네번씩절올식히신뒤에 시텬주세번을읽으시며 각사람으 百八十
로하여금 쏠어넘게하시고 성명올뭍으신뒤에 쳥수를마시라하사가라사대 이것이
곳복록이니라하시니라
二 구릿골에계실새 쫑도아홉사람을벌여안치시고 일너가라사대 이제 교운올젼
하리라하시며 갑칠을명하사 쫄은대한개를 뜻대로잘너오라하사 그마듸수를헤이
니 모다열마듸어늘 또명하사 그한마듸를끈으시며 가라사대 이한마듸는 두목
이라 왕대와순회를 마음대로한것이오 남은아홉마듸는 교밧는자의수효와맛는도
다 하눌에 별이몃개나 나터낫는가보라 갑칠이 박게나가서 우르러보니 검은
구름이 하눌을더펏는대 다만 하눌복판이열너서 별아홉개가나터낫거늘 그대로
알윈대 당신이가라사대 이는 교밧는자의수효를응함이니라하시고 또가라사대
교운의개시가초장봉기지세를일우리라하시니마
三 졍미년겨울에 고부와룡리에서 모돈종도에개 오주를가라치시며가라사대 이
글은 텬디의진액이니라하시니이러하니라
시텬디가가장세일원일월만사지
시텬디조화뎡영세불망만사지

녹을부처줌이로라하시고 또여름에 핫옷올입으시며 겨울에 홋옷올입으신때가
만으사 가라사대 이는 뒷날 빈궁에빠진중생으로하여금 옷올엇게하려힘이로라
하시니라
九四 당신이 텬지공사를맛치신뒤에「포교오십년공부종필」이라써서 불살으시고
모든종도다려 일러가라사대 옛사람이 쉬운살에 마혼아홉해동안글음올새다렷다
하엿나니 이제 그도수를쎗노라 내가 텬지의윤로를뜨더고쳐 물샐틈업시 도
수를 굿게쌧노앗스니 제도수에돌아닷는대로 새기들이열니리라 너희들온 오작
마음올한글갓치하야 따락치말고 나어가라 이제 구년동안보아온 개벽공사의확
증올 텬지에질정하리니 너희들도참관하야 미듬올굿게하라 오직 텬지는 말이
픈스니 뇌성파지진으로 표증하리마하시고 글올써서 불살으시니 문듯 텬동파
지진이 아울너크게발하더라

뎨칠장 교법

一 당신이 김경학의집에 대학교를뎡하시고가라사대 학교는 이학교가크리라
이제는해원시대라 천한사람에게부터 교를젼하리니 무당여섯명을불너오라 경학
이명을밧고 무당을불너오니 당신이명하사 관건을벗기고 각사람의압해 쳥수를

百七十八

람에게 차례로돌녀서 그와갓처식히시고「남조선배가 범피중류로다」라고 노래하시며 가라사대 상륙하엿스니 풍파는업스리라하시니라

九〇 하로는 종도들에게 일너가라사대 최의현은 나라운수를 돌녀잡으려하다가 실패하엿고 박영효는 평민의권리를신장하려하다가 실패하엿나니 두사람의 고충은 일반이라 이제아울너 두사람의원을 풀어주리라하시고「천세천세천천세 만세만세만만세 일월최의현 천포천포천々포 만포만포만만포 창생박영효」라써서 불살으시니라

九一 하로는 이도삼다려 일너가라사대 사람을해롭게하는물건을 낫낫치헤이라 하시니 도삼이 범파사자와일회로부터 모기와이와벼룩빈대에이르기까지 자세히헤여알왼대 당신이가라사대 후천에는 사람을해롭게하는물건은 다업세이리라하시니라

九二 하로는 종도다려 일너가라사대 내가 천지공사를바더봄으로부터는 연사를맛터서 모든아표신을 하늘우으로 올녀보냇스니 이뒤로는 굴머죽는폐단이업스리라

九三 당신이 매양 수십일씩굴으사 가라사대 이는 뒷날박복한중생에재 석

다하시니라

八六 하로는 용모릿고개에계실새 마당에 촛불을밝히시고「천유일월지명지 유초목지위 천도재명고 인행어일월 지도재위고 인생어초목」이라는글을씨서 불살으시니 하늘에 구름이가득차고 바람이 급히불며 비가나리되촛불은꺼지지 아니한지라 당신이 유찬명을명하사 서북쪽하늘에 별이나터낫는가보라하시니 찬명이 우르러살핌에 다만구름사이에 별한개가보이거늘 그대로알외니 다시 동남쪽하늘을보라하시거늘 또우르러보니 구름이 만히훗터지고 별이만히보이는지라 그대로알윈대 당신이가라사대 서북은 살어날사람이적고 동남은살어날사람이 만으리라하시니라

八七 하로는 종도다려 일너가라사대 오늘은 청국만리창신명이 이르리니 접대하여야하리라하시고 술울사서마스시니라

八八 하로는 청국기우재를 지내리라하시고 돗한마리를잡어서 찜하야 효주를 마스시고 종도들에게도 난와먹이시니라

八九 하로는 약방에 종도여들사람을 벌여안치시고 사물탕한첩을지어 그폭지에 사람을그리사 두손으로 합하야우드시고 지천주세번을읽으신뒤에 여들사

百七十六

렬파공우를다리고 청도원으로가실새 청도원고개에이르사 성황묘마루에 쉬여누시며 좀지체하여가자하시고 잠간졸으시다가 다시일어나시며 가라사대 아라산군사가 내군사라하시고 김송환의집에이르사 글을써서불살으시고 그날밤에 유찬명의집에서 유하시면서 천지대신문을열고 공사를보실새 무수한글을써서 불살으시니라

八三 하로는 당신이 약방마루에안즈시고 유찬명을 마루밋헤안치사 순창오선위기와 장성욱녀직금파 무안호승례불파 태인군신봉조를쓰이시고 또청주만동묘를쓰이사 불살으시니라 이때에 찬명이 좀방심하엿더니 당신이가라사대 신명이먹줄을잡고잇는대 네가엇지방심하나냐하시니라

八四 하로는 찬명으로하여금 주지에이십팔숫자를 왼편으로부터 가로쓰이신뒤에 피여서 자로재이니 한자가차거늘 이에 불살으시니라

八五 하로는 양지책에 무수히글을써서 한장씩올여떼이사 다시 종도들을명하야 마음대로 무수히쎄즈라하신뒤에 한조각씩헤여서 불살으시니 도합 삼백여돈석장이라 한조각이모잘하다하사 두루차지니 사람그린한조각이 요밋해잇거늘 당신이가라사대 이것이 곳황극수라 당요때에 나러낫든수가 이재 다시나러낫

덮는대 날마다 바람이불다 가그치고 학당으로넘어가니 사람이 만히죽을가하야
그리하노라하시니라
七八 하로는 용모릿고개에계실새 광찬으로하여금 방약합편에있는 약이름에
붉은먹으로 점을쳐셔 불살으시니라
八〇 하로는 구릿골에서 공사를보실새 글을써서 불살으시니 이러하니라
「一三五七九
二四六八十
성기국 총묘천지신 기지천지신 운 영대사해박 득채 득화 득명」
八一 하로는 공사를보실새 글을써서 불살으시니 이러하니라
「모전어야천개어자 철환천하허령
교봉어신지벽어축 불신간아족지각
덕포어세인기어인 복중팔십년신명」
八二 하로는 모든종도다려 일너가라사대 이제 청국공사를볼터인대 너무멀어
서 가기가어려옴으로 청주만동묘에가서 천지신문을 열고저하나 또한가기가불
편하니 다만 음동을취하야 청도원에 그긔운을부터서 일을보려하노라하시고 형

百七十五

「천지귀신축문
소원인도 원군불군 원부불부 원사불사 유군무신 기군하입 유부무자 기부하
입 유사무학 기사하입
대대세세천지귀신 수찰」

七五 또글을 불살으시니 이러하니라「천상무지천 지하무지지인중무지인 지인
하처귀」

七六 하로는 등을 첨하에달고 공사를보실새 문듯가라사대 오랫만에 어렵재
싸저나온다하시고 글한수를읍푸시니 이러하니라「면분수구십생신 지원급사속망
々 허면허소거래간 불로심정견여의 세월여유금극중 왕겁망재십년호 부지이지
지부지 업상한설대홍로」

七七 하로는 윤경이이르거늘 당신이 일너가라사대 천지애서 현무가 쌀을불
으니 네형의기운을 써야할지라 도라가서 네형다려 혀와입술을 움즉이지말고
시천주를읽으되 기거동작할때라도 잠시도쉬지말라고 지휘하라하시니라

七八 하롯밤에는 약방에게시사 삼십륙만신을쓰시고 또관운장주를쓰사 모든사
람으로하여금 칠백번씩암송하라하시며 가라사대 국가에나사가에나 화둔을못

야역모한다는소리를 크게외치니 이말이 천원병참에들니어 군대가출동하려하는지라 당신이 알으시고 고부인파 경석다려 일너가라사대 너희는 집을직히고 나를가름하야 내일자정에 문틈을봉하고 모든제사반찬을 화로에구으며 술병은 막애만빼고 지성으로심고하라 이것이 곳고사니라하시고 써나시니라 사흔날새벽에 고부인파 경석이 명하신대로행한뒤에 날이밝으니 무장한군대수십명이 몰녀와서 당신을찻다가 엇지못하고 도라가니라

七一 이날에 당신이 백암리김경학의집으로 가시니 경석이 공우와윤경을보내여 무사히된경과를 알외니 당신이가라사대 내가 공사를본뒤에 경석을시험함이러니 무사히겨거내니 다행하다하시니라

七二 하로는 당신이 모든종도다려 물어가라사대 일년중에 가장숙하게 자라나는물건이 무엇이뇨 모다 대로써대답하거늘 당신이가라사대 대의기운이 만물중에 제일크니 그기운을 덜어쓰리라하시더니 그해에 대가 크게망하니라

七三 백암리로부터 구릿골약방에이르러게신새 모든종도들을 벌여안치시고 「삼국시절이 수지지어사마소」를 큰소리로 읽히시니라

七四 하로는 공사를보실새 글을써서 불살으시니 이러하니라

성부
성자 원형리정봉천지도술약국재전주동곡 생사판단 百七十二
성신
대인대의 무병
삼계복마대제신위원진천존관성제군
지천하지세자 유천하지생기
암천하지세자 유천하지사기
동유대성인왈동학
서유대성인왈서학 도시교민화민
공자 노지대사구
맹자 선세제양지군
근일일본국문신무신 병무도통
　조선국상제신중게신하게신 무의무탁 불가불문자 재어인
궁상각치우 성인내작 선천하지즉 선천하지업 즉자의야 업자통야」
七〇 이날 모든일올맛치시고 사흔날 고사를지내려하실새 차문경이 술올취하

병유소세

대병 무약 소병 혹유약 연 대병지약 안심안신 대병용약 사물

탕팔십첩

시천주조화정영세불망만사지

지기금지원위대강

대병출어무도

소병출어무도

득기유도즉 대병 물약자효 소병 물약자효

지기금지사월래

의통

망기군자무도

망기부자무도

망기사자무도

세무충세무효세무열 시고 천하개병

유천하지병자 용천하지약 궐병내유

百七十一

하자미오 왈의왈식이오 외식연후에왈색야라 고로 지어의식색지도하야는 각수 百七十
천지지기야니 혹새무민자와 기인취물자도 역수천지지기야니라」

六七 하로는 공사를보실새 글을써서 불살으시니 이러하니라

「성사
의통 경주용담
무극신대도덕 봉천명봉신교대선생전여률령심행선지후각원형리정포교오십
년공부」

六八 하로는 잇는기운그대로 푸러바릴수밧기업다하시고 상량공사를 보실새경석다려 백목을가저오라하사 공사를보시다가 백녹이부족하다하시고 경석으로하여금 백목을더사오라하사 이어서 공사를맛치시니라

六九 기유정월초잇흔날 현무경을 쓰사 힌병에물을담은뒤에 양지에 글을써서권축을지어 병넙을막어놋코 그압에 백지를깔고 백지우에 현무경을 노아두시니라 당신화천하신뒤에 병마개를빼여서피여보니 「길화개길실 흉화개흉실」이라는글과 병세문이 써워잇섯는대 병세문은 이러하니라

「명유대세

일원수육십삼합위길흉도수

십이월이십륙일재생신

오주

천문지리풍운조화팔문둔갑육정육갑지 혜용력

도룡천지보은」

六五 하로는 조희설흔장되는양지책에 권열다섯장에는 면마다 「의약복서종수지문 일양시생」이라쓰시고 뒤열다섯장에는 면마다 「작지부지성의웅약 일음시생」 이라쓰신뒤에 경면주샷가루와 보시기한개를놋코 광찬다려 일너가라사대 이일은 살길파죽을길을 결정하는것이니 잘생각하야말하라 광찬이 엿주어가로대 선영신을부인하거나 박대하는자는 살기운을 밧기어려울것이로소이다 당신이 한참생각하시다가 가라사대 네말이올타하시고 보시기를조희로싸서 주샷가루를 뭇처 가지고 책장면마다 찍어돌니시며 가라사대 이것이마패니라하시니라

六六 하로는 글을써서 경석을쥬사 이뒤에 음양에제한이 업게하여달라고 십고하라하신뒤에 불살니시니라이뒤에 또글을써서 불살으시니 이러하니라 「인생세간

百六十八

늘공사에는 내가 네말을좇차결정하리니 모든일을 뭇는대로 잘생각하야 대답하라하시고 물어가라사대 서양사람이발명한 모든문명리기를 그대로두어야올흐냐 거더버려야올흐냐 경석이 대하야가로대 그대로두는것이 사람의생계에 이로울듯하나이다 당신이 가라사대 네말이올흐니 저들의기계가 하늘노붓허 나려온것이니라하시고 또여러가지를 물으신뒤에 공사로써결정하시니라

六三 또안내성으로하여금 방망이를 치이시며 이제 병독에걸닌세계인류를 건즈려면 일등방문이라야 감당할것이요 이등방문으로는 불가하리라하고 이르게하시니라 이뒤에 당신이 고부인으로하여금 춤추게하시고 친히장고를치시가라사대 이것이천지굿이라하시고 또가라사대 네가일등무당이니 이당저당다버리고무당의집에셔 비려야살리라하시고 인하야무당도수를부치시니라

六四 하로는 공사를보실새 글을써서 불살으시니 이러하니라

「무내팔자지기금지원위대강
욕속불달시천주조화정영세불망만사지
구년홍수칠년대한천추만세세진
불선유

六〇 하로는 공사를보실세 글을써서 불살으시니 이러하니라
「채면장
유세무신십이월칠일
도술〇〇〇감소고우
황공복지문안 기채후 만사불충불효무서신읍축
어군어부어사
기채후대안천만북망」
六一 하로는 종도들에게명하사 파거의모든명장들을 써들이라하시니 경석이엿주어가로대 창업군주도 명장에되겟나잇가 가라사대 그러하니라 경석이 모든창업군주와명장을 낫낫치기록하고 맨끗해 전명숙을써서올닌대 당신이가라사대 왜전명숙은 끗해썻나냐 경석이 대하야가로대 원편으로붓혀보시면 전명숙이 첫머리가되나이다 당신이가라사대 네말이올타하시고 여러종도다려 일너가라사대 전명숙은 진실로 만고명장이라 백의한사로 일어나서 능히 천하를움즉엿나니라하시니라
六二 이때에 경석다려 일너가라사대 전날에는 네가 나의말을좃첫거니와 오

百六十六

라쓰신뒤에 가라사대 천지가 간방으로부터 시작되엿다하나 그것은 글옷된말이오 스물네방위에서 한거번에일운것이니라하시고 또가라사대 이일은 남조선배질이라 혈식천추도덕군자의신명이 배질을하고 전명숙이 도사공이되엿나니라 이제 그신명들에게 엇더케하야 만인에게 앙모를바드며 천추에 혈식을 그침업시 바너오게된까닭을 무른즉 모다 일심에잇다고 대답하니 그럼으로 일심을 가진자가아니면 이배를타지못하리라하시고 모든법을행하신뒤에 불살으시니라

五八 이때에 황극수를돌니시며 종도들에게 소원을물으실세 경석에게물으니 경석은 열지를원하거늘 당신이가라사대 너는 병부가맛당하다하시니 경석이 불쾌하게생각하는지라 당신이가라사대 고든신하가아니면 병권을맛기기어려움으로 이제 특별히 네게맛기노라하시니라

五九 섯달스므날 종도들에게 이십사절후를 일키시고 밤중에 경석의집압버들나무밋해 벌여세우시고북쪽을향하야 휫바람을 한번부시니 문듯 방장산으로붓허 구름한줄기가일어나서 사방을둘너 문턱을일우거늘 교훈하사가라사대 「곤이내짐제지 곤이외장군제지」 라하시니라

발우려면 황극신을 옮겨와야하리니 황극신은 청국광서제에게 응기되여잇다하
시고 또가라사대 황극신이 이땅으로 옮겨오게될인연은 송우암이 만동묘를세
움으로부터 시작되엿나니라하시고 여러종도를명하사 밤마다 시천주를읽게하
시고 친히 곡조를먹이사 몃출울지난뒤에 가라사대 이소리가 운상하는소리와
갓다하시고 또가라사대 운상하는소리를 어로라하나니 어로는 곳임금의길이라
이제 황극신의길을 틔웟노라하시고 문득상시름넙어간다고이르시더니 그때에
광서제가죽으니라

五四 하로는 종도다려 일너가라사대 만국제왕의기운을 이곳에옮겨오리라하시
더니 문듯 구름파갓흔 이상한기운이 제왕의장엄한거동의모형을 일우어 허공
에벌여잇다가 이옥고살아지니라

五五 하로는 공사를보신새 「배은망덕만사신」 이라써붙사르시며가라사대 배
은망덕하는자는 만번이나죽으리라하시니라

五六 동짓달스무여들엣날 당신이 정읍대흥리차경석의집에이르사 포정소를정하
시고 공사를행하시니 대개아래와갓흐니라

五七 하로는 양지에 스믈네방위자를 돌녀쓰시고 중앙에 「혈식천추도덕군자」

百六十五

五〇 하로는 구릿골에서 밤ㅅ중에굴을쓰시며 김보경에게 명하야가라사대 동쪽하눌에 별이나라낫는가보라 보경이 박게 나가서 우르러보고 대하야가로대 검은구름이 하눌을가리워서 별이보이지아니하나이다 당신이 문을열고 동쪽하날을향하야 으로 한번부시니 구름이홋터지고 별이나터나니라

五一 구월에 당신이 양지일곱조각에 각히 「병자기이발 장사병쇠왕과대욕생양태포」를써서 봉하야 형렬을주며가라사대 전주에가서 아모아모일곱사람에게 난와주고 도라오라 여러종도들이 그뜻을물은대 당신이가라사대 말하여도몰을것이오 설편한 뒤에는 스사로알게되리라 형렬이 명을밧고 전주에이르러 김낙범김병욱 김광찬 김준찬 김윤근다섯사람에게 난와주고 그박계 두사람은 만나지못하야 전하지못하고 도라왓더니 당신이 기달여서전하지아니하엿슴을 수지즈시니라

五二 시월에 김낙범을명하사 백미스므말을 약방에들여두엇더니 형렬이 마양식이썰어저서 갑칠로하여금 그쌀에서 반말을갈나내엿더니 당신이알으시고 수지즈시니라

五三 이달에 고부와동리에이르사 종도다려 일러가라사대 이제 혼란한세상을

명소를졍하노니 너회들온 모든사람을 대한세에 그장처만취하야 죠은뜻을가짐
것이오 혹단처가뵈일지라도 잘용서하야 미워하는마음을두지말나하시니라 이때
에 공우는 신경수의집에 함께사는고로 공우를식이심이러라 또형렬다려 일너
가라사대 법이란것은 서울로부터비롯하야 만방에펴서나리는것임으로 서울경人
자이름가진사람의 가운을써야한지라 그럼으로 경수의집에 수명소를정하노라하
시고 이뒤로 인하야 김경학의집에 대학교를정하시고 신경원의집에 복녹소를
정하셨스며 차경석의집에 포정소를정하심도 이뜻을취하심이러라

四八 하로는 구릿골에게실새 형렬다려 일너가라사대 내가 이제화둔을무덧으
니 너의집에 불을조심하라 만일 너이집에서 불이나면 화신이세력을어더 온
세계에 큰재앙을세치리라 형렬이놀내여 집안人사람들을단속하야 종일토록 불을
조심하니라

四九 하로는 공사를보실새 글을써서불살으시니 이러하니라 「천하지기신운고부
운회오 천하음양신은전주음회오 천하통정신은정읍운회오 천하상하신운태인운회
오 천하시비신은순창운회라」 또회문산은산군 변산은해왕의도수를 부처그긔령을
쓰시니라

百六十三

四五 하로는 구릿골에계실새 경학에게물어가라사대 십인적이면 왕이되겟나냐 경학이가로대 적의뜻을알지못하나이다 당신이가라사대 일적이열사람이니라 경학이가로대 십인적으로는 왕이되지못하겟나이다 또가라사대 백인적이면 엇더하겟나냐 가로대 그도불가하니이다 천인적이면 엇더하겟나냐 그도불가하니이다 만인적이면 엇더하겟나냐 그도불가하니이다 십만인적이면 엇더하겟나냐 경학이 이에가로대 십만인적이면 가하니이다 당신이 이에 글을써서불살으시니라

四六 이튿날 한공숙이이르거늘 당신이 친히술을부으사 공숙을주며 가라사대 내일을 만이하엿으니 술을마시라 공숙이 대하야가로대 선생의일을 한바가업나이다 가라사대 한일이잇나니라 공숙이 덩듬하야 술을밧어마시고 이옥허안젓다가 엿주어가로대 지난밤꿈에는 한일이잇나이다 당신이가라사대 꿈에한일도 또한일이니라 여러사람이 공숙에게 그꿈을물으니 공숙이가로대 꿈에 선생께서 내집에이르사 천하의호구를 성책하여오라하시기로 대답하고 오방신장을 불너서 성책하여올님에 선생께서 밧어들이신것을보앗노라하더라

四七 하로는 공우에게 「천지대팔문 일월대어명 금수대도술 인간대적선 시호시오귀신세계」 라써주시며 신경수의집벽에 붓치라하사가라사대 경수의집에 수

다 내성이 행낭에들어가보니 봇짐장사남녀두사람이 돌어잇거늘 도라와서 사실을알원대 당신이 이에 재실대청에올으사 모든사람들로하여금 서쪽하눌을바라고 만수를크게불으게하시며 가라사대 이가운대 수운가사를 가진자가잇스니 가저오라하시니 과연 한사람이 가사를내여올니고 물너가거늘 당신이 그책중간을펴고 한절을읽으시니 하엿스되 시운「벌가벌가여기칙불원이라 내압헤보는것을어길바업지만은 이는도시사담이오부재어근이라 목전지사쉽게알고심량업시하다가서 말례지사갓잔하면 그아니내한인가」 라하니라 처음에 가는소리로 한번읽으시니 맑은날에 문둣뇌성이일어나거늘 다시크게읽으시니 뇌성이 대포소리와갓치일어나서 천지진동하며 또지진이일어나서 모든사람이 정신을일코 업둘어지거늘 당신이 내성을명하사 각히일으키시니라

四四 하로는 당신이 태인새올서 백암리로가실새 공우가모섯더니 문둣 관운장의얼골로변하사 돌아보시며 물어가라사대 내얼골이 관운장의얼골과갓흐냐하시니 공우는놀내여 엇더케대답하는것이조흘지몰나서 알지못한다고 대답하엿더니 그와갓치 세번을물으심으로 이에 대답하야가로대 관운장과흡사하니이다하니 그뒤로는 본얼골을회복하시고 경학의집에이르러 공사를행하시니라

으니 가운이곳회복되는지라 이에 일녀가라사대 시천ㅅ주에 큰기운이박혀잇도
다하시고 쏘일녀가라사대 너희 그대로두엇더면 밧두둑사이에 업들어저서 우
마에게 발힌바가되엿스리라 쏘일녀가라사대 이뒤에 괴이한병이 온세계를엄습
하야 몸돌이킬틈이업시 이와갓치 사람을죽일때가잇으리니 그위급한때에 나를
불으라하시니라 속륙임정할때에 불가히말슴하시든 사람은수일후에 죽으니라

四二 유월에 대흥리에계실새 공우를명하사 각처에순회하야 여러종도로하여금
스므하롯동안을 잠자지말고 새벽에 한시간식만자라하시니라 경석이 여러날자
지못함으로 심히피곤함을 이기지못하더니 박게나갓다가 도라오는길에 문압모
시밧가에이르러 혼도하거늘 당신이가라사대 천자를도모하는자는 다죽으리라하
시니라

四三 하로는 여러종도다려일녀 가라사대 이제 천하에수기가말넛스니 수기를돌
녀야하리라하시고 뒷산피난동 안씨재실에가사 그압우물을 댓가지로 한번젓으
시고 가라사대 음양이골으지못하니 재실에가서 엇더한연고인지 무러오라 안
내성이대답하고 재실에들어가서물으니 재직은 사흘전에죽엇고 그안혜만잇거늘
도라와서 사실을알윈대 쏘가라사대 다시 그행낭에가보라 산기운이고이고잇도

四○ 사흘후에 당신이 옹종의집에이르러가라사대 이제 산하대운을 것우어돌이리라하시고 이날밤에 백지로 꽃갈을만들어 옹종의머리에씨우고 포대에너엇든벼를쏘내여 그집사방에섀리며 백지일백스므장과 양지넉장에 글을써서 식해에범을녀서 밤ㅅ중에 인적이업슬때를다서 시금흙속에뭇고 꽃갈쓴대로 세수하라하시니 옹종이 명하신대로함에 양미간에 콩알파갓흔 큰사마귀가나서 손에거치더라 이튿날아참에 벼섀리든곳을 두루살피니 한낫도남어잇는것이업더라

四一 그뒤에 박공우다려 마음으로속륙임을정하라하시거늘 공우가 마음으로륙임을생각하여정할새 한사람을생각하니 당신이 묻듯불가하다하시거늘 다시달은사람으로 박구어정하엿더니 이날저녁에 공우가마음오로정한 여섯사람을불으사하여금 밤ㅅ중에 둥ㅅ불을쏘고 방안에서 도라다니면서 시천주를읽게하시니묻듯 한사람이섹굴어지거늘 모든사람이놀내여 주문을그치니 당신이가라사대놀내지말고 주문을 계속하여읽으라하심오로 다시계속하야 한식경을지낸뒤에주송을그치고 불을밝혀보니 손병욱이 걱굴어저죽엇는지라당신이가라사대 이는몸이쇄끗지못한연고라하시고 물을먹음어서 얼골에뿜으시니 병욱이 겨우정신을돌니거늘 불너가라사대 나를불으라하시니 병욱이 목안소리로 겨우 당신을불

나 겸정치아니하엿노라

三七 하로는 여러날글쓰신양지를크게권축을만드신뒤에 종도들을명하사 방안에서문을닷고 그글축을화로에불사르되 연기가방안에차게하야 다살은뒤에 문을열나 일을하려면 화지에도드러가야하나니라하시니 모든사람이 명하신대로합에연긔가 방에갓득차서 숨을통키어려움으로 윤근원일은밧그로나가고 남은사람은 다타기를기다리니라

三八 하로누황웅종이이르거놀 당신이가라사대 황천신이이로니 황건역사의수ㅅ대를불살으리라하시고 갑칠을명하사 집한뭇을 물축여잘너서 수ㅅ대를만들어화로에불살으니라

三九 하로는 백암리최창조의집에게실새 창조를명하사 포대를지어서 벼서말과 집재를 석거너은뒤에 황응종다려 일너가라사대 이포대를가지고 네의집에가서 항아리에물을붓고 그속에당거두고 날마다 한번씩물을둘너젓으며 또식해일곱사발을 미저너으라 내가 사흘후에 너의집에 가리라 응종이 명을밧고도라가서 그포대를 물에당거두고 날마다 한번씩둘너젓으니 물빗이 잿빗처되고 하늘빗도 또한사흘동안을 잿빗갓치되야 햇빗처나지아니하더라

목단 감초 지각 양강 시호등이러라
三四 약방벽우에「사농공상 음양」과 또그밧게여러글ㅅ자를 만이붓치시고 백지로 배접한뒤에 자현을명하사 뜻가는대로 밥사발을대고 비접한곳을올여쎄이니 음ㅅ자가나터나거늘 당신이가라사대 졍히옥토다 음파양을말할때에 음ㅅ자를몬져읽나니 이는지천태니라하시고 또가라사대 약장은 곳한장농이며또신주독이니라하시고 또가라사대 이조희를쓰들날이 속히이르러야하리라하시니라 그뒤에 대흥리에가사 고부인다려이르사대 약장은 곳네의농바리가되리라하시니라
三五 그뒤에 약방에가추어눈 모든물목을기록하야 박공우와김광찬을주시며 가라사대 이물독기를 금산사에가지고가서 그곳에봉안한석가불올향하야 마음으로 달은곳으로옴긴다는생각을하면서 불살으라하시니 두사람이 금산사에가서 명하신대로행하니라
三六 당신이가라사대 중천신은 의탁할곳이업서서 황천신에게 부처물밥을 어더먹어왓나니 그럼으로 원한을품엇다가 나에게하소연함으로 일노부터는 종전신에게 복녹을맛겨 사가업시곪우난게하려하노라 또가라사대 황천신은 사람으로 낫코슥게하기를주장하고 중전신은한번나서 늑지도슥지도안케하려고 주장하

에「광재국」이라각하야 글ㅅ자획에 경면주사를받으신뒤에 공우에게 명하야가라사대 이약패를 원평길ㅅ거리에 붓치라 공우가대답하고 원평으로가려하거늘 당신이 묻어가라사대 이약패를 원평에 붓칠때에 경판이물으면엇덧케대답하려하나냐 공우대하야가로대 광제국을설입하야 죽은자를다시살니며 눈먼자를보개하며 안즌뱅이를것게하며 그박게모든병을 대소물논하고 다낫게한다하겟나 이다당신이가라사대 네말이올으니 그대로하라하시고 약패를불살으시니라

三二 약장은 아래에큰간을두고 그우으로 빼다지 세간이가로잇고 또그우으로또나려셋 가로다섯 합하야열다섯빼다지간이 잇는대 그한가운대간에「단주수명」이라쓰시고 그속에 목단피를넛코 또「열풍뇌우불미」라쓰시고 또태을주를쓰셧스며 칠성경을 양지에나려쓰신뒤에 그웃해「우보상최등양명」이라가로써서 약장우으로부터 뒤로나려붓쳣스며 궤안에는「팔문둔갑」이라쓰시고 그글ㅅ자를눌너서「설문」두자를불지즘하신뒤에 그주위에 스물넉점을붉근물노돌너씩으시니라 전주로부터약재를가져올때에 비가오거늘 가라사대이는약탕수라하시니라

三三 약재는 스물네가지인대 당귀 천궁 백작약 숙지황 목파 오매 원지 석창포 독할 강활 창출 형개 방풍 길경 전호 백지 진피 고련근 갈근

나하섯더니 목수가 그기한안에 맛치지못하거늘 당신이 목수로하여금 재목을
한곳에모아놋코그압헤쑬어안게하신뒤에 그기한념겻슴을삭지즈시며 한봉균을목수
에게주어 불살니시니 문듯번개가번적이는지라 목수가 몸을썰며 짬을흘니더라
다시명하사 속히짜라하시니 목수가 손썰니는중이나서 한달이넘은뒤에 비롯오맛
치거늘 당신이 목수다려 일너가라사대 약장에 번개가들어야하리니 네가 몸
올정히싯고 의관을정제하고 청수한그릇을 약장압헤논뒤에 성심으로써절하라
목수가 명하신대로하니 문듯 맑은하늘에 번개가크게발하더라 약장파궤를 약
방에들여노은뒤에 갑칠을명하사 날마다 일은아참에 약방을 새솟이쓸게하시며
문을닷고 사람의출입을금하시고 스므하로를지낸뒤에 비롯오방을쓰심새 롱감서
전각한질파 천연자삭도등 모든약방기구를 작만하여두시니라
三一 그뒤에 전주용모릿고개에이르사 박공우다려 일너가라사대 천지에서 약
기!운이 평양으로나렷스니 네가 내일편양에가서 약재를사오라하시거늘 공우가
대답하고 행장을수습하야 다시 명이잇기를기달이더니 이날밤에 글을써서불살
으시며 가라사대 평양서 약기운이전주로왓다하시고 김공선을불너 약삼백냥어
치를사오라하시니라 수일후에 구릿골로도라오사 밤나무로 약패를만들어 패면

百五十四

경원파최내경을다리고 ᄲᅢᆨ암리최창조의집에가서 일즉만돌어둔 내옷한벌올 세사람이 한가지씩난와입고 오늘저녁 인적이그칠ᄶᅢ를기달여 그집정문박게 ᄯᅡᆼ을파고 그압해 청수한그릇파 화로를놋코 새긋한그릇에 효주와문어와전복을넛코 그우에 두부로덥허 구덩이속에넛코 다시 한사람은 돗고기전야를돌어 청수와화로를넘기고 한사람은 그것을밧고 ᄯᅩ한사람은 다시바더 그구덩이속에너은뒤에 흙으로덥흐라하야 자세히일너주고 ᄲᆞᆯ니도라오라 형렬이명을밧고 대인에가서 일일히지휘한뒤에 ᄲᅡᆯ니도라오니 밤이깁고 검은구름이 하눌을덥허서 소낙비가 쏘다지며 우뢰와번개가 크게일어나는지라 당신이 물어 가라사대 이ᄶᅢ쯤 일을행하겟나나 형렬이 대하야 가로대 일행할ᄶᅢ가 ᄶᅡᆨ되엿나이다 당신이가라사대 변산파갓흔큰불덩이가 나터나굴면 온세계가 재가될지라 그럼으로 이제 그불을무덧노라하시니라

三〇 사월에 백남신으로부터 돈천냥을가져오사 구릿골김준상의집에 방한간을수리하고약방을차릴새 장판은고부장판을쓰시며 가라사대 고부에선인포전이잇음으로 그기운을쓴다하시고 ᄯᅩ목수이경문을불너 약장파궤를 ᄶᅡ라명하사 그장광척촌파 ᄶᅡ는방법을 낫낫치가라처시고 기한을정하여주시며 그기한을 넘기지말

탄식하야가라사대 귀신으로나 조혼곳에가게하리라하시고 글올써서불살으신뒤에 섭부름순에게 일녀가라사대 시체는 단단히묵지말고 널에너어 널덥개도 단단히잠으지말고 양지쪽에외빈하야 풍우나가리게하라하시니라 수일을지낸뒤에 당신이 또탄식하야가라사대 박장근도 또한죽으리라 그성질이 화하기어려우니 엇지할수업노라 경석파내성이 함세엿주어가로대 그위인이 성질은 강포하나여러달동안 닥거온정력을 도라보시와 그죽엄을 면케하여주시옵소서 가라사대 귀한것이인망이라 인망이그러하니 한도리를생각하리라하시더니 다시가라사대 그액을 아조업시하기는어려우나 생명은보전하게하리라하시더니 그뒤에 장근이 외병에게마져서 다리가부러진지라 당신이들으시고 공신다려 일녀가라사대 너도또한 마음을고처라 그러치아니하면 어느지경을갈지몰으리라하시니라

二八 이월초이튼날 본댁으로부터 태인신경원의집에이르사 그곳에서 한달동안 머물으실새 최창조에게 명하야가라사대 돗한마리를살머서 계란으로 전야를붓처서 대그릇에담어서 세씃한곳에두고 또내옷한벌을지어두라 장차쓸대가잇노라 창조가 명하신대로 돗고기전야와 옷을 만들어두니라

二九 삼월에 구릿쌀에이르사 형렬에게 명하야가라사대 네가 태인에가서 신

百五十二

복녹을 마련하여주실줄밋엇더니 뜻박게 이턴화액에ᄲᅡ지게되니 이는 허무한말로 우리를속임이라하야 모다당신을원망하고 문공신 이화춘 박장근세사람은 더욱성내여 자조욕설을내며 경관에게 당신을얽어말하더니 삼월에 당신이 대흥리차경석의집에게실새 이화춘이이르거늘 당신이 일너가라사대 사람이 비록화지에들지라도 더욱 마음을굿게하야 본심을직히고 의리를존중히할것이어늘 너는 엇이그러틋 소조가무상하야 불이를감행하나뇨 이뒤로는 깁히회게하야 모돈일에 의리를잘직히며 나의가라치는바를 잘ᄯᅡᆯ으라 그러치아니하면 신명을굴옷치리라 ᄯᅩ일너가라사대 네가 이제도라가거든 방문을구지닷고 출입을폐하야 문구멍을ᄯᅮᆯ어놋코 밥을밧어들여먹고 대소변도밧어내여 이러케 보름동안울지벌지어다 만일그러치아니하면 큰화를당하리니 부대명심하야 잇지말라하사 여러번부탁하시거늘 화춘이 명을밧고물너가니 당신이 다시내성을명하사 화춘올불너들여 일너가라사대 네가 만일 나의부탁을밋지아니할진대 비록죽는ᄯᅡᆼ을당할지라도 나를원망처말나 화춘이대답하고물너가니라 몃출지낸뒤에 당신이세수하시다가 문듯가라사대 시취가코를질은다하시더니 이옥고 화춘의집사람이급히와서 화춘이 박게나갓다가 의병에게 총살당하엿다고 알외거늘 당신이

간수에게청하야 당신싸지 옴기시게되니라 당신이 달온방으로옴기신뒤에 혀렬

파자현다려 일녀가라사대 상인회석에 판장외공사를쳐결한다한니 우리세사람이

면 무슨일을해결치못하리오 또자현다려 가만히일녀가라사대 비록 십만대중이

이러한화액에싸젓슬지라도 조금도상합이업시 다설니게하야 다리고나가리니 안

심하라하시니라 그믐날밤에 우뢰와번개가 크게일어나거늘 당신이가라사대 이

는 천자신이넘어옴이라하시고 또가라사대 천자신은넙어왓스나 너히들이 혈심

을가지지못함으로 장상신이응치아니한다하시니라

二五 이때에 눈이크게나리고 일기가심히차거늘 당신이가라사대 이는 대공사

들쳐결함이라하시니라 경관이 여러사람을조사하여도 아모의병의증거를엇지못합

으로 당신외말삼은 밋친말로돌니더라 정월열흘날 옥문을열고 여러사람을내여

보낸뒤에 오직 당신만남겨두엇다가 그뒤경칩절에 또한내여보내니라

二六 이때에 차경석파안내성이 돈일백이십냥을가지고와서 새옷을지어들이려하

거늘 당신이 금지하시고 그돈을 여러순검파 가난한사람에게 난와주시고 사

흘동안머물으신뒤에 와룡리황응종의집으로가시니 차경석이쌀으니라

二七 갓치섯슬때에 모든종도놀은 당신쎄서 천지를개벽하사 선경을열어 각히

百五十一

百五十

번 관재를당하엿음을알으시고 그화를면케하심이오 파찬파원일운 성질이너무굿셰을쓰려 참여치아니하게하심이러라 스므엿샛날 경관이 당신파몃좀도들을신문할새 당신셰몬저뭇되 네가의병이뇨 가라사대 나는의병이아니라 곳천하를도모하는사람이로라 경관이놀내여가로대 감히그런참담한말을하나뇨 당신이가라사대 사람마다 지혜 부족하고 도략이업슴으로 천하사에 뜻을두지못하나니 만일거특한지혜와큰도략이잇스면 엇지 천하를도외로보리오. 경관이 당신을구타하야드대여옥에가두고 달은사람도 낫낫이신문하니 대답이한굴갓지못하야 혹은도를배우기위하야 쌀은다하며 혹은 속임을입어서 쌀은다하더라 신문을맛친뒤에 모다옥에가두니 이째에 각쳐에 이병이일어나서 관군파싸우며 혹의병의탈을쓰고 촌락을써는화적도횡행합으로 의병혐외로잡힌자는 혼이 시비를뭇지도안코 총살하니 실로공포시대더라

二四 이몬저 당신이 이일에쓰기위하야 돈얼마를준비하야 갑칠에게막기사 경석에게전하라하셧더니 갑칠은 이일이난뒤에 곳정읍에가서 그돈을 경석애게전하니 경석이 고부로와서 이불파사식을차입하니라 간수중애형렬파자현을 아는사담이잇서서 그외편의를도옵기위하야 달은중용한옥방으로옴기거늘 형렬이 그

당」 소리를하며돌라 종도들이 명하신대로몃번합에 사방에서천고성이크게나는지라 이에 천지대신문을열고 천자신파장상신을모와 백외군왕백외장상도수를보실새 김형렬 김자현 박공우 문공신 박장근 이화츈등 이십여명의종도에게 일너가라사대 너희는 문공신의집에잇서서 비록관헌이올지라도 두려워하지말고 나외쳐소롤뭇거든 속이지말고 발은대로가라치라 만일 관재에겁이나거든 각히해산하야 큰일을굴옷치지말나 일을하는자는 불구덩이에 들어가기도하나니라 모든사람은 다만 이상히역일싸름이러니 마참 그면장양모와 그동리이장이 공신의집에들어오거늘 당신이 묻듯가라사대 내가 이제천하를도모하려노니 너희뜰이 엇지이런공사장에 참여하나뇨하시거늘 면장파이장이 그말삼을듯고 외병인줄로오해하야 관헌에고발하니라

二三 섯달스므닷샛날 무장한순검수십명이 돌연히 공신의집을에워싸고 모든사람을결박한뒤에 당신의처소를뭇거늘 모든사람이 비롯오 당신의말삼을깨닷고 신경수의집에게심을 발은대로고하니 순검들이다시달녀가서 당신을붓들어 합하야스믈한사람을 고부경무청으로잡어가니라 이일이나기전에 김광찬파박공우는 차경석의집으로보내고 신원일은 신경원외집으로보내시니 대개 박공우는 여려

고 그새이로 「정의」 두자를 네귀와중앙에 버려쓰사 문공신의집벽에부치시고또 「일월무사처만물 강산유도수백행」이라는글한귀를 외우시고 당요의 역상일월성신경수인시를 해석하사가라사대 천지가 일월이아니면 빈껍덕이오 일월은 아는사람이아니면 헛된그림자라 당요가 비릇오 일월의법을알어서 때를백성에게알녓스니 하놀은헤와땅의리가 일로부터 들임업시 인류에게 누린바되엿나니라하시고 박공우다려일너가라사대 후천오만년 첫공사를행할터이니 네가 잘생각하야 중요한자를들어서 말하라 공우가 지식이업서서 알외바를몰은다하야 사양하다가 이옥고 엿주어가로대 선천에는 청춘소부가 수절한다하야 공방을 직켜 적막히늙어버리는것이 불가하오니 후천에는 이폐단을업이사 젊은홀어미는 젊은홀아비를 늙은홀어미는 늙은홀아비를 각각갈여서 일가와친구를 모다 청하야 공변된예식을벌이고 예를가추어서 개가하게하는것이 조을줄아나이다 당신이중찬하야가라사대 네가아니면 이공사를 말할이가업겟기로 네게맛겻더니 파연잘하엿도다 이제결정한이공사가 오만년을나려 가나니라

二二 또공신의집문에 문구멍을뚤어놋코 공우를비롯하야 모든종도들을 별여세우시고 담뱃대를들며가라사대 서로번갈녀서 물초리를문구멍에대고 입으로「

사고 이튼날 돈설혼석낭을가지고 태인행단에이르사 돗한마리를잡어서 오고가는사람에게 술파돗고기를 만히베푸시고 소리치며가라사대 이일은 하눌도뜻대로못하리니 글자수효대로만 가저가라하시더니 그뒤에 시천교인이 헌병에게글웃 외병협의를밧어 그곳에서 스믈한사람이총살되니라

二一 섯달에 고부와룡리에이르사 신경수의집에머물으시며 벽우에 글을써붓치시니 이러하니라

두문동성수

八 八 신롱패

유사표

九 九

백복신

만사신

다시 종도이십여인을 그마을문공신의집에모으시고 「천지지주장 음양지발각 사물지수창」이라쓰신후 또 옷호로 「인사각지」 라쓰시며 조회중앙에혹선을만이그리

百四十七

百四十六

발으시고가라사대 그글자모양이 아라삿병정파갓다하시고 쏘가라사대 사긔는감제로보내리라하시더니 마참 김제수각임상욱이이르거늘 청수깃든사기를 개국에씻어주시며 가라사대 인부를만히부릴때에 쓰라하시니라

二〇 순창피노리에계실새 황응종이이르거늘 당신이가라사대 고붓사람이오니바독판을가히운동하리라하시고 「영웅소일대중화 사해창생여낙자」라는글을외우시고 농바우에이르사 최수운파젼명숙의원을 셜으신다하사 사명기를 한개씩만들어서 놉혼솔가지에달어매시고 방한가운대 집울만히묵거놋코 쏘조희로 송낙올만히만들어놋코 그아래 식혜를놋코 「걸군굿 초란이패 남사당 여사당 삼대치」라써서 종도들로하여금 읽히시고 가라사대 조선형세가 오선위기관파갓하야 서로 패로들쳐싸먹으려하니 이제 최수운을보증세워 일본으로넘기리라하시고 종도들에게 물어가라사대 최수운의얼골파음성을 아는자가잇나냐 모다대하야가로대 알지못하나이다 글쌘은아는자가잇나냐 가로대 대략아나이다 가라사대 수운가사에 「가장이엄숙하면 이런빗치웨잇스리」와 「이내수치씻어주면 그아니성덕인가」라는구절이잇나니 이제 고요히 그성음을들으라하시더니 문듯공중으로부터 신어가잇서 그두구절을노래하더라 이에 설비한모든물품을불살으

안사지

一八 그뒤에 군산에가사 공사를보시고 글을써서불살으시니 이러하니라 「지유군창지 사불천하허 왜만리청만리양구만리 피천지허차천지영」

一九 정미년가을에 순창농바우에머물으시며 공사를보실새 가라사대 순창에큰기운이뭇처잇으나 전최양인온 그사람이아님으로 도리여해롤주엇나니라하시고 또가라사대 허미수가중수한 성천강선루일만이천고물은 녹줄이부터잇고 금강산일만이천봉은 겁살이끼어잇스니 이제 그겁기를제하리라하시고 김형렬을명하사 김광찬이도참으로더불어 구릿골에가서 백지를한방촌씩올여서 「모신시」자를써서 네벽에부치되 한사람이 하로에 사백자씩써서 열흘에맛처라 그리고 그동안에 아참저녁으로 청수스물네그릇씩길어놋코 밤이면 칠성경스믈한번씩읽으라하시거늘 형렬이 명하신대로행한뒤에 갑칠을 농바우에보내여 일을다맛첫슴을알외니 당신이 염소한마리를사주시며 가라사디 나의도라가기둘기달이라하시니라 그뒤에 당신이 구릿골에이르사 염소를잡어서 그피를 일만이천모실싯자머리에

신뒤에 다시갑칠을명하사 그재를모아가지고 압내에가서 한줌씩 물에띄워내리며 하눌을우러러보라하시거눌 갑칠이 명하신대로하야 하눌을우러러보니 구름이 재가물에띄우는대로 피여흘으는모양파갓치 무듸무듸 피여나더라 은행은갑칠이 갈마두니라

一七 그뒤에 글을써서 형렬의집벽에부치시니 이러하니라

시
천
주
조 경주용담보은신
화 법 연
정
영 지기금지원위대강 월
세
불 사 일
망 전주동곡해원신

홍주에서 의병을일으킴에 마참날이가믈어서 인심이소동하야 서로안도하지못하고 의병에가입하는자가 날로더하야 군세가 크게떨치거늘 이에 수일동안 만경에멈울으시면서 비를만히나리시니 인심이 비롯오안돈되야 각히농사터로도라감으로의병의형세가 크게쇠하여지고 최의현은 마참내 순창서잡히니라

一五 당신이 최의현이잡혓다는말을들으시고 만경을떠나 의산만성리로가시며가라사대 이번에 최의현의동합으로말미암어 다만 창생만 죽는곳으로 몰아들일것이니 내가엇디 참아안져보리오하시며 최의현의만장을지어 종도들에게주시니라

一六 이공사를맛치시기전에 서울서 김갑칠을돌녀보내실새 명하야 가라사대 구릿골에가서 형렬파성백으로더불어 사십구일동안을 날마다 조희등한개씩 어울너만들고 또각히 집서기한커리씩 삼어두라하심으로 갑칠이도라와서 명하신대로행하엿더니 그뒤에 당신이 만경으로붓허 구릿골에 이르사 집서기는 원평장에팔니시고 조희등에는 각히 음양 두글자를쓰신뒤에 다불살으시고 갑칠다려 은행한개를구하여오라하시니 갑칠이 사방으로구하여도 엇디못하다가 그의좀형수에게 한개가잇슴을발견하야 가저옵니니 당신이 조희등살은재속에 너으

종도들로하여금 오매다섯개씩쥰비하라하시고 윤선을타시니 바람이크게일어나서 배가심히흔들녀서 모든사람이멀미를하거늘 각히 오매를입에물어안돈케하시고 이날밤에 갑칠을명하사 각사람의소원을기록한조희로싼안경을 북방으로향하야 바닷물에더지라하시니 갑칠이 배우에올나가서 방향을분별치못하야 머뭇거리거늘 당신이 다시불너물여 물어가라사대 왜빨니더지지안니하나냐 갑칠이대하야가로대 방향을분별치못한연고니이다 가라사대 번개치는곳으로더지라 갑칠이 다시배우에올나살피니 문듯 번개가치거늘 이에 그방향으로더지니라 이튿날 인천에나리사 꿋긔차를밧구어타시고 서울에이르사 각히 담배를슌호라하시고 광찬의인도로 황교에사는 그의종제영선의 집에드시니 신원일의일행은 몬저당도하엿더라

一三 원일은 이르는족시에 천자부해상 이라는글을써서 남대문에 붓치니 온서울이크게소동하야 인심이뒤쓸음으로 조정에서는 엄중히경계하더라 서울서 여러가지공사를보실새 통안에벽녁표를무드시니라 십여일후에 모든종도들은 다돌녀보내시고 오직광찬만머물으게하시다가 수일후에 다시만경으로보내시며 통지잇기ᄭᅡ지기달이라하시니라

一四 사월그믐날 당신이 만경김광찬의처소에이르시니 이ᄯᅢ에 최의현이 충청남도

이 갓치먹게하시며 가라사대이것이 곳불사약이라 하시니라 모든사람이그밥을먹은뒤에 정신이 맑고기운이완전이회복되니라 김덕유는 페병으로중긔에이르럿든바일로부터완전이나으니라 당신이가라사대 이럿케허약한물이들이 일을재촉하나뇨 육졍육갑을쓰려드릴때에 사라날사람이적으리로다하시니라

一一 그뒤에 구릿골로 도라오사 수일을지내신뒤에 다시큰공사를보시랴고 서울로써나실새 전합은순창으로 돌녀대이리니 형렬은 지방을잘짓키라하시고 ᄯᅩ 모든 사람을명하사 각히제소원을 기록하여오라하사 그조회로 안경을싸녀오신뒤에 정남기 정성백 김갑칠 김광찬 김병선을다리고 군산으로가서 윤선을타기로하시고 신원일과 그외네사람은 한밧으로가서 기차를타라하시며 가라사대 이는수륙병진이라하시니라 ᄯᅩ신원일에게 명하야 가라사대 너는 몬저서울에들어 가서 천자부해상 이라써서 남대문에부치라 원일이 명을밧고 일행을거나리고 한밧으로써나니라

一二 당신이 군산으로써나가실새 병선으로하여금 「영세화장건곤위대방일명간태궁」을외우라하시고 군산에이르사 여러종도에게 물어가라사대 바람을것고감이윤호냐 놋코감이올호냐 광찬이대하야가로대놋코감이올호니이다하거늘 이에 모든

百四十

하시니라

一○ 병오이월에 당신이 여러종도를다리고 의산배산부곤만성니정춘심의집에이르사 중옷한벌을지어서 벽에걸고 사명당을외우시며 산하대운을돌니실새 일햇동안올 방에불을떼지아니하시고 춘심올명하사 쇠머리한개를살머서 문압해 노은뒤에 남조선윤선기운을비처보리라하시고 정성백을명하사 중옷을 부억에불살으시니 문득 뇌성이고동소리와갓치나며 석탄연기가코를질으매 온집안도량이 큰풍랑에혼들니는뱃속파갓하야 온집안애잇는사람이 모다혼도하야 혹토하기도하고 혹정신도일호니 이때에참석한사람은 소진섭 김덕유 김광찬 김형렬 김갑칠 정춘심 정성백파 밋그가족들이라 김덕유는문박게서쇄굴어지고 춘심의가권를은 각히그침실이나 행기하든곳에서혼도하고 김갑칠은인사불성되야 숨을통하지못하거늘 당신이 청수을 그입에흘너너으시며부르시니 곳살어난지라 차례로 청수를 혹얼굴에도뿌리며 혹먹이기도하시니 모다정신올회복하니라 당신이 가라사대 역사하려고 애들을썻는대 밥이나제때에먹여야하리라하시고 조회에글을써서갑칠을 주어부억에이르니 성백의부인이부억에혼도하엿더라 갑칠이황급히조희를사로니 그부인이곳회생하야 밥을지어올니니 당신이밥올만이부벼 한그릇에서여러 사람이 드대여한울품고도라가더니 그뒤로 묻듯동남풍이그쳐거늘 당신이 그제야세달으시고 급피사람을 그병인에게보내여 공사의전심을인하야 밋처대답지못한사신을말하야 써안심하게하시고 꿋병을고쳐주시며 가라사대 한사람이 원한을품음에 능히천지기운을막는다하시니라 그때애 러시아가 해륙으로 언하여패하니라

九 동학신도가 갑오의겁난당한뒤에 감히나터나지못하고 잠세력을직키여오다가 일로전쟁의기회를타서 일본에결탁하야 일진회를조직하니 사방이향응하야 그세력이 날로왕성합에 백성들은 갑오년의난폭하든행동을기억하야 두려운마음을품은지라 당신이 종도다려일너가라사대 저희들의 이번운동에는 각히제힘을들이게할것이오 갑오년파갓치 백성에게 폐를짓지못하게하리니 내 가솔선하야 모범을지어야하리라하시고 약간의전답과살님을팔으사 전주부에이르러 모든걸인에게난화쭈시더니 파연 일진회원이 마참내 각히제재산을탕패하거늘 당신이가라사대 저희들이 나를본바드니 살녀줌이올호니라하시고 갓울벗고삿갓을쓰시며 옷은 안이검고밧기회계하사가라사대 져회들이 검은옷을입으니 나도검은옷을입노라 또 하눌을가라처가라사대 저구름이 속은검고밧근힘이 나를본바듬이라

百三十九

百三十八

서일본을도와서 려시아세력을물니치리라하시니 중도들이 그말삼을밋지아니하야

서로일으되 한사람의액을끌으기위하야 두나라의전쟁을부친다함도 망녕이어니와 약소한일본을도와셔 천하막강한 러시아외새력을물니친다함은 더욱허황한말이라하더니 섯달에 일노전쟁이일어나 일본군사가 승세를타서 국경을지나가니 이에 국금이해이하여저서 박영효외협의가 드대여뜰니니라

八 그때에 당신이 병욱에게물어가라사대 일본과러시아가 국가의허약함을타서 서로세력을다토는대 조정에는 당파가난우여 혹은 일본을친선하려하며 혹은러시아를결탁하려하니 너는 엇든주의를 올히역이나냐 병욱이대하야가로대 인종의차별과 동서양의구별로하야 일본을친선하고 러시아를멀니함이 올타하나이다 당신이가라사대 네말이올흐니라 이제만일 서양사람의세력을물니치지아니하면 동양은 영구히 서양사람에게 줏발핀바되리라 그럼으로 서양사람의세력을물니치고 동양을붓잡음이올흐니 일본사람이 천지에큰일군이되나니라하시고 이에 천지대신문을열고 날마다공사를보사 사십구일을한도수로하야 동남풍을불니시더니 밋처기한이 두어날이차지못하엿는대 한사람이와서 병고처주시기를애걸하는지라 당신이 공사에전심하사 그사람외애걸하는말에 아모대답이업스시니 그사람

대로 꽃남원에갓다와서 다수한경순검이이르러 병옥을찻는경상을압외니 병옥이비롯오크게두려워하니라 이튼날 가마를준비하야 병옥을태우고 전주로도라오사서원규의약방으로들어가시니 원규가 병옥을보고 크게놀내여가로대 그대가 엇지하야 죽을짱을벗어낫스며 또엇디 이러한위지로들어왓나뇨 너무급한일임오로둉지할결을이업서 그대의집안에서는 엇디할줍을몰으고 다만울음으로지낼션룸이니라하거늘 병옥이 그자세한경파를들으니 경순검이 전주를써나서 남원에이를째와 자긔가 당신을쌉어서 남원을벗어날째 가 겨우 한두시간좀둘니는지라 병욱이 탄식하야가로대 선생은 진실로친신이시라 만일 선생의구원이아니엿더면 엇디 죽을짱을벗어낫스리오하니라 그째에 순검들이 남원에이르러 병옥을찻지못하고 전주로도라와서 사방으로 크게차지니라 원규의약방이 큰길거리에잇슴으로 병욱이 그종용치못함을근심하거늘 당신이 가라사대 모든것을 내게밋고근심을풀어버리라 내가 장차네일을쓸녀주리라하시니라 병욱이 원규의약방에오랫동안머물으되 아는사람의츌입이업고 또밤에는 당신이 쓰림업시 병욱을다리고 거리에다니며소풍하되 한번도 아는사람의눈에쯔우지아니하니라

七 당신이 명욱다려일너가라사대 내가 네일을쓸으기위하야 일노전쟁을부려

百三十七

하시고 우물에 손을너어젓으사 댓가지한개를 건저내시니라

六 하로는 이도삼다려일너가라사대 금년에농사를지으리니 농비를쥰비하여오라 도삼이대하야 가로대 내가가진돈이업서 쥰비하기어려우니이다 가라사대 네가논 한맘서되직이가잇서 팔면 일백셜흔냥이되리니 그만하면넉넉하리라 도삼이 이에논 팔어 일백셜흔냥을작만하야 당신쎄올니니 당신이 조회에 한일자를 길게써어노코 그획에걸치어서 만물대선록 이라써서 불살으시고 그돈을 도삼에게들니고 주막에가사 길가는사람들을불너 술을밧어주어 다쓰시니라

七 이해여름에 김병욱이 관찰사의심부름으로 남원에가서 오랫동안두류하면서 세금을감독하야바드니라 이때에 조정에서는 러시아를결탁하야 일본을억제코저 할새 일본에망명한박영효일파를 친일파로지목하야 그당파를 크게찻저죽이니 병욱이 또한연루가된지라 시월에 서울로부터 다수한순검들이 전주에이르러 병욱을찻다가 남원에잇는줄알고 그시로 곳남원으로써나니라 이때에 당신이 남원에이르사 병욱을차저서 그바든세금은 주인에게막기게하고 곳병욱을다리고 들박게에나가시니 병욱은 그쌔닭을알지못하더라 십여리를가사 병욱의선산재실에들어가사 산죽을명하야 남원에가서 형편을살피어오라하시니 산죽이 명하신

얼마나되나냐 남신이대하야 가로대 삼십만냥은되나이다 또가라사대 이십만냥으
로 그대의생활을넉넉히하겟나냐 대하야가로대 그러하리이다 또가라사대 이제
쓸곳이잇스니 돈십만냥을들이겟나냐 남신이 한참생각하다가 드대여허락하거늘
이에 열흘로한정하야 증서를바더서 병욱에게맛기셧더니 기한이이름에 남신이
돈을준비하야 각지로열두장을옵닌대 당신이 글을써서불살으시고 또병욱에게막
기신증서를 불살으신뒤에 각지열두장은 도로돌녀주시며가라사대 돈은 임외요
긴히써서 일을잘보앗스니 다행이라하시니 남신은 현금으로쓰지아니하심을 미
안히역이고 다시엿주어가로대 현물시세를보아서 무역하야 이롤냄이엇더하니잇
가 당신이가라사대 그것은불가하니라하시고 또가라사대 남신의일이 용두사미
와갓다하시니라

四 그뒤에 당신이 여러종도다려일너 가라사대 이지방을직키는모든신명을 서양
으로건너보내여 큰난리를일으키리니 이뒤로는 외인들이 주인업는빈집들듯하리
라 만일모든신명이 일을맛치고도라오면 제집닐은 제기맛터서하리라

五 곽종석이출산함에 천하가모다촉망히거늘 당신이 피이히녁여가라사대 무엇
으로하야 이리 인망을얻으나뇨 이것이 조명에지나지못하니 그기운을눌오리라

百三十五

百三十四

一 임인사월에 당신이 김형렬의집에머물으사 명부공사를행하시며 일녀가라사대 명부공사의심리를딸어서 세상의모든일이결정되나니 명부의혼란으로말미암어세계도또한혼란하게되나니라하시고 최수운파전명숙과김일부로하여금 각히명부를주장케한다하시며 날마다 글을써서불살으시니라

二 김형렬의집이가난하야 보리밥으로 당신께공양하더니 팔월추석을당하야 할수업시 솟을팔어서 반찬을작만하려하는지라 당신이가라사대 솟이들석이니 미륵불이출세하리로다하시고 형렬로하여금 쇠쇼리한개를구하야 불을피우고 두어번둘너낸뒤에 형렬을명하사 해를보라하시니 형렬이우르러봄에 햇머리가둘너잇더라 당신이가라사대 이제 천하대세가 큰종거를알음파갓으니 내가 그종거를파하엿노라하시니라

三 계묘년봄에 당신이 형렬파모든종도다려 일너가라사대 옛적에는 동서양의교통이업싯슴으로 신명도또한 서로넘나돌지못하엿더니 이제는 기차와윤선으로수출입되는화물의표호를딸어서 서로통하여다님으로 조선신명을 서양으로건너보내여역사를식히려하노니 재주를어더서 길을틔워야할지라 재주를천거하라 김병욱이 전주부자백남신을천거하거늘 당신이 남신다려물어 가라사대 가진재산이

四九 이도삼의뚤이 병들어죽거늘 그어미 가울며가로대 션생이계시면 이아해들 살니실터인대 지금어대게신지알수업스니 이일을엇디하리오하더니 저물엄에 당신이이르사가라사대 이아해 가죽지아니하엿스니 울지말라 울면살니지못하리라하시고 도삼을명하사 달속에무엇이잇는가보라하시니 도삼이달을울으러보고 대하야 가로대 달가온대어린아해가잇나이다 가라사대너의뚤이살엇스니 이름을월례라하라하시더니 그뚤이파연다시살어나니라

五〇 대개중도들중에 무슨병고가잇서 와서알외는자가잇스면 그중세의엇더함을 물으신뒤에는 아모법을베프심이업시나으며 만일위경에이른사람이면 그중수를가름하야알으시면 곳나엇나니 가령배알는사람이면 묻듯배압호다고한번말삼하시고 머리알는사람이면 머리압호다고한번말삼하실다름이니라 그럼으로 하로는 형렬이엿주어가로대 병을낫게하여주시며 아해를나케하여주시고도 아모말삼을아니하시니 그공을알어줄사람이업겟나이다 당신이가라사대 병만낫고아해만나면가할지니 공을알게할필요가잇스터오 공덕을 남에게알게하려는것은 소인의일이라하시니라

제육장 천지공사

百三十三

百三十二

용이 초쳐할뿐아니라 살님을거두지못하야 항상집안이어즈럽거늘 준상이 당신
세 그일을알외며 고쳐주시기를청한대 당신이불상히녁이사 사셩음한첩을지어주
시며 장농속에깁히갈머두라하시거늘 준상이 명하신대로하엿더니 그뒤로는 그
중수가다시일어나지아니하니라

四七 대흥리신재인의아들이 흉복통으로사경에이른지라 신재인이 당신께와서
곳처주시기를청하거늘 당신이가라사대 돗한마리를잡어서살머오라 재인이명하신대
로하려하더니 문듯다시가라사대 미구애돗고기석점이이르리니 돗을잡지말라하시
더니 이옥고차윤경이 제사지낸집에가서 술상을가져오니 파연술상에 돗고기석
점이잇는지라 드대여재인에게주사 그아들올먹이게하시니 흉복통이곳나으니라

四八 하로는 신원일의집에이르사 원일다려일너가라사대 네가내종으로 죽게되
엿슴으로 살니러왓노라 원일이놀내여가로대 아모병이업나이다 가라사대그러치
아니하니 국수를사서잘말어오라 원일이명하신대로하야 국수를말어오니 한그릇
을먹이신뒤에가라사대 속이엇더하냐 가로대별로달은일이업나이다 다시한그릇을
먹이시고 또 무르시니 가로대속이쓰라리나이다 가라사대 대변을보고살펴보라
원일이나가서대변을보니 대변이전부고름이더라

려하나이다 또훈로말삼하사대 밧게인심은조흐나안인심이조치못하도다하시거늘 쥰찬이이상히녁여 안에들어가살피니 그젹은집이 제침실을치운것을 불평히생각하야 노긔를띄고잇슴으로 쥰찬이 잘달내여얼으만지니라 이튼날 그어미의견비통이제절로나어서 굴신올마음대로하니 일로부터 쥰찬은 크게감복하야 당신을 땁으니라

四四 황웅종의아들이 병들어위독하거늘 웅종이 청수를써놋코 당신계신곳을향하야 낫게하여주시기를발원하니 그병이곳낫는지라 이튼날 구릿골에와서 당신께뵈이니 당신이물어가라사대 어제 구름을타고나려다본즉 네가손을부비고잇섯스니 무슨일이엿나냐하시거늘 웅종이 그일을알왼대 당신이우스시니라

四五 김쥰찬의아들이 병들어사경에니르거늘 빨리구릿골에와서 당신께그일을알외니 당신이 아모말슴도아니하심으로 마음이초조하야 곳도라가기를알왼대 당신이만류하사 밤을지내고가라하심으로 명을어긔지못하야 뜬눈으로밤을새고 이튼날아침에써나서 집에도라가니 병든아들이 나어서 쾌활하게노는지라 그병세가낫든때를물으니 곳 당신께 병세를알외든시간이러라

四六 김쥰상의안해가 종복종이잇서서 해마다 두세네번씩 지리하게알어서 형

百三十一

百三十 에니르러 당신게신곳을뭇으니 젼주능소에계신다하거늘 다시그곳으로써나가니 구릿골에서 거리가칠십리러라 능소에니르러 당신께뵈입고 병보를알윈대 당신이 술을주신뒤에 돈십원을주시며가라사대 날은임의느졋스나 불쾌한마음을두지말고 곳도라가다가 청도원김송환의집에들어자고 래일아참에 구릿골김갑칠에게가서 내모시두루막한벌을가지고 집에도라가 부친을납히고 이돈으로 자양물을사서 잘공양하라 응종이 날은임의저물엇스나 감히명을어긔지못하고 능소를써낫더니 길걸은지한시간이못되엿는대 뜻밧게 길가애비가보이거늘 자세히살피니 곳청도원이라 응종이 놀내여생각하되능소에서여긔가 륙십리인대 한시간도못되여서니르게됨은 반닷이 선생의도력에밀녀옴이라하니라 송환의집에들어자고 이튼날아참에 구릿골에돌녀 두루막을가지고 손바래기에니르러서 당신부친에게 이두루막을닙히니 병이곳낫는지라 이에자양물을 사서공양하니 원긔도곳회복되니라

四三 김쥰찬의어미가 여러햇동안 견비통을알어와서 팔을굴신치못하더니 하로는 형덕찬이 당신을모시고니르거늘 쥰찬이 그적은집침실을치우고 당신을모셧더니 당신이가라사대 네모친이 견비통으로고통하나냐 쥰찬이대하야가로대 그

또 아해의배를만즈시고 숫갈로 냉수를써서 아해의입에너으시니 죽은아해가
원다리를움즉이거늘 당신이쑥지저가라사대 네가 엇디어른압헤누엇나냐하시니
죽은아해가 문듯눈을쓰고 정신을찰여 일어나거늘 당신이 모든사람에게 사
다을금하시며가라사대 이아해가 머나먼천리길을 갓다왓스니 고요히잇서야할지
라 안방으로옴겨누이고 미음을쑤어먹이라하셧더니 이튿날 그아해가 사랑에나
오거늘 그입에 참기름을발으시고 밥을먹이시니라

四一 그뒤에 손병욱의안해가 병들어 사경에니르거늘 옹종이 그일을알외니
당신이 옹종을다리고 병욱의집에니르사 알는방문박에안저 말삼하시더니 옹종
이 병욱다려 당신세공양할술을쥰비하라하거늘 당신이듯으시고가라사대 나먹을
술은잇스니 쥰비하지말라하시더니 파연 병욱의장모가 당신이오셧슴을알고 술
파안주를가저오니라 당신이 술을마스신뒤에 옹종다려일너가라사대 와병에인사
절이니 병인을붓들어일으키라하시니 옹종이 병인을붓들어일으키거늘 다시가라
사대 병은임의나섯스나 이뒤로잉태는못하리라하시더니 파연 그뒤로는 잉태하
지못하니라

四二 당신의부친이 병들어서위독하거늘 옹종이 당신세명보를알외려고 구멋골

서 일어서지못함으로 당신께안고와서 고쳐주시기를쳥하거늘 당신이가라사대 래일아참에 소고기와 참기름을 좀먹이고 안고오라하시니 평양네가 가난함으로 소고기는 사먹이지못하고 참 기름만먹인뒤에 안고와서 그일을알외니 당신이 누으시 아모말삼도아니하신지라 평양네가 심히미안하야 아해를싸리며가로대 병신이될여거든 찰하리죽으라하니 아해 가울며 문듯다리를펴고일어나서 피하야달어나거늘 평양네가 그광경을보고 심히깁버하야 당신께감사하되 당신은 아모말삼도아니하시니라

四〇 황응종이 당신을뫼이려고 태인새울최창죠의집에니르니 마참곡셩이들니거늘 응죵이 들어가지아니하고 창죠를불너내서 온사연을말하니 창죠가들어가서 당신께알왼뒤에 나와서일너가로대 선생이이졔내집에계시나 지금보시는일이잇스니 좀지채하라함으로 응죵이 그압주막에나가서 기달이려하엿더니 다시꼿불오시거늘 들어가서 당신께뵈이니 당신이 창죠의닐곱살된아들을 무릅우에누여안으셧는대 꼿 숭이쏫어진송장이러라 대저 창죠의아들이 그압날급증에걸녀셔 죽엇슴으로 창죠가 당신계신꼿으로차저가서 죽은아해를 살녀주시기를애걸하니 당신이 그때에 방장창죠의집에오사 죽은아해를살니려하심이러라 당신이 손으

쌍에붓고 달빗올 우르러보라하시니 경학이그대로하야 꼿나으니라

三六 김락범이 텬포창으로고통하다가 하로는 당신이 룡모릿고개에계실새 락범이 지셩으로모시더니 당신이 문득진로하사 꾸지저가라사대 네가엇디 어른압해서 그러케태만하뇨하시니 락범이 다만머리를숙여 한편으로는 황송하게생각하고 한편으로는 이상히녁이다가 집으로도라가서 허물을생각하되 깨닷지못하고 황송히지내더니 그뒤로 텬포창이 꼿낫거늘 비롯오 당신의진로하심과꾸지즈심이 꼿약임을깨달으니라

三七 수류면회평사는 십팔구세된소년광부가 큰독에상하야 다리가부러지고 힘줄이썰어저 마참내 그대로구더서 다리가옥올어저서 굴신을못함으로 당신께와서 꼬처주시기를애걸하거늘 당신이가라사대 남의눈에 눈물을흘니게하면 내눈에는 피가흘으나니라하시며 몸을뛰여서 골절과혈맥을충동하라하시니 그소년이 몸을솟아한번뛰에 그옥을어졋든다리가 꼿펴저서 굴신을마음대로하게되니라

三八 구릿골리정삼이 발지가나서 크게고통하거늘 당신이보시고 광찬을명하사 백호를처주시니 그병이꼿나으니라

三九 구릿골압해서 술장사하는평양네의아들이 다섯살되엿는대 안즌방이가되여

百二十六

견일게하시니 일로부터 혈기가돌아 곳나으니라

三三 대흥리근처거사막애사는장셩원의어린아해가 병들어 낫이면낫고 밤이면 신열파기침으로 잠을자지못하야 두어달동안고통하거늘 셩원이 아해를안고와서 고쳐주시기를청한대 당신이가라사대 이증수는 곳 서양으로부터 멀니건너온 비별이니 낫에는나가놀고 밤에는들어오는것이라 불가불 달은곳으로옴겨야나을 것인대 산으로옴기면 금수도또한생명이오 바다로옴기면 어별도또한생명이니 뎐션에부터서 사방으로 흐터가게하리라하시고 셩원을명하사 철사두어자를구하야 아해의머리우에 두엇다가 뎐선대밋해버리라하시니 셩원이 그대로하야 곳나으니라

三四 김경학의 여덟살된어린아해가 병들어 여러날을알커늘 당신이 알는방에 들어가보시고 꾸지저가라사대 너의부친이들어오는대 일어나지아니하니 그런버릇이어대잇나냐하시니 알는아해가 두려워하야 일어나니 곳병이나으니라 경학이 부친이란말삼을 이상히녁여생각하니 일즉 지속올좃차 금산사미륵불에 판일이잇섯는대 당신은 곳미륵불이신까닭이러라

三五 그뒤에 경학이 병들어위독하거늘 당신이알으시고 사물탕한쳡을달여서

이 당신쌔와뵈입고 고쳐주시기를쳥하니 당신이가라사대 그병은 병인이평소에 남에게낫븐말을만히하야 그보응으로난것이니 날마다회개하면 병이제절로나으리라 재현이 명하신대로 그안해를효유하야 날마다 허물을뉘웃치게하엿더니 그뒤로곳나으니라

三○ 룡암리압주막에지나실새 그주부가 련주나력으로 여러햇동안고생하다가당신쌔 고쳐주시기를애걸하거늘 당신이 글을써서 그집개에게더지시니 그개는 곳업드러저죽고 주부의병은 곳나으니라

三一 박공우의안해가 겨울에 물을깃다가 빙판에업드러저서 허리와다리를중상하야 기동하지못하고누엇거늘 공우가 크게걱정하야 청수를써놓코 멀리 당신계신곳을향하야 그안해의상처를 낫게하여주시기를 지성으로빌엇더니 그안해가 곳나어니러나니라 그뒤에 공우가 당신쎄와뵈인대 당신이 우스시며가라사대 네가 내환으로 얼마나념려하엿나냐하시더라

三二 무신에 차경석의적은집이 손가락쯧해 바늘찔닌것이 독이나서 점점팔이 절이다가 마참내 반신불수가되엿거늘 당신이 륙십간지를쓰시고 한간지씩읽으심을딸어서 상하엿든손 가락쯧으로 흰것집흐라하신뒤에 다시명하사 술잔을들고

百二十五

百二十四

오 만일 정성을다하야 고치려할진대 돈백냥이들어야하리라 쥰상이엿주어가로대 집이가난하야 돈백냥을작만하기어려우니 집이라도팔수박게업나이다 당신이가라사대 그러면 그집을내게팔나 쥰상이 드대여허락하고 집문서를써서올니니 당신이 바뎌서불살으시고 손가락으로 물을찍어서 죵쳐를만져낫게하신뒤에 그 집은 쥰상으로하여곰 젼파가티살게하시고 다만 한편방한간만수리하야 약방을 찰이시니라

二八 구릿골박순여가 반신불수증으로 오랫동안알타가 당신께사람을보내여 고쳐주'시기를청하거늘 당신이 김자현에게뭇어가라사대 순여의병을 고쳐줌이올으냐그대로두어 죽게함이올흐냐 네가마음을풀어야하리라 자현이 이상히녁여가로대 살녀주심이올흐니이다 당신이가라사대 순여가 네게 불평을씨친일이만으니 그려면 너와합셰가셔 다사리리라하시고 자현을다리고 순여의집에이르사 휫바람을한번불으시고 병든다리를 주물너내리시며 살인물한그릇을먹엿더니 그병이 곳나으니라 대져 자현이 사교관계로 순여에게 불평을품엇는대 당신이 그 일이척이되여잇슴을알으시고 물으심이러라

二九 구릿골리재현의안해가 병들어수년을알음에 수척하야 뼈만남엇거늘 재현

치도를쌀어서 당신게와뵈이니라 치도가 당신쌔 그의병세를알외고 끄쳐주시기를청한대 당신이가라사대 인색한자는 병을낫우지못하나니라 치도가대하야가로대 이사람이 본래가난하야 인색한거리가업나이다 당신이가라사대 주는것을가지고오지아니하엿스니 엇지인색이아니리오 병이란 저의미듬과정셩으로낫나니라 치도는 이말삼을듯고 그신셩하심을놀내고 병인은 붓그러워하야도라가니라 치도가 돈일원을내여 김셩국에게부탁하야 략간의술과안주를쥰비하야 당신쌔올니니 당신이가라사대 이것이 어대서난것이냐하시니 셩국이 치도가올녓슴을알외거늘 당신이가라사대 그돈이 오늘저녁에 만히붓어날것인대 부질업슨일이로다하시니 대개 그돈은 그날저녁에 노름밋천을하려고하엿든것이라 치도가 더욱놀내여 텬신이 세상에나려오신쥴로 미드니라 치도가 물너감을알왼대 당신이가라사대 병인은 오늘저녁부터보리밥을먹게하라 그러면 꿋나으리라 치도가병인에게 그대로일넛더니 과연 보리밥으로써 미구에나으니라

二七 형렬의종데쥰상의안해가 좌우발바닥에 종창이나서 모든약에 효험을보지못하고 마참내사경에니르럿거늘 쥰상이와서 끄쳐주시기를청한대 당신이가라사대그종처가꿋룡천혈이라 다사리기어려울것이니 죽는날만기다릴수박게 업슬것이

百二十三

百二十二

질너달빗파갓더라 일노부터붕현의노모가강견하야팔십이넘도록병업시지내니라

二四 김낙범의아들석이 폐병으로 사경에이르럿다하거늘 당신이김덕찬을다리고가사 사랑으로업어내다가 업드려놋코 당신의발노허리를밟으시며어데압으냐하시고 손을붓들어이르켜다시눕지못하게하섯더니 일노부터완쾌하니라

二五 처병하실때에는혼이 각병인들노하여금그가슴파배속을드려다보라하시면 곳환하계속이드며다보여지는대 그경낙파장부를일々히가리치시며 이곳은어데고이곳은어데인데 어느장부에서병이낫다하사다알게하시고 또누릿누릿하야각부에쐬여잇는것이담이라하시니라

二六 정미년봄에 전주이서면불가지김성국의집에게실새 그면황샛몰문치도가 당신새와뵈이려할새 오는길에 이성동송대유에게돌너서 가티오려하엿더니 송대유는 마참일이잇서서 가티오지못하고 그종뎨를 딸녀보내며가로대 내종뎨가 폐병으로고통한지 여러해라 이제위기에니르럿스니 강선생쎄 말삼올잘하야 조흔약올 어더줌을바라노라하며 돈이원올 그종뎨에게주며가로대 이것이약소하나 가지고가서 술이나한재공양하라 그리고 가풀때에 리자는업시하라 병인이 그돈올바덧다가 가푸라는말올듯고 일원올돌녀주며가로대 일원이면넉々하외다하고

二一 오월에당신이임피읍리봉현의집에머무르실새 그이웃사람강화운이창증으로사경에이르러서죽기만기다리고잇다가 당신의신성하심을듯고 그노부가문압헤와서업대여 살녀쥬시기를애걸하니 당신이불상히역이사화운의집에이르러 그크개부어오른배와몸을손으로만지시고 사물탕네첩을지여문박게뿌리시고그손을붓잡어이르켜걸니섯더니 일노부터나어완인이되얏더라

二二 또그이웃사람이 그안해가폐병으로중기에드러나술도리가업슴으로 당신게와서살녀쥬시기를애걸하니 당신이그집에가사 청홍엽색을물에풀어 그사람으로하여금손으로젓게하시니그손에청홍념이들엇더라 당신이우스시며가라사대그손을그대로싯지말고제대로지게둘지어다 네의안해병도그엽색이지기와한가지나으리라하시더니파연그러하니라

二三 봉현의집에오래머무르시다가 밋써나실때에봉현다려일너가라사대 네의집에생패가만이되엿스나 갑흘것이업스니 네외병쇠한노모나건강케하야세상써날때까지무병케하리라하시고 청대한개를가져다가 당신의발에맛추어신으신후에종외에글을써감어서정문압에가로놋코모례로그두머리를덥픈후에병현다려일너가라사대 오늘밤에뵈이는것이잇스리라하시더니 그밤에이르러그청대뵈인곳으로부터서기가하눌에벗

百二十一

百二十

를 석거버리섯더니 일로부터 요통이곳나으니라

一八 다시 도일을명하여가라사대 붉은구름이셔잇는가보라하시니 도일이 나가보고 알외여가로대 붉은구름이셔잇나이다 당신이가라사대 금산을 엇기가어렵다하시니라

一九 형렬이 다리가압허서 오한두통하며 음식을폐하고 크게알커늘 당신이 륙십사괘를암송하라명하시니형렬이그대로합에 곳 오한이물너가며 두통이그치고 다리압히도낫거늘 크게이상히녁여 그까닭을물은대 당신이가라사대 팔괘가운대 오행의리치가잇고 약은 오행의기운을옹합인연고니라하시더라

二〇 경성가실째에 갑칠이설사로피로워하다맥킨뒤에 수십일이되도록뒤를통치못하야 끄만하머니 김영선의아우가순검으로잇슬째에 김병욱을잡으려갓든일을말하니 당신이부[illegible]사대군도는어데잇나뇨 가로대집에잇나이다 당신이곳명하야가저와 영선의친방벽에부쳐세우시고 갑칠노하여금훌노자라하시며 가라사대오늘저녁에는 담배를피우지알나 내일새벽에는대변이통하리라 갑칠이흘노자다가 새벽이됨에묻듯군도가스사로써구러지며소리를내거늘 갑칠이장결에심히놀냇더니 곳대변이통하니라

一六 구릿골[illegible]에사는김도일이 당신께 심히거만하더니 배압히틀어더서 여러
날동안고통하거늘 당신이 도일을가보시고 손으로 그가삼에서뱃곱우에ᄭᅡ지만
저내리고도라오셧더니 그뒤로는 뱃곱우에는 압흔증이업서지고 뱃곱밋흐로는
압흔증이전파가튼지라 도일이 사람을보내여 당신께 다시만저쥬시기를청하니
당신이 도일을불너오사 방한가운대누이시고 문박게에서견이르시다가들어오시며
문듯 도인을ᄭᅮ짓어가라사대 네가 엇디어른압헤누엇나뇨하시고 종도들을명하사
일으켜쫏차내시니 도일이 크게성내여도라갓더니 그때부터 병이곳낫거늘 도일
이 비롯오 그ᄭᅮ지럼이 약이엿슴을깨달으니라 종도들이 ᄭᅮ지럼으로 병을고치
시는ᄭᅡ닭을물은대 가라사대 그병은 곳회충의작란이라 네가한번만좀에 회충이
뱃곱밋으로나리가서 감히일어서지못하는대 만일 다시만지면 회충은 녹아서죽
되 사람의생명ᄭᅡ지위태할지라 그럼으로 병인의부애를일으켜 회충이 그긔운을
타고올나와서 본처로도라와 안정을엇게한것이니 이것이의술이니라하시니라
一七 도일이 병이나은뒤로 요통이나서 풀니지아니하야 집행이를집고 당신께
와서뵈이니 당신이가라사대 병나은뒤에 오히려집행이를집고단님온 웬일이뇨
도일이대하야가로대 요통이나서 그리하나이다 당신이 광찬을명하야 그집행이

百十九

百十八

병이 임의장긔에니르럿스니 약을샹에써야되리라하시고 도라오시니 병인은일로부터꼿회생하니라 이때에 순여가 장으로부터도라오거늘 당신이물어 가라사대 장에서 누구에게십고하엿나뇨 순여가대하여 가로대 선생께십고하엿나이다 당신이옷으시고 그비져녀엇든술을 가져오라하사 이웃사람들을불너 난우어먹이시니라

一四 병오삼월에 서울황교김영선의집에머믈으실새 이웃에잇는오의관이 삼년전부터 폐병에걸니어 임의위긔에니르럿더니 영선에게 당신의신셩하심을듯고 와뵈인뒤에 고처주시기를간청하거늘 당신이 글을써주시며가라사대 이것을 그대의침실에갈머두라 오씨가 그대로하엿더니 그날밤부터잘자고 모든달은증수도다살너완쾌하니라

一五 오의판의안해가 절며서부터 쓴봉사가되여 보지못하더니 그남편의병이 나엇슴을듯고 눈을쓰게하여주시기를 애걸하는지라 당신이 그봉사의침실정묘압에니르사 양산대로 짱을그어돌니신뒤에 소금을좀먹이고 해쬬이는곳에서 사셩음한첨을달여서 짱을파고붓으시니 그눈이 별아간 환하게발거지니라 오의관외부처는 크게감사하야 지셩으로 당신을공양하며 일행의경비를부담하니라

고가는행인을붙녀서 술을사주시며가라사대 다리를펴여주니 고마웁다하시니라

一二 금구수류면구미란최운익의아들이 병들어서 사경에니르럿슴으로 운익이와서살녀주시기를청하거늘 당신이가라사대 그병인의얼골이 심히못나서 일생에한을품엇슴으로 그령혼이 이제 청국빈양에잇어서 도라오기를실혀하니 엇지할수업노라 운익이 그아들의얼골을 보는듯이알어말삼하심을 신긔하게녁이며 살지못하리라는말삼에 더욱슬퍼하야 구디약을청하는지라 당신이 사물당한첩을지으사약봉지에 구월음이라써주시니 운익이 약을가지고 집에도라간즉 그아들이 발서죽엇더라 운익이도라간뒤에 종도들이 구월음의뜻을물은대 가라사대 「구월에장시황어여산하」라하엿스니 살지못할뜻을표시함이로라 만일 구디약을청하야엇지못하면 한을품올것임으로 그마음을위로하기위하야 약을주엇노라하시더라

一三 구릿골박순여의어미가 나이륙십여세에 병들어 매우위독하야 회춘될회망이업슴으로 초상칠제구를준비하고 장사에쓸술까지비저녀엇더니 당신이들으시고순여의집에가사 순여로하여금 장에가서 초종에쓰는모든물건에대하야 쓰이지안케하여주라는심고를 성의끌하고도라오라하시고 사물당한첩을달이신뒤에 그병실정문밧뜰밋헤서 열두거름을걷으사 땅을 장방형으로파고 그약을부으며가라사대

百十七

百十六

허공을향하야 미수식여우암문으라고 큰소리로외치신뒤에 춤을훈녀서 죽은아해의납에너으시니 죽은아해가 묻듯 황문으로 시추물을쓰드며 큰소리를치고살어나거늘 이에 미음울쑤어서먹이시고 걸너서도라가재하시니라

一〇 구릿골김창여가 여러해된적채로 음식울먹지못하야 심히고롱하거늘 당신이붙상히녁이사 평상우에누이신뒤에 배를어르만즈시며 형렬을명하사 「됴래텬하팔자곡 누류인간삼월우 규화세침눙보끈 평수부종빈옵결 일년월명임술추 만리운미태올궁 청음교무이객소 왕겁으비삼국진」 이라는글을 외워주엇더니 그뒤로 창여의례증이 꿋나으니라

一一 전주룡모릿고개김모가 안즌방이로서 교자를타고와서고처주시기를청하거늘 당신이 그사람을 압헤안치시고 담뱃대를 들어올니시며가라사대 이람배대를 쌀어서 차차일어서라하시니 그사람이 천々히들어올니시는 담배대를쌀어 무릅파다리를 점점펴며 일어서거늘 이에 형렬을명하사 「예고신예팽신석탄신 동서남북중앙신장 조화조화운오명령훔」이라는글을외운뒤에 그사람으로하여금 마당에서 쌀니달니개하시고 광찬을명하사 회초리로 다리를싸려 쌀니걸게하시고 교자를버리고 도보로돌여보내실새 사금설혼냥을바더서 큰길가주막에나가사 오

로하여금 대학경일장장하믈 읽히신뒤에 뽑여보내시더니 일로부터 갑진의병이 꿋나으니라

八 구릿골압헤서 술장사하는전순일이 장병으로 오랫동안알타가 당신께 한번 뵈입기를원하거늘 당신이 한공숙을다리고 그집에가사 순일다려일너 가라사대 나잇는꿋에 술한상을차려오라하시고 ᄯᅩ일너가라사대 외원이써나니 병인은 문박게나와전별하라하시니 순일이강작하야 사람을붓들고일어나서 문박게나와전송함에 병이꿋나으니라 그뒤에 순일이 술상을차려오지아니하거늘 당신이가라사대 그사람이 구미를엇지몯하야 신고하리라하시더니 과연 순일이 구미가돌지아니하야 두어달을신고하니라

九 ᄯᅩ그이웃에 술장사하는김사명의아ᄃᆞᆯ성욱이 여닐곱살되엿는대 어느날 급증에걸녀서죽거늘 반일이넘도록 살니려고 백방으로주선하여도 회생할여망이업는지라 할일업시 그어미가 죽은아해를안고 구릿골약방에다달으니 당신이 그박게문에당도할ᄣᅢ에 미리알으시고 문듯가라사대 약방이안되려고 송장을안고오는자가잇다하시더라 성옥의어미가 성옥을 당신압에누이고울면서 살녀주시기를애걸하거늘 당신이웃으시며 죽은아해를 무릅우에올녀누이시고 배를만저내리시며

百十五

百十四 사 부부세티 벽을씨여서로둥을맛추어서라하시니 그사회가 명하신대로합에 안해외병은낫고 그사회가 병을옴겨서알커늘 당신이 손으로만저낫게하시니라

四 김윤근이 묵은치질로 수십년동안알어오다가 이혜에는 더욱심하야 긔동을못하고 누엇거늘 당신이 불상히녁이사 아참마다 시련주를닐곱번식외우라하섯더니 윤근이 그대로하야 수일만에 곳나으니라

五 고부리도삼이 간질이잇어서 고처주심을청하거늘 당신이가라사대 나를쌀으라하시고 누어서자지못하게하엿떠니 밥먹온뒤에는 배가압흐고 대변에 담이석기여나오다가 열나흘만에나으니라

六 갑진구월열흘날 합열회선동김보경의집에가시니 개가 심히짓고나오더라 이때에 보경이 병들어누어서 크게위독함으로 당신게 고처주심을청하거늘 당신이 웃으시며가라사대 주인외병은 임의 저개에게옴겻스니 근심을말나하시더니 과연 보경의병은 곳낫고 그개는 병들어서 사흘만에죽으니라

七 섯달에 구릿골에니르시니 김갑진이 여러해된문동병으로 얼골파손발에 부종이나고 눈섭털이 다빠젓더니 당신의신성하심을듯고와서 고처주시기를청하거늘 당신이 갑진으로하여금 정문박게서 방을향하야서게하시고 김형렬의두어사람으

파갓처되엿다가 아참부터는부긔가나려 졍오에는 원상을회북하야 이러케삼사년
동안을알음에 촌보를옴기지못하고 안즌방이가되여잇더라 당신이가라사대 이병
이 진실로피이하도다 모든일이 적은것으로부터 큰것을헤아리나니 내가 이병
으로써본을삼어 텬하의병을다사티기에시협하리라하시고 손으로만저내리신뒤에
첨아긋으로부터 떨어지는비물을바더서 씻으라하셧더니 경오가 명하신대로하야
곳나으니라

二 리경오의 어린아해가 배압히 가잇서서 여러날동안 대소변을통치못하야 생
명이위태한지라 경오가 어린아해를안고와서 고쳐주시기를청한대 당신이 어린
아헤를 압해누이시고 손으로 배를내려만지시니 곳소변을통하는지라 그릇에 소
변을바더서두엇다가 내여본즉 그릇바닥에 무슨가루가갈아안졋거늘 당신이가라
사대 이것은사탕가루라 어린아해가 사탕을만이먹으면 한뭄이막히고이러한병이
나기쉬우니 주의하라하시니라

三 계묘삼월에 젼주부에머무르실새 장효순의딸이 어려서부터 횟배를알어 해
마다 달포식 세네번을고통하더니 이해에는 텬하야 두어달을알음에 생명이위
태하개된지라 효순이 그일을알외며 고쳐주시기를청하니 당신이 그사회를불으

百十三

百十二

게순회연포하라명하시며 가라사대 이것이 곳천지의대순이라하시니라

一六〇 당신이 종도들에게두손일을명하심에 혹힘이밋처지못하야 거행키어렵다하는자가잇스면 곳삭지저가라사대 무슨일이든지하리라고결심하면못되는일이업나니 만일겁을내여못하겟다는말을내면 일우지못하는기운이ᄶᅡ라드나니라하사 반듯이다짐을바드시며 ᄯᅩ무슨일을경영하실ᄶᅢ에 겻해서못되리라는자가잇스면 곳마정된말이라하사삭지즈시니라

一六一 당신이가라사대 나는곳미륵이로라하시고 ᄯᅩ가라사대금산미륵은여의주를손에드렷으나나는입에무렷노라하사 아릿입술안에붉은점을보이시며 ᄯᅩ가라사대나는곳삼리화이며 텬지일월이로라하시라

뎨오장 치병

一 인임에 당신이 병고치는법을 전주우묵실리경오에게 처음베푸시니라 리경오는 대원사주지박금곡파 치분이잇음으로 그병세가위독함을 금곡에게말하야의사를 널이구하여주기를청하니 금곡이 당신의신성하심을알으로 그일을알외여신방울베풀어주시기를간청하거늘 당신이 경오를가보시니 그병중세는 원발무명가락이 절이고쑤시어 오후로부터새벽ᄶᅡ지 다리가붓어올나 다리전부가 큰기동

一五五 당신이 매양부자를실혀하사 종도들이 부자를천거하는자가잇스면 그오
는길갓주막에안저 폭잡을수업는행동을하사 짐짓그들로하여금 실중을내여 쓰사
로물너가게하시거늘 종도들이 그싸닭을물으니 가라사대 그들에게는 그가진재
산수효와가티 살기가부러잇나니 만일 그들의싸흠을그대로두고 그압흘말켜주랴
면 큰일에방해가잇슬것임으로 차라리 그들로하여곰 스사로물너가게하노라

一五六 엿든사람이 파실이업시 뭇사람의오해를바더 시비가분분히이러남을 분
개하거늘 당신이 가라사대 천지를혼드는모진바람의위력도 그칠때가되면 자최
업시그치나니 남의시비를잘이기라 동정이각히때가잇서 거칠때에는흔적도업시거
치나니라

一五七 종도들에게일너가라사대 하눌이사람을벌때에각히무한한공부를들이나니
그럼으로모든선영신들은 쓸자손하나씩을타내려고육십년간힘드려도 못타는자도만
으니라 이럿틋어렵게바더난몸으로 삼결가치쉬혼일생을 헛되이보낼수잇겟느냐

一五八 또가라사대 자고로상통천문과 하찰지리는 잇섯스나중통인의는업섯나니
내가비로소인의를통하엿노라하사 각종도들을 문평하야압일을경계하시니라

一五九 박공우가 삼년동안 당신을뫼시고댕겻는대 매양공사쓋헤는 각처종도에

百十

나 이뒤로는 그러한패단이업스리라

一四九 또가라사대 내일은 판박개일이라 가라처도몰올것이오 되여보아야아나니라

一五〇 박공우다려일너 가라사대 죽어서잘될줄올미드면 능히죽겟나냐 공우는 당신세알외는말삼은 반닷이씨 가되야실지로이루게됨으로 죽을가두려워하야 대하야가로대 살어서잘되며하나이다하니라

一五一 여러종도에게일너 가라사대 동학주에 시천주 라읽으나 이는선천에서 습관이되야 천도에안편벽됨이니 이뒤로는 시천지 라고읽으라

一五二 또가라사대 시속에 시름판에소상급올거나니 일올잘하는자에게 의산삼기산와우를주리라

一五三 하로는 박공우를다리고 용화동을지나시며가라사대 이곳이곳용화도장이라 이뒤에 이곳에서사람이나서거든 부대정분을두고지내라하시니라

一五四 종도들이엿주어 가로대 세상이 쌍은좁고 사람이만어서 살수가업사오니 속히개벽을부쳐서 수효를덜게하옵소서 당신이가라사대 장차 우리가살올쌍이 새로나오리니 안심하라하시니라

一四三 하로는 신경수가 당신을뵈이려고 구릿골에니르니 종도중한사람이 무슨일로왓슴을물은대 경수가 놀러왓다고대답하거늘 당신이들으시고 좌우를명하사 경수를쏘처내시며 가라사대 이곳은 쉬임업시일하는곳이니 노는사람은밧지아니하노라하시니라

一四四 당신이 글시를 항상빨리쓰시며가라사대 밧븐때에 완만을허락지아니하나니 글을쓰되 말우에서격서쓰듯이 빨리쓰기를공부하라하시니라

一四五 또가라사대 웃사람이되여서는 영지한장은쓸줄알어야할것이오 아랫사람이되여서는 계목한장은쓸줄알어야하나니라

一四六 또가라사대 이전에는 판이좁아서 성으로써천하를다사리기도하엿고 웅으로써천하를다사리기도하엿스나 이제는 판이넓음으로 성과웅을합하여쓰지아니하면 능히천하를다사리지못하나니라

一八七 당신이가라사대 도적잡는자를포교라일으나니 교를전할때에 포교라일커르라 우리일은 세상에모든의롭지못한것을 밟우려는일이니 그럼으로 세상에서영웅이라는이름을듯는자는 모다잡히리라

一四八 또가라사대 선천에는 도수가글니되여 제자로 스승을해하는자 가만엇스

一三八 또가라사대 민중뎐이 각처사찰에 싸즘업시긔도하엿스나 오즉금산사는 들지못하엿나니라

一三九 하로는 모든종도에게 소원을써오라 명하사 낫낫이살피시니 대개출장입상이만흔지라 당신이 우스시며가라사대 너희들이 나를만나서 해원하지못하면 포한이되리라하시니라

一四〇 또가라사대 내가 텬디공사를주장하는것은 내가하고저함이아니라 모든신명의원을쓸너줌에 신명들은 이공사를 내가주장하지아니하면 될수업다하야 억지로밀어부칭으로 피롭기한량업스나 엇디할수업시맛게되엿노라

一四一 또가라사대 선텬에는 돈이 눈이어두어서 불의한사람을쌀엇스나 후텬에는 그눈을틔워서 선한사람을찾게하리라

一四二 경석이엿주어가로대 선생의무소불능하신권능으로 엇디장효순의일에실수돌하섯나잇가 가라사대 집안에분쟁이일어나면 신정이착란하여지나니 이는 그때가중불화로부터일어난것이라 너희들에게 항상화평하라고말한것도 또한그런일로인함이니 가뎡이나도문에 불화가잇는때에는 반닷이 신정의착란을일으켜 뜻아니한화액이니르나니라

一三一 또가라사대 내일에는 곤단은잇슬지언정 굴니죽지는아니하리니 비록초끈은잇슬지라도 영원히 생명을늘여감이 올혼일이요 잠시패딱으로 기리생명을일혼것은 불가하니라

一三二 또이르사대 담뱃법은무근하눌이잘못쌋쓰니 상하귀천업시를지어다

一三三 김송환이 사람의죽은뒷일을물은대 당신이가라사대 사람에게 혼파넉두길이잇나니 혼은 하눌에올나 신이되여 졔사를흠향하다가 사대를지난뒤에는령이되고 혹신선이되기도하며 넉은 땅으로도라가 사대를지나면 귀가되나니라

一三四 또가라사대 자손을둔신명은 황쳔신이니상신이되여 하눌로부터자손을타내리고 자손을두지못한신명은 중텬신이니 곳서신이되나니라

一三五 엇든사람이물어가로대 제사에우는것이엇떠하니잇가 가라사대 원통히죽온선영에게는 우는것이올흐되 잘죽은선영에게는 우는것이불가하니라

一三六 엇든사람이물어가로대 제사를 닭울기전후어느때에지내리잇가 가라사대닭운뒤에지냄이올흐니라

一三七 또가라사대 세상에서 요순지치를일너왓스나 구년홍수는 곳창생의눈물노일웟나니라

열골이졂어지나니 이빗갑시쳔냥이로라하거늘 세상사람이 모다허탄하게생각하야 밋지아니합으로 한늙은녀자에게시험하니 파연말한바와가튼지라 모든사람이 그졔야다투어모아드니 동빈이 드대여숭텬하니라

一二六 ᄯᅩ가라사대 사십팔장 느려세우고 옥추문을열때에는 정신찰이기어려우리라

一二七 차경셕에게일너가라사대 동학은 차정으로망하엿나니라

一二八 ᄯᅩ종도들에게일너가라사대 운수를열어주어도 이기어밧지못하면 그운수가 본처로도라가기도하고 ᄯᅩ남에게 그운수를 빼앗기기도하나니 부데마음을잘가지라

一二九 ᄯᅩ가라사대 내의공부는 상등이잇나니 상등은 도술이겸젼하야 만사를임의로행하고 중등은용사하는데에 국한이잇고 하등은 알기만하고 쓰지는못하나니 옛사람은 알기만하고 쓰지못하엿슴으로 모든일을 ᄯᅳᆺ대로하지못하엿나니라 이뒤로는백성도제압일은다알게되리라

一三〇 하로는 우뢰를크게일으키신뒤에 일너가라사대 뒷날출세할때에는 엇디이러할ᄲᅮᆫ이리요 부대마음을부즈런이닥고 내생각 만이하라

一二四 하로는여러종도다려일너가라사대 나의일은어느부랑자의일파가토니 옛석에 엇든사람이지조가견실치못하야 방탕히지내더니 하로는 홀로생각하되 내일생에아모것도셩취한바업고 이제 한갓늙게되엿스니 엇디한할바아니리오 일로부터 마음을고처 신선을차져 선학을배우리라하고 가만히안저생각하더니 문듯십신이날려서 하늘에올나가 한신선을만나니 그신선이가로대 네가 이제방탕을뉘웃치고 선학을배우려하니 그뜻이가상한지라 내가녜게선학을가라치리니 너는조촐한짱에 도장을세우고 만은동무를모아기다리라 내가장차나려가서 선학을가라처주리라 그사람이 말을듯고 그신선을하즉하고 졍신올찰이니긔미가쇄락한지라 이날로부터 조촐한짱을갈히고 동무롤구하니 그외방탕하든버릇에와심을두어듯는자가적고 다만 평소에 그와긔미가맛든사람몃명이모아 잔채를베풀고 도장을열엇더니 문듯 하늘로부터 오색구름이찬란하고 선악이요량하게들니더니 이옥고 그신선이 도장에나려와서 일제히선학을가라처주엇나니라

一二五 또가라사대 나의일은 여동빈의일파가트니 동빈이 인간에서 인연잇는사람을갈히여 장생술을전하려고 빗장사로변장하야 거리에서외처가로대 이빗으로빗으면 흰머리가검어지고 굽은허리가펴여지고 쇠한긔력이강장하여지고 늙은

이나 혹신벌을밧나니라

一二二 세속에 전하여오는모든의식파허례를 글으게역이사가라사대 이는 묵은 하늘이 글으재삭민것이니 장차진법이나리라제례진설법을보고가라사대 이는묵은 하늘이글읏명한것이니 모든찬수는 깻끗하고맛잇는것이귀한것이오 그노여잇는자리로인하야 귀중케되는것이아니니라 또 상복을보고미워하사대 이는 걸인죽은 귀신이지은것이라하시니라

一二三 최덕겸이엿주어가로대 천하사는엇덧케되오릿가 당신이「자축인묘진사오미신유술해」를쓰시며 가라사대이러하리라 자현이가로대이것을해석하기어려우니이다 당신이 다시그우에「갑을병정무기경신임계」를쓰시고 경석다려일너가라사대 이두줄은 뵈싸는바듸와 머리빗는빗파갓트니라하시며 또가라사대 한농부가일은봄한 가한때부터 놀지안고 그지을논에 새똘올깁피파 냇가까지통하려고 무하이공부를들이거늘 이웃사람들이 웃어가로대 이논이예로부터똘올내여냇물을대이지안코도 농사에오는천수를바더 실수업시농사하여왓거늘 엇지부질업시헛수고를저렷틋드리나뇨하더니 이해여름에큰가뭄이들어 원들이적지가 되엿스되 그농부는 예비하엿든 똘노써냇물을대여 농사를잘지엇나니 이일을알어두라하시니라

一一七 하로는 박공우가엿주어가로대 도통올주옵소서 당신이숙지저 가라사대
이무슨말이뇨 각성바지에 선영신한명식이 면상공뎡에참에하여잇나니 이제 만
일한사람에게 도통을주면 모든선영신들이모아들어 편벽됨을힐난할지라 그럼으
로나는사정을쓰지못하노라 이뒤에 일제히 그닥근바를쌀이 도통이열니리니 공
자는 다만 칠십이인만륙예를통하게하엿슴으로 통하지못한자는 모다포원하엿나
니라 나는 누구에게나 그닥근바에쌀어서 도통을주리니 상등은닐해요 다음은
열나흘에 성도할것이요 그나머지는말할것도업나니라
一一八 또가라사대 선천영웅시대에는 죄로써먹고살엇스며 후천성인시대에는
선으로써먹고사나니 죄로써먹고사는것이 장구하랴 선으로써먹고사는것이 장구
하랴 이제 후천중생으로하여금 신으로써먹고살도수를짜노앗노라
一一九 당신이가라사대 이제각교두목들이제의가족살닐방도도업스며 살고잘된다
는말올숙며내여 남올속히니 엇지잘되기를바라리요
一二〇 당신이 매양이르사대 무근하눌이 사람죽이는공사만 날마다보고잇슴으
로 또더꿋치지아니치못한다하시니라
一二一 또이르사대 창생이큰죄를지은자는 천벌을밧고 적은죄를지은자는 인벌

百二

百二

불가히역인대 당신이일쎄우사대저들이내개봉경함은나를모르는연고라 만일나를알면너희들따가르리니 엇지그들의불경파패욕을개의하리요

一一三 하로는 종도들에게일너가라사대파거에는 도통이나지아니하엿슴으로 음해를이기지못하야 생사되는일이적엇스나 이뒤에는 도통이낫슴으로 음해하려는자가 도로혀해를닙으리라

一一四 또가라사대 예수교도는 예수의제강림을기달이고 불교도는 미륵의출세를기달이고 동학신도는 최수운의갱생을기달이나니 누구든지 한사람만대로오면각히 저의스승이라하야 쌀으리라

一一五 또가라사대 내가출세할때에는 텬지가진동하고 뢰성벽력이 크게일어나리니 잘못닥근자는 죽지는아니하나 안즐자리로 갈때에 쌀으지못하고 업들어지리라

一一六 또가라사대 대인의행차에 삼초가잇나니 갑오년에일초가되엿고 갑진년에이초가되엿고 손병희는삼초를맛텻나니 삼초씃헤는 대인이나오나니라하시고 손병희의글을 지으시니이러하니라 「지충지의군사군 일마무장사해민 맹평춘신배명성 선생대우진일신」

상오풍지발향 음중율려유여화 구전삼대시서교 문기취추도덕파 피폐이성현사가
가생하사원장사」

一〇九 ᄯᅩ 종도들에게『삼인동행칠십리 오로봉전이십일 칠월칠석상오야 동지
한식백오제』라는녯글을외워주시고 ᄯᅩ「보습금강경 청산개골여 기후기려객 무
흥단주저」라는녯글을외워주시며 그귀로 ᄯᅩ「아득장생비미청 중성요아참요정
악역최절사마경 섭강니두ᄯᅢ광협 천회지전보칠성 우보상최등양명 일긔혼돈간아
형 업업급급여률령」이라는녯글을외우시니라

一一〇 ᄯᅩ 종도들에게옛글한수를외워주시며잘아러두라하셧는대이러하니라「굼옥
경반시역녀 석문태백검위사 사동초미수룡해 죽관현십자불리 포락효성상가리
토장춘류일상수 혁원옹필유하억 목사경우이야이」라 ᄯᅩ글한귀를외워주시며아러
두라하시니이러하니라「일신수습중천금 경각안위재처심」

一一一 당신이가라사대 이십사절후문이조흔글인대 세상사람들은 몰으나니라
상말에 절후듧철이라하고 어린아해외명사몰르는것을 철부지라하야 소년도지각
올차리면 철옳안다하고 노인도지각을찰이지못하면철부지한아해와갓다하나니라

一一二 당신이 당신세불경하여패욕하는자에게는 더욱우대하심으로 종도들이혹

百

二七六　성신칠성주강

운　지기금지원위대강

무남녀노소아동영이가지

시고영세불망만사지

시천주조화정영세불망만사지

一〇四　구릿골에계실때에　종도들에게일너가라사대　큰운수를바드려하는자는　서전서문을만독하라하시고　또가라사대「차생어수천재지하이욕장명어수천재지전역이난외」외구절은　청수써놋코읽올만한구절이라하시니라

一〇五　하로는　글한장을쓰시니이러하니라「천하분운　자작사당　이불안성상지심　이불안성부지심　이불안교사지심」

一〇六　하로는　공사슷해「대장부대장부」라써서불사르시니라

一〇七　하로는　어느곳에서　젊은녀자가　상부를당한뒤에　꼿순절하엿다하거늘　당신이가라사대　악독한귀신이　무고히인명을구친다하시고　글을써서불살으시니이러하니라「충효열　국지대강　연　국망어충　가망어효신망어열」

一〇八　하로는엣글한수를외우시니이러하니라「소년재기발천마　수파용천기세마석

풍 개벽정신흑운월 편만물화백설송 남아숙인선상재 하산무양란고종」이라쓰시고 또「구마일도금산하 기천년간기만리 포운대운양세계 대도일월왕성령」이라쓰시니라

一〇三 기유사월에 용머릿고개에 머무르실새 광찬다려일너가라사대 네가김병욱의집에머무르며 내가지하는글을낫낫치정서하야가저오라하시고 형렬로하여금글을전하야 정서하여온뒤에 광찬다려일너가라사대 이글을세상에전할이읍으냐대하야가로대 처분대로하소서 당신이가라사대 정읍에책한권이잇으니 그글이나타나면 세상이 다알니라하시고 드듸여불사르신뒤에 구릿골노도라오시니라 그글은광찬의기억한대로전하여온한절이이러하니라「사지상직야 농지공업야 사지상농지공직업야 만물자생 수치 방 탕 신 도 통 춘지기방야 하지기탕야 추지기신야 동지기도야 통이기지주장자야

지심대도술

무신십이월이십사일좌선

四三八 천지망냥주장

九五一 일월조왕주장

九十九

하야 피로워하는말을내니 이는제녹을제가쓴은려함이라 그럼으로 모든일이 뜻대로되지안느니라

九七 하로는 쭁도에게글한장을써뵈이시니 이러하니라 「불지형제 선지조화 유지범절」

九八 또 글한절을외우시니이러하니라 「속수지지 갈공모게 불능선사 와헤지여한신병선 역무내하」또「한담서화가기풍진 한담서화 능소풍진」이라쓰시니라

九九 하로는「불수편애편오왈인 불수전시전비왈의 불수전강전편왈례 불수자총자명왈지 불수남물남욕왈신」이라쓰시고 또「잠심지하도덕존언 반장지간병볍제언」이라쓰시니라

一〇〇 또글한장을쓰시니이러하니라「비인정불가근 비정의불가근 비의회불가근비회운불가근 비윤롱불가근 비룡령불가근 비령태불가근 비태롱불가근」

一〇一 하로는유찬명이 뫼실새글한장을쓰시니이러하니라「정심수신제가치국평천하 위천하자불고가사 걸악기시야 탕선기시야 천도교걸어악 천도교탕어선 걸지망탕지흥재이윤」

一〇二 하로는「궐유사상포일극 구지윤조낙서중 도리불모금수일 방위기맹초목

을만이불너 너희들재보이리라하시니 종도들이 깁버하엿더니 이튼날 종도들을
다리시고 놉흔곳에올으사 원평압들에 전에업든팡부들이 숫박재무수히모혀들어
사방에널녀잇는것을가라치며가라사대 저것이곳신병이니 신명을부르면사람이이르
나니라하시니라

九四 당신이매양 종도들에게 참는공부를가라치사 남에게분한일을볼때에 마음
을눅혀대항치말고 나외허물을살피여쇠르라하십으로 종도들은 항상마음쓰는공
부에힘쓰더니 하로는 경석의집에계실새 경석외종형이술을취하야 경석에게와서
행패하야 무수히야료를이루되 경석은당신을모싯슴으로 조심스러워할뿐아니라
당신의훈계를직히기위하야 대항치아니하니 그사람은더욱기승하야그치지아니하더
니 오랜뒤에제물에즈처서도라가거늘 당신이가라사대 네외기운이너무싸젓으니
좀회복하라 덕으로만처사하랴면 어려우니 셩파웅을합하여써야하나니라하시니라

九五 하로는 좌창조다려효주석동우를바더오라하사 태인작소리압해서 굿치고노
는 농부들을불너 난와주시니라

九六 이뒤에종도다려일너가라사대 직업은귀천이업고 녹줄이달녀잇나니 성의를
다하야직업을조침이올커늘 좀금끈뇌하면이기지몰하야 ㅡ이직업을언재나모면할고

九十七

일입유해자난분 배
일출인묘진사부지
일정사오미개명
일종위시교역퇴
제출진

九〇 하로는 종도에게맹자한절을외워주시며가라사대 이글을잘보아두면 맹자칠
편에 더볼글이업나니라하시니 그글은이러하니라「현쟝강대임어사인야 필선노기
심지고기근골 아기체부 궁핍기신행 분란기소위 시고 동심인성 증익기소불능」
九一 하로는 경석공우를다리고 어데를가실새 경석을도라보아가라사대 이묵이
가용되려다가 되지못하고 쌰에셔러지면 삼십니안이 쑈가되나니이말을기역하라
하시니라
九二 하로는경석파광찬을 압해세우고윤경에게 칼을들니고 공우에게몽치를들니
사 하여금 너희들이 이뒤에도 지금선생을뫼시듯이 마음을변치아니 하겟나냐
하야 쐬다짐밧게하시니라
九四 하로는 종도들에게일너가라사대 너희들이 신명보기를원하니 내일은신명

맛추지못한자는 내종이나서국으리라
八六 공우가형렬의속인파 사소한일노다토다가 충노되야동곡김성울씨업시면족하
리라하니 당신이수지저말기섯머니 그뒤로 공우형렬의집에이르니 김씨제족이우
연히노소업시다뫼이거늘 당신이공우다려이르사대 베가못댕길곳을댕기나니 이곳
이곳네의사지니라 공우가로대 김씨가아무리만한지라도 엇지무서워하랏가하니
김씨들이다웃고 공우도우서 일노써화해되니대저 당신이 종도들에게악한말을금
하심은 곳척이되야보복됨을인함이러라
八七 하로는 전주김준찬의집에계실새 김낙범에게물어가라사대 근일관왕묘에치
성이잇나냐 대하야가로대 잇나이다 가라사대 그신명이 이지방에잇지아니하고
멀니셔양에가셔 큰난리를이르키나니 치성은헛된일이라하시니라
八八 매양 구릿골압정자나무밋해서 소풍하시며 금산안파룡화동울 가라처 가라
사대이곳이내긔지라 장차꼿밧이될것이오 이곳에인성이싸이미라하시고 또「만국
활계남조선 청풍명월금산사 문명개화삼천국 도술운통구만리」「세계유이차산출
거운금천장물화 용수조종태호복 도인하사다불가」라는글을 외우시니라
八九 하로는 김병선에게글한장을써주시니이러하니라

기반찬에잘먹은뒤에는배불너죽겟다이르고 일하고살녀고땀흘니며힘써일한뒤에는되
야죽겟다일으나니 이때는소원대로되는때라 병들때에죽지안코엇지되랴
八三 또가라사대천지에서 사람의눈정기를빼여쓸여고 불올내이나니불나는곳을보
지말나
八四 태인새올최창조의집에서 공우가 당신올뫼시고밤울잘새 꿈에당신이옷울벗
고 큰바다가운데서섬에 바다한쪽이터짐으로 공우막엇더니 뒷날아참에 당신이꿈
쑨것울무르십으로 그시말을알외엿더니 당신이세수하시고양치하신물에공우로하여
금세수양치케하시고 정읍올당겨오라하심으로정읍애순회하니가는곳마다 공우의얼
골이 당신파갓다하더라 그뒤에고부와룡리신경수의집에서 당신올뫼시니 당신이
공우와그밧쎄세사람을명하야 윷을놀나하사대 윳이야삿이야부르라하시더니 얼마
아니하야거두시고가라사대 다른것은무엇이든지 한다 고이르나 오직윳은 논다고
이르나니가리치고놀나하시니라
八五 혹이병세문에 유천하지병자는용천하지약이라야궐병이내유라 는의미를무르
니 가라사대 천하사를하는자가 일울일우지못하야 병입곱수하야 약석이효험올
내지못하다가 어대서조혼소식이들니면 물약자효가되나니이일올일음이라 운수에

러한닐을행하나냐 이제천지신명이운숫자리를차지랴고 각사람의가정에드러 기국을시험하나니 만일가정에서솔성이용착하야 화기를돌니지못하고 서로싸와분란을지으면 신명들이서로웃고손ᄶᅡ락질하야 기국이하잘것업쓰니 엇지큰일을맛기리요하야다흐터져가나니라하시니라

八〇 공우다려일너가라사대 평소에잡되이단기며짓던일파 마음에두엇던일이라도일일히생각하야거더들이라하심으로 공우일일히생각하야고한뒤에 경성에시왕의거동파장신의출입에기세가 장엄함을불버워하야 장부맛당히저와가튼진저하엿나이다당신이 가라사대녜가그런생각을죄로아렷나냐 션으로아렷나냐 가로대죄가될지언졍선이되지못한가하나이다 가라사대그러면내게사배하고 다시그런죄를짓지안키를고하라 공우명하신대로하엿더니 사ᄒᆞᆯ후에무슨구든덩이가대변에싸여나오거늘 허처보니무수한회뭉치더라

八一 당신이어늬쥬막을돌니시든지 사쳐를처우지안으시고 반듯이복노방으로드르심으로 그리유를무르니 가라사대복노방은 복으로늘근방이니 진실노조흔방이라하시고 ᄯᅩ가라사대모든것이남파갓허야좃타하시니라

八二 종도들에게일너가라사대 사람이맛당이연습을잘가저야할지라 먹고살너고고

七三 엇든사람이피란곳을무르니 가라사대일본사람을잘대우하는것이곳피란이니라 가로대무슨연고니잇가 가라사대일본사람이서방백호기운을띄고왓스니 범은건들면해를부처고 건들지안으면해를부치지안으며 ᄯᅩ범이색기치은곳에는 그부근동니ᄭᅡ지해를부치지안느니라

七四 당신이가라사대 서양이곳명부라사람살미원내어둔곳을둥지고발근곳을향하나니 이것이곳배서향동이라 만일서양사람을밋는자는다죽으리라

七五 하로는 대흥리장성원에게 글을써주시며 잘두엇다가 뒷날보라하시니 이러하니라「장교자패니견긔이작하라」

七六 종도들에게남속히지안는공부를식히사 비록미세한당성냥이라도다쓴뒤에는갑을쌔여버리게하시며 가라사대만일다쓰고난빈갑을 원 형대로노아두면 남을속이는것이되나니라하시니라

七七 제갈냥의동남풍빌닌것을글니하야 가라사대 만일이시간에바람을쓰랴는대 비려야만쓰게될진대 설비할새이에일은다틀니리라

七八 박공우가 그처로더부러다툰뒤에 당신께와뵈인대 당신이수지져가라사대 내가독합도천하의독을다 가젔고 선합도천하의선을다가젓는대 네가엇지내압해서그

야 그동니요호한사람이상처하고그녀자를데려가편이잇게되니라

六九 당신이가라사대 나무도바람에흔들니면 입히써러지나니 사람도그와갓타야몸을흔들면흔신이흣터지나니 몸을진즁히하야경솔히동요치말라 이는유교가 나은부습이니라

七〇 또가라사대 아무리빈궁하야상판에올닐것이업슬지라도 장은궐하지말며장도판비치못하게되면소금물장이라도지어올닐지니 이는걸인의상에장이업는소이니라 또아무리추어도팔장을 쇠지말며불도쬐이지말나 천하사를하는자는항상 활달한의표를가저야하는싸닭이니라

七一 하로는차경석이 구릿골에이르거늘 당신이귤을써뵈이시니이러하니라 「천지음양을인이불식고로 인지음양을천이불연하시다」

七二 하로는어느술객이이르거늘 당신이허령부를그려보이시며 가라사대이제동양이서양으로동동써너머가는대 공부하는사람들이그일을붓잡으려생각지아니하니엇지한심치아니하리요 그대는공연히써도라댕기지말고나와한가지그일을밝움이엇더하뇨하시니그술객이놀내여가로대제가그런능력이어데잇사오릿가하거늘 당신이삭지저모라내시니라

에의은자로웃음맛치면 좌중에화기가 덜닐가하야그런것이로라
六六 당신이칭묵하사말슴이적으시고 죵도에게도무용엣소리를금지하시더니 죵도
들이뫼시고길을가다가 무엇이눈에띄워묻듯칭찬이되는때는 ᄭᅮ지져가라사대남의것
을 칭찬하는것은 도젹의마음이발동함이니 이것이사회의소위라마음을잘닥거사회
의기운올놉녀야 대인의반열에오르나니라하시고또엇던활발영니한아이를보고잘낫다
고일커튼때는또가라사대아이는오래사는것이잘난것이라 수명을모르고엇지잘낫다이
르나뇨하시니라
六七 젼쥬용머릿고개 봉사한사람이항상길가에안저서통소를부러 돈을벌더니하로
는 당신이지내시다 가일너가라사대 네돈으로술한잔올사먹으려하노니 뜻이엇더하
뇨 가로대몃잔이든지잡스시기를바라나이다 당신이 우스시고 돈한돈을집어서술
한잔올잡스시며가라사대 불상하니편히먹게하리라하시더니 그뒤에얼마아니되야젼
주부호파부가 데려가갓치잇게되니라
六八 태인살포졍이김선달주막에지내시다가 그부억덕이를보시고 경석파공우로하
여금 당신을뫼시도록허락만바드시고 우서가라사대 그녀자가삼년간을부억덕이로
잇서서그것이덕이되엿스니 조혼대가편히잇게하려는것이로라하시더니 얼마아니되

六一 공우엿자오대 수운가사에 「청송녹죽은도룡지연원이라」하엿나이다 당신이 가라사대 만물이다철을찻는대 청송녹죽은겨울이나여름이나 항상푸려잇스니 이 는철을못찻는것이니라

六二 정읍천원서육임을정하실때엿던사람이 참외를가져와올니니 당신이잡수지안 으시고치우시거늘 공우가한개를먹엇더니설사가되야 낫지안음으로 당신께알외니 가라사대그의안사람이베풀기시려하엿슴으로 살이잇섯나니네가그살을마젓다하시고 닭한머리를살머먹이사나수시니라

六三 부안사람이 감쥬를가져와올니거늘 당신이믈니쳐가라사대 네가엇지도적의 물건을내게나수나뇨 이것이꿋 구천하감쥬인대하시니좌우가그사람에게연고를무른 대가로대그안해외 뜻을둔니기어려워부득이모르게가져왓다하니라

六四 당신이가라사대 김형렬은도선이라 마음이구되지못하야 복마련하기가어렵 마하시니다

六五 하로는 종도들을불너안치시고 시조뿔불니섬에각히음조에어뚫으도 공우는 그열등임을욋고자기차례에이로기를기다리리니 밋그차례에이르려는인히정지시키시 니 공우한하엿다가뒤에그리유믈무르니 가라사대모든것이평등이조으니 만일음조

八十九

히절하되 매일일과르행하라그려면아무리 어려운안해라도그셩의에감동치아니리업스리라

五八 하로는 공우를다리고태인을지내실새두절믄녀자 가압을지내니 공우가체례상모색을바로보지는못하엿스나 그자태에마음이솔녀연연히이치지못하더니 당신이아르시고일세워가라사대 엇던녀자를당하든지압을바로하야볼재에의히보고마음에두지는말라 공우믄듯새달아마음을돌니고 이뒤로는그말슴대로행하더니 그뒤에 당신을뫼시고다시태인을지내니 두늙근녀자가압흘당하거늘 당신이몸을도리켜의면하고잇다가 다지낸뒤에가라사대 이졔는해원시대라 남녀의분게를틔워 각히하고십흔대로푸러노앗스나 이뒤로는억음존양의비법을 뒤석며 건곤의졍위를작셩하야 예법이다시서게하리라

五九 당신이가라사대 자고로부인을존신한일은적엇스나 이뒤로는 각히닥근바를싸라 비록부인이라도 공덕이서고 신앙이모여 금패금상으로 존신의표를세우리라

六〇 당신이매양배소리를하심으로 종도들이 그리유를무르니가라사대 조선을장차상등국을만들여면 서양신명을불너와야하겟는대 배에실너오는물표에싸라오게됨으로배소리를부르노라

하사를맛치고 도라온즉부모와쳑쇽이무사하게잇슬뿐아니라 그부모는 전날자긔가
밧들때보다건강하거늘 이에그사유를무러알고 두사람을감사히하야잘되게하엿다하
니라

五四 하로는 당신이가라사대 김병욱이남의나랏닐만힘쓰니 그소위부당이라그식
근을쓴으리라하시더니 그뒤에공우를전주에보내시며 병욱의게들녀오라하심으로
공우전주에갓다가병욱에게들니니 그생게가극궁하야전당잡혀연명하거늘 도라와병
욱의형편을알외니 당신이 우스시고 글을써불사르시더니 그뒤에다시병욱에게가
니 생도가풍족케되엿더다

五五 당신이 고부인을보시고가라사대 저긔안진저양반은사람업서엇지하랴하시니
경석이엿자오대제가도와한가지하려하나이다 가라사대혼자하는일은못되나니라

五六 당신이가라사대 밥은불사약이요배츄짐치는불노초니라 혹이엿자오대시쇽에
배추짐치는담이성한다하나이다 가라사대 풀너나오는담을글니알고성한다이르나니
라

五七 또가라사대 큰사람공부를하려면 몬저안해를순종케한지니 만일모든선을다
하야 뜻을둘니지못할지라도 분란을이루지말고 더욱마음을누혀례모를가추어공근

八十六

五一 하로는 당신이 경석을명하야 세숫물을 가져오라하시니 경석이 물을가저다올니고 박그로나가거늘 당신이 고부인을 도라보시며 경석의뒤를가라쳐가라사대 저살기를보라 자칫하면 일이낭패니 조심하라하시고 또가라사대 그대세식구먹은 밥갑을후히갑허야하리라하시니라

五二 이뒤에 천원에서 경면주사와새붓으로 이십사장과 이십팔장을 써서 벽에부치시고 것륙임을정하신뒤에 각히마음에드는대로 장명을집흐라하사 주사로써서 금낭에녀어 채우시더니 그뒤에불살니시니라

五三 하로는여러종도에게일너가라사대 엇던대인이잇서 가사를보지아니하고 천하사에붓매여 먼길을써난뒤에 그부모와쳐속이의탁할곳이업는지라 그종유들중에 한사람이 그일을가엽시생각하야 돌보아드릴생각은잇스나 빈궁하야엇지할방도를찻지못하더니 二째시장에지내다가 육전압해서 그일이생각혀엇지하면 저육물을어더 그어룬의부모를공대할고하야 참아써나지못하고 방황하거늘 그젼인이이상히역여가로대 가려면어서가고 물건을사려면사는것이올커늘 엇지그다지방황하나뇨 그사람이할일업시 그사졍을말하니 젼인이그말에감동하야 한가지그집을가보니과연그말파가튼지라 이에양미와찬용을계속하야공궤하엿더니 그뒤에그어룬이천

읫으리오 만은 모든신명은 그불경한말을 굳으게넉여 반닷이벌을주나니 그럼
으로 나는 이일을어려워시 친족들과상종을적게하노라
四七 하로는 형렬을명하사 광찬과갑칠에게 태을주를만히읽으라하시고 김병선
(광찬의조카)에게 도리원서를 일천번읽으라하시고 경석파내성에게 시천주를
혀와입술을움즉이지말고 만히묵송하라하시니라
四八 태인으로부터 손바라가에이르사 부친께엿주어가라사대 나의일은 추호도
사가업스니 부대죄를짓지말으소서하시니라
四九 모든종도다려일너가라사대 이제는신명시대다 삼가죄를짓지말라 새긔운이
돌째에 신명들이 불칼을번득이며 죄지은것을내여노라할째에는 정신찰이기어려
우리라하시니라
五〇 공우가꿀어 가로대 동학신도가 강주를읽어서 강을밧는자가만으나 나는아
모리독실히읽어도 강을밧지못하오니 무순연고니잇가 당신이우스시며가라사대동
학강주에 내가들엇슴으로 읽는자가다두려워하야 셔는것이요 강령은아니니라
ᄯᅩ가라사대 동학강주를읽어서 강이될지라도 그것은다졔우의강에지나지못한것이
요 천강은아니니라하시니라

八十四

四二 이튿날 화동을ᄯᅥ나실새 공우다려일너가라사대 나의이번길은 한사람의절윤밧기위함이니 이번에바든절이 천하에 널니밋치리라 또 가라사대 경석에게한짐을잔뜩지워노니 이기지못하고비척거린다하시니라

四三 긔유년절섯날 경석이 그선영에차례지내려하거늘 당신이 그작만한찬수를가져오라하사 여러종도들로더불어 잡수시며 가라사대 이것이곳절사라하시니 그뒤로는 매양 절사와긔제사를당하면 당신계공양하니라

四四 당신이 개고기를즐기사가라사대 이고기는 상등사람의음식이니라 종도들이그이유를물은대 가라사대 이고기를 농민들이즐기나니 이세상에 상등사람은곳농민이라 선천에는 도가에서 이고기를긔하엿음으로 망냥신이응하지아니하엿나니라

四五 하로는 김자현이 그조모의장사를지내려고 상여를운반하야 정한ᄯᅡᆼ으로향하거늘 당신이 구릿골압에금광터를가라치지며 이곳에장사하라하시니 자현이듯지아니하거늘 당신이가라사대 ᄯᅮᆼ그리기천년에 참룡이이름을몰은다하시니라

四六 하ᄯᅢ에 종도다려일너가라사대 내 가고향에가면 모든일 가의항렬놉혼이를대할ᄯᅢ에 반닷이 항렬을ᄯᅡᆯ어서말하게되나니 이것은 윤리상전통이라 무슨관계가

합이다 내가선생쌔가서 질문하리라하고 구릿골로오다가 길에서비를만나고 진흙에엎드러저서 의복을망처가지고 당신쌔와뵈이니 당신이 놀낸빗츠로 일너가라사대 이근처에 의병이출몰함으로 관병이 사방으로정탐하니 만일 네가 비맛고길걸은모양을보면 의병으로오해하야 끈욕을줄것이니 종용한곳에숨어잇써내가붇을때싸지기달이라하시고 형렬로하여곰 잘숨겨두엇다가 이튼날 윤칠을붇으사 돈열닷냥을주시며가라사대 네가 수일후에 정읍으로가리니 도라가서기달이라 윤칠은 무서움에싸엿슬뿐아니라 수일후에 정읍으로오시겟다는말삼을듯고마음이좀풀녀서 질문은뒷날로맏우고도라가니라

四一 수일후에 당신이 고부와룡리에가사 경석에게기별하사대 나를보려거든학동으로오라하시거늘 이튼날 경석이 학동으로와뵈이니 당신이 돈십오원을주시며가라사대 너를붇으기는 이일극을출여함이라 내가윤칠을두려워서 네집에가지못하노라 경석이돈을밧고 황송하야엿주어가로대 무순일로그러하시나잇가 가라사대 일전에 윤칠이살기를띄고 구릿골에왓는대 돈이아니면 풀기어렵기로 돈삼원을주어서 돌녀보내엿노라 경석이 황망히도라와서 윤칠을불너물으니 파연사실을자백하니라

八十三

치라 형뎔이 명하신대로하엿더니 그뒤에 그예수교인이 병들어서 사경에이르럿다가 어렵게살어낫다하거늘 형뎔이듯고살원대 당신이가라사대 이뒤로는 그런일을당하거든 조금도그를원망하지말고 스사로몸을살피라 만일허물이네게잇는때에는 그허물이 다풀닐것이오 허물이네게업는때에는 그독기가 그본자리로도라가나니라

三八 공우다려일너가라사대 죽을사람을가려내라 공우이윽히생각하다가 대하야가로대 도인으로서 표리가갓지아니한자가 몬저죽어야올으니이다 당신이 아무대답도아니하시고 또가라사대 살사람은뉘가되겟나냐 대하야가로대 덜판에농사짓는사람과 산중에화전판사람과 남에게맛고도아무대항못하는사람이 사러야하겟나이다 당신이가라사대 잘맛덧다 그들이상등사람이니라

三九 안내성다려이르사대 농사를힘써밧그로봉공의무와안으로선영제사와자손양육의일을힘써 나의도라오기를기다리라하시니라

四〇 팔월에 구릿골에게실새 차경석이 종유함으로부터 세간사리를돌보지아니하야 살림이 날노망하여가는지라 그아우윤칠이 불평히생각하되 선생을딸으면 복을밧는다하더니 이제복은멀어지고 가난이쌀어드니 이는 한갓속임에지나지못

어가로대ᄭᅮᆷ에 개한마리가태싸지아니한우물에ᄲᅡ지는것을보고 죽을가 염녀하야 좃차가서 건저내려하엿더니 그개가 다시우물에서 ᄯᅱ여나와 닯은 곳으로가더이다 당신이가라사대 속담에 장가를 개라하나니 네가ᄭᅮᆷ을올케ᄭᅮ엇다 하시니라

三五 하로는 밥상을 대하시더니 가라사대 서양기운을 물녀내도되밀녀드는기미가잇음으로 이상히역엿더니 뒷골방에서 션전보는자가잇슴을 몰낫다하시고 칠성경에 문곡의위차를곳쳐쓰시니라

三六 무신유월에 당신이 광찬에게물어가라사대 네가평소에 나를엇더한사람으로불녓나냐 광찬이대하야가로대 촌냥반이라고 불녓나이다 또물어가라사대 촌냥반은 너를엇더한사람으로 볼으겟나냐 대하야가로대 고을아전이라할것이외다 당신이가라사대 촌냥반은 고을아전다려 고을아전놈이라하고 고을아전은 촌냥반다려촌냥반놈이라하나니 이것이 다불평줄이라 이재 너와내가 서로화해하면 천하가 다화평하리라하시니라

三七 하로는 김형렬이 박게나갓다가 예수교인에게 무수한패욕을당하고 도라와서 당신께그일을알외니당신이가라사대 청수를셔놋코 ᄉᆞ사로 허물을살펴뉘웃

二九 이뒤에구릿골에이르사형렬을명하사육십사괘룰점치고이십사방윗자를쓰이사 태양을향하야 불살으시며가라사대 여아동거하자하시고 형렬을도라보시며 가라사대잘밋는자에게 해인을전하여주리라하시니라

三十 ᄯᅩ가라사대 선배는 반닷이몸에지필묵을가져야하나니라

三一 ᄯᅩ가라사대 선배는 대학경일장장하룰 알어두어야하나니라하시고 외워주시니이러하니라『우경일장 개공자지언이증자술지 긔여십장즉 증자지의이문인긔지야 구전파유착간 굼인정자소졍이갱고경문 별유서차여좌』

三二 ᄯᅩ진섯장을외워주시며 잘긔억하라하시니 이러하니라』여유일개신 단단해무타긔 긔심휴휴엄 긔여유용 인지유긔 약긔유지 인지언성 긔심호지 불시여자긔구출시능용지 이보아자손여민 역즉유리재 인지유긔모질이오지 인지언성이위지 비부달 시불능용 이불능보아자손여민 역왈태재』

三三 ᄯᅩ일너가라사대 너는모든말을뭇는자가잇거든 듯고 실행이야하든지 안튼지 발은대로일너주라하시니라

三四 하로는 태인김경학이와뵈옵거늘 당신이명하사 김자선의집에서자게하시고 이튼날 자선의집에이르사 경학다려 어제밤에ᄭᅮᆷ꾼것을말하라하시니 경학이엿주

더니 또갑칠올불너 가라사대 내가머리롤싹그리니 내일대원사에가서 금곡주지롤
불너오라하시거늘 형렬이 크게근심하엿더니 그뒤에 다시말삼아니하시니라
二四 하로는 형렬에게 옛글한장을외워주시며 잘지키라하시니 이러하니라
「부용병지요 재승례이중녹 례승즉외사지 녹중즉지사경사 고녹헌불애재 상공
불유시즉사졸병 적국삭」
二五 그뒤에 또녯글을외워주시니이러하니라 「처세유위귀 강강시화거 발면상
욕눌 임사당여치 급지상사완 안시불망위 일생종차제 진개호남아」
二六 또녯글한귀롤외워주시니 이러하니라 「명월천강심공조 장풍팔우기동구」
二七 종도들에게일너 가라사대 시속에 남조선사람이라이르나니 이는남은조선사
람이라는말이라 서교와 불교와 천도교등여러각교에 빼앗기고남은못난사람에게
길운이잇슴을 이르는말이니 그들을잘가르치라하시니라
二八 대흥리에게실때에 안내성다려출일을말나하섯다가 멧칠뒤에구릿골노부터대
흥리경석의집에가시니 내성이기운을못차리고기여와방에업드려울거늘 당신이가라
사대 엇지그려느냐 가로대여러때굴머서그려니이다 당신이무른감두게롤먹이시니
기운이곳소생하거늘눈물을먹음으시며 가라사대 고기반찬에잘먹어야하리라하시니라

칸이들어잇는대 장군이나면 내여가리라는말이전하여오니라

二〇 농바우를셔날재에 글한수를외우시니이러하니라 「경지영지불의쇠 대곽사로결대병 천지권우경지사 만사아손여북장」

二一 태인고현래행단에이르사 경석다래일너가라사대 공자가 행단에서강도하엿나니 이제여긔서 네게한글을전하리라하시고 옛글한장을외워주시며 잘직키라하시니 이러하니라 「부주장지법 무람영웅지심 상녹유공 통지어중 여중동호미불성 여중동오미불경 치국안가득인야 망국패가실인야 함긔지유 함원득기지」 또가라사대 내의일은수부가들어야되는일이니 네가일을하랴거든 수부를들여세우라하시니라 경석이 당신을뫼시고 대흥리에도라와 그이종매고씨를 천거하니이날이동짓달초사흔날이러라

二二 그뒤에 경석다려일너가라사대 너는이뒤로 출입을폐하고 집을지키라 가마귀가 자옥을불으나니 이것은자옥도수니라하시고그뒤에 또「천고춘추아방궁만방일월동작대」라써서 벽에부처주시니라

二三 이달에 구릿골에이르사 공사를보시고 형렬다려일너가라사대 내 가머리를싹그리니 너도 또한머리를싹그라 형렬이 마음으로는슬혀하나 억지로대답하엿

一八 이때에 김광찬은 구릿골에잇서 차경석의종유함을 슬혀하야가로대 경석은 본래동학여당으로 일진회에참가하야 의롭지못한일을 만이행하엿거늘 이제도문에들임은 선생이정대치못하심이라 우리가 힘써마음을닥거온것이 다쓸대업게된다하고 날마다 당신을원망하거늘 형렬이민망하야 당신쎄와뵈읍고 광찬이불평품은일을 알외며가로대 엇디 이런성질가진자를 문하에두섯나잇가 당신이가라사대 용이물을구할때에 비록가시덤풀이 길을막을지라도 회피하지아니하나니라 도라가서 잘무마하라하시니라

一九 하로는 경석에게 『계분수사파 봉수무이산 금회개재월 담소지광란 활계경천권 행장옥수간 소신구문도 비투반일한』이란 옛글을외워쥬시고 가라사대 이제천하대세가 순창회문산오선위기의기세와갓트니 내가 그기운을거드리라하시고 경석을다리고 순창농바우박장근의집에가사 여러날일을보시고 또경석에게도한기운을붓치쓰리라하사 하로는 그머슴을불너무르사대 어젯밤에 무슨본일이잇섯나냐 머슴이대하야가로대, 어재밤에 한노인이 농바우를열고 갑옷파루구와긴칼을내여쥬며 이것을 가저다가 주인을차저전하라함으로 내가바더다가 이방에두엇든쑴을보앗나이다하니라 대저그지방에서는 농바우속에 갑옷파루구와긴

한행복을어더 선경의낙를누리리니 이것이참동학이라 七十六 궁을가에 「조선강산명산
이라 도통군자다시난다」 라하엿스니 또한나의일올일음이니라 동학신자간에 대
선생이갱생하리라고전하나 이는댓선생이다시낟이라는말이니 내가꼿댓선생이로라
또가라사대 예로부터 계룡산의정씨왕국파 가야산의조씨왕국파 칠산의범씨왕국
올일너오나 이뒤로는 모든말이 영자를나터내지못하리라 그럼으로 정씨를차저
운수를구하려말지어다하시니라

一五 이튼날 술안을새나 정읍대흥리로향하실새 공우를돌아보시며가라사대 만
낫슬적에하시니 공우가 문듯수운 가사 「에만나기만만나보면 너의집안운수로다」
라는 구절이 깨달녀드대여써라나서니라

一六 이날 대흥리경석의집에이르사 글을써서 서쪽벽에붓치시니 문듯 우뢰가
크재일어나거늘 당신이 속하다하시고 그글을새여 무릅밋대녀으시니 우뢰가
꼿그치는지라 공우는 크게놀내여감복하고 마을사람들은 뜻밧게일어나는백일
뇌성을이상히녁이더라

一七 이뒤에 동학신도안내성 문공신 황응종 신경수박장근등이 서로니어쌀으
니라

다시용암리에와서 당신새뵈입고 정읍으로가시기를간청하니 당신이 다시거절하시다가 사흘동안을지낸뒤에야 허락하며가라사대 내가깁흔목물에빳저서 허우덕거리다가 겨우벗어나서 발목물에채엿는대 이제네가 다시깁흔길물로끌어들인다하시니라

一三 물방앗집을써나 원평에이르사 군중을불너 술을주시며 가라사대 이길은남조선뱃질이니 짐을채워야써나리라하시고 또가라사대 이길은성인다섯을낫는길이라하시니 모든사람은 그뜻을알지못하니라 다시써나시며 가라사대 대진은 하로삼십리씩 가나니라하시니 경석이 잇수를헤알여서 고부솔안에이르러 친구박공우의집으로 당신을모시니 공우도 또한동학신도로서 마참사십구일동안 긔도하든째러라

一四 당신이 경석파공우다려 일너가라사대 이재만난사람만낫스니 통정신이나오노라 나의일은 비록부모형제쳐자라도몰으는일이니 나는 서양대법국천계탑천하대순이라 동학주에 「시천주조화정」이라하엿스니 내일을일옴이라 내가천지를개벽하고 조화정부를열어 사람파하눌의혼란을 발우잡으려하야 삼계를둘너살피다가 너의동토에그처 잔피에싸진민중을 몬저건즈려함이니 나를밋는자는 무궁

七十四 여야 인권을만히어드리잇가 가라사대 폐일연하고 욕속부달이니라 가로대 자세한뜻을알지못하겟나이다 가라사대 사람길으기가 누에길으기와갓타야 일직네이나늣게네이나 먹이기만도수에맛주면 오를재에갓티오르나니라하시니라

경석은 원래동학신도로서 손병희를조치다가그모든처사가마음에합하지아니하야 다시길을고치려하든차이라 이날당신을뵈임에 모든거동이 범속파달음을이상히녀여 집즛떠나지아니하고 저물기를기달여서 당신의도라가시는곳을딸어 가니 곳용암리물방앗집이라 그식사와범절이 너무험악하야 잠시라도 견대기어렵더라 당신이 경석의떠나지아니함을 피로워하사 물너가기를재촉하시되 경석은떠나지아니하고 자긔집으로함셰가시기를간청하니 당신이 혹성도내서며 혹욕도하시며 혹구축도하시되 경석의봄에는 모든일이더욱범상치아니할뿐아니라 수운가사에 「여광여취저냥반을 간곳마다딸어가서 지질한그고생을 누구다려한말이며」라는 구절에 새달은바잇어 드대여떠나지아니하고 열흘동안을머물으면서 집지하기를 구디청하거늘 당신이일너가라사대 네가나를딸으려면 모든일을전폐하고 오직나의가라치는바에일심하여야할지니 이제도라가서 모든일을정리하고 다시이곳으로 차저오라 경석이 이에하직하고 집에도라가서 모든일을정리하고 유월초하룻날

一〇 하로는 종도다려일너가라사대 이세상에 학교를널리세워 사람을가라침은
장차 련하를 크게문명케하야 ᄯᅥ텬디의역사를식허려함인데 현하의학교교육은
배우는사람으로하여금 비열한공리에ᄲᅡ지게하니 그럼으로 판박게서 셩도하게되
엿노라

一一 졍미년사월에 신원일을다리고 태인관왕묘졔원신경언의집에가서 머몰으실
새 경언과 신경원 김경학 최창조 최내경 최덕겸등이ᄯᅡᆯ으니라

一二 오월에 용암리물방앗집에서머물으실새 그부근서릿괴주막에서 정읍사람차
경석을만나시니라 경석이 전주로가는길에 이주막에서 정심을먹고 ᄯᅥ나려할ᄯᅢ
당신이 대삿갓에푸단님으로 김자현등두어사람을더리고오시니 경석이 그소탈한가
운대 썩々한긔운을씌우신의표와순진한가운대거즛이업스신거동을보고 비범히녁여
말삼을청하니 당신이 온화하게대답하신지라 경석이물어가로대 실례이오나 무
슨업을하시나잇가 당신이웃으시며가라사대 외원노릇을하노라 ᄯᅩ물어가로대 어
느곧에머물으시나잇가 가라사대 나는 동역객서역객텬디무가객이로라하시니 대
개경석이 당신의거주를뭇기는뒷날 다시 차지려함이러니 이렇개말슴하시니 뒷
날찻기가 어렵갯슴으로 인하야ᄯᅥ나지안키로 결정하고 ᄯᅩ무러가로대 엇ᄯᅥ케하

로쌀으니라

八 하로는 당신이 어렷슬재에지은글이라하사 「운래중석하산원 장득척퇴고목추」를 종도들에게 외워주시며 「선생문명이아닐년가」라고 심고하고바드라하시고 「상십현포청한국 셕골청산수락추」를 외워주시며 「선영문명이아닐년가」라고 심고하고 바드라하시고 「천리호뎡고도원 만방춘긔일광원」을 외워주시며 「선왕문명이아닐년가」라고 심고하고바드라하시고 「시절화명삼월우 풍류주세백년진」을 외워주시며 「선생선영선왕합덕문명이아닐년가」라고 심고하고바드라하시고 「풍상열역수지긔 호해부유아득안 구정만리산하우 공덕천문일월쳐」를 외워주시며 「우리의득의추가아닐넌가」라고 심고하고바드라하신뒤에 「시세를짐작컨대 「대인보국졍지신」마세진현운기신유 한경심종성의 일도분재만방심」이라창하시며가라사대 이글은 민영환의만장이니 「일도분재만방심」으로하야 세상일을알게되리라하시고 또가라사대 「사오세무현판하니 선영은 생유학사학생이오이삼십불공명하니 자손은 입서방출석사」라하시니라

九 병오시월에 예수교당에가서모든의식파교외를 상고하신뒤에 종도다려일너가라사대 족히취할것이업다하시니라

우리의손에 죽어야할것인대 절로병들어죽엇스니 한스러운일이로소이다 당신이 가라사대 그것이 무슨말이뇨 죽은사람은불상하니라하시니라

五 당신이 비록 지극히미천한사람을 대할지라도 반닷이존경하시더니 형렬의 종지남식에게도 항상존경하시거늘 형렬이엿주어가로대 이사람은 곳나의종이오니 존경치말으소서 당신이가라사대 이사람이 그대의종이니 내게는 아모관계가업나니라하시며 또일너가라사대 이마을에는 어려서부터숙습이되여서 창졸간에 말을교치기어려울지나 달은곳에가면 엇든사람을대하든지 다존경하라 이뒤로는 적서의명분파 반상의구별이업나니라

六 하로는 형렬이 엇든친족에게 합의치못할일이잇서서 모질게삭짓거늘 당신이가라사대 아즉 언행이덜풀녀서 독긔가남어잇도다 악장제거무비초오호취간래총시화 니라 말은 마음의소리오 행사는 마음의자취라 말을조케하면 복이되여졈졈큰복을이루어 내몸에니르고 말을 납부게하면 재앙이되여 졈졈큰재앙을일우어 내몸에니르나니라

七 을사춘에 합열회선동김보경의집에니르사 여러달동안머무르실새 보경이 합열읍사람김광찬을천거하야 종유하게하고 또소진섭파 임파군둔리김성화가 차례

一一五 당신은왼손바닥에 북방임쌰문의와 올혼숙바닥에 별뭇자문의가잇스니

七十

마

一一六 당신은양미간에 불표가잇스시니라

제사장 뭄도의종유와훈회

一 임인사월에 당신이 김형렬의집에 머물으사 공사를행하시니 형렬파 김자현파김갑칠파김보경파한공숙등이 차례로쌀으니라

二 계묘정월에 전주부에이르사 서원규약국에 머물으시니 원규와 김병욱 김윤근등이 쌀으니라

三 장효순이 그어린아들을 심히사랑하거늘 당신이 효순다려일너가라사대 복은 우으로붓터나리는것이오 아래에서 치오르지아니하나니 부모를 잘공경하라 하시니라

四 갑진유월에김형렬의집에이르사 형렬다려 전주부에가서 김병욱에게 만날긔회를언약하고오라하시니 형렬이 명울밧고 전주에가서 병욱을맛나 그니튼날밤중에 맛나기로언약하고 도라오는길에 장의모외죽엇다는소문을들은지라 형렬이 당신게 심부름한것옵알외고 니어서 의모외죽은일율알외여가로대 이사람은

이풍양하고 충재가잇슬때에는 청수동우에 고초가루를풀어너으면 곳충재가거치더라

一〇九 더울때에출입하시면 구름이 일산과갓치태양을가리워 볏이쏘이지아니하니라

一一〇 매양달밤에길을가실때에 구름이달을가렷스면 손으로달을향하야 올흔쪽으로둘너 구름을 그럿케 여러헛치사 달빗을내빗최이며 가시는곳에이르신뒤에는 다시손으로달을향하야 왼쪽으로도둘으시면 구름이다시합하야 원상대로회복되니라

一一一 매양출행하실때에 하로삼십리를넘겨것지아니하시며 가라사대 대진은하로삼십리를 넘기지안는것이라하시니라

一一二 당신온 위엄이씩씩하시고 화기가무리녹으사 뉘기든지 살애붓고갓가이하고십흔대 다각히저의아버지에게비교하면 너무엄하고 사랑하여주는쏘뜻한형님에게비교하면갓트다하니라

一一三 당신이 항상돈일이원식을 몸에갈마두시니라

一一四 당신은 얼골이원만하사 금산미륵불과 흡사하니라

六十九

이잇다고 거짓빙자하야 갑을주지안코갓더니 일로붓터협채하야 창중을일우어 죽게되거늘 신경수가 그사유를알왼대 당신이대답지아니하시더니 그뒤에또와서 위독함을알왼대 당신이가라사대 못쓸일을행하야 신명에게죄를어더 글읏죽엄을 하게되엿스니 할일업다하시더니 그뒤에 곳죽으니라

一〇五 종도들이 매양근심된일이잇슬때에는 그사유를 당신께알외면 부지중에 자연히풀니게되는대 만일 알왼뒤에도 오히려근심을놋치아니하면 당신이 위로 하야가라사대 내 가임의알엇스니 근심하지말나하시니라

一〇六 매양종도들에게 일을명하심에 반닷이 긔한을뎡하여주사 어긔지안케하 시며 만일 명을밧은자가 혹그긔한되는날에 일긔가조치못하야 어김이잇슬가염 녀하면 당진이일깨워 가라사대 내가너희에게 엇지조치못한날을 일너주겟나냐하 셧나니 대저 당신이정하여주신날은 하로도 조치못한날이업섯나니라

一〇七 매양종도를 어늬곳에보내시되 무슨일노인하야보낸다는말슴을하지아니하 신재가 항상만이잇섯나니 종도들은 항상그럿케경험하엿슴으로 다시뭇지안코 명하신곳에가면 반듯이무슨일이잇더라

一〇八 가믈때애비를주실새 청숫동우에 오좀을좀타면 그비로인하야 모돈곡물

만민의갈앙올풀어주려하엿더니 네가 어제저녁에 나의명올어긔고 잡읍잣슴으로 비가오지아니하니 옷올벗고 청수압에 합장하고서서사과하라 갑칠이명하신대로하니 문득 서쪽하눌로부터 검은구름이일어나며 큰비가쏫아저서 삽시간에 압내가창일하거늘 경학이엿주어가로대 이만하면넉々하겟 이다 당신이 이에부채를들어 한번흔드시니 비가곳그치거늘 명하사청수를쏫아버리고 옷을닙으라하시며 모든종도다려일너가라사대 너희들도 잘수련하면 모든일이마음대로되리라하시니라

一〇三 이때에 청주에서 피질(호열자)이창궐하고 나주에도 크게성하야 민십이뒤쓸는지라 당신이가라사대 남북에서 마조터지니 장차 무수한생명을죽이리라하시고 이에 「측령피질신장호불범제왕장상지가범차무고창생지가호」라고써서 불살으시며가라사대 내가 이것을대속하리라하시고 형렬을명하사 새옷다섯벌올급히지어서 한벌식갈아입으시고 설사하여내리신뒤에 가라사대 약한자가걸니면 다죽겟도다하시더니 그뒤로 피질이곳그치니라

一〇四 원평장터김경집의주막에 단골주인을뎡하고 오랫동안머무르셧슴으로누구든지당신의말삼을빙자하야 술밥을청하면 갑이잇고입승을뭇지안코 다허락하더니 테인청석골강팔문이 술밥을만이먹은뒤에 돈진인것을 주인에게들키엿스나 당신말삼

六十七

一〇一 학로는 전주볼가지김성국의집에계실새 김덕찬이모셧다가 당신의무슨말삼숫태 속으로는실업게알면서 거줏대답하엿더니 다시일너가라사대 이제 용소리김의관의집에가서 자고오라 덕찬이명을밧고 용소리에갓다가 김의관집문압에서 취한사람을만나 패욕을만히당하고 분을이기지못하야 되도라오거늘 당신이문박게나서 바라보시고 웃어가라사대 웨자지아니하고도라오나냐하시고 술을주어가라사대 사람을사핌에 마음을참되게할것이어늘 엇지 마음을스사로속이나냐하시니 덕찬이 처음에는 당신이 무고히용소리에보내여 패욕을당하게하신것을불평히녁엿다가 이말삼을듯고 비롯오 당신의말삼숫헤 속으로는실업시알면서거줏대답한것을알으시고 실업순취한사람을만나도록 징벌하십인줄쌔닷고 일로부터는 더욱두려워하야 비록 한번생각합파 적은일에라도 극히삼가하니라

一〇二 류월에 구릿골에게실새 하로는 경학이니르러 오랫동안날이가물어서모를옴기지못하야 민심이불안함을알윈대 당신이 갑칠을명하사 청수한동우를길어오라하시고 미리양지한축에 글을가득히써두엇든것을 경학에게내여주시며 가라사대 청수에적시여 가루되재부비라 경학이 명하신대로하여도 비가오지아니하거늘 갑칠다려일너가라사대 네게장령을붓치여 서양으로부터 우사를불너넘겨

오늘은 백순검을만나야하겟스니 그를다려오라 말삼이맛치자 백순검이 그질압호로지나거늘 경원이나가서 당신게신곳을알니니 백순검이 곳뛰여들어와서 당신을포박하는지라 당신이 공우에게명하야가라사대 네게잇는돈백냥을 내게전하고 최창죠의집에갓다오라하시니 공우가대답하고가거늘 또웅종파경원을불너 각히달은곳으로보내시고 백순검에게 돈백냥을주며가라사대 그대를만나려고이곳에서 기다린지오래엿노라 이것을적다말고 용에보태여쓰라 백순검이 치사한뒤에결박을풀으고물너가니 대저 그가당신을붓들어서 돈을빼앗으려하는줄알으시고그욕심을채워주심이라

九九 하로는 백암리에게실새 글을써서 경학에게주시며 물동우에 외로돌녀젹신뒤에 불살으라하셧더니 그뒤에 경학의령경운의집에서불이나서 사나운남풍에긔세를엇어 경학의집을넘어뛰어서 이웃집아홉채를살엇스되 경학의집은무사하니라

一〇〇 백암리근쳐에 호환이만음으로 경학이 크게근심하거늘 가라사대 그즘생이사람을먹으니 없이하여야하리라하시고 호담뇨를가져오라하사 붓으로먹을찍어서 그그림의눈에점을치셧더니 그뒤로는 각쳐에호환이업서지니라

학의집으로 가셧더니 태인옵에서 경학의형이 사람을보내여 경학을불너가거늘 당신이 발을만지시며가라사대 상말에 발복이라하나니 몰으는길에 잘가면다행이오 잘못가면불행이라는말이라하시고 곳써나사 홀로 최창죠의집에 가셧다가 다시 그압술밧을지내여 최덕겸의집으로가서 머물으시니 모든사람이 졔시는곳을알지못하니라 원래 경학의형은 경학이 술객에게홀녀셔 살님을돌보지아니한다는말을듯고 심히염녀하던차에 관청으로부터 염문되여그술객과 경학을잡으려간다하거늘 이에 그사실은통기하지안코 다만 그아우만불너숨기려함이러라 집을써나 옵으로가다가 중로에서 순검에게붓들여서그집으로되살고와서 당신을찻다가 게시지아니함으로 최창죠의집싸지쇠러가 찻지못하고도라가니라

九七 닷샛날 구릿골에니르시니 수일후에 태인으로부터 무사히된전말을보고하거늘 당신이가라사대 졍옵닐은 하로공사인대 경석에게맛겻더니 하로아침에설으고 태인닐은 하로아칭공사인대 경학에게맛겻더니 하로를걸녓스니 경석이 경학보다낫다하시고 쏘가라사대 경석은 병판가음이오 경학은 위인이즉장이라 돕니기어려우니 돕니기만하면 착한사람이되리라하시니라

九八 하로는 공우와응종을다리고 태인읍주막에니르사 신경원다려일너가라사대

九四　거기서　대흥리로가려면　길이　두갈래로난호여　한길은　정읍읍내를지나가
는큰길이오　한길은　샛길이라　윤경이　어느길로갈것을물은대　당신이가라사대
군자가엇지　샛길로다니리오하시고　큰길로잡어들어　정읍읍내를지나시니좌우측에
즐비한　일본사람의상점에　한사람도　박게나선자가업더라　대흥리에니르사　고부
인의안질을낫게하시고　당신이그안질을하롯밤대신하야알으신뒤에인하야　무신납월
공사를행하시니라

九五　하로는　경석의　검은두루막이를가져오라하사닙으시고　속옷을벗으신뒤에
진수건으로　허리를매시고　모든종도들에게　물어가라사대　이러하면　일본사람파
갓호냐　모다대하야가로대　갓흐니이다　다시벗으시고가라사대　내가　어려서서당
에서글배울때　한아해로더불어　먹작란을하다가　그아해가　나에게지고　울며도
라가서　다시오지아니하고　달은서당에다니다가　그뒤에　병들어죽엇는대　그신명
이　원을품엇다가　이제와셔　나에게해원식여주기를구함으로　엇쩌케하면　해원이
될가물으니　그신명이　내가일본옷을　슬여하는줄알고　일본옷을닙으라함으로　내
가　이제　그신명을위로함이로라하시니라

九六　대흥리에서　납월공사를보시고　긔유정월이튼날　관재를피하야　백암리김경

六十二

뒤에 앒을네게알니리라하시더니 이날 차윤경이와뵈입고 고부인이 안질로고상
합을알외니 당신이가라사대 이제도라갓다가 래일 대인살포뎡에서 나를만나라
윤경이 꼿도라갓다가 이튼날 살포뎡으로오니 당신이 아즉오시지아니하엿거늘
꼿 소루원주막에니르니 주막주인이말하되 선생이 새울최창죠의집으로가시면서
윤경이와뭇거든 그꼿으로보내라하셧다하거늘 윤경이 새울로갈새 일본군사수백
명이 길에유진하야 주소와 가는꼿파 출행리유를뭇더라 새울에니르러 현사
셰뵈이니 날이임의저믈더라 이날밤에 윤정을명하사 밤새도록자지말고 밧게서
ᄢᅢ아다니라하시고 닭의소리가난뒤에 윤경을다리고 백암리로향하야 셔나시니라
九五 백암리김경학의집에니르사 아적밥울잡수시고 다시졍읍으로가실새 혹압서
기도하고 혹뒤서기도하사 네댓걸음걸으신뒤에가라사대 이길에는 일본사람을보
는것이 불가하다하시니라 졍읍로송뎡에니르사가라사대 좀지체함이가하다하시고
반식경을지내신뒤에 다시셔나사 그모롱이큰못가에니르니 긔병이만히오다가 되
도라간자최가잇거늘 당신이 그자최를보시고가라사대 저희들이 엇지대인의압길
에지쳐오리오하시거늘 윤경이 그근쳐에잇는사람에게물으니 파연 긔병수십명이
달녀오다가 그꼿에서 되도라갓다하니라

야가로대 그러하엿나이다 다시일너가라사대 집으로도라가라하시거늘 공우가 당신께하직하고 집으로도라올새 길에서부터 눈이가렵고붓더니 집에이름에 안질이크게나서 달포를알타가 하로는 밤을쉬고일어나니 씻은듯이나엇는지라 곳 당신께와뵈이니 가라사대 안질로고상하엿나냐하시고 웃으시더라 원래 공우는 성질이사나워 싸홈을즐기고눈짓이곱지못하더니 일로부터는 성질이부드럽고 눈짓이고아지니라

九二 공우가술이파하야 주실이만터니하로는 당신이가라사대 네가술을즐기니주량을보리라하시고 술을만히주시거늘 공우가 련하야바더마시고취한지라 다시가라사대 한잔술박게못된다하시더니 이뒤로는 한두잔만마서도 곳취하야 견데지못하니라

九三 김덕찬이 그아들혼인을지내려할새 모든사람이 물품파돈으로 부조하거늘 당신이가라사대 나는 부조할것이업스니 일긔로나부조하리라하시더니 이때에 일긔가 련일험악하야 심히염녀하든중인대 그날에니르러서는 뜻밧게온화하여지니라

九四 동짓달에 령렬다려일너가라사대 내가정읍으로가리니 이길이길행이라 이

六十一

멀니피하니라

八八 팔월어느날 김덕찬이엿주어가로대 오ᄂᆞᆯ 내매가에잔채가잇스니 소풍겸하야나어가사이다 당신이가라사대 네술을몬저마시라 덕찬이가로대 무슨술이니잇가가라사대 좀더기다리라하시더니 이옥고 박공우가 술파수중게를가저와서당신쎄올니니라

八九 이해겨울어느날아참에 대흥리로부터 태인새올최창조의집으로가실새 박공우는 해가올으면 길이질가하야 진신발을하엿더니 당신이보시고 진신발을하엿나냐하시며 손으로 동쪽재에써올으는해를향하야 세번눌으시니 해가올으지못하다가 살포정주막에들어쉬시니 그제야 해가 묻듯놉히솟아올으더라

九〇 최창조의집에니르사 벽력표를무드시니 꼿우뢰소리가 크게발하야 현디가진동하거늘 꼿거드시고 이튼날 구릿골약방에니르시니 신원일이엿주어가로대진묵대사는 칠성을 일햇동안가두엇다하니 올흐니잇가 당신이가라사대 이제시험하여보리라하시고 이날부터 석달동안 칠셩을가두신 뒤에가라사대 이세상에텬문학자가만타하나 칠셩이나터나지아니한일을 발표한자가업다하시니라

九一 최창조의집에서 공우다려일녀가라사대 네가 눈을만히흘겨보얏느냐 대하

며일어나서 상복소매로 북치는흉내를내이면서 춤파노래를연주하야 둥이졋도록쌈이훌으니좌중이 크게웃는지라 당신이 웃으시며가라사대 너희는 속히도소원을일우엇다하시니 두사람이 비롯오 정신을찰혀 붓그러워하는지라 당신이 다시일너가라사대 대인을배우는자 맛당히 마음을정대히하야 그칠곳을알어야할것이오 한가지라도 분수밧게생각을가지며 실업슨말을합이 불가하다하시니라

八六 하로는 손병욱의집에가시니 종도들이 만히모엿슴으로 병욱이 그안해를식여서 정심을지올새 날이심히더움으로 그안해가 피로히녁여 부억에서 홀로불평한말을하엿더니 문듯 와사중이일어나거늘 황응종이보고놀내여 당신께알원대 당신이가라사대 이는 불평한말을하다가 죠왕에게 벌을바듬이라하시고 글올써주사 병욱의안해로하여금 부억에불살으며 사파하라하시니 병욱의안해가그대로하야 곳나으니라

八七 대흥리에계실새 공우다려물어가라사대 네가 남파싸홈을만이하엿나냐 대하야가로대 그리하엿나이다 다시일너가라사대 네게 표단이들어서 싸홈을즐기니 이제 표단을빼여내고 인단을너으리라하시더니 이뒤로는공우의성질이 온순하게되야 싸홈을즐기지아니하고 혹싸호는사람이잇스면 두려운마음이생겨서 곳

람의담배밧은 모조리 사태의해롤닙어서 이해에 담배농사가 크게 흉년드니라

八四 하로는 정피산의주막에지나실새 마참 고부화란에 변분이잇는뎡순검이니르거늘 당신이 술을사서접대하시더니 써날때에 돈십원을청구하며 족기주머니에손을너어 돈십원을훔쳐가거늘 당신이 일너가라사대 모든일을 의로써한지어늘 엇디 이러케무례하뇨하시더라 뎡순검이 전추에가서 다시 편지로 사십원을청구하거늘 당신이 형열로하여금 돈열마롤구하여보내시며 가라사대 의롭지못한사람이라하섯더니 멋출후에 뎡순검이 고부로도라가다가 정읍한다리에서 뭇도적에게 마저죽은지라 당신이 들으시고가라사대 순검은 도적을증치하는즉책을가졋거늘 도로혀 분의의재물을줄기니 도적에게죽음이 당연치아니하랴 이것이 다신명의행하는바니라하시니라

八五 하로는 김영서와뎡남긔가 와뵈인뒤에 두사람이 서로사담하되 남긔는 일본말배운사람을 불버워하야가로대 요사이 일본말을아는사람은 현달되기도쉽고 돈벌이도 잘한다하며 영서는 배우를불버워하야 가로대 요사이는 연극을잘하여도 돈벌이가잘된다하야 서로 그런일에등한하엿슴을 뉘웃치더니 문듯 남긔는 손을혼들며 류창한음됴로 일본말을짓거리고 영서는 상자라 상건을혼들

八○ 구릿골리장뎡셩원이 엿주어가로대 내가 가난하야 살수가업사오니 원컨대 가난을면할길을가라쳐주옵소서 당신이 웃으시며가라사대 금년에는 그대하의반는동리세금을 상납하지말고 그대가쓰라 뒷날은 내가쓸너주리라 셩원이대야 가로대 너무심하신말삼이로소이다 국세를바더쓰고 엇디생명을보전하오릿가하며 물너가더니 그뒤에 고의는아니나 자연히 세금수천냥을 범포하게되야긔유년봄에이르러 관텽에서 독촉이심한지라 셩원이 술을취하야 마을로도라다니며 웨처가로대 내가 국세를바더썻스니 누구든지 내배를갈으라하거늘 당신이 들으시고 불너서위로하야가라사대 너머엽녀하지말나 무사하게하여주리라하시니 모든사람이 다밋지아니하엿더니 그뒤에 파연 부긔세금이면제됨으로인하야 셩원의일이쓸니니라

八一 태인백암리김명칠이 산중경사디를개간하야 담배를십엇는대 걸음을하고붓을하엿더니 문듯 소낙이가음으로 명칠이 가삼을치며울어가로대 내농사는담배비리뿐인대 걸음하고붓한뒤에 이러케 소낙비가떠부스니 사태가 밀어내려서다버리게되리라하거늘 당신이들으시고 불상이역여가라사대 근심을말라 그제앙을면케하여주리라하시더니 비개인뒤에 몃칠이가보니 조금도피해가업고 담은사

것이려라 그상사는 그꼿에서 울며셔난뒤로 꼿실셩하야 사방으로 쒸여다니다가 몃칠후에죽으니라

八○ 하로는 신경원이 급히사람을보내여알외대 경관의됴사가심하야 날마다와서 선생의주소를뭇나이다 당신이 온사람에게 글을써서주시며가라사대 이글을경원에게 전하야 한번보고 꼿붙살으라하라하시니 그글은 이러하니라「텬용우로지박 즉필유만방지원 디용수토지박즉필유만물지원 인용덕화지박 즉필유만사지원 텬용디용인용 통재어심 심야자 귀신지추기야 문호야도로야 개폐추기출입문호 왕래도로신 혹유선혹유악 선자사지 악자개지 오심지추기문호도로대어텬디」 경원이 바더낡은뒤에 꼿불살엇더니 그뒤로는 경관의됴사가그치니라

八一 김병욱의차인김윤근이 와뵈입고엿주어가로대 요사이 날이가물어서 농작물이다말으오니 선생은 단비를주사 만민의초죠한마음을눅히소서 당신이 덕찬을명하사 그길으는돗한마리를잡아서 여러종도들로더불어 함께잡수실새 밋처맛치지못하야 우뢰가일어나며 비가크게나리거늘 윤근이깁버하야가로대 선생은진실로 만민을살니는 하누님이시라하니라

지는것을금하니 이때에 당신이 룡모리고개감주보의주막에계실새 주보의안해가
가삼을치며가로대 달은비리는업고 다만 술장사로 가권이살어왓섯는대 이제
술을비지지못하면 무슨버리로살어가리요하거늘 당신이 불상이녁이사 종도다려
일너가라사대 엇디남장군만잇으리오 맛당히녀장군도잇오리라하시고 조회에 녀
장군이라써서불살으시니 주보의안해가 묻듯신기를엇어서 부중을돌며 호령하야
잠시에 수백주모를모아거느리고 룡안의집을엄습하야 형세가불온하거늘 룡안에
크게놀내여 군중에게사과하고 술도개들중지하니라
七九 하로는 종도들을다리고 젼주다가정을지나실새 한상자가 뒤를달으며 살
녀주시기를애걸하며 써나지못하되 당신은 도라보지도아니하고가시거늘 종도들
이민망하야 엿주어가로대 저사람이 무슨일로저리는지몰으나 그정상이불상하니
돌녀보내십이엇더하시니잇가 당신이 도라보시고 몸에갈맛든붓을쌔여 먹을쩌으
사상자의이마에 먹점을쳐주시며가라사대 네보통이를 저냇가에버리라하시니 그
상자가 명하신대로 보통이를버리고 울며가거늘 당신이가라사대 저사람이 죄
를만히지엇스니 제죄에제가죽나니라 저보통이는 요술부리는긔구니 두어시간
지내기젼에는 펴보지말나하시거늘 그뒤에 종도들이 그보통이를펴보니 독을싼

五十五

하리 이거회에 두골을가지어가면 도적이란이름도면하고 상당한상을어드리라하고 그두골을가지고 동장에게가서 고하되 내가 각처에수색하야 다행히차젓다하거늘 동장이 그사람을다리고 삑운뎡에오니 이날이곳처섯절이러라

七六 당신이 이날아참에 룡모리고개에가섯더니 김병욱이와서 두골차진일을알외거늘 당신이가라사대 그도적은 엇써케조처하엿나뇨 병욱이대하여가로대 경무청으로 보내엿나이다 당신이가라사대 잘설유하야 돌녀보내는것이 가하거늘 엇이그리하엿나뇨하시고 경은옷한벌을 지어오라하사 불살으며가라사대 징역에나처하게하리라하시더니 파연 그사람이 징역에쳐하니라 종도들이 반닷이 처섯절에찻재된섀닭을물은대 당신이가라사대 매양 사사일이라도 텬디공사의도수에 붓처두기만하면 그도수에니르러 공사와사사일이 다합세쓸니나니라하시니라

七七 김덕찬이 당신세 항상거만하더니 하로는 공사를보실새 크게 우뢰와번개를치게하시니 덕찬이두려워하야 자리를옴기거늘 당신이가라사대 네가죄지은바업거늘 엇지두려워하나뇨 덕찬이 더욱겁내여 엇지할바를몰으더니 그뒤로는당신을 극히공경하니라

七八 백남신의일가룡안이 술도개면허를엇고 전주부중에잇는 수백술집에 술비

파가리길으더니 하로는 당신이그여인다려일너가라사대 저아해가 네본부아듬
이안이어늘 엇디이가치모호하게하야 죄를짓 냐하시니 그녀인이 이에사실을고
백하니라

七五 유월에 김병욱이 사람을보내여 빅남신의친산에 묘적이들어서 두골을도
적하여갓다는 사유를알왼대 당신이 왼밤을새여 동불을밝히사 상가와갓티지내
시고 남신에게 말삼을전하야가라사대 두골을차지려힘쓰지말고 종용한곳에거처
하야 외인의교제를끈으라 저섯절에는 도적이 스사로 두골을가저오게하리라하
시니라 이때에 왼밤철야하신것을 종도들이 즐거하지아니하야가로대 이갓티힘
을들이되 당사자는 알지못하오니 무슨공로를 알리잇가 당신이가라사대 두골
만찻게할섇이오 그의알고몰음은 관계할바아니니라하시니라 남신이 명하신대로
유벽한백운뎡에처하더니 칠월에 그묘아랫동리에서 동장이 자발적으로 동회를
열고의론하되 우리가 이묘아래삽면서 도리에 범연히지낼수업스니 온동리가나
서서 이근처를수색하되 만일두골을찻는사람이잇스면 묘주에게말하야 상올후히
주게함이 가하다하고 온동리사람을 총동원하야 근처산지슬슬수색하니 이때에
묘적이생각하되 묘쥬가 가만히잇고 돈을들여서 두골을차지려하지아니하니 참

五十三

五十二

고 뷘배만써잇거늘 당신이 몸소노를저어 건너신뒤에 하늘을우르러보시고 웃으시거늘 모다우르러보니 구름파가튼이상한긔운이 노저어가는모형을일우어 천천히써가더라

七二 그뒤에 태인금상리에지나실새 마참날이가믈어서 모심기를못하더니 동학신도류한필이 그전날에 구름이세임을보고 비가올줄미더 맡은논에 호미로모를심엇더니 이내비가오지아니하야 모가말으거늘 극히초민하야 가로대 가믐이 이러케심하야 비올뜻이업스니 호미심기를 다시갈어서 콩이나심을수밧게업다하며 탄식하거늘 당신이들으시고가라사대 모심은것을 갈아서다른곡식을심는것은 변피가아니냐하시며 한필을압세우고 그곳에가서 그참혹한광경을보시고 서쪽하늘을향하야 만수를부르시니 문득거문구름이피어나며 소낙이가나리거늘 한필은 엇던싸닭인지알지못하고 다만 미리아는법이잇는가하야 이상히넉이더라

七三 하로는 당신이 구릿골에계실새 종도들에게일너가라사대 죄는남의턴륜을끈는것보다 큰것이업나니라 최익현이 금상부자의턴륜을끈은보복으로 큰죄를입어 이제내게와서 그죄보를벗기어주기를 구한다하시고 죄벗기는일을보시니라

七四 엇던여인이 일즉샛사나희를보아아들을낫스나 그본부는알지못하고 제아들

작은집이 달온곳으로간지라 당신이 보경을붙녀 경계하야가라사대 이제는 집
안이편안하야 조흔운수 가열니리니 본처를사랑하야 저바리지말나하시고 림질읍
낫게하여주시니라
七○ 하로는 룡모릿고개주막에서 김덕찬과 김준찬등 두어사람올다리고 공사
를보신뒤에 마참잡기군이모아들어 윳판올벌이니 이것은 당신일행올유인하야
돈을ᄲᅢ앗으려함이라 당신이가라사대 저희들의소원을일우어줌도 ᄯᅩ한해원이라하
시고 돈쉬운냥올놋코 윳을노실새 말삼대로 윳이져서 잠간동안에 그들의돈여
든냥을 다ᄲᅢ앗은뒤에 품삭이라하사 닷돈올남기시고 닐흔아홉냥닷돈을 돌녀주
시며 가라사대 이것이 다의롭지못한일이니 각히집에도라가서 즉업을구하야
살님을하라하시니 그들이크게감복하고도라가니라 종도들이 말삼대로 윳이지는
법을무르니 가라사대 던지는법을 한글가티하야 변개하지아니하면 그리되나니
이도ᄯᅩ한 일심의법이니라 ᄯᅩ일너가라사대 이제 조선정세는 실업자가만히나
서도박으로사는사람이 만해지리니 후일에 법금이엄하여지면 그들은 굴머죽을
수밧게업슬지라 그럼으로 이제 록을부쳐주엇노라하시니라
七一 하로는 여러종도를다리고 익산솜리를지나실새 나무가에니르니 사공이업

五十一

六七 하로는 정읍수통점에서유하실새 공우가모셧더니 리도삼이와서 그이웃버들리에서 스므살씀된녀자가 범에게 물녀갓다는말을알왼대 당신이 공우다려 하눌에충성(좀성이)이보이는가보라하심으로 공우가 나가서우르러보고 나러나잇슴을알외니 당신이 목침으로 마룻장을처시며 충성아 엇디 사람을해하느냐 하시더니 이튿날 그녀자가 살어도라왓는대 의복은씨저젓스나 몸에 상해는크지아니하엿더라

六八 텬도교교쥬손병회가 교도의신앙을 쓸가위하야 호남각처에순회할차로 전주에니르러머물거늘 당신이 공우다려일너가라사대 네가 전주에가서 손병회를 돌녀보내고오라 사설로 민중을속여 피폐가극도에니르럿스니 그의순회가불가하니라 공우가대답하고 이튿날써나려하다가 다시말삼치아니하심으로 이상히녀여 명지하엿더니 수일후에 손병희가 순회를중지하고 서울로도라갓다는 소문이들니더라

六九 김보경이 꼼개에작은집을두고 본집을돌보지아니하거늘 당신이 글을써주어가라사대 네작은집을면대하야불살으라 그러면조흔일이잇스리라 보경이 그대로하엿더니 뜻박에 림질을어더서 본집으로도라와 탈포를머물엇더니 그동안에

에차별이업시일치하리라하거늘 당신이들으시고가라사대 너희들의말이유리하니 보리를없시여버리자하섯더니 사월에 크게가물어서 보리가 다말너죽음에 농민이 크게소동하는지라 종도들이 그일을알외여가로대 이졔만일 보리흉년이들면 굴머죽는자가만흐리이다하거늘 당신이 ᄭᅮ지저 가라사대 전자에 너희들이 보리를업시여버림이올타하고 이졔다시 보리흉년을호소하나냐 내일은 비록롱담한마대라도 도수에박혀 련디에울녀나가나니 이뒤로는 모든일에 실업슨말을삼가하라하시고 전주룡모랏고개에가사 김락범을명하야 거친보리밥한그릇파 된장한사발을 가져오라하사가라사대 궁민의음식이 이러하리라하시고 된장에 밥을말아서 다잡수시니 문듯 검은구룸이일어나며 비가나려서 보리가 다시생긔를어더 풍작을일우니라

六六 공우가 종유함으로부터 당신의순유에 만히모시고다녓는대 어대서든지며무르시다가 달은곳으로 써나리하실때에는 밤이면 닭머리가나터나고 낫이면 햇머리가 나타나는것을 징험하엿슴으로 언재든지 닭머리나햇머리만나터나면 출입하실줄알고 몬저 신발파 행장을단속하야 명을기다리면 반닷이불으사 가자하시며 써낫나니 대저 당신은 어대를가시든지 미리말삼을아니하섯더라

날밤에 비와눈이석겨오거늘 당신이 가라사대 네한번굳옷생각함은인하야 천기가한굴갓지못하다하시니라

六四 섯달에 고부와룡니신경수의집에서 공사보실때에 신원일다려일너가라사대 네가일즉동천을향하야 붉은옷을입고 구름을타고안즌사람에게 네번절한일이잇쓰니 이제다시 그와갓치절하라 내가곳그사람이로라하시니 원일이곳일어나서 네번절하는지라 종도들이 원일에게연고를무른대 원일이대답하야가로대 연전에 우연히병이들어죽게되엿더니 정신이황홀한중에 엇든큰사람이 사인교를타고와서 내게말하되 네가새옷을입고 문박게나가서 동천에 붉은옷입고 구름타고안즌신어른에게절하라 그러면 네병이나으리라함으로 그말대로 새옷을입고 문밧게나가서 동천을바라보니 파연 붉은옷을입고 구름타고안즌어른이게심으로 사배를올녓더니 그때로부터 병이곧나엇는데 집안사람들은 새옷입고박게나가는것을 해괴하개역엿다하더라

六五 무신이월에 종도를다리고 어대를가실새 보리밧갓으로지내시더니 종도들이서로말하되 이세상에 빈부의차별로인하야 곡식중에 오직 먹기어려운보리가 빈민의량식이되여 먹을때에 항상 괴로움을늑기니 보리를업시여버려야 먹는대

구릿골에니르러 당신쎄뵈이니 가라사대 내가네집에가기를원하나냐하시거늘 공우가 깃비하야가로대 소원이로소이다하고 당신을모시고 도라오다가 룡암리물방앗집에 들어쉴새 당신이 문을열고 남쪽하눌을바라보시며 놉다놉다하시거늘 공우가바라보니 구름이 갓득씨엿는대 하눌이 방석한닙널비쯤퉁하며 바람이쓸슬불고 눈이나리거늘 당신이 공우다려 일너가라사대 나와친구로지내자하시니 공우는 그말삼이황공하기도하고 이상하게도녁엿더니 또가라사대 긔운이적다하시거늘 공우가 부지중에엿주어가로대 바람이좀더불리이다하엿더니 파연바람이크게부는지라 또가라사대 나와친구로지내자하시며 긔운이적다하시거늘 공우또가로대 바람이놉하지리이다하엿더니 그때는 바람이 크게닐어나서 모래와돌을날니는지라 당신이가라사대 룡호대사의긔운을 공우에게붓티여보앗더니 그긔운이적다하시니라

六三 하로는 공우몰다리고 정읍으로가실새 공우다려 마음으로 풍운조화를외우라하심으로 공우가 그대로외우다가 문듯이처버리고 글옷 텬문디리를외우더니 당신이 도라보시며 가라사대 글옷차지니 다시생각하라하시거늘 공우가 놀래여생각하니 파연글옷차젓는지라 일로부터 고쳐외우며 대흥리쌔지왓더니 이

四十七

四十六

六〇 하로는 경석에게일너가라사대 네선조의뫼 구월산금반사치의긔운을 옮겨오리라하시고 경석으로하여금 춤추게하시고 공우로 북을치이시니라

六一 하로는 뎡남긔의집에니르시니 남긔의아들이 무슨일로 그아비에게 삭지럼을듯고 불순한말로 대답한뒤에 밧그로나가다가 다시안으로향하야 들어오더니 문듯 문압해웃둑서서 움즉이지못하고 땀을흘니며 련하야소리를질음에 온집안사람들이 크게놀내여 엇디할바를몰으는지라 이윽고 당신이 도라보시며가라사대 엇디 그러케고통을당하나냐하시니 그제야 능히움즉이며 정신을돌이키거늘 집안사람들이 그까닭을물으니 대하여가로대 뜻밧게 정신이혼미하여지며 숨이막혀서 호흡을통치못하며 골절이굿어저서굴신을못하엿노라 당신이 무러가라사대 그때에 네가슴이 답답하더냐 대하여가로대 심히답답하야 견댈수업더이다 당신이가라사대 네가당한바로써 네부친의가슴을 헤하려보라 네부친에게그러케불경한말을하엿스니 그가슴이엇더하엿스랴 이뒤로는 허물을뉘우처 다시는 그리하지말지어다하시니라

六二 동짓달에 구릿골에재실새 박공우가 뫼이러오는길에 우연히흥이나서「모시러가자 모시러가자 부처님모시고 우리집으로도라오자」라고 노래를불넛더니

어쉬시니 문듯 우뢰가일어나며 번개가크게발하야 집에나리려하거늘 당신이 허공을향하야 꾸지즈시니 우뢰와번개가 곳그치는지라 공우는 당신이 정읍서 글을써서벽에부쳐 우뢰를크게발하게하시고 또이번에 한말삼으로 우뢰와번개를 그치게하심을보고는 비롯오 당신께서 텬지조화를 마음대로쓰시는줄알고 일로부터 더욱경외하더니 하로는 당신이 공우다려일너가라사대 네가 오랫동안 식고를잘하엿스나 이제만날사람만낫스니 식고는 내게로돌닐지어다하시니 공우가 더욱깃버하야 평생소원을일운줄깨달으면서 곳 그리하겟나이다라고대답하니라 원래 공우는 달은동학신도의통례와가티 「대신사응감」이라는생각으로 식고를하지안코 항상「하누님뫼여지이다」라는발원으로 식고를하엿더니이제 당신의 말삼하시는바를듯건대 반닷이 마음으로생각하는것을 통찰하심이며 또텬디조화를 마음대로쓰시는것을볼진대 분명히 하누님의강림이 의심업다고생각하니라

五九 하로는 당신이 차경석다려일너가라사대 너는강령을바더야하리라하시고 「원황정긔래합아신」을읽키시며 방문을열으시니 경석이 문듯 소리를내여 통곡하다가 이윽고 그치거늘 당신이 가라사대 그우름은 신명에게 벌을밧는소리라하시니라

흘만에 공우의상처가 완전히나으니라
五五 하로는 가물치회를올녓더니 당신이 잡수신뒤에 묻밧게건일으시다가 하
눌을우르러보시고 웃어가라사대 그긔운이쌀으다하시거늘 종도들이 하눌을우르
러보니 구름파가튼 이상한긔운이 가물치모양을일우어 동쪽으로향하여써가더라
五六 하로는 종도오륙인이 금사돌물녀서 가야금을타이고 유쾌히놀더니 당신
이 금지하사가라사대 저허공을보라 나는 모든일을 합부로하기어려우니라 종
도들이 모다우르러보니 구름파가튼 이상한긔운이 가야금타는형상파 오륙인이 종
버려안진모형을일우어 허공에써잇더라
五七 중복날 당신이 종도다려일너가라사대 오늘번개가나지아니하면 충제가생
겨 농작물이 큰해를닙으리니 잘살피라하시거늘 모다주의하야 저물도록살피되
번개가나지아니하거늘 당신이 하눌을우르러가라사대 텬디가 엇지생민의재앙을
이럿틋도라보지아니하나뇨하시며 말은집을쓴어서 화로에쬬저살으시니 문듯 북
방에서 번개가치는지라 또가라사대 북방사람만살고 달은디방사람은다죽어야올
흐리요하시니 다시사방에서 번개가번적이더라
五八 하로는 신원일박공우의 서너사람을다리고 태인살포명에니르사 주막에들

선암으로 소풍하러갈새 중로에서소낙이가크게몰녀오거늘 당신이 담뱃대로 몰아오는비를향하야 한번둘으시니 문듯 비가달온곳으로 몰녀가더니 학선암에니른뒤에 비롯오비가나리니라

五四 류월로부터 두어달동안 정읍대흥리차경석의집에계실세 박공우가 종유하기달포젼에 쳔원장에서 예수교인과다투다가 큰돌에마저서 가슴뼈가상하야 한참혼도하엿다가 겨우일어나서 수십일동안 치료를바든뒤에 겨우다니기는하되 아즉싸지 가슴에손을대지못하고 크게고통하는중임으로 그사실을 당신께알외니 당신이가라사대 네가 이전에 어느길가에서 남의가슴을치셔 사경에니르게한일이잇스니 그일을생각하야 잘뉘우치라 또네가 몸이쾌한뒤에는 가해자를차저서 죽이며고생각하나 네게상해바든자의척신이 그에게부터서 갑픈바이니 오히려 그만하기다행이라 네마음을잘풀어 가해자를 은인과가티생각하라 그러면 곳나으리라 공우가 그말삼에 크게감복하야 가해자를뮈워하든마음을 풀어비리고 후일에만나면 반닷이 잘대접하리라는생각을두엇더니 수일후에 쳔원예수교회에 열두고을목사가 모아서 대전도회를연다는말이들니거늘 당신이 공우다려 일너 가라사대 네상처를낫게하기위하야 열두고을목사를 움작엿노라하서더니 그뒤사

四十二 잇스리니 쌀니갓다오라 원일이명을밧고신경원의집에가니 마참 나무장사가 비를
피하야 경원의집에 들어와서 말하되 나는오늘놀다운일을보앗노라 나무를지고
오는길에 늙근녀인파 절믄녀인이 길에서싸호는것을 보앗는대 그내용은들은즉
절믄녀인온 늙근녀인의며나리라 아들을난지 넘해가못되야 어재밤에 상부를하
엿는대 초상도치지아니하고 어린애를버리고 도망합으로 늙은녀인이 쫏차만나
서 어린애를다려다길으라고 애걸하되 그며나리가 듯지안코 서로다루다가 문
듯 벼락올마저서 그며나리가죽엇스니 일로볼진대 텬도가소명하다하거늘 원일
이도라와서 그들은말을알외니 당신이 가라사대 내가 오늘아참에 물망리주막을
지날때에 한절믄녀인이 이슬을썰며 쌀니지나가더니 그뒤로 늙은녀인이달녀오
며 절믄녀인의자최를 뭇는고로 그사실을 자세히들으니 실로 안도상용서치못
할죄악이락 하물며 그작배는 저희들세리지은것이라하니 대저 부모가지어준것
은 인연이오 스사로지은것은 텬연이라 인연은 오히려고칠수잇스되 텬연은
고치지못하는것이어늘 이제 인도에거슬이고 텬연의의를저바리니 엇디텬벌이업
스리오하시니라

五三 오월닷새날단양절에 종도들파 마을사람들이 련합하야 당신을모시고 학

태는동쪽으로향하고 한갈래는 서쪽으로향하야 몰녀가니다
五一 황용종김갑칠올다리고 원평을지나실새 원평압다리를지나시면서 원발로
길을한번굴으시고 길가에서시더니 이욱고 말탄사람세명이오다가 다리건너편에
니르러 말굽이 쌍에붓터서 옴기지못함으로 마부가 무수히힘들여쓸다가 할일
업시머추고섯더니 한마부가 쌉비를놋코 다리를건너와서 당신께절하고 빗겨서
시기를빌거늘 당신이 웃으시며 빗겨서시니 말이비로소달녀가니라
五二 정미사월에 고부손바래기로부터 태인으로가실새 몬저 신원일을보내사
사관을뎡하라하시고 이튼날 손바래기를써나 그압주막에니르사 형렬다려일너가
라사대 나는 여긔서자리니 너는몬저태인에가서 원일파합세자고 래일아침에
하마뎡에서나를기다리라 형렬이명을밧고 태인에이르러 원일을만나 합세자고
이튼날 원일로더볼어 하마뎡에니르니 마참장날임으로 사람이만히모아들더라
당신이 형렬파원일을만나 길갓술집에안즈시고 원일을불너가라사대 내가오늘벼
락을쓰리니 술을가저오라 원일이술을올님에 당신이 잔을드사 두어번둘으신뒤
에 마스시니 문듯바람이닐어나고 소낙비가쏘다지며 우뢰가 크개일어나더니이
옥고 비가개이거늘 당신이 원일을명하야가라사대 신경원의집에가면 알일이

四十一

四十

의교총을 편리케하기위하야 길을얻어곳게하여지이다하거늘 당신이 허락하시고
술을가져오라하사마스시니 그날밤부터 길이얼어부터서 세말까지 녹지아니하니
라
四八 김의찬을다리고 전주세내를지나실새 일본사람산냥군이 기력이째가만히안
진꼿을향하야 총을견으고노오려하거늘 당신이가라사대 군자 참아보지못할일이
라하시고 원발로 땅을한번굴으며서시니 그총이노여지지아니한지다 산냥군이
이상히녁여 총을검사하되 리유를알지못하고 무수히힘들이며 혀매든차에 기력
이쩍가 다멀니날어가거늘 당신이 이에발을옴겨 길을가시니 총은 그제야발사
되니라
四九 볼가지김성국의집에머무르실새 텃밧헤 꿩째가만하나리거늘 성국이 김덕
찬으로더불어 훌치를만히만들어 텃밧헤노아잡으려하거늘 당신이가라사대 너희
누잡을공부를하라 나는 살님공부를하리라하시더니 일로부터 꿩째는만히나리되
한마리도 훌치에걸니지아니하니라
五〇 불가지로부터 전주로가실새 동남으로부터 큰비가모라오거늘 당신이 길
가운대 흙을파고 춤을밧터뭇으시니 몰아오는비가 묻듯 두갈래로난우여 한갈

四五 김갑칠이 친산옵면례하려고 모든긔구를쥰비하엿더니 당신이일녀가라사대 내가너를위하야 면례하여주리라하시고 쥰비한널파 모든물품을 모다불살니신뒤에 그재를 압내에버리며 하놀을보라하시거늘 갑칠이 명하신대로하면서 하놀울우러러보니 문듯 이상하긔운이 북쪽으로부터남쪽까시 벗쳣더라

四六 시월에 젼주문태윤이 와뵈이거늘 당신이 그가지고온못다리를보시고 가라사대 이방이 한적한공부방이라 속몰으는사람울 그대로바더드리지아니하나니 그못다리를 살녀보이라 그속에 반닷이 젼쟁의장본이잇스리라 태윤이 못그러운빗으로 그못다리를살으니 그속 질간에 돈관계로송사하는 문서가잇는지라 태윤이엿주어가로대 이런좃치못한일이잇슴으로 선생쎄해결책을무르려와서 북그러운마음으로 참아엿줍지못하엿나이다 당신이가라사대 전쟁은 가족전쟁이큰것이니한집안란리가 온텬하의란리를 살어내나니라하시고 한봉서를쥬시며가라사대 이봉서를 그대조카의집에가서 불살으라하시거늘 례윤이 그대로하엿더니 그뒤또파연화체되니라

四七 이달에 신원일이 건재약국울배설하고 약울사려 공주영에갈새 당신쎄와뵈엽고 엿주어가로대 지금 길이질어서 길걸기가 극히어려우니 청컨대 공중

三十九

三十八

도 모다면제되엿거늘 원일이가로대 나로인하야 싸드러운궁페가 업서지고 여러궁감이 다살길을 어덧다하니라

四四 하로는 금산사쳥련암중 김현찬다려일너가라사대 명당쓰기를원하나냐 현찬이대하야가로대 평생소원이로소이다 가라사대 그러면밋고잇스라하시고 그뒤에 또김병욱이다려 일너가라사대 명당을쓰려나냐 병욱이대하야가로대 꼬소원이로소이다 가라사대 그러면밋고잇스라하시더니 그뒤로 두어해를지내도록 다시말삼을아니하심으로 두사람은 다맛당신의뜻만바라고잇다가 하로는 병욱이엿주어가로대 전에허락하신명당은 언제나주시려나잇가 당신이가라사대 네가 아들올원합으로 그째에 명당을쓰엿나니 임의발음되엿나니라하시니 원래 병욱이자식업슴을한하다가 명당을허락하신뒤로 작은집을어더서 아들올나엇더니 그일올일으심이라 병욱이 심히허란하게녁이거늘 당신이가라사대 선현에는 백골올무더서 장사하엿스되 후현에는 백골을뭇지안코장사하나니라하시더라 그뒤에 현찬이또뭇거늘 가라사대 명당은 임의써서 발음이되엿나니라하시니 대저 현찬도 명당을허하신뒤에 취속하야 장가들어아들을나 엇슴으로 이일을일으심이러라

이 불상히녁이사 신경원을명하사 그의경영하는숏졈에서 털숏한개를 가저다주엇더니 일로부터 피산의가세가 졈졈넉넉하여지니라 그뒤에 피산이 태인방아다리로 이사할때에 그런숏을환평뎡동죠에게 팔엇더니 피산은 도로가난하여지고 동조는 넉넉하게되엿슴으로 모든사람이 그털숏을 복숏이라일카르니라

四二 하로는 룡화동박봉민의주막에니르사 술을차즈시니 마참 술이써러젓다하거늘 당신이 술비저넛든그릇을 가저오라하사물을채워부으시고 손으로저으신뒤에 마스시며여러종도에게 난호아주시니 그맛이 본래비저젓든술맛과갓트니라

四三 스므하로날 신원일이와뵈입고 엿주어가로대 내가궁감이되여 궁도죠수백석을 자연히범포되엿더니 그궁에서 부안군수에게부탁하야 독촉이심할뿐아니라 장차 가산을적몰하려함으로 할수업시 피하여왓나이다 당신이가라사대 그일을끌으기는 어렵지아니하니 이곳에머물어잇스라 원일이가로대 이일을끌으려한면 국됴를변혁하거나 변제를고치거나 두도리박에업는대 한사람의액을 끌으기위하야 이럿틋 중대한일을 일우기가 어렵지아니하닛가 당신이가라사대 한사람의소리가 곳대중의소리니라하시더라 원일이 달포를머문뒤에 당신을모시고 서울을다녀와서 집에도라가니 궁도의제도가 혁파되고 쌀아서 여러궁감의범포

三十七

친히 그피를빪어 둑기른제하시니라

三八 섯달에 합열로붓터 구릿골로가실새 길이심히질어서 길걸기가어려운지라 당신이「어재합나산하」라써서 불살으시니 진길이꼿어러서 구더지거늘 이에 말은신발로써나시니라

三九 병오정월사흔날 구릿골에게실새 여러종도에게 일주야동안 말파담배를굼하시니라

四〇 닷샛날 모든종도다려일너가라사대 오늘은 호소신이올것이니 너희는 웃음을조심하라 만일웃는자가잇스면 그신명이 공사를보지아니하고 도라가리니 그가한번가면 어느때다시올지몰으리라하시거늘 여러사람이 특별히조심하더니 뜻박께뎡성백이웃음으로 모든사람이 다함께웃으니라 그날오후에 셩백이 문듯 오한하며크게압하서 사흘동안을알터니 당신이 압헤눕히시고 어르만지시니 곳 나으니라

四一 구릿골압페서 술장사하는정괴산이 극히 가난하되 매양 당신을지셩으로공대하더니 정월에 당신이 그집에들니시니 피산이 당신께공대하려고 집솟에 개국을끌이다가 문듯진손이채여짐에 피산의안해가 락담하야 울고섯거늘 당신

우리만살어잇스면 무슨복이되리오 대져 제생외세는 셩인외도요 재민혁세는
옹패외숨이라 이제 현하가 옹패에게피로운지 오랜지라 내가 상생의도로써
백셩을화하며 세상을평안케하며하노니 새세상을보기가 어려운것이안니요 마음
올고치기가어려운것이라 이제로붓터 마음을잘고치라 대인을공부하는자는 항상
남살니기를생각하여야하나니 엇지억조를멸망케하고 홀로잘되기를도모합이 올호
리요하시니 원일이 일로붓터두려워하야 무례한말로 당신새피롭게한일을 뉘웃
치고 원일의아우는 그형이 당신을쌀고 집을돌보지아니함을 미워하야항상 당
신을욕하더니 형으로붓터 이이야기를듯고는 당신새욕한죄로 집이문허짐이나아
닌가하야 일로붓터 마음을고치니라

三七 그뒤에 고부선돌박창국의집에니르시니 창국의안해는 당신의누의라 마참
벗은발로 박게다니는것을보시고 민망히녁여가라사대 이도랑에 독사가잇으니
벗온발을물면엇지하리요하시고 깁게휫바람을부시니 문득 독사한마리가 풀밧흐
로붓터나와서 뜰밋헤니르러 머리를들고 가만히잇더니 이옥고 창국이 박그로
붓터들어오다가 독사를보고 크게놀내여 곳상장을들어서 쌔려죽이거늘 당신이
그피가 쌍에잇슴을보시고가라사대 이피를벗은발로밟으면 해가잇스리라하시고

三十五

三十四

신원일이청하여가로대 선생께서 텬디를개벽하야 새세상을세운다하신지가 임이 오래오며 공사를행하시기도 여러번이로대 시대의현상은 조금도변함이업사오니 뎨자의의혹이자심하나이다 선생이시어 하로밧비 이세상을뒤집어서 선경을건설하시와 남의조소를밧지안캐하시고 애타게기다리는우리의게 영화를주시옵소서하거늘 당신이일너가라사대 인사는긔회가잇고 텬리는도수가잇나니 그긔회를지으며 도수를제정함이 공사의규범이라 이제 그규범을버리고 억지로일을꾸미면 이는 텬하에재앙을끼침이오 억조의생명을빼앗음이라 참아할일이아니니라 원일이 구지청하야가로대 지금 텬하가 혼란무도하야 선악을갈이기어려우니 맛당히 속히진멸하시고 새운수를열음이 올흐니이다 당신이 피로히녁이사 칠월에 원일파밋두어종도를다리고 변산개암사에가서 손가락으로 물을찍어서 부안석교로향하야뿌리시니 문듯 그쪽으로 구름이모아들며 큰비가쏘다지고 개암사부근은청명하더라 당신이 원일을명하사 속히집에갓다오라하시니 원일이 명을밧고 집에도라간즉 그아우의집이 비에문어저서 그권속이 자긔의집에모여잇거늘 원일이 슬픔을익이지못하야 곳도라와서 당신께 그사유를알외니 당신이일너사가라대 개벽이란것은 이러케쉬운것이라 텬하를 물로덥허 모든것을잠겨죽게하고늘 소년들이 그무의합울성내여 이러케엄숩합이라 이튼날 당신이경현의집에가시니 경현부쳐가 울며 달은대로옴기려하거늘 당신이일너가라사대 원래 리해득실이 모다제몸에잇고 처소에잇지아니하나니 이뒤로는 삼가하야 모든사람에게 온정을베풀라 그러면 압길이페이고 영업이 다시흥왕하리라하시니라

三五 그날밤에 오동팔의주막에는 뜻박게 우뢰갓흔소리가나며 집이 제절로드날녀서 뜰박게업허지고 사람파세간은상한바업는지라 동팔이 재목을수습하야 다시집을짓다가 두번이나거듭 전파갓치업히짐으로 할일업시 공사를중지하고 의막을치고 지내더니 하로는 엇든사람이지내다가 그경상을보고 볼상히녁여 자진하야 겨우서너시간동안에 집을지여주고 품싹도요구하지안이하고가니라 대저 그집을지으려면 보통목수 십여일품이들일임으로 이웃사람들은 크게이상히녁이고 종도들은 모다 태인산우에서 당신이만삼하신일을생각하야 그집이업허진것은 신명들이 해산할때에 웅중한바요 다시 그이상한구조를밧은것은 곳당신이볼상히녁이사 신장을보내에 그집을지어주게하심이라고 생각하니라

三六 매양 텬디공사를행하실새 모든종도다려 마음울잘닥거 압헤오는죠흔세상을 마지라하심으로 종도들이 하로밧비 그세상이니르기를 바라더니 하로는

넷사람만갓지못하다하시니라

三二 그날밤에 도적이화정리 리경오의집을셜어서 돈일흔냥을 빼앗어갓다하거늘 당신이들으시고가라사대 그돈에적신이범하엿슴을알고 사람살니는일에나 쓰기위하야 청구하엿더니 경오가듯지안코 업다고사절하엿다하시니라

三三 이뒤로 두어달동안 손바래기압주막에서 공사를행하실새 종도의래왕이빈번하야 주막주인오동팔이 돈을만이모앗더니 그뒤에 경비가부족함을보고 심히랭대하거늘 모든종도가그무의함을성낸대 당신이일너가라사대 어리석온무리가엇지의리를알이오 우리가만일 그무의함을성내면 그가 반닷이큰화를바드리니 나의지나는길에 덕을흘니지못하고 도로혀 화를끼치면 엇지온당하리오하시니라

三四 그뒤에 태인옵에니르사 밤중에 여러종도를다리고 산에올나 공사를행하신뒤에일너가라사대 이제대신명이모앗스니 그해산쯧테는 참혹한응중이잇으리라 말삼을맛치시자 문듯 태인옵에서 군중의고함소리가나는지라 종도들이 당신을모시고 산에서나려와 사유를탐문하니 신경현의주막이 군중에게엄습되여 세간파술독이 모다붓어젓더라 원래 경현이술장사를함에 옵내소년들의동정을어더서 만은돈을벌엇섯더니 그뒤에 소년들이궁핍하여짐에 경현이 심히랭대하거

신이 원일아비에게 사람을보내사 허락한돈천냥을보내라하시니 원일아비가 전언약을어기고 보내지아니하거늘 당신이원일다려일너가라사대 이는대인을속임이라내일은 모든것을 신명으로더불어 작뎡하는것임으로 한가지라도 사사로히못하노니 이뒤로는 그대아비의고기잡이가텰폐하게되리라하시더니 그뒤로는 고기가한마리도 잡히지아니함으로 드대여 고기잡이를폐지하니라

三一 삼월에 일진회원파 전주아전이 서로다토아 최창권이 부중백셩을모아사대문을잠그고 일진회원의입셩을막으며 사방으로 통문을돌녀서 백병을모집하야 일진회를초멸코져하거늘 당신이가라사대 어렵게살아난것이 또죽게되니 구원하여주리라하시고 화평리리경오에게 돈닐혼냥을청구하시니 경오가 돈이업다고사절하거늘 닷은대서 일곱냥을주선하사가라사대 이닐곱냥이 능히일혼냥을대신하리라하시고 형렬을다리고 전주룡모릿고개주막에니르사 행인을만이청하야술을먹이시고 조희에글을써서 그집문돌저귀와 문고리를 련결하시더니 이날석양에니르러 일진회와아전이 화해하야 사대문을녈고 일진회원의입셩을허락하니라이날에 쓴돈이 엿냥이라 당신이 형렬다려일너가라사대 엣사람은바돌한점으로십만병을물니쳣다하는대 나는돈엿냥으로 일진회와아전의싸홈을끌넛스니 내가

三十一

면하고 장차 전주에츌도하려함에 군수권즉상의디위도 위태하게된지라 김병옥은 그때에 전주육군장교로서 권즉상파친분이잇올뿐아니라 권즉상이파면되면 자긔의일에도 ᄯᅩ한낭패될일이만함으로 그일을근심하야 당신쌔 그대책을뭇거늘 당신이가라사대 그일은 무사하도록쓸녀쥬리니 근심치말라하시더니 그뒤에 박어사가 권즉상을파면하려고 전주부에들어오자 때마침 박어사의면관비훈이 전주부에니르니라

三〇 올사정월금음날 당신이 형렬로더부러 부안성근리환구의집에가사 여러날머무르실새 환구가 부안옵사람신원일을 자조천거하거늘 당신이 원일을불으시니 원일이와뵈입고 당신을 자긔집으로모시니 원일의아비와아우는 당신을밋지아니하고 오래머무르심을 슬혀하는지라 원일이청하여가론대 가친이 본래고기잡이를즐겨하야 해마다경영하다가 거년에 폭풍으로인하야 큰손해를보앗스니 청컨대 금년에풍재를업게하고 고기잡이를잘되게하여주시면 가친을위하야 다행하겟나이다 당신이가라사대 그일은어렵지아니하니 만은리익을어든뒤에 돈천냥올단호아오라 장차쓸대가잇노라 원일부자가 깃버하야허락하더니 이해에 파연풍재가업고 칠산바다에서 원일아비의고기잡이가 데일잘되여 큰돈을번지라 당

에는 요사이도적이출몰하야 밤마다촌락을쎠는대 내집이 비록넉넉지는못하나
밖에서는 부자인줄알므로 실로두려워서 마음을놋치못하오니 청컨대 도만을면
하개하여주시옵소서 당신이웃으시며 문압해춤을밧트시고 일너가라사대 이뒤로
는마음을노으라 도적이 제절로멀니가리라하시더니 과연 그뒤로는 도적의자최
가업서지니라

二八 동짓달에 전주부에니르시니 마참 민요가일어나서 인심이뒤쓸는지라 보
경다려일너가라사대 김병욱이 국가의중진에처하엿스니 소동된인심을 잘진압하
야 써그즉책을다하여야한지라 그방략을엇덧캐뎡하엿는지 병욱다려 무러오라
보경이병욱을차저 명하신바를젼하니 병욱이 당신세뵈입고가로대 무능한나로서
는물쓸듯하는민요를 진압할수없아오니 오작 선생의힘만밋나이다 당신이가라사
대내가가름하야진압하리라하시고 그날저녁부터 비와눈을 크재나리시며 련긔를
혹독히춥게하시니 방한설비가업시 한데모엿든군중은 할일업시해산하야 집으로
도라가고 비와눈은 사흘동안을계속함으로 군중은다시모이지못하고 소동은스사
로평정되니다

二九 섯달에 원평에계실새 그때에 어사박제빈이 전라북도일곱고을군수들 과

불을피우시니 꼿바람이자고 불이써지니라
二六 팔월스므일햇날 의산만셩리황사셩의집에 나르시니 마참엇든사람이 노귀
를쎡고잇거늘 다시 그마을뎡츈심의집으로 옴기시니라 원래 사셩의아비숙경이
전주룡진면룡바우황참봉에게 빗이잇엇더니 황창봉이죽은뒤에 그아들이 사람을
보내서 빗을재촉하며 만일갑지아니하면 경무텽에고소하야 옥중에다썩히면서빗
겟다고 위협하는지라 이날밤에 사셩부자가 츈심의집에와서 당신께뵈입고 이
일을알외며 무사하도록쓸너주시기를간청하거늘 당신이숙경에게명하사 무명뵈한
필을 사오라하사 옷을지어닙으신뒤에 숙경다려일너가라사대 일이잘쓸니리니
근심을풀라 무명뵈한필은 꼿채권채무사이에 길을닥는것이니라하시더니 그뒤에
순검이와서 숙경을잡어가려하거늘 숙경이 순검으로더붓어 채권자의집에가서
갑풀긔한을물니기로하고 화해를청한대 채권자가 듯지아니하고 고집하거늘 그
어미가 아들을불너 수지저가로대 저어른은 네부친의친구인대 이제욱에가두려
하니 이는금수행위를하려함이라하고 꼿그증서를 쌔앗어불살어버리니 채권자가
할일업어 숙경에게사파한뒤에 드대여 고소를취하하고 빗을탕감하여버리니라
二七 구월열흘날 함열회선동김보경의집에가시니 보경이 엿주어가로대 이부근

달으며 사파한뒤에 연고를무르니 당신이가라사대 오늘밤에는 사무를폐하고
발은곳으로 몸을피하라 순검이 명하신대로몸을피하엿더니 이옥고밤이깁흠애
화적이몰녀와서 주부를구타하며 순검의간곳을무르니 이는 여러화적이 순검을
죽이랴고 미리약속한일이잇음이라 이튼날 순검이 당신의계신곳을차저와서 살
녀주신은혜를갑사하니라
二四 오월에 당신이 밤재에계실새 갑칠이 구릿골로부터 와뵈이거늘 당신이
무러가라사대 네의디방에 농황이엇더하뇨 갑칠이 대하야가로대 감음이심하야
이종을못합으로 민심이소동되나이다 당신이가라사대 네가비를빌너왓도다 네게
우사를부치노니 곳도라가되 길에서비를만날지라도 피하지말라 그것은 네가뎐
디공사를몸에띈연고니라 갑칠이 명을밧고도라갈새 얼마아니가서 비가시작하야
잠간동안에 냇물이넘치는지라 일로부터 물이풍족하야 수일동안에 모심기를마
치니라
二五 류월에 형렬을다리고 태인신배를지내실새 그마을엇든집에 불이나서 모
진바람에 긔세가 크개성하거늘 당신이 민망히녁여가라사대 저불을그대로두면
이바람에 온마을이재가되리니 맛불을노아쓰리라하시고 형렬을명하사 섭으로써

二十七

二十六

곱사가되여서 고치지못하엿나이다하저늘 당신이 손으로 그허리를주물너펴주시
고 사금열닷냥을가져오라하시니 그사람이 깃버뛰놀며가로대 선생은 실로재생
지은이잇사오니 그은헤를갑프려할진대 태산이오히려가뱌우나 지금 몸에진인돈
이업사오니 무엇으로갑사오릿가 당신이가라사대 물품도가하니라 그사람이대하
야가로대 내가 널장사를하오니 널로둔임이엇더하니잇가 널한벌갑이열닷냥이니
이다 당신이가라사대 그도조흐니 잘갈여두라하시고 집에도라가시니 영학이임
의죽엇거늘 그널을가져다가 장사지내시니라
二三 보룸날 김갑칠을다리고 부안고부둥디를 순유하실새 저녁에 고부검은바
우주막에들니시니 이때에 화적이만하야 대낫에횡행함으로 순검한사람이 미까
으로야순하려고 이주막에들엇거늘 당신이주부에게일너가라사대 저사람에게 주
식을주지말라 만일 술파밥을주엇다가 갑을밧지못하면 넉넉지못한영업에 손해
가아니냐하시니 순검이 그말삼에성내여 당신을구타하며 무례한말을한다고 수
짓거늘 당신이웃어가라사대 다죽은송장에게마저서 무엇이아프랴하시고 박그로
나가시니 주부가 순검다려일으되 저사람의말이이상하니 반닷이 무슨까닭이잇
을지라 나가서사파하고 그연고를무러보라하거늘 순검이올히녁여 당신의 뒤를

니라

二〇 이때에 당신이리즉부외집에머무르시니 즉부외아비치안이 그해명수를못거늘 당신이 백지한장에 글을써서불살으시고 다시글을써서 긴봉하야주시며 가라사대 급한일이잇거든 열어보라하신지라 치안이 깁히갈워두엇더니 그뒤에 그며나리가 난산으로 위경에니르럿슴을듯고 그일을가라치십인가하야 봉서를가지고간즉 임의순산하엿거늘 다시갈워두엇더니 세말에니르러 치안이병들어서 위독한지라 즉부가 봉서를떼여보니 소시호탕두첩이라썻거늘 그약을써서 곳나으니라

二一 이월에 밤재에게신새 영학다려 대학을읽으라하셧더니 영학이듯지아니하고 술서에착미하거늘 당신이탄식하야가라사대 멀지아니하야 영학을못보게되리라하시고 리도삼을명하사「골폭사장전유초 혼반고국조무친」이란글한귀로 영학을경계하샤 써살펴세닷게하시되 영학이 종시살펴세닷지아니하니라

二二 그뒤에 영학이병들어위독하거늘당신이들으시고 김갑칠을다리고 밤재로가실새 중로에서 한주막에드시니 한사람이 허리가굽어서 업대여긔어다니거늘 당신이 그허리를펴지못한리유를무르시니 그사람이대하야가로대 십여년전부터

二十五

죽음이라하고 드대여 몽동이를듣고와서 당신을구타하고다시몸을묵거서 장방청으로실고갓다가 문듯뉘우친듯이 푸러노으며가로대 이것이다나의잘못이라 어딘애가 급중으로죽엇거늘 엇지 선생을원망하리요하고 이전교분을회복하기를청하며 자기집으로합세가시기를청하거늘 당신이듯지아니하시고 서원규외집오로가서 류하시고 이튼날 리직부의집으로가시니라 대개 의모가 당신을용서하야 장방청으로부터 도라가시게한것은 백남신에게서밧은 돈십만냥의증서가잇음을알고 돈을 요구하려함이러라

一九 이튼날 의모가 원규의집에가서 당신이계시지아니함을보고 크게성내여 살인범으로서도망하엿다하고 사방으로수색하더라 이때에 당신의성솔은 전주란뎐면화정리 리경오의집겻방에 이거하엿섯는대 효순의가족이 그집에가서행패하더라 김형렬은 효순의일을알지못하고 당신외소식을들으려고 화정리에오니 효순의집사람들이 형렬을결박하야 원규의집으로가서 당신의행방을뭇되 가라치지아니함으로 그들은 더욱성내여 형렬파원규를 무수히구타하니라 일로인하야 당신의성솔은 순창밤재로옴기고 형렬은 원규의집에서 밤을타서도망하고 원규는그들의련일행패에 견대지못하야 약국을닷고 가권을거나리고 익산오로옴겨가

二十四

로할일업시 빼앗기고도라가니라

一六 그뒤에 남긔의아들이 그부채를부치면서 대학을읽음에 문듯실력을통하야 능히신명을부리며 물을쌔려 비를베푸는지라 남긔가깃버하야 그아들을교사하야 당신의도력을빼앗으라함으로 그아들이 남긔로더불어 하운동에니르니 당신이 그일을알으시고 남긔의무외합을쑤지즈사 그아들의신력을 다깃으신뒤에 돌녀보내시니라

一七 갑진정월에 백남신이 관액에걸니어엇지할바를아지못하고 김병욱을통하야 당신쎄 살녀쥬시기를 간청하거늘 당신이가라사대 부귀한자는 돈을써야하나니 돈십만냥의증서를 가저오라 남신이곳십만냥의증서를 올녓더니 그뒤로 남신의액이곳풀니는지라 당신이 그증서를불살으시니라

一八 이때에 장효순의어린아들이 급히병들어 죽게됨으로 효순의아비의모가 급히와서 당신쎄뵈옵고 고처쥬시기를청하거늘 당신이 청수를먹여보라말슴하셧더니 의모가 병아에개청수를먹임에 병세는효험을 내지못하고죽는지라 의모는 본래 성질이사나워서 뭇중사람들이 련동이라고 부르는터인대 병아의죽음을보고 크게성내여 당신을 원망하야가로대 이는짐짓약을바로일너주지아니하야

二十三

二十二

一二 하운동은산중임으로 길이심히좁고 나무숩풀이 길에욱어져얽여셔 이슬이 만흘뿐아니라 장마가질떡에는 길에물이홈너 시내를일우되 당신의신발은 항상 갯긋합으로 부근촌민들이 모다이상히녁이더라

一三 ᄯᅳ출타하실때에는 반닷이 동구의좌우쪽에 구름기동이 놉피셋쳐 여덜팔자형상을인용으로 종도들이 그리유를부른대 가라사대 이는장문이니라하시니라

一四 계묘칠월에 쌀갑이올으고 농작물에 충재가성하야 인심이 극히불안하거늘 당신이 여러종도에게 일너가라사대 신축년이후로는 년사를 내가맛텃스니 금년농사를 풍등케하야 민녹을넉넉캐하리라하시고 크게 우뢰와번개를 일으키시니 일로부터 충재가것치고 농사가 크게풍등하니라

一五 당신의아우영학이 항상 도술을통하기를열망하야 당신께발원하더니 하로는 당신이 부채에학을그려서 영학을주시며가라사대 집에도라가서 이부채를부치면서 칠성경을 무곡파군까지읽고 니어서 대학을읽으라 그러면 도술을통하리라영학이 부채를가지고 집으로도라가다가 정남긔(당신의처남)의집에들니니 남긔의아들이 그부채의아름다옴을탐내여 빼앗고쥬지아니하거늘 영학이부득이하야그샤유를말하고 돌녀쥬기를간청하니 남긔의아들은 더욱탐내여 쥬지아니함으

사십전)이되니 일노부터 모든사람이 당신세신복하니라

九 한사람이무러가로대 금년에는어느곡종을심음이조흐릿가 당신이가라사대 일본인이 독율띄고왓스니 일본종자를구하여심으라 또생계의모든일을 그들에게본바드라 독즙이써어들리라하시니라

一〇 겨울에 형렬이 당신을모시더니 마참 큰눈이나리거늘 형렬이엿주어가로대 전설에 송우암의거처하는집웅에는 눈이싸이지안이하고 녹는다하니 진심노련디의지령지긔를 타고난사람이로소이다 당신이가라사대 진실로그러하랴 이제나잇는곳을살펴보라 형렬이 박에나가보이 날이차고 눈이나려싸이되 오직그집웅에는 한점눈도업고 맑은긔운이 하늘에쌧쳐 구름이가리우지못하고 푸른공중이 통하여보이더라 일로부터 형렬이 항상유의하야살피니 언제든지 당신의머무시는곳에는 반닷이 맑은긔운이 푸른하늘을통하야 구름이가리우지못하고 비록큰비가오는때에도 그러하니라

一一 매양 출라하실때에는 신명에게 치도령을써셔불살으사 여름이면 바람을불녀 길에이슬을떠어트리고 겨울이면 진길을얼어굿게하신뒤에 맑은신발로다니시니라

二十

어간책을 돌녀주기를청합에 형렬이대답치못하거늘 당신이 가름하야대답하사대 곳돌녀주리라하시며녀 마침 한붓장사가지나거늘 당신이불너들이사 술을만이주신뒤에 그붓상자를열어보이기를청하신대 붓장사가 열어보이니 신약전서한권이 잇는지라 당신이가라사대 그대는 반닷이 예수를밋지아니하니 이책이쓸대업는지라 나에게전합이엇더하뇨 붓장사가허락하거늘 당신이 그책을바더서 경안에 개주시니라

七 그뒤에 불가서천수경과 한자옥편과 사요와 해동명신록과 강절관매법과 대학을 불살으시니라

八 구월에 농가에서 보리갈이로분주하거늘 당신이 한숨하야가라사대 이러케 신고하여도 수확을엇지못하리니 엇지 가석치아니하리오하시거늘 형렬이 이말삼을듯고 드대여 보리농사를폐하엿더니 계묘년봄에니르러 텬후가순조하야 보리가크게풍등할중조가잇는지라 김보경등모든종도와 이웃사람들이 모다형렬을죠소하거늘당신이가라사대 이일은 신명공사에서 결뎡된것이니 아즉결실긔에니르지못하야엇지풍작이라고단언하리오하시더니 과연 오월오일 큰비로인하야 보리이삭이 다말녀서 슈확이아조업게되고 쌀갑이올나서 한말에일곱냥 (지금은일원

터니 과연 그안헤의복통이 곳그치고 그박에 천촉파해소갓튼별중도 다나으니
라
四 당신이 형렬다려일너가라사대 이제말세를당하야 압흐로 무극대운이열니나
니 모든일에조심하야 남에게 척을짓지말고 죄를멀니하야 쇼결한마음으로 텬
디공정에참예하라 나는 삼계대권을주재하야 조화로써 텬디를개벽하야 불로불
사의선경을열어 고해애빠진중생을 건지려하노라하시고 일로부터 형렬의집에머
무르사 텬디공사를행하실새 형렬에게 신안을열어주사 신명의 회산파청령을참
관케하시니라
五 여름울지내실새 형렬의집이가난하야 공케가조략하고 또남새밧이척박하야
채소가잘자라지아니함으로 형렬이근심하거늘 당신이 일너가라사대 산중에는별
미가업나니 채소나 잘번식하개하여주리라하시더니 일로부터 약간심어두엇든약
마운채소가 인공을들이지아니하여도 제절로잘번식하야 넉넉히채용케되니라
六 뉴월어느날 형렬을명하사 예수교서한권을 구하여오라하시거늘 형렬이 이
웃마을오동정김경안에게서 신약전서한권을 빌어다올니니 당신이바더서 불살으
시니라 그뒤에 형렬이 당신을모시고 오동뎡차윤필의집에가니 경안이와서 빌

十九

十八

데삼쟝 당신의성도와긔행이젹

一 당신이 여러해동안 각다에유력하사 만흔경험을어드시고 신축에니르사 비롯오 모든일을 자유자재로하실권능을 엇지안코는 일을일우지못할줄을쌔다르시고 드대여 전주모악산대원사에들어가 도를닥그사 칠원대우오룡허풍에 떤디대도를쌔다르시고 사종마를항복바드시니 이쌔에 그졀주지박금곡이 당신의시종을들엇더라

二 임인사월에 당신이 금구군(지금김데군)수류면원평장에지나시다가 전쥬군우림면하운동김형렬을만나시니 대저형렬은 이왕부터 당신마지면이잇는대 당신의성도하신소문을듯고 뵈입기를원하든차임으로 크개깃버하야 자긔집에오시기를간청하엿더니 이달열사흔날 형렬의집에니르사 끗형렬다려일너가라사대 그대의집에삼신이들어가니 산긔가잇을지라 쌀니안방에들어가 잘도우라하시거늘 형렬이 안방에들어가니 과연그안해가 셋재아들을낫더라

三 형렬의안해가 자래로 산후에는 반닷이복통이나서 여러달을알는녀중이잇서 쏘복발함으로 형렬이 크개근심하거늘 당신이 위로하야 가라사대 이뒤로는 모든일에 나를밋고 근심을노으라 형렬이 명하신대로 다만당신만밋고 근심을노

층이놉흐니라
五 이러케 수년동안을유력하시다가 경자에 고향으로도라오시더니 이때에 전부이동면뎐용리사는리치안이 구혼차로 충청도를향하다가 주막에서 당신을만나 하룻밤을갓치자고 그이튿날써나려할새 당신이 치안다려일너가라사대 그대가 이제구혼차로 길을써낫스나 반듯이헛걸음이되리니 이길을가지말고 다시집으로 도라가라 그러면 전일부터 의혼하여오든곳에서 매파를보내여 뎡혼하기를구하리라 만일 이긔회를노치면 혼로가얼니기이려우리니 빨니도라가라 치안은 당신이자긔의사정을 밝히알고만삼하심을 신긔하게녁여 비롯오 성명을통하고 당신의주소를 자세히물은뒤에 곳집으로도라오니 파연 말삼하신바와가트니라
六 이뒤로 치안이 당신의신기하심을흠모하야 자긔집으로모서오니다 치안의아들즉부는 그마을리장이라 마참 그마을인구를 긴급이 됴사할일이잇다하거늘 당신이 숫대를돌어 윤산하신뒤에 호수와남녀인구를 자세히일너주시고 사흘안에 한사람이적어질것을 말삼하시거늘 즉부는 밋지아니하고 온마을을돌아 낫낫치됴사한즉 파연 한집한사람도 틀님이입고 또사흘안에 한사람이죽는지라 즉부가 비롯오놀래여 당신의신긔하심을감복하니라

一 ~ 十六
(누락)

대순뎐경